Werner Kroh · Kirche im gesellschaftlichen Widerspruch

Werner Kroh

Kirche im gesellschaftlichen Widerspruch

Zur Verständigung zwischen katholischer Soziallehre und politischer Theologie

Mit einem Vorwort von Johann Baptist Metz

Kösel-Verlag München

CIP-Kurztitelaufnahme der Deutschen Bibliothek

Kroh, Werner:
Kirche im gesellschaftlichen Widerspruch : zur
Verständigung zwischen kath. Sozialehre u.
polit. Theologie / Werner Kroh. Mit e. Vorw.
von Johann Baptist Metz. – München : Kösel,
1982.
    ISBN 3-466-20229-9

ISBN 3-466-20229-9
© 1982 by Kösel-Verlag GmbH & Co., München
Printed in Germany. Alle Rechte vorbehalten
Druck und Bindung: Firma fotokop, Darmstadt
Umschlaggestaltung: Günther Oberhauser, München

Inhalt

Vorwort 9

Vorwort von Johann Baptist Metz 11

Einleitung 15

1	Historische Rekonstruktion als Zugang zu den Grundlagen der katholischen Soziallehre	19
1.1	Die Anfänge kirchlicher Sozialverkündigung in der Auseinandersetzung mit dem Geist der Neuzeit	21
1.1.1	Entwicklungen bis zur Enzyklika	23
1.1.2	Geistige Restauration gegen Aufklärung	28
1.1.3	Die Bedeutung der Vorgeschichte zu "Rerum Novarum" unter systematischen Gesichtspunkten	36
1.2	Die Entfaltung der katholischen Soziallehre im Geist der Neuscholastik	40
1.2.1	"Rerum Novarum"	42
1.2.2	"Quadragesimo Anno"	46
1.2.3	Zwei Enzykliken im Spiegel der Kritik	52
1.2.3.1	Kritik im Rahmen des Bezugssystems "Katholische Soziallehre"	52
1.2.3.2	Probleme des Bezugssystems	55
1.3	Neue Aspekte und Akzente in der katholischen Soziallehre angesichts veränderter Problemstellungen	57
1.3.1	"Mater et Magistra"	58
1.3.2	"Pacem in Terris"	61
1.3.3	"Gaudium et Spes"	64
1.3.4	"Populorum Progressio"	68
1.3.5	"Octogesima Adveniens"	70
1.3.6	"De iustitia in mundo" und die Antwort des Papstes	72
1.4	Rückblick und Ausblick: Zur Lage der katholischen Soziallehre	75

2	Die theoretischen Grundlagen der katholischen Soziallehre in systematischer Darstellung und Kritik	79
2.1	Die katholische Soziallehre als Gefüge offener Sätze	81
2.1.1	Allgemeinbegriffe in gesellschaftlicher Differenzierung	86
2.1.2	Zum politisch-theologischen Stellenwert der Diskussion über die Grundwerte	89
2.1.3	Gesellschaft als "Qualität" der Theologie	94
2.2	Die "Erkenntnisquellen" der katholischen Soziallehre	97
2.2.1	Offenbarung und Naturrecht	100
2.2.2	Das Naturrecht in der kirchlichen und theologischen Auseinandersetzung	102
2.2.3	Zur Naturrechtsdiskussion in zeitgenössischen Gesellschaftstheorien	107
2.3	Die sozialphilosophische (naturrechtliche) Argumentation	118
2.3.1	Die Erkenntnistheorie der (Neu-)Scholastik: "Kritischer Realismus"	119
2.3.2	"Sein und Sollen" - Einheit von Metaphysik und philosophischer Ethik	121
2.3.3	Die Prinzipien und ihre Konkretion - Nochmals: Die katholische Soziallehre als Gefüge offener Sätze	124
2.4	Naturrechtsdenken und Aufklärung	127
2.4.1	Unterschiedliche Verarbeitung von Aufklärungsprozessen	127
2.4.1.1	evolutiv	128
2.4.1.2	kritisch	130
2.4.2	Zur Identifizierung von philosophischer und bürgerlicher Vernunft	134
2.4.3	Dialektische Rezeption des Naturrechts?	136
2.5	Ideologiekritische Attitüde der politischen Theologie	140
2.5.1	Gegen die Identifizierung von bürgerlicher und theologischer Vernunft	142
2.5.2	Überwindung traditioneller Formen der Arbeitsteilung - Statt Integralismus: Gesellschaftskritik	146
3	Kritische Diskussion zentraler theologischer Positionen in der katholischen Soziallehre ...	154
3.1	Das Postulat einer Sozialtheologie im Rahmen der katholischen Soziallehre	155

3.2	Das Subjekt kirchlichen Handelns in der Gesellschaft	162
3.2.1	Berechtigung und Fragwürdigkeit der theologischen Unterscheidung von Kirche und Welt	163
3.2.2	Ekklesiologisches Selbstverständnis: Wann handelt die Kirche als Kirche?	168
3.2.3	Das Subjekt des Glaubens als Subjekt kirchlichen Handelns	174
3.3	Das Ziel kirchlichen Handelns in der Gesellschaft	177
3.3.1	Die Sendung der Kirche	179
3.3.2	Der gesellschaftlich-politische Gehalt der christlichen Botschaft	181
3.3.2.1	Die Bedeutung biblischer Kategorien für eine gesellschaftskritische Theologie	186
3.3.2.2	"Befreiung" als Thema der Theologie	189
3.3.3	Theologie und Gesellschaft - Zum "unreinen" Verhältnis von ewigem Heil und irdischem Wohl	192
4	Ausblick: Neue Perspektiven durch einen Wechsel des Standortes	196
4.1	Der gesellschaftliche und geistige Ort der katholischen Soziallehre	198
4.2	"Solidarität" als zentrale Kategorie einer Theologie im Welthorizont	207
4.3	Zum Verhältnis von Theorie und Praxis	211
4.3.1	Differenzierung von sittlicher und gesellschaftlicher Praxis	214
4.3.2	Politische Theologie unter dem Primat der Praxis	216
5	Epilog: Die Enzyklika "Laborem Exercens" im Lichte einer politischen Theologie	220
5.0	Vorbemerkungen	220
5.1	Die Frage nach dem argumentativen Zugang zum Problem der Arbeit	222
5.2	Die Adressaten des Textes und die Träger kirchlicher Sozialverkündigung	227
5.3	Schlußfolgerungen	228
Literaturverzeichnis		230

Vorwort

Die Entstehung der vorliegenden Arbeit verdankt sich gleichermaßen theologisch-sachlichen wie persönlich-biographischen Gründen. Die theologische Berechtigung des Themas ist in der Einleitung näher erläutert. Das biographische Moment zeigt sich bereits anhand meiner Studienorte Frankfurt/St. Georgen und Münster. Neben vielem anderen verdanke ich dem Studium in Frankfurt die persönliche Bekanntschaft mit Pater Oswald von Nell-Breuning SJ. Für sein Interesse am Verlauf der Arbeit und seine kritischen, stets verständnisvollen Rückfragen bin ich ihm aufrichtig dankbar.

Mein besonderer Dank gilt meinem Freund und theologischen Lehrer Johann Baptist Metz. Er hat mit großem persönlichem Engagement die Arbeit vom ersten Konzept bis zur Fertigstellung begleitet und mich in vielen Gesprächen die theologischen Perspektiven sehen gelehrt, die in der behandelten Thematik liegen.

Katholische Soziallehre ist kein einheitlich definierter Begriff. Ich bin mir bewußt, daß durch die schwerpunktliche Beschäftigung mit der katholischen Soziallehre im deutschsprachigen Raum eine Begrenzung gegeben ist, die legitime und fruchtbare Traditionen (z.B. im französischen Sprachraum) ausklammert. Die Rezeption lehramtlicher Verlautbarungen in anderen Kulturräumen könnte noch produktivere Beziehungen zwischen katholischer Soziallehre und politischer Theologie (ich denke besonders an verschiedene Versionen der Theologie der Befreiung) erkennen und herstellen.

Unmittelbar nach Beendigung der Arbeit erschien die neue Sozialenzyklika "Laborem Exercens" Papst Johannes Pauls II. Eine Einarbeitung war so nicht mehr möglich, ohne den Abschluß des Promotionsverfahrens hinauszuzögern. Doch soll dieser "Mangel" durch den Epilog behoben werden; er geht auf einen Vortrag zurück, den ich anläßlich der feierlichen Promotion in Münster gehalten habe.

Die Arbeit wurde im Wintersemester 1981/82 vom Fachbereich Katholische Theologie der Westfälischen Wilhelms-Universität in Münster als Dissertation angenommen. Erstgutachter war Prof. Dr.Dr. J.B. Metz, Zweitgutachter Prof. Dr. H. Vorgrimler. Auch für diesen unumgänglichen Einsatz danke ich beiden herzlich.

Münster, im März 1982   Werner Kroh

Vorwort von Johann Baptist Metz

Im vorliegenden Buch spiegelt sich das Ringen um eine neue Sicht des Verhältnisses von Kirche und Gesellschaft und um eine neue theologische Bewertung gesellschaftlicher Wirklichkeit. Seit Mitte der 60er Jahre entwickelte sich bei uns eine politische Theologie, die sich, ähnlich wie dann die Befreiungstheologie in den Ländern der Dritten Welt, ein neues Bewußtsein von der Bedeutung geschichtlicher und gesellschaftlicher Prozesse für die Bestimmung christlicher und kirchlicher Identität zu bilden suchte. Dieser Ansatz war und ist den verschiedensten Mißverständnissen und Vorwürfen von seiten jener Theologen und Christen ausgesetzt, die sich an den vertrauten Arbeitsteilungen und Problemzuweisungen innerhalb der Theologie und der Kirche orientieren. So sprach und spricht man von Kompetenzüberschreitung, von einer unstatthaften Vermengung von Theologie und Sozialethik, von einer gefährlichen Konfusion zwischen Religion und Politik, von einem neuen Integralismus usw. Dabei wird, neben vielem anderen, eine Einsicht unterschlagen, von der die vorliegende Arbeit bestimmt ist und ohne die weder ihre Absicht noch ihr Rang hinreichend gewürdigt werden können: die Einsicht nämlich, daß Theologie selbst weder ein geschichtlich noch gesellschaftlich unschuldiger Vorgang ist. Wo sich aber die gegenwärtige systematische Theologie - in produktiver Auseinandersetzung mit den Bestreitungen ihrer Grundlagen durch den Historismus wie durch eine nachidealistische Ideologie- und Religionskritik - immer mehr der Tatsache bewußt wird, daß ihre eigene Begriffswelt geschichtlich und gesellschaftlich geprägt ist, kann sie sich nicht mehr mit der bisher üblichen arbeitsteiligen Behandlung geschichtlicher und gesellschaftlicher Themen in der Theologie abfinden. Weder kann sie "Geschichte" einfach der historischen Theologie überlassen, so als gäbe es eine geschichts- und subjektlose theologische Systematik, noch kann sie "Gesellschaft" als ausschließliche Domäne kirchlich-theologischer Soziallehre betrachten, so als gäbe es eine gesellschafts- und subjektlose theologische Wahrheitsfindung. Und schließlich kann systematische Theologie heute auch nicht mehr ohne weiteres davon ausgehen, daß das Theorie-Praxis-Verhältnis für sie durch die geläufige Arbeitsteilung zwischen systematischer und praktischer Theologie hinreichend geklärt sei; in diesem Falle nämlich würde sie sich das praktische und subjekthafte Fundament ihres eigenen systematischen Wissens und ihrer spezifischen Theoriegestalt verbergen. In diesem Sinne erzwingt der gegenwärtige Fragestand der systematischen Theologie - behutsam-beharrlich - eine Revision der disziplinären Zuordnungen und Arbeitsteilungen in der Theologie, also eine Art interdisziplinärer Verflüssigung innerhalb der Theologie; und dies nicht im Interesse der Simplifizierung, sondern um der höheren Komplexität theologischer Erkenntnisprozesse Rechnung zu tragen. Gleichzeitig bedeutet dies die Herausforderung und die Möglichkeit, geschichtliche und gesellschaftliche Themen nicht einfach rein apologetisch, sozusagen am Rand der Theologie zu behandeln, sondern aus der Mitte, aus dem gesamten intelligiblen Vorrat der theologischen Tradition.

Ein besonders wunder Punkt ist in diesem Zusammenhang die Frage nach dem Verhältnis zwischen einer sich gesellschaftlich reflektierenden politischen Theologie und der katholischen Soziallehre. Bisher gibt es dazu nur sporadische, zumeist polemische und wenig fruchtbare Äußerungen. Werner Kroh wendet sich dieser Frage ausdrücklich und ausführlich zu. Er setzt sich auf dem Boden der neuen politischen Theologie mit jener Version der katholischen Soziallehre auseinander, wie sie im deutschen Sprachraum ausgebildet wurde. Dabei gilt seine Aufmerksamkeit vor allem, wenn auch nicht ausschließlich, dem höchst respektablen und einflußreichen Werk des Nestors der katholischen Soziallehre, Oswald von Nell-Breuning. Krohs kritische Befragung der Position Nell-Breunings, die den Respekt vor ihrem Partner nicht vergessen läßt, erschöpft sich nicht im puren Theologenstreit; sie orientiert sich immer wieder an der tatsächlich dramatischen Situation der "Kirche im gesellschaftlichen Widerspruch". Ihr schließlich will sein Versuch einer kritischen Verständigung ebenso sensibel wie entschieden dienen.

Kroh geht es darum, die philosophischen Grundlagen und den theologischen Hintergrund dieser katholischen Soziallehre aufzudecken. Hier nämlich vermutet er die Wurzeln sowohl für die arbeitsteilige Trennung von systematischer Theologie und kirchlicher Gesellschaftslehre wie für die theologischen Positionen und Wertungen im System dieser Soziallehre. Kroh zeigt, daß diese katholische Soziallehre an einem kaum hinterfragten neuscholastischen Theologiekonzept orientiert bleibt, das sie heute übrigens nicht nur von politischer Theologie scheidet, sondern von den meisten im Vordergrund stehenden Ansätzen systematischer Theologie, auch wenn dieser Tatbestand zumeist nicht ausdrücklich wahrgenommen wird, weil auch diese neueren systematischen Ansätze sich selbst kaum gesellschaftlich reflektieren und deshalb die Verhältnislosigkeit zwischen Theologie und Gesellschaftslehre auf ihre Art nochmals reproduzieren.

Dieser neuscholastische Hintergrund bedingt die bis heute

vorherrschende Entwicklung der katholischen Soziallehre:
nämlich die rein defensive Konfrontation mit den durch die
Aufklärung produzierten kirchlichen und theologischen Identitätsproblemen. Die katholische Soziallehre mit ihrem neuscholastisch begründeten – und als konsensfähig unterstellten – Vernunftanspruch wird hier zum "Ersatz" für den Verlust unmittelbarer kirchlicher und dogmatischer Autorität im
gesellschaftlichen Bereich. Zwar gibt es seit den kirchlichen
Dokumenten Mater et Magistra und Gaudium et Spes einen gewissen Bruch in der neuscholastischen Grundierung der katholischen Soziallehre, und Kroh kennzeichnet ihn auch deutlich. Der ist nicht zuletzt bedingt durch eine Wachablösung
bei der Inspiration, Entfaltung und Interpretation der kirchlichen Sozialaussagen, d.h. genauerhin durch einen nun stärkeren Einfluß "romanischer" Traditionen gegenüber den bisher vorherrschenden "deutschen". Doch hat die deutsche Variante katholischer Soziallehre, mit der sich der Verfasser in
erster Linie auseinandersetzt, diesen Bruch nie als Fortschritt,
sondern als "Abstieg" (Nell-Breuning) und als begrifflich-argumentative Verunklarung betrachtet, und sie hat deshalb
gegenüber dieser Entwicklung immer wieder die "klassische",
sprich: neuscholastische Position reklamiert. Demgegenüber
will Kroh sichtbar machen, daß und wie z.B. erst ein durch
die Aufklärung kritisch hindurchgegangenes, geschichtlich
und gesellschaftlich differenziertes Verständnis von Naturrecht jene Konsensfähigkeit für eine gesellschaftliche Argumentation erreichen kann, die der katholischen Soziallehre so
sehr am Herzen liegt. Ausdrücklich wendet er sich gegen jenen Dualismus zwischen Vernunft und Glaube, Natur und
Gnade, Menschheitsgeschichte und Heilsgeschichte, Welt und
Kirche, wie er die Konzeption katholischer Soziallehre zwar
nicht als Doktrin, aber doch als Argumentationsstrategie prägt.

Kroh zielt dabei seinerseits nicht etwa auf einen neuen theologischen Integralismus oder Fideismus. Keineswegs. Er unterschlägt bei seiner Kritik nicht etwa jene "typisch katholischen"
Traditionen, die von der eigenständigen Würde der Vernunft
und der Natur sprechen. Er vergißt über den Aussagen des
Vaticanum II nicht einfach jene des Vaticanum I, die z.B. die
Legitimität der Unterscheidung von Natur und Gnade und einer natürlichen Gotteserkenntnis unterstreichen. Er gewinnt
aus ihnen nur andere, überraschende Perspektiven, um die
gesellschaftliche Situation der Kirche zu beleuchten und um
jene gesellschaftlichen Probleme und Konflikte zu besprechen,
die bis an die Wurzeln christlicher und kirchlicher Identität
reichen. Ich möchte das an einem Beispiel verdeutlichen. Die
für viele so Ärgernis erregende kirchliche Lehraussage von
der Möglichkeit einer natürlichen Gotteserkenntnis kann ja
nicht nur als der späte Versuch der Kirche gewertet werden,
ihren Anspruch eben doch auf alle Menschen auszudehnen;
sie kann und muß vielmehr auch als Eingeständnis der Kirche

gedeutet werden, daß dort, wo es um die Sache Gottes geht, eigentlich alle Menschen eine natürliche Kompetenz besitzen, daß sie also auch alle, in ihren Fragen und Widersprüchen, bei der Gottesfrage mitreden können und daß keiner zu fern und keiner zu gering ist, um in Sachen Gott gehört zu werden. Ähnliches läßt sich auch vom vielgeschmähten Naturrechtsgedanken sagen. Auch er hat, genau besehen, nicht primär und schon gar nicht ausschließlich legitimatorische, sondern vor allem auch obligatorische Funktion für die Kirche. Er dient nicht der Legitimierung eines ungehemmten Anspruchsdenkens der Kirche gegenüber der Welt; er nimmt die Kirche zunächst einmal in die Pflicht, in die Pflicht zur universalen Kommunikation und zum kommunikativen Handeln in der Welt.

Auch aus solchen Perspektiven argumentiert das vorliegende Buch und leistet in diesem Sinn ein Stück Pionierarbeit in der aktuellen theologischen Auseinandersetzung um ein Kirchenverständnis, das sich nicht oberhalb der geschichtlichen Prozesse und nicht außerhalb der gesellschaftlichen Widersprüche bildet.

Münster, im Mai 1982   Johann Baptist Metz

Einleitung

Theologie, die ihre Rede von Gott nicht an den öffentlichen und privaten Bestreitungen der Gegenwart vorbei zu führen sucht, sondern sich auf die gesellschaftlichen Konflikte und deren - implizite wie explizite - Religionskritik einläßt, muß in Rechnung stellen, daß "die Gesellschaft" ein widersprüchliches und auch widersprüchlich erfahrenes Phänomen ist. Die Aufklärung kann für uns geradezu als ein klassisches Paradigma für die Entstehung und Verarbeitung gesellschaftlicher Widersprüche angesehen werden. Sie hat nicht nur dazu beigetragen, daß die sogenannte moderne Welt als Ermöglichung größerer Freiheit und der Verwirklichung der Menschenrechte entstanden ist, sondern gleichzeitig als ein Ort der Infragestellung menschlicher Zukunft überhaupt und darin der Bedrohung von Freiheits- und Menschenrechten innerhalb einzelner Staaten und Gesellschaften sowie im Leben des einzelnen. Dort, wo Aufklärung undialektisch beerbt oder nachgeholt wird, kehrt sie sich zwangsläufig gegen ihre besten Intentionen. Wer sich deshalb mit der historischen Aufklärung kritisch befaßt, wird auch über sie hinausgehen müssen.

Die Kirche, die sich notwendig und in vielfältiger Weise zur Gesellschaft verhält, steht heute als Kirche im gesellschaftlichen Widerspruch. Gleichzeitig muß sie sich als ein Ort des Widerspruchs zu dieser Gesellschaft verstehen. Sie muß die gesellschaftlichen Widersprüche kritisch in sich aufnehmen und - solidarisch, aber ohne ihre Distanz aufzugeben - die Suche nach Auswegen aus einer inzwischen weltweiten Krisensituation mit der ihr aufgetragenen Sorge um den Menschen verbinden. Für den Bereich der katholischen Kirche gilt die Soziallehre als der theologische Ort, an dem gesellschaftliche Probleme und das Verhältnis zwischen Kirche und Gesellschaft zur Sprache kommen. Reichen die vorhandenen Grundmuster nicht mehr aus, eine für Kirche und Gesellschaft gleichermaßen bedrohliche Situation angemessen zu begreifen und produktiv zu verarbeiten, dann besteht die Aufgabe einer gesellschaftsbezogenen Theologie darin, herkömmliche Denkschemata zu überwinden und nach neuen Wegen zu suchen, damit die kirchliche Rede von Gott zur Rettung des Menschen wirksam werden kann.

Katholische Soziallehre und Aufklärung miteinander ins

Gespräch zu bringen, muß dem Theologen als ein gleichermaßen reizvolles wie kaum aussichtsreiches Unterfangen gelten. Aufklärung ist zum abgekürzten Begriff für zahlreiche und sehr unterschiedliche Ansprüche geworden. Als historischer Prozeß deckt sie die Freiheits- und Emanzipationsbestrebungen des "dritten Standes" gegen absolute Monarchie, Herrschaft des Adels und der Kirche; die Forderung nach Beseitigung von politischen, sozialen und finanziellen Privilegien; die Verdrängung der Religion aus dem öffentlichen Leben; Trennung von Kirche und Staat; Erklärung der Menschenrechte; die Anerkennung der Vernunft als einziger Autorität und vieles mehr. Als Gegenwartsaufgabe bedeutet Aufklärung die Fortsetzung der neuzeitlichen Freiheitsgeschichte unter den gesellschaftlichen Verhältnissen der Gegenwart; die kritische Beerbung ihrer Ansprüche gegen die faktische Entwicklung neuzeitlicher Gesellschaften und gegen alle Versuche, neue Formen totalitärer Herrschaft aufzurichten; Aufklärung über die Aufklärung selbst, d.h. die Durchsetzung kritischer Vernunft gegen den ideologischen Gebrauch von Vernunft; die Infragestellung einer bürgerlichen Gesellschaft, welche sich der Kritik am Maßstab ihrer eigenen Maximen entzieht; die ideologiekritische Betrachtung der Religion in der bürgerlichen Gesellschaft usw.

Dagegen gilt die katholische Soziallehre gemeinhin als der kirchliche Versuch, der Entwicklung neuzeitlicher Gesellschaften ein eigenes, an mittelalterlichen Vorbildern orientiertes Gesellschaftsmodell entgegenzusetzen, die kirchlichen Ansprüche durch die Wiederherstellung einer voraufklärerischen Gesellschaft zur Geltung zu bringen und das moderne Freiheitsbewußtsein als unchristlich und der wahren Freiheit des Menschen widersprechend zu entlarven. Autorität der Offenbarung gegen die Autonomie der Vernunft; Restauration einer nur diffus beschreibbaren "alten" Ordnung gegen die politische Gestalt der Demokratie und die wirtschaftliche der Industriegesellschaft; Naturrecht statt Aufklärung; Evolution statt Revolution; - so könnten einige Stichworte lauten, die den Gegensatz von katholischer Soziallehre und Aufklärung kennzeichnen. Zwar existieren solche Typisierungen nie in der reinen Form ihrer begrifflichen Fassung, aber die historischen und systematischen Durchgänge dieser Arbeit werden zeigen, daß ihnen doch wesentliche Auffassungsunterschiede zwischen katholischer Soziallehre und Aufklärungsdenken zugrunde liegen.

Nun könnte man beispielsweise einwenden, die katholische Soziallehre sei ohne eine positive Einstellung zur Industriegesellschaft doch gar nicht denkbar, und in den Texten des Zweiten Vatikanischen Konzils gebe es doch sehr positive Stellungnahmen zur Demokratie. Dazu ist zu bedenken, daß die Anpassung an eine als unaufhaltbar erkannte Entwicklung nicht mit einer Übereinstimmung der Positionen verwechselt werden darf. Im ersten Fall liegt der Fehler bereits darin, den Beginn der katholischen Soziallehre mit der Veröffentlichung der ersten Sozialenzyklika "Rerum Novarum" (1891) gleichzusetzen. Der Zugang zur sozialen Frage ist jedoch bereits durch Argumentationsmuster und einen gesellschaftlichen Standort geprägt, die der Kirche aus ihrer mittelalterlichen Tradition vorgegeben sind, und die Lösungsvorschläge zeigen, daß der Einblick in wesentliche Zusammenhänge von Industrialisierung und gesellschaftlichen Strukturen verstellt ist (der Kapitalismus in seiner Totalität als Fundament nicht nur der Wirtschaft, sondern der gesamten Gesellschaftsordnung; deren Klassencharakter; die Ausbeutung und politische Ohnmacht der Arbeiter usw.). Anders wäre auch gar nicht erklärbar, weshalb Kirche und Arbeiterschaft von Beginn an und bis heute kein positives Verhältnis zueinander gefunden haben. Im zweiten Fall darf nicht übersehen werden, daß die katholische Kirche ihre Staatslehre des 19. Jahrhunderts nie offiziell zurückgenommen hat; man kann die Aussagen des Zweiten Vatikanischen Konzils höchstens als stillschweigende Korrektur ansehen. Ob damit die Kirche tatsächlich ein inneres Verhältnis zur politischen Demokratie gefunden hat, muß sich in ihrem praktischen Verhalten wohl erst noch erweisen. Um so bedrängender stellt sich folglich die Frage, wie es zu einer Verständigung zwischen katholischer Soziallehre und kritischer Beerbung der Aufklärung kommen kann.

Bereits diese einleitenden Bemerkungen lassen erkennen, daß die vorliegende Arbeit nicht den Versuch darstellt, eine weitere - womöglich "zeitgemäßere" - katholische Soziallehre zu schreiben. Sie wird eher die Fragwürdigkeit solcher Versuche aufzeigen. Vielmehr ist die katholische Soziallehre Gegenstand der Arbeit. Ihre argumentativen Grundlagen und zentralen Optionen werden dargestellt und kritisch von der Position einer politischen Theologie her reflektiert, um die katholische Soziallehre aus dem unfruchtbaren Gegensatz zum Aufklärungsdenken herauszuführen und gleichzeitig die Aufklärung - verstanden als Gegenwartsaufgabe - über ihr undialektisches Verhältnis zur Religion und Theologie hinauszutreiben. Unter Einbeziehung der lehramtlichen römischen Dokumente beschränkt sich die Abhandlung auf die katholische Soziallehre im deutschsprachigen Raum, von dem sie in herausragender Weise geprägt und in dem die Beschäftigung mit ihr auch immer besonders gepflegt worden ist. Aus beiden Gründen kann die Begrenzung geschehen, ohne auf eine repräsentative Darstellung und Auseinandersetzung verzichten zu müssen.

Der Begriff "Katholische Soziallehre" kann nicht von der Gestalt getrennt werden, die sie im Laufe ihrer Geschichte angenommen hat. Die Frage, wieweit eine Verständigung von katholischer Soziallehre und politischer Theologie möglich

ist, kann daher nur anhand konkreter Diskurse entschieden
werden. Eine pauschale Entgegensetzung wäre ebenso unfrucht
bar und folgenlos wie eine abstrakte Harmonisierung. Zielsetzung der Arbeit ist es, den kritischen Anspruch theologischer
Vernunft in der Auseinandersetzung mit der katholischen Soziallehre zur Geltung zu bringen. Dabei soll nicht übersehen
werden, daß dezidierte Stellungnahmen zu Einzelfragen der Ge
sellschaft und manche Optionen der katholischen Soziallehre für
das gesellschaftspolitische Engagement einzelner Christen und
kirchlicher Gruppen oft eine große Orientierungshilfe waren.
Nicht sie sind primärer Gegenstand der Arbeit, sondern die
ihnen vorausliegenden theoriebildenden Grundlagen. Gemeinsam
Optionen können aus sehr unterschiedlichen argumentativen
und gesellschaftlichen Positionen hervorgehen.

Die Beschäftigung mit dem gestellten Thema geschieht in ex
emplarischer Weise. Darstellung und Kritik der katholischen Sc
ziallehre halten sich vornehmlich, wenn auch nicht ausschließlich, an die Position Oswald von Nell-Breunings. Damit soll
einmal seiner Ausnahmestellung Rechnung getragen werden, di
auch in der öffentlich verbreiteten Bezeichnung zum Ausdruck
kommt, er sei "der Nestor der katholischen Soziallehre"; zum
anderen können an seinen ebenso umfangreichen wie intensiven
Bemühungen und herausragenden Verdiensten um die kirchliche
Soziallehre in besonderem Maße deren Geschlossenheit und Totalität, mithin die Stärken und auch Schwächen, aufgezeigt
werden. Im übrigen bin ich der Meinung, man soll sich gerade
für eine kritische Auseinandersetzung einen starken Repräsentanten seines Fachs suchen, um die eigene Position schärfen
und auf ihre Tragfähigkeit prüfen zu können. Die gleichermaß
qualitative wie quantitative Bedeutung der Veröffentlichungen
Nell-Breunings für das Thema, den Aufbau und die Durchführung dieser Arbeit rechtfertigen es m.E., bei der Wiedergabe
seiner Äußerungen eine eigene Zitationsweise zu benutzen: die
zeitliche Einordnung der Texte, die sich über fünfzig Jahre
erstrecken, wird auf Anhieb erkennbar; um ständige Wiederholungen zu vermeiden, hätten andernfalls bei den oft sehr ur
fänglichen Titeln Abkürzungen verwendet werden müssen, dur
die das Auffinden der vollständigen Quellenangaben im Literaturverzeichnis erheblich erschwert worden wäre.

Die hier ausgearbeitete Darstellung zur Geschichte und zum
Theoriesystem der katholischen Soziallehre wird auf das Konzept einer neuen politischen Theologie bezogen, wie sie vor al
lem von Johann Baptist Metz entwickelt worden ist. Die offen-
kundige Beziehungslosigkeit von gegenwärtiger systematischer
Theologie und katholischer Soziallehre, die zu diesem Zustand
geäußerten theologiekritischen Beobachtungen von Metz wie
auch der gesellschaftskritische Ansatz seiner praktischen Fundamentaltheologie insgesamt verlangten geradezu danach, die
vielen Berührungspunkte von katholischer Soziallehre und politischer Theologie durch eine systematische Reflexion zu the-
matisieren.

1 Historische Rekonstruktion als Zugang zu den Grundlagen der katholischen Soziallehre

Gemessen an der Fülle kirchlicher Aussagen zu politischen und sozialen Fragen der jeweiligen Zeit und Gesellschaft ist die Zahl jener Prinzipien und Grundwahrheiten, aus denen solche Einzelerkenntnisse abgeleitet sind, eher gering. Nach Oswald von Nell-Breuning läßt sich das Fundament, auf dem die ganze katholische Soziallehre ruht, sogar in dem einen Satz zusammenfassen: "Der Mensch ist Ursprung, Träger und Ziel aller Sozialgebilde und allen sozialen Geschehens"[1]. Die letzte Einfachheit und Einheit der kirchlichen Sozialverkündigung ist von der Vielfalt der Einzelaussagen jedoch mehr verdeckt als offengelegt worden. Beigetragen haben dazu auch die verschiedenen "Schulen", die ihre Richtungskämpfe um die "authentische" Interpretation der Soziallehre der Kirche nicht immer auf rein wissenschaftliche Weise und mit der nötigen sachbezogenen Differenziertheit ausgetragen haben. Denn trotz der zum Teil sehr krassen Gegensätze in der Beurteilung konkreter Sachfragen besteht im Grunde Einmütigkeit in der Berufung auf dieselben Grundlagen. Wo liegen die Ursachen für die Einmütigkeit in der Berufung auf sie? Halten diese gemeinsamen Grundlagen einer philosophischen und theologischen Kritik stand? Läßt sich die Auseinandersetzung noch auf einen Streit verschiedener Richtungen _innerhalb_ der katholischen Soziallehre begrenzen, oder steht nicht die Soziallehre der Kirche als ganze und gerade die Einheit ihrer Grundlagen heute zur Diskussion?

Im engeren Sinn umfaßt die katholische Soziallehre die in Dokumenten des kirchlichen Lehramtes vorgetragene Lehre zu Fragen des Aufbaus, der Ordnung und Gestaltung des gesellschaftlichen Lebens; im weiteren und eigentlichen Sinn meint sie die Interpretation dieser Sozialverkündigung in systematischer Absicht einschließlich der Reflexion ihrer "Anwendung" auf die jeweilige konkrete Situation. Bei dieser Objektbestimmung ist offensichtlich, daß Erkenntnis-

---

1 O.v. Nell-Breuning, 7701, 20. -
Bei Zitaten aus Werken Nell-Breunings werden künftig nur Nummern und Seitenzahlen angegeben. Die Nummern sind im Literaturverzeichnis den Titeln vorangestellt. Dabei entsprechen die ersten zwei Ziffern dem Jahr des Erscheinens, die letzten zwei sind durchlaufende Nummerierungen innerhalb des jeweiligen Jahres.

prinzipien und Argumentationsweise lehramtlicher Verlautbarungen in diesen selbst nicht thematisiert werden; ihr Gegenstand ist ja die Gesellschaft unter vielfältigen Rücksichten[2]. Entsprechend befaßt sich die katholische Soziallehre im weiteren Sinn überwiegend damit, die in den Verlautbarungen geäußerten Erkenntnisse über die gesellschaftliche Wirklichkeit und die Zielvorstellungen gesellschaftlichen Lebens zu interpretieren und in der Auseinandersetzung mit abweichenden Auffassungen zu verteidigen. Darlegungen zur Methode und zu den philosophischen und theologischen Voraussetzungen kirchlicher Sozialverkündigung liegen eher am Rande. Eine Reflexion des gesellschaftlichen und kirchlichen Kontextes, in dem die Sozialverkündigung jeweils situiert ist, und der gesellschaftlichen Bedingungen, unter denen ihre Aussagen erst verstehbar und sinnvoll werden, fehlt nahezu vollständig.

Die in diesem Kapitel durchgeführte historische Rekonstruktion der katholischen Soziallehre geschieht in systematischer Absicht. Sie will die Voraussetzungen und Basissätze aufzeigen, die der kirchlichen Soziallehre mit ihren Erklärungen zu geschichtlichen Tagesereignissen sowie Grundsatzproblemen zugrunde liegen und als gesellschaftliche, philosophische und theologische Bedingungen in diesen Verlautbarungen selbst wirksam werden. Die aus geschichtlicher Perspektive gewonnenen Einsichten in die Grundlagen der katholischen Soziallehre werden dann im weiteren Verlauf der Arbeit unter thematischen Gesichtspunkten diskutiert und geklärt.

Eine geschichtliche Betrachtung in systematischer Absicht will keine "Geschichte der katholischen Soziallehre" sein oder eine solche ersetzen. Ihr kommt es weniger auf Vollständigkeit im Detail als auf die Erarbeitung jener grundlegenden Aussagen an, die sich – gleichsam wie ein roter Faden – in den Äußerungen zu einzelnen Sachfragen durchhalten bzw. ihnen vorausliegen. So bietet auch die folgende Interpretation lehramtlicher Texte keine umfassende Inhaltsangabe, sondern richtet sich auf solche programmatischen Erklärun-

---

2 In diesem Punkt stimmen die verschiedenen Definitionen und Umschreibungen in den "Handbüchern" zur katholischen Soziallehre überein. – Vgl. J. Höffner, Christliche Gesellschaftslehre, Kevelaer [6]1975, 21; F. Klüber, Grundlagen der katholischen Gesellschaftslehre, Osnabrück 1960, 13; J. Messner, Das Naturrecht, Innsbruck [5]1966, 501f.; O.v. Nell-Breuning, 4701, 19ff.; J. Schwarte, Grundfragen des menschlichen Zusammenlebens in christlicher Sicht, Paderborn 1977, 18. Als grundlegende Einführungen vgl. ferner A. Klose, Die Katholische Soziallehre. Ihr Anspruch. Ihre Aktualität, Graz 1979; F. Klüber, Katholische Gesellschaftslehre, 1. Band: Geschichte und System, Osnabrück 1968; O.v. Nell-Breuning, 8001.

gen, die ein Verständnis für die Grundlagen der katholischen Soziallehre und ihre Argumentationsweise möglich machen. Die Kenntnis der Texte wird dabei vorausgesetzt[3].

1.1 Die Anfänge kirchlicher Sozialverkündigung in der Auseinandersetzung mit dem Geist der Neuzeit

In der Sozialenzyklika "Rerum Novarum" Papst Leos XIII. von 1891 wird überwiegend die Geburtsstunde der katholischen Soziallehre gesehen. Mit ihr liegt in der Tat erstmalig ein umfassendes Dokument von höchster kirchlicher Stelle zu einer zentralen sozialen Frage der Zeit vor. Die Beachtung, welche "Rerum Novarum" bei der Veröffentlichung fand, und die Erwartungen, die an sie – vor allem auch in außerkirchlichen Kreisen – gestellt wurden, erlauben es, mit dieser Enzyklika einen Einschnitt in der Geschichte des sozialen Katholizismus zu markieren und in ihr den ersten Versuch zu sehen, sich von seiten des kirchlichen Lehramtes unter übergreifenden Gesichtspunkten mit den Folgen der industriellen Revolution und den politischen und geistesgeschichtlichen Veränderungen der vergangenen hundert Jahre auseinanderzusetzen. Hinzu kommt, daß im Gefolge von "Rerum Novarum" die Tradition einer christlichen Gesellschaftslehre als eigenständiger theologischer Disziplin begründet wurde (mit Franz Hitze in Münster, 1893). Daß und warum die Erwartungen speziell an "Rerum Novarum", später aber auch insgesamt an die katholische Soziallehre nicht erfüllt wurden, wird u.a. im Verlauf dieser Arbeit deutlich werden.

Trotz der Neuheit des Versuchs wäre es historisch unzulässig und für das systematische Verständnis der argumentativen Grundlagen der Enzyklika verhängnisvoll, wollte man die Entwicklungen unbeachtet lassen, die zu "Rerum Novarum" geführt haben. Die Eingangsworte der Enzyklika selbst "Der Geist der Neuerung ..."[4] weisen auf die geschichtlichen Zusammenhänge hin, in denen sie steht. P. Jostock kommentiert die Worte folgendermaßen: "Die Auflösung der mittelalterlichen Ordnung Europas, also des alten Heiligen Römischen Reiches, durch die sich verselbständigenden Na-

---

3 Falls nicht anders bemerkt, werden kirchliche Dokumente wie folgt zitiert:
- Deutsch: Texte zur katholischen Soziallehre. Die sozialen Rundschreiben und andere kirchliche Dokumente; mit einer Einführung von Oswald von Nell-Breuning SJ, Kevelaer ³1976 (Abkürzung: "Texte" und Seitenzahl).
- Lateinisch: Acta Apostolicae Sedis, Rom 1909ff. (Abkürzung: "AAS" mit Jahres- und Seitenzahl).

4 Texte 31.

tionalstaaten; die Aushöhlung der Rechts- und Sozialordnung durch den Absolutismus der Fürsten; der völlige Zerfall der Ständeordnung in der Französischen Revolution von 1789 und ihr Einsatz durch die 'Freiheit' und 'Gleichheit' der bürgerlichen Demokratie; die Zurückdrängung des feudalen Adels durch das liberale Bürgertum, der Ständeversammlung durch das Parlament, der Monarchie durch die Republik; die volle Verweltlichung (Säkularisierung) des politischen Lebens, seiner tragenden Figuren und seiner Formen, und im Gefolge dieser Wandlung die Mindergeltung des Rechts und seiner unwandelbaren Grundlage, des Naturrechts und des Sittengesetzes; statt dessen zunehmende Verherrlichung des bloßen Machtgedankens, ja der rohen Gewalt und der nackten Selbstsucht im politischen und sozialen Leben; entsprechend schwinden Ehrlichkeit und Treue aus der Politik zu Gunsten von Lüge und Verrat. Die innere Triebkraft dieser Entwicklung lag in der geistigen Wandlung, die mit dem Nominalismus im 13. Jahrhundert begann und in langsamer Zersetzung vom Denken des christlichen Mittelalters immer weiter wegführte, in der Aufklärung (Rationalismus) sich nahezu ganz davon löste und so den Ideen des Individualismus und des Liberalismus zu freier Auswirkung verhalf"[5].

Mag diese Charakterisierung auch zu sehr dem vereinfachenden Schema verfallen, der unheilen und unfertigen Gesellschaft der Neuzeit eine heile Welt des vergangenen Mittelalters gegenüberzustellen (als hätte es nicht z.B. Unehrlichkeit und Untreue, Lüge und Verrat in der Politik auch vorher schon gegeben), so sieht sie doch richtig, daß die Einheit des Denkens und die Geschlossenheit der gesellschaftlichen Ordnung, in der Theologie und Kirche ihren festen Platz hatten, in Verfall begriffen waren. Zwar konnte es nicht darum gehen, diese Einheit und Geschlossenheit durch eine Wiederherstellung der mittelalterlichen Ordnung zurückzuerlangen, aber dennoch waren die Leitbilder für die Gesellschaft der Zukunft vom Rückblick in die Vergangenheit geprägt. Und statt in der Auseinandersetzung mit dem Geist der Neuzeit den neuen gesellschaftlichen Ort für Kirche und Theologie zu suchen, waren die Reaktionen von Abwehr und Verurteilungen bestimmt und von dem Willen geleitet, den angestammten Platz zu verteidigen.

Deutlich wird das an der Einschätzung der sozialen Frage in der Enzyklika "Rerum Novarum". Die Lösung der Arbeiterfrage war für Leo XIII. ein Mittel und eine Voraussetzung zur Erlangung des eigentlichen Zieles, das er erstrebte. Die Lage der Arbeiter wird zutreffend und gegenüber den Besitzenden anklagend geschildert. Daß sie "zum größten

---

[5] Die Sozialen Rundschreiben. Papst Leo XIII. Über die Arbeiterfrage. Papst Pius XI. Über die gesellschaftliche Ordnung. Mit Erläuterungen von Paul Jostock, Freiburg 1948, 9f., Anm. 1.

Teil in tiefer Verelendung ein menschenunwürdiges Dasein führen" und "in beinah sklavischer Abhängigkeit"[6] leben, wird gesehen und eine schnelle und wirksame Hilfe gefordert. Menschenunwürdiges Dasein und sklavische Abhängigkeit stehen im Widerspruch zu dem, was nach kirchlichem Verständnis sein soll, und ihre Überwindung entspricht daher durchaus der in der Enzyklika vorgetragenen Lehre und dem Interesse der Kirche. Dennoch ging es Leo XIII. letztlich um mehr, nämlich um die Heilung der modernen Welt "durch die Anerkennung der moralischen Autorität des Vicarius Christi"[7]. In der Mißachtung dieser Autorität lag für ihn der tiefste Grund für den Zerfall der gesellschaftlichen Ordnung und das wirtschaftliche Elend breitester Bevölkerungsschichten.

Lösung der sozialen Frage unter Führung der Kirche war so nur ein Ausschnitt aus dem Gesamtkomplex, der lautete: Wiederherstellung der gesellschaftlichen Ordnung durch die Anerkennung der Autorität der Kirche. Ohne die von Jostock genannten Gründe zu ignorieren, die erheblich zum Auseinandertreten von Kirche und moderner Gesellschaft beitrugen, wird man doch auch sagen müssen, die Kirche selbst hatte einen entscheidenden Anteil daran, daß ihre Autorität ins Wanken geraten war. Gerade in der Verquickung ihrer berechtigten Anliegen und Forderungen zur Herstellung einer dauerhaften Gesellschaftsordnung mit dem im eigenen Interesse geführten Kampf um die Rettung ihrer traditionellen gesellschaftlichen Position liegt ein wichtiger Grund, weshalb die Kirche ihre Autorität in und gegenüber der Gesellschaft eingebüßt hat.

1.1.1 Entwicklungen bis zur Enzyklika "Rerum Novarum"

Auf politischer Ebene standen die Päpste des 19. Jahrhunderts den neu entstehenden republikanischen Staaten mit ihren Forderungen der Freiheitsrechte ablehnend gegenüber. Im Rundschreiben "Mirari vos" (1832) wird die Forderung nach Gewissensfreiheit als Wahnsinn bezeichnet; der Anspruch auf Pressefreiheit sei zu verurteilen und zu verabscheuen[8]. Pius IX. verschärft diese Ansicht in seinem Rundschreiben "Quanta cura" von 1864 dahingehend, daß Menschen, die den katholischen Glauben verletzen, mit gesetzlichen Strafen zu verfolgen seien; andernfalls würde "jene irrige Mei-

---

6 A.a.O. 12.
7 H. Jedin (Hrsg.), Handbuch der Kirchengeschichte, Bd. VI,2, Freiburg 1973, 23f.
8 E. Marmy (Hrsg.), Mensch und Gemeinschaft in christlicher Schau. Dokumente, Freiburg (Schweiz) 1945, 24.

nung" begünstigt, "die Bürger hätten ein Recht auf jede beliebige Freiheit, die weder durch kirchliche noch staatliche Hoheit eingeschränkt werden dürfe, sondern sie sollten ihre Meinungen in Wort und Schrift oder sonstwie ganz öffentlich verkünden und verbreiten können"[9]. Der "Syllabus" eine Zusammenfassung der "Irrtümer der Zeit", kennzeichnet eine Reihe von Forderungen, die für das gesellschaftliche Leben bedeutsam sind, als irrige Auffassungen. Danach stehen neben anderem folgende Anschauungen im Widerspruch zur katholischen Lehre: Religionsfreiheit; Hoheit des Staates über das öffentliche Schulwesen; Befreiung der Volksschulen von der leitenden Macht der Kirche; Trennung von Kirche und Staat; Recht des Staates zur Ehescheidung; Abschaffung der katholischen Religion als Staatsreligion; Meinungsfreiheit[10].

Unvereinbar waren die Standpunkte, deren Gegensätzlichkeit sich in solchen kirchlichen Verlautbarungen widerspiegelte. Ein Einlenken der Staaten hätte bedeutet, die Errungenschaften der Französischen Revolution preiszugeben und die geschichtlich gewachsene und noch in Gang befindliche Ablösung von kirchlicher Vorherrschaft rückgängig zu machen. Ein Entgegenkommen seitens der Kirche wäre nur denkbar gewesen im Sinn des Verzichts auf jene gesellschaftlichen Positionen und Einflußnahme auf die politische Entwicklung, die gemäß den genannten Stellungnahmen der kirchlichen Führung gerade gehalten werden sollten. In ihren Augen konnte es eine Versöhnung mit dem Geist der neuen Zeit nur bei dessen Rückkehr zur Anerkennung der Autorität der Kirche geben. Die Versöhnung "mit dem Fortschritt, mit dem Liberalismus und mit der neuen Menschheitsbildung"[11] war es ja, die im "Syllabus" entschieden abgelehnt wurde.

Nur im Kirchenstaat gelang es der Kirche noch für eine gewisse Zeit, trotz innerer Unruhen das äußere Gerüst der mittelalterlichen Gesellschaftsordnung aufrecht zu erhalten. Beim Tod Gregors XVI. (1846) war die politische Lage im Kirchenstaat äußerst gespannt. Sein Nachfolger wurde als Pius IX. Kardinal Mastai. Er war ein Kompromißkandidat zwischen dem Kardinal Lambruschini, von dem eine Gruppe die Unterdrückung revolutionärer Tendenzen mit Hilfe Österreichs erwartete, und dem von vielen für zu fortschrittlich gehaltenen Kardinal Gizzi. Mastai war anfangs auch ernstlich bemüht, "eine Verbesserung des veralteten und polizeistaatlichen Regimes des Kirchenstaates herbeizuführen und einige administrative Reformen durchzuführen. Aber diese Reformen sollten nicht so weit gehen, daß die Bevölkerung aktiv an den Staatsgeschäften beteiligt würde, da ihm dies mit dem

9 A.a.O. 35.
10 A.a.O. 42ff.
11 A.a.O. 54.

religiösen Charakter der päpstlichen Regierung unvereinbar schien"[12]. Unter dem Druck einer stärker werdenden Opposition in der Kurie ließ dieser Reformwille jedoch schon bald nach. Eine Wirtschaftskrise und das Schwanken der päpstlichen Italienpolitik beschleunigten die Ausbreitung der Anarchie. Der Papst floh aus Rom und übergab die Leitung des Kirchenstaates dem Staats-Prosekretär Kardinal Antonelli. Seine Unnachgiebigkeit gegenüber dem römischen Parlament führte zur Ausrufung der Republik (1848), die wiederum innerhalb weniger Monate durch eine gemeinsame militärische Aktion Österreichs, Spaniens, Neapels und Frankreichs beendet wurde. Auch nach der Rückkehr des Papstes nach Rom 1850 bestimmte Antonelli die nun eindeutig reaktionäre Politik des Kirchenstaates. Soweit Reformen des inneren Zustandes vorgesehen waren, bestanden sie "ausschließlich in Verbesserungen bereits bestehender Institutionen und brachten keine echten Strukturreformen"[13]. Eine Verfassungsreform wurde abgelehnt. Nach den Erfahrungen von 1848 wurde der Abbau bestehender Mißstände, soweit überhaupt versprochen, eher von einer monarchischen als republikanischen Staatsführung erwartet. Da die Päpste bis in unser Jahrhundert hinein in der Monarchie die ideale Staatsform sahen[14] oder ihr zumindest große Sympathien entgegenbrachten[15], wurden lange Zeit Zugeständnisse nur in Richtung auf eine "beschränkte Monarchie", d.h. einen ständisch gegliederten korporativen Staat, für möglich gehalten. So bedurfte es erst des Italienkrieges 1859/61, der einseitigen Proklamation des Königreichs Italien, der militärischen Besetzung Roms und des Abzugs der französischen Truppen im Jahre 1870, um dem Papst einen - freilich auch dann noch erzwungenen - Verzicht auf die "weltliche Macht" abzuringen und den Weg zur nun "betont liberal und laizistisch"[16] geprägten Politik des geeinten Italien zu ebnen.

Die Beurteilung der allgemeinen politischen Veränderungen seit der Französischen Revolution seitens der Kirche hatte ihren Maßstab in der monarchischen Staatsform des Mittelalters. Die neue Gesellschaftsordnung sollte nicht durch revolutionäre Umwälzung, sondern durch organische Entwicklung aus ihr gebildet werden. Der bürgerlichen Republik wurde das Leitbild eines ständisch gegliederten korporativen Staates gegenübergestellt. Deshalb wundert es nicht, daß auch zur Lösung der sozialen Probleme der Blick kirchlicher

---

12 H. Jedin (Hrsg.), Handbuch der Kirchengeschichte, Bd. VI,1, Freiburg 1971, 479.
13 A.a.O. 698.
14 H. Jedin, a.a.O. Bd. VI,2,243.
15 O.v. Nell-Breuning, 7501, 99; 7608, 345.
16 H. Jedin, a.a.O. Bd. VI,2, 88.

Kreise überwiegend zurück in vor-aufklärerische Zeit gerichtet war.

Wien wurde zu Beginn des 19. Jahrhunderts ein Zentrum der deutschen Romantik. In dem von Clemens Maria Hofbauer und Friedrich Schlegel geführten Kreis wurde von Schlegel, Adam Müller und anderen versucht, "monarchische Autorität und hierarchische Gesellschaftsordnung als gottgewollt und natürlich zu erweisen. Sie propagierten daher den ständisch gegliederten korporativen Staat, der auf Religion und Volkstum gegründet und an mittelalterlichen Vorbildern orientiert sein sollte"[17]. Aus dem ständischen Prinzip wurden dann erste Postulate des sozialen Katholizismus abgeleitet, so "Forderungen nach gerechtem Lohn und Einbürgerung der unteren Klassen, nach Unterordnung der Wirtschaft unter die Sozialpolitik und nach gerechtem Ausgleich zwischen Landwirtschaft und Industrie"[18]. Wenn solche Forderungen auch keine unmittelbaren Auswirkungen hatten, zeigen sie doch, daß das Bewußtsein für die sozialen Ungerechtigkeiten, die im Gefolge der wachsenden Industrialisierung breiteste Ausmaße annahmen, vorhanden war.

In seinen Anfängen ist der soziale Katholizismus sogar stärker mit dem katholischen Antiliberalismus verbunden als mit den zum Liberalismus neigenden Kreisen. Das Schlagwort von der Religion als Privatsache führte diese eher zu sozialer Untätigkeit. Soweit sie nicht ohnehin Anhänger des "liberalen Nachtwächterstaates" waren, erkannten sie zumindest nicht die Bedeutung der Religion für das soziale Leben. "Von hier aus wird verständlich, warum seit dem zweiten Drittel des 19. Jh. gerade diese in gewissen Punkten 'reaktionären' Kreise mehr als die den demokratischen Idealen anscheinend aufgeschlosseneren liberalen Katholiken gewisse soziale Anstrengungen unternahmen. Dies erklärt aber auch, warum diese Bemühungen vor allem auf eine unmittelbare Linderung der Armut des Arbeitervolkes, durch die man dessen Sympathie und Unterstützung im Kampf gegen den antiklerikalen bürgerlichen Staat zu gewinnen suchte, und nicht so sehr auf eine Lösung seiner wahren Probleme durch Strukturreformen zielten. Schließlich wird von daher auch klar, warum sich diese Bemühungen zu oft mehr an einem sehnsüchtigen Ideal der Rückkehr zu einer idealisierten, patriarchalischen und korporativen Vergangenheit als an einer realistischen Anpassung an die neue, von der industriellen Revolution unwiderruflich geschaffene Situation inspirierten"[19].

Das Zusammenspiel von Antiliberalismus und Sozialkatholizismus belastet das Verständnis für die kirchliche Sozial-

---

[17] H. Jedin, a.a.O. Bd. VI,1, 264.
[18] A.a.O. 265.
[19] A.a.O. 757.

lehre bis heute. Zwar hätte ein Nachgeben gegenüber dem
Individualismus die Entwicklung einer Soziallehre überhaupt
unmöglich gemacht. Doch durch die Verwerfung der bürgerlichen Freiheiten insgesamt stand die Lösung der sozialen
Fragen unter ideologischen Vorzeichen, wie das obige Zitat
deutlich erkennen läßt. Zudem brachte der Kampf gegen den
Liberalismus gesellschaftliche Leitbilder hervor, die restaurative Züge trugen. Diese prägten nachhaltig das Bild von
der Wirtschafts- und Gesellschaftsordnung der katholischen
Soziallehre. Nur so ist zu verstehen, daß noch in jüngster
Zeit ein Leitgedanke der Enzyklika "Quadragesimo Anno"
von 1931, der die kapitalistische Klassengesellschaft durch
eine "Berufsständische Ordnung" zu überwinden suchte[20],
sich den Verdacht zuzog, "im Sinn 'aufgewärmter ständischer Ideale' eine vorkapitalistische Ordnung der Gesellschaft
wiederherzustellen"[21].

Auf die Bedeutung der durch Romantik und Antiliberalismus bestimmten Anfänge kirchlicher Sozialverkündigung für
die spätere systematische Entfaltung der Soziallehre mittels
scholastischer Kategorien weist F. Focke hin: "Die katholische Romantik in Staats- und Wirtschaftswissenschaften mit
ihren wichtigsten Vertretern Franz Baader und Adam Müller
waren bereits seit 1801 gegen Adam Smith' Individualismus
und Gewerbefreiheit zu Felde gezogen und hatten ihm die
Idee einer ständischen Reorganisation des Staats- und Wirtschaftslebens entgegengestellt und damit das Grundthema
künftiger katholischer Gesellschaftsphilosophie angeschlagen,
das schon bald durch Rekurs auf naturgesetzliche, scholastische Theoreme zu systematisieren versucht wurde.

Danach stellte die Gesellschaft ein Analogon zum Organischen, d.h. zu einer im Zellkern praktisch unabänderlich
festgelegten universellen Vorschrift für das Zusammenwirken von Einzelteilen zu einem sinnvollen Ganzen, dar und
nicht ein von Menschen gemachtes und ergo veränderbares
historisches Gebilde. Von daher ist die Revolution als menschliches Hybris zu betrachten und abzulehnen, das Wachsen
und Warten stellt einen höheren Wert dar als aktives, veränderndes Tun, die traditionelle Gemeinschaft wird gegen
die utilitaristische und atomistische Gesellschaft ausgespielt.
Auf dem Gebiet der Wirtschaft erscheinen die eigengesetzliche Herrschaft des Geldes im Kapitalismus, auf gesellschaftlichem Gebiet die Ersetzung kirchlicher Autorität durch Ver-

---

20 Texte 121ff.
21 O.v. Nell-Breuning, 7608, 346; - vgl. dazu: Anti-Sozialismus
aus Tradition? Memorandum des Bensberger Kreises zum Verhältnis
von Christentum und Sozialismus heute, Hamburg 1976, 13ff.

nunftgläubigkeit als Wurzel aller Übel des modernen Zeitalters"[22].

Doch nicht nur der Zusammenhang der Auffassungen über die Wirtschaft und die Lösung der sozialen Fragen mit der Gesellschaftsphilosophie, sondern vor allem die Abhängigkeit dieser Gesellschaftsphilosophie von der gesellschaftlichen Situation, in der sich die katholische Bevölkerung damals befand, ist zu beachten: "Mangelnde wirtschaftliche und gesellschaftliche Integration, religiöse Gettoerfahrung und aus beiden resultierendes Inferioritätsgefühl verlangten nach einer Abwehr-Ideologie, die in gleicher Weise den Bedürfnissen der geistigen und adeligen Führungsschicht wie auch der breiten Masse des unterprivilegierten katholischen Kleinbürgertums und der Arbeiterschaft gerecht wurde. Diese heterogenen Interessen konnten nur in einer autoritativ vorgegebenen, politisch-abstrakten Philosophie auf den kleinsten gemeinsamen Nenner gebracht werden, deren allgemeiner Akzeptierung eine aus der traditionellen katholischen Volksfrömmigkeit resultierende Mentalität und Anhänglichkeit an Klerus sowie Episkopat entgegenkamen"[23]. Die "politisch-abstrakte" Philosophie war durchaus nicht eine unpolitische Gesellschaftsphilosophie. Vielmehr spiegelten sich in ihr die Kämpfe des Katholizismus zwischen Widerstand und Anpassung an die neue Gesellschaft, und ihre politische Abstraktion war der Versuch einer intellektuellen und politischen Antwort jenseits der Widersprüche, in die der Katholizismus selbst verwickelt war.

1.1.2 Geistige Restauration gegen Aufklärung

Wie im Streit um die staats- und gesellschaftspolitischen Fragen überhaupt, dominierte auch auf der Ebene der Auseinandersetzung mit den geistigen Strömungen des 19. Jahrhunderts die abwehrende Haltung katholischer Bevölkerungskreise sowie Roms und der Päpste im besonderen. Von Zusammenschlüssen wie dem bereits erwähnten Wiener Kreis oder dem Kreis um die Fürstin Gallitzin in Münster über die Gründung neuer Organisationen mit rein kirchlich-religiösem Charakter in der Mitte des Jahrhunderts bis hin zu den Integralisten um die Jahrhundertwende reichten die Bestrebungen, das Eindringen des Gedankenguts der Aufklärung in die Kirche, wenn es schon nicht gänzlich zu verhindern war, doch weitestgehend einzudämmen.

---

22 F. Focke, Sozialismus aus christlicher Verantwortung. Die Idee eines christlichen Sozialismus in der katholisch-sozialen Bewegung und in der CDU, Wuppertal 1978, 30f.
23 A.a.O. 30.

In Münster sammelte die Fürstin Amalie Gallitzin (1748-1806) einen Kreis von Gelehrten um sich (der Pädagoge Bernhard Overberg, Domherr Franz v. Fürstenberg, die Brüder Droste-Vischering und andere gehörten dazu), "der sich um eine gefühlsbetonte Glaubensvertiefung bemühte und die Reaktion gegen die Aufklärung zum antiintellektuellen Fideismus steigerte"[24]. Zu pietistischen Lutheranern unterhielt der Kreis enge Kontakte, und die Betonung konfessioneller Gemeinsamkeiten geschah in antiaufklärerischer Absicht: "Die gläubigen Kräfte sollten sich gegen den Rationalismus als gemeinsamen Feind zusammentun"[25]. Dem Bemühen der Aufklärung um Individuum, Vernunft und Fortschritt wurden die Werte der Gemeinschaft, des (religiösen) Gefühls und der Tradition entgegengestellt. Berechtigte Aspekte für die geistige Bewältigung der Herausforderung wurden so zu Alternativen, ihr Wahrheitsanspruch wurde – sogar bis hin zur Wissenschaftsfeindlichkeit – einer Politik der Konfrontation untergeordnet.

Einen ähnlichen Weg schlugen die religiösen Gemeinschaften ein, deren Blütezeit in der Mitte des Jahrhunderts ihren Anfang nahm. Nach der Revolution von 1848 begann die Zeit des katholischen Vereinswesens als Massenerscheinung. Die Hinwendung zur religiösen Aktivierung trug antistaatliche Züge. "Religiöser Gesinnungswandel" sollte zur Grundlage auch der Sozialreform werden. Das Mißtrauen gegen den liberalen Staat führte zu einer Überbetonung der moralischen Seite des Wirtschaftsproblems[26], die Lösung der sozialen Frage wurde zu einer moralischen Angelegenheit, "die an keinerlei Entwicklung, sondern nur an den guten Willen des Einzelnen geknüpft sei"[27]. Vinzenz- und Bonifatiusverein,

---

[24] H. Jedin, a.a.O. Bd. VI,1, 263.
[25] Ebd.
[26] P. Jostock, Der Deutsche Katholizismus und die Überwindung des Kapitalismus, Regensburg 1932, 46ff. –
So positiv Aufbau und Entwicklung des Verbandskatholizismus unter sozialen Rücksichten auch beurteilt werden mögen, darf dabei doch nicht übersehen werden, daß der Verbandskatholizismus auch eine "kompensatorische Funktion" hatte: der Verlust des kirchlichen Weltbezuges im Gefolge der Aufklärung führte zur Schaffung einer kirchlichen "Eigenwelt". –
F.X. Kaufmann, Kirche begreifen. Analysen und Thesen zur gesellschaftlichen Verfassung des Christentums, Freiburg 1979, 78f., bezeichnet als eine spezialisierte religiöse Funktion der Kirche in einer differenzierten rationalistischen Gesellschaft die folgenlose <u>Darstellung</u> von Moral.
Vorausgreifend sei schon jetzt erwähnt, daß nach Kaufmann das Naturrecht als Instrument diente, politischen Einfluß auf die Gläubigen zu nehmen und die Grenzen zwischen Kirche und Welt zu stabilisieren (Die Funktion des Naturrechtsdenkens für die Stabilisierung des Katholizismus, in: F.X. Kaufmann, Theologie in soziologischer Sicht, Freiburg 1973, 78-92; hier 88).
[27] P. Jostock, Der Ausgang des Kapitalismus. Ideengeschichte seiner Überwindung, München - Leipzig 1928, 279.

Pius- und Borromäusverein, Arbeiter- und Handwerkervereine (A. Kolping) legten denn auch das Schwergewicht ihrer Tätigkeit auf die Pflege des religiösen Gemeinschaftslebens. Zwar wollten diese Vereine unter anderem auch "die sozialen und politischen Fragen vom katholischen Standpunkt aus behandeln"[28], sie entfalteten jedoch "eine bloß kirchliche und pastoral-caritative Wirksamkeit"[29]. Und auch die später gegründeten katholisch-sozialen Arbeitervereine "waren vor allem auf die Abwehr der Sozialdemokratie gerichtet und hatten den Charakter von Schutz- und Wohlfahrtseinrichtungen, namentlich von religiösen Schulungsvereinen"[30]. Mit dem religiösen Schwerpunkt dieser Vereinsarbeit hängt zusammen, was als "mittelständischer Ansatz der katholischen Sozialbewegung" bezeichnet worden ist. Soziale Caritas aus christlicher Verantwortung kam nur für diejenigen in Betracht, die ein gewisses Maß an Besitz ihr eigen nennen konnten, und setzte einen bereits erreichten Status in der bestehenden Gesellschaft voraus. Folglich suchte man "die alte Gesellschaftsordnung verbessernd zu bewahren und bekämpfte Liberalismus, Kapitalismus und Sozialismus, wußte aber keine Lösungen für die neuartigen Probleme der Industriegesellschaft und des Proletariats"[31]. Gegen die romantische (Ablehnung der Industrialisierung überhaupt) und die sozialistische Lösung der sozialen Frage (durch Überwindung des Kapitalismus) mündete so die katholische Soziallehre in der Auffassung, die P. Jostock die "bürgerliche" nennt, "die den ganzen Kapitalismus bejaht, aber von seinen Auswüchsen angeblich reinigen will"[32].

Parallel zu diesen Entwicklungen des Geisteslebens und der Gemeinschaftsbewegung in der katholischen Bevölkerung erfolgten von "Mirari vos" über den "Syllabus" bis zu "Pascendi" die päpstlichen Lehrentscheidungen über die "Irrtümer der Zeit", die neben Verurteilungen von politischen und sozialen Bewegungen, auf die bereits eingegangen wurde, auch philosophische und theologische Auffassungen betrafen.

Das Rundschreiben "Mirari vos" Gregors' XVI. von 1832 hatte noch mehr generell davor gewarnt, die Unversehrtheit der kirchlichen Lehre "durch irgendwelche Neuerungen" anzutasten[33], und in der Gleichgültigkeit gegenüber dem Glaubensbekenntnis die Ursache für alle "irrigen Meinungen" ge-

---

28 Aus der Satzung des Piusvereins; zitiert nach: K. Brüls, Geschichte der katholisch-sozialen Bewegung in Deutschland, Münster 1958, 28.
29 K. Brüls, ebd.
30 A.a.O. 29.
31 H. Jedin, a.a.O. Bd. VI,1, 544.
32 P. Jostock, Der Ausgang des Kapitalismus, 240.
33 E. Marmy, a.a.O. 19.

sehen[34]. Die Aussagen des "Syllabus" (1864) über den Rationalismus, die Freiheit der Wissenschaft, scholastische Theologie[35] und das Naturrecht in der Sittenlehre[36] griffen bereits tiefer in die wissenschaftlichen Anschauungen ein, vor allem was die Arbeit an den Universitäten und die Ausbildung des Klerus betraf. Hier ging es nicht mehr um die rein akademische Behandlung einer Wahrheitsfrage; es standen bereits die gesellschaftlichen und kirchlichen Folgen im Blickpunkt, die mit Entscheidungen über scheinbar rein wissenschaftlichen Belange verbunden sind. Die Enzyklika "Pascendi" Pius' X. von 1907 gegen den sog. "Modernismus" und die Einführung des Antimodernisteneides für Kleriker im Jahr 1910, zu einer Zeit also, da der Modernismus bereits im Verfall begriffen war, verlagerten die ursprünglich geistige Auseinandersetzung von Katholizismus und Aufklärung schließlich auf die Ebene disziplinärer Maßregelung derer, die man für Vertreter des Modernismus oder, wie es dann hieß, des Semimodernismus hielt. Die Gefahr des Mißbrauchs war bereits damit gegeben, daß "Pascendi" lediglich Verurteilungen enthielt und gar nicht positiv explizierte, was man als Katholik glauben konnte, ohne Modernist zu sein[37], und daß "die meisten dieser unverantwortlichen Zensoren auf dem Gebiet der Theologie ... nur wenig kompetent waren und außerdem zu den Köpfen gehörten, die sich fremden Gedanken gegenüber völlig verschließen"[38].

Die offizielle Unterdrückung des Modernismus wurde begleitet von einer seitens der sog. "Integralisten" angeführten Denunziationskampagne, "die mit dem zu Ende gehenden Pontifikat (sc. Pius' X.) immer schlimmer wurde und die Atmosphäre im Laufe der letzten Jahre buchstäblich vergiftete"[39]. "Vor allem in Italien, wo die Unterdrückung besonders schonungslos erfolgte, wurde durch sie fast der gesamte Klerus von ernsthaften Studien abgehalten, wodurch sich der bedenkliche Rückstand auf dem Gebiet der zeitgenössischen Kultur, der bis auf unsere Tage eine der großen Schwächen des italienischen Katholizismus geblieben ist, noch weiter vergrößerte. Aber auch anderwärts veranlaßte die Befürchtung, die christliche Forschung könne sich möglicherweise in Bahnen bewegen, die von den kirchlichen Autoritäten als abenteuerlich angesehen werden, zahlreiche katholische Theologen dazu, sich auf rein historische Arbeiten zurückzuziehen, oder, was noch schlimmer war, sich auf

---

34 A.a.O. 23f.
35 A.a.O. 44f.
36 A.a.O. 51.
37 So das Urteil des Zeitgenossen Msgr. Mignot, Erzbischof von Albi, zitiert nach H. Jedin, a.a.O. Bd. VI,2, 481.
38 A.a.O. 488.
39 A.a.O. 487.

das Wiederkäuen von Lehrbuchformeln zu beschränken und nur über völlig ungefährliche Randfragen im Rahmen eines ziemlich engherzigen Neuthomismus zu spekulieren"[40].

Auf theologischem Gebiet begegnet hier die gleiche Einstellung, die auch schon am Beginn der neuscholastischen Gesellschaftsphilosophie gestanden hatte. Um sich der Gefahr von Angriffen zu entziehen oder um nicht selbst in den Streit der Meinungen zu geraten, begab man sich auf das gesicherte Feld von "Lehrbuchformeln", indem von den geschichtlichen und gesellschaftlichen Bedingungen theologischer Probleme abstrahiert wurde. Gleichzeitig verzichtete man auf diese Weise darauf, noch hilfreiche Antworten auf konkrete theologische Anfragen zu geben, wie sie die Aufklärung hervorgerufen hatte.

Ein herausragendes Beispiel bildet in diesem Zusammenhang der Streit um die sog. "Deutsche Theologie"[41]. Gleich zu Beginn seines Pontifikates verfügte Leo XII. eine Reorganisation der römischen Bildungszentren. 1824 betraute er den Jesuitenorden wieder mit der Leitung der päpstlichen Universität Gregoriana. Scholastische Philosophie und Theologie erlebten einen Aufschwung[42], der sich auch in der weiteren Entwicklung der katholischen Soziallehre niederschlagen sollte.

In Deutschland waren es vor allem Mainzer Theologen, die diese Entwicklung unterstützten, institutionell gestärkt durch das von Bischof Ketteler neu eingerichtete Priesterseminar (1849). Nach italienischem und französischem Vorbild sollte das Diözesanseminar die Rückkehr zur Scholastik vornehmen, die an der Universität nicht durchgesetzt werden konnte. Das hatte aber auch Folgen für die Ausbildung und spätere Haltung des Klerus bezüglich der gesellschaftlichen Probleme. Kettelers für die damaligen Verhältnisse fortschrittliche Einstellung zur sozialen Frage war nämlich von der Überzeugung geleitet, die theologische Auseinandersetzung mit der Aufklärung könnte der kirchlichen Sache eher schaden als nützen. "Sie (sc. Bischof Ketteler und seine Berater) hatten vor allem die Masse der Katholiken – die Bauern, die Handwerker, den Mittelstand – im Auge, deren durch einen frömmeren und eifrigeren Klerus gefestigte christliche Überzeugung sich nach außen in einer mächtigen Bewegung von wohldisziplinierten Vereinigungen niederschlagen sollte, die sich dem Heiligen Stuhl unterordneten und in der Lage sein sollten, die Losungsworte der Hierarchie in die verschiedenen Bereiche des Alltagslebens weiterzugeben. Die Anhänger dieser Bestrebungen waren darauf bedacht, mehr gute Priester als gelehrte Priester zu haben,

---

40 A.a.O. 484f.
41 H. Jedin, a.a.O. Bd. VI,1, 683ff.
42 Vgl. a.a.O. 304ff.

und opponierten daher entschieden dem deutschen System, das die jungen Geistlichen zwang, an den zu den staatlichen Universitäten gehörenden theologischen Fakultäten zu studieren"[43]. Die Ausbildung des Klerus sollte den gesellschaftlichen Zielen angepaßt werden, die von den geistlichen Führern formuliert wurden und breiten Widerhall in der katholischen Bevölkerung fanden. Wirksame und dauerhafte Hilfe für die Arbeiterklasse erwartete man danach "vorwiegend von einer sittlichen Erneuerung der Gesellschaft durch die Kräfte der Kirche"[44]. Mit Kettelers eigenen Worten: "Nichts aber hat letzten Grundes die ungerechte Kapitalkonzentration, die Herabsetzung des Lohnes auf, ja unter das Existenzminimum, endlich die Überschreitung des natürlichen Bevölkerungsgrades gegenüber den vorhandenen Existenzmitteln und dem Stand der Löhne verursacht, als der <u>Verlust des christlichen Geistes</u> in der Wirtschaft und in der Politik"[45]. Ketteler selbst sah einen engen Zusammenhang der sozialen Frage mit der kirchlichen Eigentumslehre und suchte die Lösung im "Rückgriff auf die thomistische Eigentums- und Soziallehre und deren naturrechtliche Begründung"[46].

Vereinfacht könnten die entgegengesetzten Positionen in der Mitte des 19. Jahrhunderts mit folgenden Schlagworten gekennzeichnet werden: Priesterseminar gegen Universität, grundlegender religiöser Gesinnungswandel statt oberflächlich bleibender staatlicher Sozialpolitik, Naturrecht gegen Aufklärung, Neuscholastik gegen sog. "Deutsche Theologie". Wie beurteilten nun die Vertreter der "Deutschen Theologie" die Lage, worin sahen sie ihren Beitrag zur Überwindung der gesellschaftlichen, kirchlichen und theologischen Krise?

---

43 A.a.O. 686f.
44 K. Brüls, a.a.O. 12.
45 W.E.v. Ketteler, Deutschland nach dem Kriege von 1866, Mainz 6.1867, 94; zitiert nach A. Franz, Der soziale Katholizismus in Deutschland bis zum Tode Kettelers, M.Gladbach 1914, 189.
46 P. Jostock, Der Deutsche Katholizismus, 80. - Vgl. die erste Adventspredigt Kettelers im Mainzer Dom 1848, auszugsweise abgedruckt in: E. Iserloh/Ch. Stoll, Bischof Ketteler in seinen Schriften, Mainz 1977, 32ff.
Nach K. Brüls, a.a.O. 25, erfolgte eine sozialpolitische (nicht: sozialphilosophische!) Neuorientierung Kettelers um das Jahr 1869 (Rede auf der Liebfrauenheide in Offenbach) unter dem Eindruck der Erfolge Lassalles.
Vgl. auch E. Ritter, Die katholisch-soziale Bewegung Deutschlands im neunzehnten Jahrhundert und der Volksverein, Köln 1954. Danach spiegelten die Katholikentage seit 1848 "die Entwicklung von der seelsorglich-caritativen Hilfsbereitschaft zur eigentlichen Sozialarbeit, und auf einigen tritt der Widerstreit zwischen einer theoretisch-konservativen und einer praktisch-fortschrittlichen Richtung in Erscheinung" (77f.).

Insgesamt ging es den "Deutschen Theologen" darum, "die katholischen Intellektuellen von dem Minderwertigkeitskomplex zu befreien, den das Aufblühen der protestantischen und rationalistischen Wissenschaft bei ihnen ausgelöst hatte. Sie wollten dieses Ziel dadurch erreichen, daß sie ihnen nahelegten, mit den gleichen Waffen mit ihr in Wettbewerb zu treten, und ihnen das Gefühl völliger wissenschaftlicher Freiheit vermittelten, abgesehen von den verhältnismäßig wenigen Fragen, bei denen es klar um das Dogma ging. Sie hofften, auf diese Weise für die Kirche in der Welt des Geistes einen Einfluß zu gewinnen, der dem entsprach, den sie durch ihre politische Aktion im öffentlichen Leben zu erobern im Begriff war"[47]. Auf den Gebieten der Philosophie, der Exegese, der Dogmen- und Kirchengeschichte entstanden beachtliche wissenschaftliche Arbeiten, die aus einer echten Auseinandersetzung mit dem Rationalismus und den kritischen Methoden protestantischer Theologie hervorgingen. Durch zunehmende Angriffe gegen Münchener (vor allem Döllinger) und Tübinger Theologen (Hefele, Kuhn, Möhler u.a.) wurde jedoch die "Deutsche Theologie" in Mißkredit gebracht. Döllinger gab seine öffentliche Tätigkeit auf, "von der Orientierung der katholischen Bewegung unter der Führung der Männer von Mainz und dem wachsenden Einfluß der Jesuiten in der Kirche enttäuscht"[48]. Einen der besten Kirchenhistoriker, Schwarz, "zwangen ungerechtfertigte Angriffe der Mainzer Parteien"[49], seinen Lehrstuhl in Würzburg aufzugeben. Die offizielle Verurteilung der Philosophie Anton Günthers (1857) ermunterte die Gegner der "Deutschen Theologie" zu immer neuen Anzeigen in Rom, die "nicht immer dem Eifer um die Wahrheit, sondern mitunter auch persönlichen Intrigen und Rivalitäten"[50] entsprangen. Da in Rom das wissenschaftliche Interesse sehr gering und die Reaktionen gegen den Liberalismus in vollem Gang waren, "verschärfte sich das Mißtrauen Roms der deutschen Wissenschaft gegenüber rasch und erfaßte nach und nach auch die hervorragendsten Wissenschaftler"[51].

In Köln war seit 1836 Clemens August v. Droste-Vischering Erzbischof. Er hatte im Kreis um die Fürstin Gallitzin in Münster "sich eine fideistische Wissenschaftsfeindlichkeit angeeignet ... Als erste Aufgabe betrachtete Droste die Vernichtung des ihm seit je suspekten Hermesianismus; darüber hinaus wollte er die Bonner theologische Fakultät als solche treffen. Auch sein Fernziel war ein für den gesamten theologischen Unterricht zuständiges tridentinisches Seminar.

47 H. Jedin, a.a.O. Bd. VI,1, 686.
48 A.a.O. 685.
49 A.a.O. 690.
50 Ebd.
51 A.a.O. 691.

Er wandte Schärfen an, die staatlichen, aber auch kirchlichen Gesetzen widersprachen ..."[52] und geriet in Konflikt mit der Regierung - bis hin zu seiner Gefangennahme. Seine Politik der Kraftprobe gegenüber dem Staat entsprach kirchenpolitisch seinem Vorgehen gegen jene Theologen, die mit seinen Anschauungen über die kirchliche Lehre nicht übereinstimmten.

Die Grenze vom sachlich begründeten, mit theologischen Mitteln ausgetragenen Meinungsstreit zu globalen Angriffen auf Personen und ihre gesamte wissenschaftliche Arbeit war längst überschritten. Waren die gegen "Deutsche Theologen" erhobenen Vorwürfe in einzelnen Fällen auch berechtigt, so führten sie doch insgesamt dazu, einen bedeutenden theologischen Versuch, katholisches Denken mit dem Geist der Aufklärung zu versöhnen, zum Scheitern zu verurteilen. Das war aber nicht nur für die davon Betroffenen verhängnisvoll, sondern unter gesamtkirchlicher Rücksicht gerade auch für diejenigen, die als Vertreter einer scholastischen Restauration im theologischen Streit vordergründig den Sieg davongetragen hatten. Denn: "Der Rückzug auf die Bastion eines zeitlos gültigen Systems kostete die Theologie ihre Aktualität und ihre Repräsentanz in der modernen Welt"[53].

Gegenüber der bei den "Deutschen Theologen" vorherrschenden Tendenz zur Offenheit und offensiven Auseinandersetzung mit dem Geist der Neuzeit hatten sich die Kräfte durchgesetzt, die für eine Haltung der Geschlossenheit und Abwehr eintraten. Politisch wurde diese Haltung in Deutschland durch den Kulturkampf begünstigt und verstärkt, da sie die Integration der Katholiken förderte. In dieser Situation bildete das Wachsen der sozialistischen Bewegung eine Gefahr für die "kirchliche Mobilisierungsstrategie und Seelsorge"[54]. Neben weltanschaulichen Gegensätzen und pastoral-theologischen Erwägungen gab es daher auch machtpolitische Gründe, "die den Kampf gegen den Sozialismus und die sozialistische Arbeiterpartei für die katholische Kirche zu einer Notwendigkeit machten; denn anders als Aufklärung, liberaler Zeitgeist und protestantischer Staat, der die Kirche als Staatskirche zu betrachten gewohnt war, bedrohte der Sozialismus mit dem gläubigen Kirchenvolk die nach Säkularisation und Vatikanentmachtung einzige der Kirche noch verbliebene Macht"[55].

Zeigt sich hier wiederum die enge Verbindung der geistesgeschichtlichen mit den gesellschaftlichen Entwicklungen, so gilt das auch für die oben genannte Charakterisierung

---

52 A.a.O. 397.
53 A.a.O. 689.
54 F. Focke, a.a.O. 32.
55 A.a.O. 33.

der Neuscholastik als eines "zeitlos gültigen Systems". Die
angebliche zeitlose Gültigkeit darf nicht mit Wahrheits- und
Konsensfähigkeit gleichgesetzt werden. Die Wahrheit der
Neuscholastik war "abstrakt" in dem Sinne, daß von allen
konkreten geschichtlichen, politischen und sozialen Umständen und Bedingungen der gesellschaftlichen Zustände, <u>für
die</u> philosophische und theologische Antworten gefunden werden sollten, abgesehen wurde. Ihre Konsensfähigkeit beschränkte sich auf Aussagen über solche gesellschaftlichen
Verhältnisse, <u>die real gar nicht existierten</u>, sondern das Ergebnis einer "reinen Wesensbetrachtung" mittels Deduktionen aus naturrechtlich begründeten Basissätzen waren. Die
kirchliche Kritik von Rationalismus und Liberalismus, Sozialismus und Kapitalismus konnte deshalb auch nicht auf eine
Ebene mit soziologischer und historischer Kritik gebracht
werden. Das hatte aber Folgen für die Einschätzung des
Kapitalismus, wenn P. Jostock feststellt, "in demselben Maße,
als historischen und soziologischen Betrachtungen Raum gewährt wird, wird der Kapitalismus als problematisch empfunden"[56]. Man wird also fragen müssen, inwieweit die Entscheidung der katholischen Soziallehre für eine evolutive
Weiterentwicklung des Kapitalismus mit der Ungeschichtlichkeit der scholastischen Sozialphilosophie zusammenhängt[57].
In jedem Fall bleibt festzuhalten, daß das Urteil über die
gesellschaftlichen Verhältnisse und die geistige Situation der
Zeit wesentlich von den philosophischen und theologischen
Kategorien abhing, mit deren Hilfe die Situationsanalyse erstellt und die Lösungsvorschläge zur Überwindung der gesellschaftlichen und kirchlichen Krise gemacht wurden.

1.1.3 Die Bedeutung der Vorgeschichte zu "Rerum Novarum" unter systematischen Gesichtspunkten

Mit dem Vordringen der Neuscholastik und der Absage an
alle Versuche, zu einer theologischen Verständigung mit dem
Geist der Aufklärung zu kommen, waren die grundlegenden
Entscheidungen gefallen, welche für die Argumentationsweise
der päpstlichen Sozialenzykliken und der katholischen Soziallehre insgesamt bestimmend werden sollten. Der geschichtliche Überblick zeigt dabei einige Merkmale auf, die den systematischen Rang der Vorgeschichte zu "Rerum Novarum"
kennzeichnen.

Entgegen ihrer eigentlichen Absicht bestätigen Kirche
und Theologie mit der nun dominierenden sozialphilosophischen Argumentationsweise in der Soziallehre den Verlust

---

56 P. Jostock, Der Ausgang des Kapitalismus, 56.
57 Die Frage wird im systematischen Teil der Arbeit wieder aufgenommen.

ihrer gesellschaftlichen Plausibilität, Universalität und Normativität[58], der durch die Aufklärung angezeigt worden war: "Das Verhältnis zur Gesellschaft – bisher in der Dogmatik einbeschlossen und mitgelöst – muß nun eigens zum Problem werden, und zwar eben gerade unter der Voraussetzung, daß die 'Doctrina christiana' oder gar die 'Doctrina catholica' nicht mehr unbefragte Zustimmungsgrundlage für soziales Verhalten und Handeln darstellt"[59]. Solange politische und kirchliche Gemeinde deckungsgleich waren, konnte der Anspruch auf Universalität und Normativität kirchlicher Verhaltensvorschriften im gesellschaftlichen Leben von der kirchlichen Autorität vorgetragen und mit Berufung auf sie durchgesetzt werden, ohne daß der theologische Begründungszusammenhang als problematisch empfunden wurde. Erst das Auseinanderfallen von politischer und kirchlicher Gemeinde machte eigenständige, von dogmatischer Plausibilität unabhängige Überlegungen notwendig, nach welchen Prinzipien die Gesellschaft zu gestalten sei, da der kirchlichen Autorität diese Integrationskraft nicht mehr zukam. Vor allem die anfangs verbreitete antikirchliche Haltung vieler Staaten, die neue Unabhängigkeit als Befreiung von kirchlicher Vormundschaft sahen, machte es der Kirche in ihren Augen unmöglich, mit theologischen Begründungen zu argumentieren.

Ziel blieb freilich die "Rechristianisierung". Leo XIII. erstrebte ja in seiner Enzyklika "Rerum Novarum" eine allgemeine "Erneuerung der Gesellschaft auf der Grundlage der neuscholastischen Soziallehre, und diese Erneuerung ist für Leo XIII. nur denkbar, wenn die Autorität der Kirche wieder allgemein respektiert wird"[60]. Die Weise aber, in der dieser Kampf um die Erneuerung der Gesellschaft geführt werden sollte, war eben durch die vorausgegangenen geschichtlichen Auseinandersetzungen bestimmt. An die Stelle der bisherigen direkten Berufung auf die kirchliche Autorität trat das sozialphilosophische Argument.

Die nun etwa hundert Jahre währenden Bestreitungen kirchlicher Autorität im gesellschaftlichen Leben führten zur Einsicht in die veränderten Bedingungen für eine wirksame Einflußnahme der Kirche auf die gesellschaftlichen Vorgänge. Diese Einsicht schlug sich als Ergebnis geschichtlicher Erfahrung in der Argumentationsweise der kirchlichen Sozialverkündigung nieder. Man würde sich deshalb gerade den Zugang zu den argumentativen Grundlagen der katholischen Soziallehre versperren, wollte man übersehen, <u>daß mit "Rerum Novarum" und dem Beginn einer offiziellen katholi-</u>

---

58 Vgl. J.B. Metz, Glaube in Geschichte und Gesellschaft, Mainz 1977, 17.
59 Ebd.
60 H. Jedin, a.a.O. Bd. VI,2, 24.

schen Soziallehre bereits ein gewisser Abschluß in der theologischen Reflexion gegeben ist.

Kirchenpolitisch bedeutet er, daß eine erfolgreiche Verständigung mit nichtkirchlichen Organisationen und Weltanschauungen über die Lösung gesellschaftspolitischer Probleme nur noch der Sozialphilosophie - freilich einer ganz bestimmten - zugetraut wurde. In der Theologie bildete sich die "Arbeitsteilung" von Dogmatik und katholischer Gesellschaftslehre heraus. Das hatte einmal zur Folge, daß die Dogmatik "reine" Glaubenslehre werden konnte. Theologische Relevanz und Kompetenz fanden nun ihre Grenze dort, wo die Fragen gestellt wurden, die Kirche und Gesellschaft gemeinsam betrafen; und sie versagten dort, wo auch die Kirche ihren Anspruch nicht mehr autoritativ durchsetzen konnte: jenseits des Konsenses in "reinen Glaubensfragen". "Wie die neuscholastische Apologetik einen Wall um die Dogmatik aufwirft, um sie abzuschirmen gegen historische, philosophische und generell wissenschaftliche Invektiven und Fragestellungen, so wird über die Soziallehre ein Entlastungsangriff gegen die politische Herausforderung der Zeit geführt. Anders ausgedrückt: Die Auseinandersetzung mit der bürgerlichen Demokratie, mit dem Liberalismus und schließlich auch dem Marxismus, wird erneut im Vorfeld geführt: in der sog. reinen Sozialethik. Wieder soll die theologische und dogmatische Substanz des Christlichen aus der gesellschaftlichen Auseinandersetzung herausgehalten werden. Ein weiterer, indirekter Versuch also, die (immer auch 'politischen'!) Grundprobleme und Grundfragen des Glaubens und der Theologie an den Bestreitungen der Zeit vorbeizuretten"[61]

Auf der anderen Seite ergab sich als Folge der genannten Arbeitsteilung, daß die katholische Soziallehre als von der Theologie "delegierter" eigenständiger Bereich theologie-frei betrieben wurde[62]. Obwohl die Vertreter der katholischen Soziallehre immer betonen, daß es sich bei ihrer Disziplin um eine theologische handelt, ist daran - auch nach ihrem eigenen Verständnis - festzuhalten. Denn die durch sozialphilosophische Reflexionen gewonnenen Erkenntnisse sollen für "alle Menschen guten Willens" einsichtig sein. Ihre Wahrheit ist "mit den Mitteln der natürlichen Vernunft" überprüfbar und hat nicht zur Voraussetzung, daß man sich auf den weltanschaulichen Standpunkt des Christentums stellt[63].

---

61 J.B. Metz, a.a.O. 18.
62 Daß die neuerdings in der katholischen Soziallehre hörbaren Rufe nach einer - freilich nur ergänzenden - Sozial_theologie_ nicht von dieser Grundposition wegführen, sondern in eine Richtung zielen, die diese Arbeitsteilung noch weiter festschreibt, wird in einem späteren Abschnitt eigens behandelt.
63 Die Berechtigung dieser Behauptungen wird im Kapitel "Kritische Diskussion zentraler theologischer Positionen in der katholischen Soziallehre" geprüft.

Mit diesen Überlegungen sind auch die entscheidenden Gründe genannt, warum eine "Vermittlung" von katholischer Soziallehre und politischer Theologie unmöglich erscheint[64]:
(1) Nach Nell-Breuning ist der Streit um die philosophisch-naturrechtliche Argumentation "nichts weniger als ein Streit um die <u>Daseinsberechtigung</u> einer katholischen Soziallehre überhaupt"[65]. Die Arbeitsteilung von Dogmatik und Soziallehre ist also für letztere <u>konstitutiv</u>.
(2) Weil und insoweit die Theologie sich der <u>sittlichen und gesellschaftlichen Relevanz ihrer eigenen (also: theologischen) Inhalte</u> bewußt ist, kann sie deren Reflexion gar nicht anderen Disziplinen überlassen.
(3) Darüber hinaus ist sie nicht bereit, die von ihr erkannte <u>theologische Relevanz gesellschaftlicher Auseinandersetzungen</u> zugunsten einer "reinen" Unterscheidung von Dogmatik und Sozialethik und zu ihren eigenen Lasten zu opfern.
(4) Der Überblick über die Geschichte des 19. Jahrhunderts hat gezeigt, daß eine Betrachtung der gesellschaftlichen und kirchlichen, geistigen und speziell theologischen Bewegungen und Auseinandersetzungen unter hier <u>rein ideengeschichtlichen</u>, dort <u>rein politischen</u> Gesichtspunkten dem historischen Befund nicht gerecht wird. Sie

---

[64] Das Verständnis der "politischen Theologie" in dieser Arbeit verdankt sich entscheidend J.B. Metz.
Vgl. dazu vor allem:
- Zur Theologie der Welt, Mainz 1968 (zitiert nach der TB-Ausgabe 1973);
- Art. "Politische Theologie", in: Sacramentum Mundi, Bd. III, Freiburg 1969, 1232-1240;
- "Politische Theologie" in der Diskussion, in: Stimmen der Zeit 184 (1969), 289-308;
- Erlösung und Emanzipation, in: Stimmen der Zeit 191 (1973), 171-184;
- Art. "Erinnerung", in: Handbuch Philosophischer Grundbegriffe, Bd. II, München 1973, 386-396;
- Kirche und Volk, in: Stimmen der Zeit 192 (1974), 797-811;
- Glaube in Geschichte und Gesellschaft, Mainz 1977;
- Messianische oder bürgerliche Religion? In: Concilium 15 (1979), 308-315;
- Jenseits bürgerlicher Religion, München - Mainz 1980.
Außerdem: J.B. Metz/J. Moltmann/W. Oelmüller, Kirche im Prozeß der Aufklärung, München - Mainz 1970; H. Peukert (Hrsg.), Diskussion zur "politischen Theologie", Mainz - München 1968; G. Bauer, Christliche Hoffnung und menschlicher Fortschritt, Mainz 1976 (dort auch ein ausführliches Verzeichnis der Titel von J.B. Metz bis zum Jahr 1974). -
Vereinzelt wird heute bereits von einer politischen Theologie Papst Johannes Pauls II. gesprochen (z.B. O.v. Nell-Breuning, 8004; E.-W. Böckenförde, Das neue politische Engagement der Kirche, in: Stimmen der Zeit 198 (1980), 219-234). Nachdem inzwischen die erste Sozialenzyklika "Laborem exercens" dieses Papstes erschienen ist, sollte sich doch für die katholische Soziallehre die Frage stellen, wie beides zusammenhängt.
[65] O.v. Nell-Breuning, 7201, 46.

würde auseinanderreißen, was an wechselseitigen Abhängigkeiten und Bedingungen erkennbar geworden ist, und damit den Blick verstellen für die Zusammenhänge und gemeinsamen Ursachen, die der gesellschaftlichen Orientierungslosigkeit, der kirchlichen Suche nach ihrem neuen Ort in der Gesellschaft und dem theologischen Selbstverständnis zur Zeit der Entstehung der Enzyklika "Rerum Novarum" zugrunde liegen.
Erst eine politisch-theologische Sicht vermag die innere Einheit der Entwicklungen deutlich zu machen, weil sie nicht nur die einzelnen Aspekte der Geschichte, sondern gerade auch deren wechselseitige Abhängigkeiten und Bedingtheiten ernst nimmt. Die notwendige Überwindung der Arbeitsteilung kann deshalb nur dadurch erreicht werden, daß die katholische Soziallehre ihre Erkenntnisse in einer umgreifenden politischen Theologie zur Geltung bringt und von einer politischen Theologie her kritisch befragen läßt. Beides hat zur Voraussetzung, daß die argumentativen Grundlagen und zentralen Positionen der katholischen Soziallehre freigelegt und deren Problematik unter Berücksichtigung ihrer politisch-theologischen Zusammenhänge einsichtig gemacht werden.

Bevor das systematisch entwickelt wird, soll eine Darstellung der sozialen Rundschreiben der Päpste und wichtiger Aussagen des Zweiten Vatikanischen Konzils dieses erste Kapitel abrunden. Dabei wird sich zeigen, daß die Loslösung der Soziallehre von der Theologie in den lehramtlichen Verlautbarungen und in deren Interpretation durch die christlichen Sozialwissenschaften voll zum Tragen gekommen ist.

1.2 Die Entfaltung der katholischen Soziallehre im Geist der Neuscholastik

Mit "Rerum Novarum" steht die katholische Soziallehre an ihrem Anfang. Die Bedeutung der Enzyklika liegt daher einmal darin, daß sie das erste offizielle kirchliche Dokument zu einem sozialen Problem der Zeit ist, zum anderen darin, daß sie in der Argumentationsweise eine Entwicklung einleitet, die mit "Quadragesimo Anno" ihren Höhepunkt findet. Noch sind philosophische Gedankengänge und theologische Motive nicht deutlich voneinander geschieden. Das hängt mit dem Adressatenkreis zusammen, der durch die Enzyklika angesprochen wird. Es sind dies die sog. "alt-christlichen Ländern", bei denen es ja auch erst eine Arbeiterfrage zur Zeit Leos XIII. gab. Nach O.v. Nell-Breuning schwebt dem Papst "das Bild einer katholischen Welt vor Augen, einer Welt, die er als katholisch sieht, weil sie im katholischen Glauben einig sein soll"⁶⁶. Auch ist "die volle Eigenständigkeit der christlich-sozialen Bewegung neben der christlichen Liebestätigkeit noch nicht vollkommen verwirklicht. Diese letzte Stufe wird erst von Pius XI. und Pius XII. erreicht"⁶⁷. Trotz solcher Aspekte, die aus scholastischer Sicht noch Zeichen argumentativer Unsicherheit und Unvollkommenheit sind, enthält "Rerum Novarum" bereits starke systematische Elemente neuscholastischer Sozialphilosophie, auf deren Grundlage "Quadragesimo Anno" dann eine umfassende Gesellschaftstheorie entwickelt.

Man wird diese Enzyklika ohne Zweifel als die größte Leistung der katholischen Sozialehre im Geist der Neuscholastik bezeichnen können. Angeregt durch "Rerum Novarum", erlebte die Beschäftigung mit Wirtschaftsfragen zu Beginn des 20. Jahrhunderts in der Kirche einen Aufschwung, der sich in bedeutenden Veröffentlichungen niederschlug⁶⁸. In Diskussionen führten katholische Sozialwissenschaftler die Ansätze der Enzyklika und deren wissenschaftliche Verarbeitung weiter und gelangten zu Differenzierungen⁶⁹, die sich auf die Geschlossenheit und Einheitlichkeit der Argumentation von "Quadragesimo Anno" auswirkten.

Nicht in der Neuigkeit der Inhalte, sondern in der offiziellen Bestätigung dessen, was vorher nur einzelne Bischöfe und das wissenschaftliche Schrifttum gelehrt hatten, sah O.v. Nell-Breuning bereits kurz nach ihrer Veröffentlichung die Bedeutung der Enzyklika: "Jetzt haben wir die 'christlich-soziale Einheitslinie'. Es ist die Linie der vielgeschmähten 'Kölner Richtlinien', die Linie, die der österreichische Episkopat in seiner Januarkundgebung 1930 sich zu eigen gemacht hat, die Linie, die die deutschen Katholiken in ihrer großen Gesamtheit immer verfolgt haben, die Linie, die im christlichen Solidarismus eines Heinrich Pesch eindeutig vorgezeichnet, im Staatslexikon der Görresgesellschaft eine geradezu monumentale Repräsentierung gefunden hat"⁷⁰.

Die einzelnen inhaltlichen Elemente der Sozialreform hatte bereits "Rerum Novarum" geliefert. Wenn erst jetzt die "christlich-soziale Einheitslinie" gefunden war, so lag das an der Einordnung dieser Elemente in eine umfassende Gesellschaftstheorie, eben die neuscholastische Sozialphilosophie. Denn obwohl schon Leo XIII. eine allgemeine "Erneuerung der Gesellschaft auf der Grundlage der neuscholastischen Sozial-

---

66 O.v. Nell-Breuning, 7701, 36.
67 O.v. Nell-Breuning, 4901, 184.
68 Herausragend das Hauptwerk des Begründers des sog. "Solidarismus", H. Pesch, Lehrbuch der Nationalökonomie, 5 Bde., Freiburg 1905-1923.
69 Als Beispiel sei genannt der "Königswinterer Kreis"; vgl. dazu O.v. Nell-Breuning, 7201, 99ff. und 127ff.
70 O.v. Nell-Breuning, 3201, 251.

lehre"[71] erstrebte, enthielt seine Enzyklika noch "keine systematische Gesellschaftstheorie"[72].

1.2.1 "Rerum Novarum"

Der "Geist der Neuerung", der für die tiefgreifenden gesellschaftlichen Umwälzungen des 19. Jahrhunderts verantwortlich gemacht wird, wirkte sich auch auf das wirtschaftliche Gebiet aus und brachte so mit der zunehmenden Industrialisierung die Arbeiterfrage hervor, die von der Enzyklika "Rerum Novarum" (1891) als das zentrale soziale Problem der Zeit angesehen wird.

Der schottische Moralphilosoph Adam Smith (1723-1790), der mit seinem Hauptwerk[73] als Begründer der klassischen Nationalökonomie gilt, hatte seine Forderung nach Wirtschaftsfreiheit noch an die "Schranken der Gerechtigkeit" gebunden. Seine Lehre von den "Sympathiegefühlen"[74], welche es jedem Menschen ermöglichen, sein Handeln nach einem sittlichen Maßstab zu bewerten, bildete die moralphilosophische Begründung und Gewähr dafür, daß der "gesunde Eigennutz" nicht zum unmoralischen Egoismus führte. Auch lehnte Smith nicht jede staatliche Regelung der Wirtschaft ab. Doch in der Mitte des 19. Jahrhunderts entwickelte sich auf der Grundlage seiner Lehre im sog. "Manchester-Liberalismus" die Forderung nach uneingeschränkter Freiheit des einzelnen im Wirtschaftsleben. "Dieses Prinzip der Erwerbs- und Handelsfreiheit mündete in das laissez-faire, laissez-aller (laßt treiben, laßt gehen) als oberste Wirtschaftspolitik. Der freie Wettbewerb, der freie Markt wird zum ausschließlichen Ordnungsprinzip der Volkswirtschaft, diese wird zur fessellosen Konkurrenzwirtschaft"[75]. Dagegen trat durch die Verbreitung des "wissenschaftlichen Sozialismus", deren Auftakt das "Kommunistische Manifest" von 1848 bildete, durch die Kritik der politischen Ökonomie von Karl Marx[76] und durch das Anwachsen der sozialistischen Arbeiterbewegung jene liberalistische Auffassung von der Wirtschaft in den Hintergrund. Mit den Lösungsvorschlägen des Sozialismus, bei denen nun im Gegensatz zum "liberalen Nachtwächterstaat" eine "Allzuständigkeit des Staates" befürchtet wird, setzt sich der erste Teil von "Rerum Novarum" auseinander[77].

---

71 H. Jedin, a.a.O. Bd. VI,2, 24.
72 A.a.O. 206.
73 A. Smith, An Inquiry into the Nature and Causes of the Wealth of Nations, 2 Bde., London 1776.
74 A. Smith, The Theory of Moral Sentiments, 2 Bde., London 1759.
75 J. Messner, Die soziale Frage, Innsbruck [7]1964, 67.
76 K. Marx, Das Kapital. Kritik der politischen Ökonomie, 3 Bde., Berlin 1975.
77 Texte 32-39.

Es sind zwei grundlegende Argumente, die gegen eine sozialistische Lösung der sozialen Frage ins Feld geführt werden:
(1) "Der Mensch ist älter als der Staat" (Nr. 6)[78];
(2) "Bei allen Versuchen, den niederen Klassen aufzuhelfen, ist also durchaus als Grundsatz festzuhalten, daß das Privateigentum unangetastet zu lassen sei" (Nr. 12)[79].

P. Jostock nennt in seinem Kommentar den ersten Satz einen "Fundamentalsatz christlicher Sozialphilosophie"[80]. Die Aussage wird selbst nicht begründet, aber es werden aus ihr wichtige Folgerungen gezogen: Da der Mensch älter ist als der Staat, muß er ein Recht auf Sicherung seiner materiellen Existenz auch schon vor der Entstehung von Staaten gehabt haben. Deshalb ist es einmal unbegründet, den Staat zum (alleinigen oder hauptsächlichen) Träger der Lebensvorsorge zu machen, zum anderen ist das Recht auf Eigentum mit der Natur des Menschen gegeben. Auch den zweiten Satz, der sich inhaltlich aus der letzten Folgerung ergibt, nennt Jostock einen "Eckstein der christlichen Sozialphilosophie und Soziologie"[81]. Das dem Menschen zugesprochene natürliche Recht auf Eigentum geht auf die Eigentumslehre des Thomas von Aquin (Summa theologica II, II, qu. 66) zurück[82]. Wie bereits bei Ketteler[83], stehen auch in "Rerum Novarum" die Ausführungen über das Eigentum im Mittelpunkt der Sozialreform. Zugleich bilden sie eines der Argumente zur Widerlegung des Sozialismus, wenn aus ihnen gefolgert wird, die "Abschaffung des Privateigentums" sei gerade nicht zum Nutzen, sondern zum Schaden der Arbeiter und deshalb keine Lösung der sozialen Frage[84].

---

78 Texte 25. Abgewandelt in Nr. 10: "Denn da das häusliche Zusammenleben sowohl der Idee als auch der Sache nach früher ist als die bürgerliche Gemeinschaft, so haben auch seine Rechte und seine Pflichten den Vortritt, weil sie der Natur näherstehen" (Texte 37).
79 Texte 39. Noch einmal bekräftigt in Nr. 35: "Will man zu irgendeiner wirksamen Lösung der sozialen Frage gelangen, so ist unter allen Umständen davon auszugehen, daß das Recht auf persönlichen Besitz unbedingt hochgehalten werden muß" (Texte 57f.);
"Denn da das Recht auf Privatbesitz nicht durch ein menschliches Gesetz, sondern durch die Natur gegeben ist, kann es der Staat nicht aufheben, sondern nur seine Handhabung regeln und mit dem allgemeinen Wohl in Einklang bringen" (Texte 58f.).
80 Die sozialen Rundschreiben, a.a.O. 17, Anm. 13.
81 A.a.O. 25, Anm. 27.
82 Vgl. O.v. Nell-Breuning, 5601, 371ff.
83 Vgl. oben Anm. 46.
84 Vgl. Texte 33. Zu beachten ist, daß die Enzyklika "dem" Sozialismus den Vorwurf macht, eine prinzipielle Abschaffung des Privateigentums zu erstreben. Eine Vergesellschaftung von Produktionsmitteln unter grundsätzlicher Beibehaltung des Privateigentums wird also von diesem Vorwurf nicht getroffen. Daß eine Sozialisierung in bestimmten Fällen "nicht nur zulässig, sondern geboten" ist (O.v. Nell-Breuning, 7701, 61), wenn beispielsweise mit dem Eigentum über Produktionsmit-

Auf der Grundlage der Auseinandersetzung mit dem Sozialismus werden im zweiten Teil der Enzyklika die drei Hauptthemen der Sozialreform entwickelt: die Forderung nach Lohngerechtigkeit; das Recht der Arbeiter, sich zur Wahrung ihrer (berechtigten) Interessen zusammenzuschließen; die Pflicht des Staates zum Eingriff in die Wirtschaft (sog. "Staatsintervention"), wenn er zur Erlangung oder Erhaltung des Gemeinwohls erforderlich ist[85]. Dieser zweite Teil ist jedoch nicht nach den Themen, sondern nach den Trägern der Sozialreform gegliedert: Zur Lösung der sozialen Frage tragen die Kirche, der Staat und die Selbsthilfe der Betroffenen bei[86]. Im Rahmen unserer Fragestellung interessiert dabei vor allem, worin der Beitrag der Kirche gesehen wird.

Nachdem Leo XIII. zunächst festgestellt hat, "daß Uns das Wort gebührt. Denn ohne Zuhilfenahme von Religion und Kirche ist kein Ausweg aus dem Wirrsale zu finden" (Nr. 13)[87] wird diese Hilfe der Kirche näher beschrieben. "Die Kirche, als Vertreterin der Religion, hat zunächst in den religiösen Wahrheiten und Gesetzen ein mächtiges Mittel, die Reichen und die Armen zu versöhnen und einander nahezubringen; ihre Lehren und Gebote führen beide Klassen zu ihren Pflichten gegeneinander und namentlich zur Befolgung der Vorschriften der Gerechtigkeit" (Nr. 16)[88]. O.v. Nell-Breuning differenziert diese Aussage in folgender Weise:
(1) "Die <u>Kirche</u> vermittelt entscheidend wichtige <u>Einsichten</u>, vor allem die grundlegende, daß man Menschen und Dinge nehmen muß, wie sie sind ...";
(2) "Die Kirche gibt einschneidende <u>sittliche Lehren</u> für das Verhältnis von Arbeitgebern und Arbeitnehmern" und über den rechten Gebrauch des Reichtums;
(3) Die Kirche handelt selbst durch volkserzieherische Arbeit und Liebestätigkeit[89].

Neu ist dabei nach Nell-Breuning, "daß die Kirche diese ihre Verkündigung ausdrücklich auf den sozialen Bereich <u>erstreckt</u>, die sittlichen Maßstäbe auf die konkreten Fragen dieses Bereichs anwendet"[90]. Dadurch wird mit Berufung auf die kirchliche Zuständigkeit für gesellschaftliche und wirtschaftliche Belange ein Weg beschritten, der sowohl die (relative) Eigenständigkeit dieser Bereiche behauptet und

---

tel eine gesellschaftliche Herrschaftsstellung verbunden ist, die "von Rechts wegen gar nicht dem Eigentum zu(kommt), sondern der öffentlichen Gewalt", lehrt auch "Quadragesimo Anno" Nr. 114 (Texte 132).
85 Einteilung nach O.v. Nell-Breuning, in: Texte 12f.
86 Texte 39-66.
87 Texte 39.
88 Texte 41.
89 O.v. Nell-Breuning, 4901, 196f.
90 O.v. Nell-Breuning, 7701, 36f.

zu "theologischer Enthaltsamkeit" mahnt, als auch das Mitspracherecht der Kirche auf sozialphilosophischem Weg sichert, was dann in "Quadragesimo Anno"[91] unter ausdrücklichem Verweis auf "Rerum Novarum" noch deutlicher systematisch entwickelt ist.

Entsprechend unserer politisch-theologischen Betrachtungsweise, die den Zusammenhang der theologischen, geschichtlichen und gesellschaftlichen Veränderungen hervorhebt, ist dieser Gedankengang jedoch zu modifizieren. Er kann nämlich zu dem Mißverständnis führen, daß vor "Rerum Novarum" der soziale Bereich nicht Gegenstand der kirchlichen Verkündigung gewesen sei. Tatsächlich war aber bis dahin die "allgemeine Metaphysik" (als die Gesamtheit von Ontologie und Theologie) selbst Soziallehre in dem Sinn, daß sie die "unbefragte Zustimmungsgrundlage für soziales Verhalten und Handeln"[92] darstellte, und als solche war sie keineswegs eine unpolitische Metaphysik[93]. Während aber bisher ihre gesellschaftliche Wirksamkeit durch kirchliche und theologische Autorität abgestützt war, ist sie nun als "neu"-scholastische Sozialphilosophie aus dem engeren theologischen Kontext entlassen und soll ihre Kompetenz unabhängig von der kirchlichen Autorität verteidigen. Mehr noch: gerade durch sie soll diese Autorität im gesellschaftlichen Leben zurückgewonnen werden. Eigentlich ist also weniger die Tatsache neu, daß die Kirche ihre Verkündigung auf den sozialen Bereich "erstreckt", als die Art, in der das geschieht. An die Stelle der <u>Einheit</u> kirchlicher und gesellschaftlicher Lehre in der Metaphysik tritt die <u>Aufteilung</u>: Zuständigkeit der Theologie für Glaubensfragen und der Sozialphilosophie und Soziallehre für die gesellschaftlichen und sozialen Fragen.

Dazu macht die Enzyklika "Rerum Novarum" offiziell den Anfang. Auf ihre "ohne Zweifel starken systematischen Elemente" wurde bereits hingewiesen. Sie stammen "zu einem guten Teil aus der neuscholastischen Sozialphilosophie Liberatores"[94]. Bei Matteo Liberatore SJ (1810-1892), dem "Haupt der römischen Neuscholastik", "der die Naturrechtlichkeit

---

91 Texte 105f.
92 J.B. Metz, Glaube in Geschichte und Gesellschaft, 17.
93 Vgl. G. Gundlach, Die Ordnung der menschlichen Gesellschaft, Bd. 1, Köln 1964, 67. Gundlach weist auf das "Vorwiegen <u>religiös-politischen Interesses</u> (z.B. Kämpfe zwischen Kaiser und Papst)" in den soziologischen Überlegungen des Mittelalters hin, vor allem bei Thomas: "Er ist in seiner Soziologie stark geleitet von der konkreten Anschauung der Gesellschaftszustände seiner Zeit, z.B. in seiner Lehre über die Freiheitsrechte der Persönlichkeit. Im Hinblick auf diese Feudalordnung und das Verhältnis Herr-Hörige stellt er die prinzipielle Frage nach den Freiheitsrechten der Persönlichkeit. Dieses Beeinflußtsein von den gesellschaftlichen Tatsachen und Kämpfen ihrer Zeit gilt überhaupt von den mittelalterlichen Soziologen."
94 H. Jedin, a.a.O. Bd. VI,2, 206.

des individuellen Eigentums in den Mittelpunkt seiner Sozialphilosophie stellte"[95], wird ein entscheidender Einfluß auf "Rerum Novarum" vermutet[96]. Daraus wird zunächst verständlich, warum die Eigentumslehre einen so zentralen Platz in der Enzyklika einnimmt. Nicht nur die Auseinandersetzung mit dem Sozialismus, sondern auch die Eigenart und der Schwerpunkt der Sozialphilosophie Liberatores bestimmten die Akzentsetzung. Darüber hinaus stoßen wir hier noch einmal auf die Gründe für die in vielen Partien "neuscholastische Abstraktheit": "Man muß die Vorstellungen von der Einheit des Katholizismus, die er gewiß in seiner Kampfstellung gegenüber der 'modernen Welt' darstellte, erheblich modifizieren, wenn man die Schwierigkeiten angemessen würdigen will, welche in der Formulierung der Enzyklika 'Rerum Novarum' zu bewältigen waren. Die neuscholastische Abstraktheit, die sie in vielen Partien zeigt, hat eine ihrer Ursachen darin, daß die recht gegensätzlichen Anschauungen innerhalb des Katholizismus selbst ... überbaut werden mußten"[97]. P. Jostock zieht daraus die Konsequenz. "Die Gefahr, daß mit den Aussagen des Papstes Mißbrauch getrieben wird, indem bestimmte Schichten oder Interessenten sie einseitig zu ihrem Vorteil auslegen, verbietet eine allzu konkrete und ins Einzelne gehende Stellungnahme"[98]. Dem eigenen Interesse, nicht durch eine Entscheidung in den innerkirchlichen Streit einzugreifen, kam diese "neuscholastische Abstraktheit" entgegen. Und für ihre Formulierung stand das "Haupt der römischen Neuscholastik" selbst zur Verfügung.

1.2.2 "Quadragesimo Anno"

Wie Leo XIII. die Arbeiterfrage zu lösen suchte "einzig gestützt auf die unwandelbaren Grundsätze von Vernunft und Offenbarung"[99], so greift Pius XI. in der Enzyklika "Quadragesimo Anno" (1931) diese Grundsätze für die Errichtung der neuen Gesellschaftsordnung auf: "De ordine sociali instaurando et ad Evangelicae legis normam perficiendo"[100]. Nach einem Rückblick über Lehre und Wirkungen von "Rerum Novarum" (Teil I) beginnt Teil II mit dem Hinweis auf die Zuständigkeit der Kirche, "das Sittengesetz in seinem ganzen

---

95 A.a.O. 205.
96 A.a.O. 215, Anm. 61. Danach stammt der erste Entwurf der Enzyklika von M. Liberatore. An der dritten Fassung war er nochmals beteiligt.
97 A.a.O. 215.
98 Die sozialen Grundschreiben, a.a.O. 11, Anm. 5.
99 Texte 94.
100 AAS 23 (1931), 177. - Teil aus der einleitenden Anrede, die in der deutschen Übersetzung fehlt.

Umfang zu verkünden, zu erklären und ... auf seine Befolgung zu dringen"[101]. Denn die Sendung der Kirche bezieht sich auf alles, "was auf das Sittengesetz Bezug hat"[102], unter dieser Rücksicht also auch auf den gesellschaftlichen und wirtschaftlichen Bereich.

Die genaue Interpretation dieser Aussage ist von grundsätzlicher Bedeutung für das Verständnis der Argumentationsweise der Enzyklika. Zugleich werden hier tiefere Probleme erkennbar, mit denen die katholische Soziallehre, wie sich zeigen wird, in der Folgezeit beschäftigt ist. Aus diesen Gründen soll ein längerer Abschnitt aus dem Kommentar von Nell-Breuning zu dieser Stelle wiedergegeben werden.

Der Satz, Gesellschaft und Wirtschaft seien eine sittliche Angelegenheit, ist nach zwei Seiten hin genauer auszulegen. <u>Zum einen</u> muß betont werden, daß Gesellschaft und Wirtschaft vom Papst als eine sittliche, nicht aber als eine religiöse Angelegenheit bezeichnet werden. Diese Unterscheidung ist Nell-Breuning wichtig. Zwar soll sich die religiöse Grundhaltung des Menschen auch in seinem beruflichen Leben auswirken, und es wird keineswegs bestritten, daß vom menschlichen Gemeinschaftsleben und der wirtschaftlichen Berufstätigkeit Verbindungslinien zum religiösen Leben des Menschen bestehen: "Aber dadurch werden Gesellschaft und Wirtschaft noch nicht zur religiösen Angelegenheit, zu einem religiösen Lebensbereich. Dagegen sind sie als menschliche Kulturbereiche, als Geschehenszusammenhang menschlicher Handlungen durch und durch <u>sittliche Lebensbereiche</u>. Es wäre dringend zu wünschen, daß Wendungen wie diese, die soziale Frage sei keine Magenfrage, sondern zutiefst eine religiöse Frage, so gut sie gemeint sein mögen, doch verschwinden möchten." Wenn auch der erste Teil dieses letzten Satzes stimmt, daß nämlich die soziale Frage mehr ist als eine Magenfrage, weil sie trotz ihres wirtschaftlichen Einschlags ein Ausschnitt aus dem gesamtgesellschaftlichen Leben ist, d.h. die gesellschaftliche Ordnung betrifft und einer gesellschaftlichen, nicht nur wirtschaftlichen Lösung bedarf, so folgt daraus doch nicht der zweite Halbsatz, daß die soziale Frage "zutiefst eine religiöse Frage" sei. Sie ist vielmehr eine sittliche Frage, "die von seiten der Religion her gewiß Förderung erhalten, ja ohne die Mithilfe der Religion gar nicht befriedigend gelöst werden kann, ohne aber dadurch in ihrer Wesensart verändert und zu einer religiösen Frage zu werden."

<u>Zum anderen</u> bedeutet der Satz, Gesellschaft und Wirtschaft seien eine sittliche Angelegenheit, die Anerkennung dessen, was als Eigenständigkeit und Eigengesetzlichkeit der

---

[101] Texte 105. "... legis moralis universae divulgandae, interpretandae atque ... urgendae" (AAS, a.a.O. 190).
[102] Ebd. "... quae ad regulam morum referuntur" (AAS, ebd.).

verschiedenen Kultursachgebiete bezeichnet wird. "Diese Eigenständigkeit oder Eigengesetzlichkeit war nun, wie bekannt, schweren Angriffen ausgesetzt. Deswegen liegt dem Papste daran, gerade nach dieser Seite hin die Tragweite seiner Feststellung selber genau zu bestimmen. Hier überläßt er also die Umschreibung des Sinnes seiner Ausführungen nicht dem Erklärer, sondern nimmt sie selber vor." Nun gibt es in der lateinischen Sprache kein Wort, das den deutschen Wörtern "Eigenständigkeit" und "Eigengesetzlichkeit" entspricht. Nell-Breuning bedient sich deshalb einer Interpretation, um die Übereinstimmung der lateinischen Aussage mit seiner Erklärung festzustellen. Er fragt, was denn Eigenständigkeit und Eigengesetzlichkeit der Sache nach bedeuten, und erklärt: "die verschiedenen Bereiche (Kultursachgebiete) stehen sozusagen auf eigenen Füßen, d.h. sie haben eine eigene Seinsgrundlage, auf der sie aufruhen, und aus dieser Seinsgrundlage erfließende eigene Wesensgesetze, denen sie gehorchen. Etwas anderes können ja wohl die Worte Eigenständigkeit und Eigengesetzlichkeit gar nicht bedeuten. Gerade dieses nun sagt der lateinische Wortlaut der Enzyklika, der diesen Sachbereichen, in unserem Falle insbesondere der Wirtschaft, eine solche eigene Seinsgrundlage und solche eigenen Wesensgesetze zuschreibt." Das lateinische Wort, das beides, Seinsgrundlage und Wesensgesetz, umgreift, ist das auch in der deutschen Sprache als Fremdwort bekannte "Prinzip". "Nun sagt der Papst, daß 'Wirtschaft und Sittlichkeit jede in ihrem Bereich' ihre eigenen Prinzipien haben bzw. sich ihrer bedienen (in suo quaeque ambitu sius utuntur principiis). Das ist eine klassische Formulierung für unsere Eigenständigkeit oder Eigengesetzlichkeit. Die Wortprägung ist zudem nicht neu, sondern hat dem Vatikanischen Konzil bereits einmal gedient, um das Verhältnis von Vernunft und Glaube darzulegen, die ja nach der Lehre der Kirche auch ihre 'Eigenständigkeit' besitzen. Gerade dieser Umstand, daß wir hier genau die gleiche Formulierung vor uns haben, deren sich das Vatikanische Konzil zur Darlegung der Eigenständigkeit bedient, trägt in hohem Maße dazu bei, den Gedanken des Papstes über jede Möglichkeit des Zweifels auf das genaueste klarzustellen, weil uns hier die ganze gedankliche Arbeit zustatten kommt, welche die Theologen auf die Darlegung des Verhältnisses von Vernunft und Glaube im Sinne des Vatikanischen Konzils verwendet haben"[103].

Aus dem Text dieses Absatzes sind drei entscheidende Beobachtungen festzuhalten:
(1) Die Unterscheidung von "religiös" und "sittlich" impliziert die Unterscheidung der Zuständigkeitsbereiche von Theologie und Sozialphilosophie.

---

[103] Alle Zitate dieses Absatzes aus O.v. Nell-Breuning, 3201, 58-60.

(2) Die Eigenständigkeit bzw. Eigengesetzlichkeit der Kultursachgebiete Gesellschaft und Wirtschaft ist eine <u>relative</u>; die ihnen eigenen Wesensgesetze schließen "die Gültigkeit des allgemeinen Sittengesetzes für das betreffende Sachgebiet keineswegs aus"[104].
(3) Die den Kultursachgebieten "eigenen" Prinzipien stehen in einem analogen Verhältnis zu der Eigenständigkeit, die im theologischen Verständnis dem Verhältnis von <u>Vernunft und Glaube</u> zukommt.

Mit diesen Feststellungen wird sich der systematische Teil der Arbeit noch eingehend auseinandersetzen.

Nach Einzelerörterungen über Eigentum, Kapital und Arbeit, Entproletarisierung des Proletariats und Lohngerechtigkeit folgen mit Teil II,5 (Nr. 76-98) die Ausführungen über die neue Gesellschaftsordnung, die "das Kern- und Herzstück der ganzen Enzyklika"[105] bilden. Auf die zentrale Stellung dieses Abschnitts weist bereits hin, daß einleitend die Worte der Überschrift (s.o.) aufgenommen und präzisiert werden: "socialem ordinem ... ad sanae philosophiae principia instaurandum atque ad Evangelicae legis altissima praecepta perficiendum"[106]. Die Wiederaufrichtung der Gesellschaftsordnung hat also nach den Prinzipien "gesunder" (= neuscholastischer) Sozialphilosophie, ihre Vollendung nach den "erhabenen Vorschriften des Heilsplans der Frohbotschaft" zu geschehen. Dem entsprechen die Wege zu dieser neuen Gesellschaftsordnung, "Zuständereform und Sittenbesserung"[107].

Die Zuständereform ist Aufgabe des Staates und der freien Vereinigungen. An diese Stelle gehören die Darlegungen zur "Berufsständischen Ordnung"[108]. Ziel ist es, "aus der Auseinandersetzung zwischen den Klassen zur einträchtigen Zusammenarbeit der Stände"[109] zu gelangen. Im Gegensatz zu den Klassen, die sich nach der Zugehörigkeit zu den jeweiligen Arbeitsmarktparteien konstituieren, sollen die Stände "nach der verschiedenen gesellschaftlichen Funktion"[110] gebildet werden und auf diese Weise eine institutionelle Trennung von Kapitaleignern sowie Arbeitgebern einerseits und Arbeitern andererseits "unterlaufen". Wenn dazu in Nr. 97 gesagt wird, es habe "einmal eine gesellschaftliche Ordnung gegeben, die zwar auch nicht in jeder Beziehung vollkommen

---

104 A.a.O. 60.
105 A.a.O. 137.
106 AAS, a.a.O. 202. Vgl. Texte 120.
107 "institutionum reformatio atque emendatio morum" (ebd.).
108 Texte 121. Der lat. Text kennt diesen Begriff nicht. Er trägt die Randüberschrift: "'Ordinum' mutua conspiratio" (AAS, a.a.O. 204), also "wechselseitige (gegenseitige) Zusammenarbeit der 'Stände'".
109 Ebd. "... ut 'classium' oppositarum disceptatione superata, concors 'ordinum' conspiratio excitetur et provehatur" (AAS, ebd.).
110 Texte 122.

war, aber doch in Anbetracht der Zeitverhältnisse und Zeitbedürfnisse der rechten Vernunftordnung einigermaßen nahekam"[111], so braucht darin keine "Verhimmelung der guten alten Zeit" gesehen zu werden, bei der dem Papst "eine mittelalterliche Stadtordnung mit ihren Zünften als das Ideal"[112] vorschwebt. Dennoch wird dabei an eine analoge, den neuen Zeitverhältnissen entsprechende Gesellschaftsordnung gedacht sein, die also ähnlich strukturiert wäre.

Die Schuld für den Verlust dieser Ordnung liegt, mit den Worten der Enzyklika ausgedrückt, "an der selbstsüchtigen Engherzigkeit der Menschen"[113]. Daher bedarf es neben der Zuständereform der "Sittenbesserung" (Teil III,3), und für sie "wird allein die Erneuerung christlichen Lebens und christlicher Einrichtungen helfen"[114]. Notwendig ist eine "aufrichtige und vollständige Rückkehr zur Heilslehre der Frohbotschaft, zu den Geboten dessen, der allein Worte des ewigen Lebens hat ... Alle wirklich sachverständigen Sozialreformer erstreben eine vollkommene Rationalisierung, die die rechte Vernunftordnung des wirtschaftlichen Lebens wiederherstellt"[115].

Dieser Anschluß ist bemerkenswert, scheint er doch die vorher getroffenen, grundlegenden Unterscheidungen wieder zu verwischen. Aber das Wort "Rationalisierung" ist hier nicht beschränkt auf Produktionsplanung und Wirtschaftsorganisation, sondern meint "die möglichst vollkommene Verwirklichung der ratio, der Vernunft und dessen, was sie erfordert"[116]. Sie hat zur Voraussetzung die Anerkennung der "Einheit des göttlichen Weltplanes"[117], in dem "alle die besonderen Sachziele der einzelnen Kultursachgebiete zu einer Zielordnung sich zusammenfügen und in dieser Zielordnung nichts anderes sind als Stufen auf dem Wege zum letzten und höchsten Ziel, zu Gott"[118].

---

[111] Texte 127. "Fuit enim aliquando ordo quidam socialis, qui etsi perfectus quidem et omnibus numeris absolutus non erat, pro temporum tamen condicione et necessitatibus rectae rationi quadantenus congrueba (AAS, a.a.O. 209).
[112] O.v. Nell-Breuning, 3201, 177.
[113] Texte 127.
[114] Texte 138. "... revocatio vitae institutorumque christianorum sola medebitur" (AAS, a.a.O. 219).
[115] Texte 141. "... nullum validum remedium afferri potest nisi ad evangelicam doctrinam aperte et sincere redeant homines, ad Illius nimirum praecepta, qui unus verba vitae aeternae habet ... Siquidem, quotquot sunt in re sociali vere periti, enixe expetunt compositionem ad normas rationis exactam, quae vitam oeconomicam ad sanum rectumqu ordinem reducat" (AAS, a.a.O. 222).
[116] O.v. Nell-Breuning, 3201, 220.
[117] Texte 142 (Nr. 136), vgl. 106 (Nr. 43).
[118] O.v. Nell-Breuning, 3201, 221.

So bleibt die Einheitlichkeit der Argumentation gewahrt:
Die für die Wiederherstellung der Gesellschaftsordnung notwendigen Sozialreformen können auf sozialphilosophischem Weg erkannt und durch den Staat und die freien gesellschaftlichen Vereinigungen durchgeführt werden. Weil aber die eigentliche Ursache für die gesellschaftlichen Mißstände in der Abkehr vom Glauben an Gott als Folge der Erbsünde liegt[119], Sozialreform ohne "Sittenbesserung" also nicht zum Ziele führt, Wirtschaft und Gesellschaft nur einzelne Kultursachgebiete sind innerhalb der "Stufen auf dem Wege zum letzten und höchsten Ziel, zu Gott", ist für eine umfassende Neuordnung der Gesellschaft die Hilfe der Kirche notwendig. Dem entspricht die (theologische) Erkenntnis, daß die von Gott gewollte Heilsordnung eine "übernatürliche Ordnung" ist, folglich auch "das Ziel nur mit übernatürlichen Mitteln erlangt"[120] werden kann. "Darum geht es dem Papste hier nicht mehr bloß um die Wiederherstellung der gesellschaftlichen Ordnung nach ihren natürlichen Vernunftgrundsätzen, sondern um die 'durchgreifende Erneuerung der menschlichen Gesellschaft in Christus', die nur durch die 'Ausgießung des Geistes der Frohbotschaft' (Q.a.n. 138) verwirklicht werden kann"[121].

Deshalb befaßt sich ein Schlußabschnitt der Enzyklika[122] mit dem Bereich, den die Überschrift als "Vollendung nach dem Heilsplan der Frohbotschaft" bezeichnet. Hier ist - nach Meinung der Enzyklika und ihrer Interpreten - die Kirche auf ihrem ureigensten Feld und kann sie ihren spezifischen Beitrag zur Lösung der sozialen Frage leisten. "Ist doch die Kirche allein von Gott bestellt als Lehrerin des göttlichen Glaubens und als Mittlerin der göttlichen Gnaden. Zur Erkenntnis und Verbreitung der natürlichen Vernunftwahrheiten über die menschliche Gesellschaft können auch andere beitragen"[123]. Mit ihnen befaßt sich die Kirche nur insofern, als sie zur Verwirklichung ihrer eigentlichen Aufgabe notwendig sind. Gerade diese klare Unterscheidung der eigentlichen Aufgabe der Kirche von den daraus sich ergebenden Folgen und Auswirkungen scheint in der Enzyklika "Mater et Magistra" aufgegeben, weshalb Nell-Breuning zu der Überzeugung gelangt, diese "leite den Abstieg der katholischen Soziallehre ein"[124].

Bevor das erläutert wird, soll ein kritischer Rückblick das Ergebnis unserer Untersuchungen von "Rerum Novarum"

---

119 Vgl. Texte 139 (Nr. 132).
120 O.v. Nell-Breuning, 3201, 226.
121 Ebd.
122 Texte 143-145 (Nr. 138-140).
123 O.v. Nell-Breuning, 3201, 227.
124 O.v. Nell-Breuning, 7201, 83.

und "Quadragesimo Anno" und die Folgerungen daraus kurz zusammenfassen.

1.2.3 Zwei Enzykliken im Spiegel der Kritik

Im Mittelpunkt beider Enzykliken steht die Auseinandersetzung mit dem Sozialismus. Während "Rerum Novarum" seine Widerlegung anhand der Lehre vom natürlichen Recht auf Eigentum anzielt, erstrebt "Quadragesimo Anno" die Überwindung der Gegnerschaft von Kapital und Arbeit mittels der berufsständischen Ordnung. Diese Schwerpunkte sind innerhalb der katholischen Soziallehre keineswegs unkritisch betrachtet worden. Bevor Folgerungen aus den theoretischen Grundpositionen der katholischen Soziallehre zur Zeit von "Quadragesimo Anno" gezogen werden, soll daher jene "systemimmanente" Kritik angesprochen werden.

1.2.3.1 Kritik im Rahmen des Bezugssystems "Katholische Soziallehre"

(1) Auf den besonderen Blickwinkel, unter dem Leo XIII. die Lösung der sozialen Frage sieht, wurde schon hingewiesen. "Ebenso wie seine Staatslehre unterstellt, alle Staatsbürger seien katholisch, und keine Ausführungen darüber macht, was gilt, wenn dies nicht der Fall ist, so unterstellt er auch hier, es gebe nur katholische (Arbeitgeber und) Arbeitnehmer und daß alle, auch wenn sie nicht auf die Kirche hören, so doch alle der Kirche angehören. Wiederum, was gilt, wenn dies nicht zutrifft, darüber läßt Leo sich nicht aus. Rückblickend erkennen wir das als einen beklagenswerten Mangel. In den Ländern, deren Arbeiterschaft in verschiedene christliche Bekenntnisse gespalten oder ein Großteil der Arbeiter überhaupt nicht christlich ist, entbrannte über diese Frage harter und erbitterter Streit; jeder streitende Teil wollte aus RN eine Bestätigung seiner Meinung herauspressen, die der Text aber nun einmal nicht hergibt"[125]. Das gilt jedoch ebenso, wie wir gesehen haben, für die "Angehörigen" der Kirche selbst. War der Text darauf angelegt, die gegensätzlichen Anschauungen innerhalb des Katholizismus zu überbauen, so konnten diese im nachhinein auch wieder aus ihm herausgelesen werden.

Nicht besser erging es den Ausführungen der Enzyklika über das Eigentum. Um seine Ablehnung einer Sozialisierung der Produktionsmittel zu begründen, "sah Leo sich genötigt, die Institution des Eigentums grundsätzlich zu verteidigen. Damit ließ er sich - leider! - vom Gegner das Gesetz des Handelns vorschreiben. Marx hatte das Eigentum zum Haupt-

---

[125] O.v. Nell-Breuning, 7701, 41.

gegenstand seines Angriffes gemacht und damit den Kampfplatz bestimmt, auf dem die Schlacht geschlagen werden sollte; Leo ließ sich herbei, ihm auf den von ihm gewählten Kampfplatz zu folgen und den Waffengang mit den von ihm gewählten Waffen auszutragen. Das hat zur unseligen Folge gehabt, daß seither in den Dokumenten der katholischen Soziallehre die Eigentumsfrage ungebührlich im Vordergrund steht und geradezu als ein Blickfang wirkt, dem Freund und Feind erliegen mit der Folge, daß weit und breit der Eindruck herrscht, die Kirche schlage sich auf die Seite der Besitzenden und Mächtigen und habe für den Arbeiter und seine Arbeit nur schöne, aber leere Worte"[126].

(2) "'Quadragesimo anno' ist tot. Die Enzyklika des Subsidiaritätsprinzips ist vom Totalitarismus des autoritären Staates überrannt worden und mußte sich dabei noch gefallen lassen, zu dessen Rechtfertigung mißbraucht zu werden"[127]. Mit diesen Worten beurteilte Nell-Breuning 1971 das Schicksal der Enzyklika, die von ihm selbst maßgeblich mitgestaltet worden war. An erster Stelle Schuld an den Mißverständnissen über den Gedanken der berufsständischen Ordnung trage der von Pius XI. persönlich verfaßte Passus über den faschistischen Korporationsstaat Mussolinis. Was als Kritik am Faschismus gedacht war (und nach Nell-Breuning von Mussolini auch so verstanden worden war)[128], sei in aller Welt als Belobigung aufgefaßt worden; "seither ist in der Welt der Verdacht, die Kirche und ihre Soziallehre hätten eine Schlagseite zum Faschismus, nicht mehr auszurotten"[129]. Auch im Sinne der Zentralverwaltungswirtschaft[130] ist die berufsständische Ordnung verstanden worden. So wird das in der Sache gleich gebliebene Urteil Nell-Breunings, der Gedanke der berufsständischen Ordnung sei viel zu vernünftig, als daß er jemals verwirklicht würde[131], von der Einschätzung der negativen Folgen, die er gehabt hat, überlagert: "Wenn ich heute diesen Teil der Enzyklika als den 'unglücklichsten' bezeichne, so nicht deswegen, weil ich an dem dort in Umrissen angedeuteten Ordnungsbild irre geworden wäre - ich halte es heute noch für ebenso richtig und unverzichtbar wie damals -, sondern wegen der ungeheuerlichen Mißverständnisse, die es ausgelöst hat, und wegen der katastrophalen Folgen, die sich daraus ergeben haben. Mißverständnisse setzen Mißverständlichkeit voraus;

---

126 A.a.O. 42.
127 O.v. Nell-Breuning, 7201, 134.
128 Ebd. Auch a.a.O. 120; 7701, 55.
129 O.v. Nell-Breuning, 7701, 56. Vgl. H. Maier, Soziologie der Päpste, Berlin 1965.
130 O.v. Nell-Breuning, 7201, 11. Vgl. M. Hättich, Wirtschaftsordnung und katholische Soziallehre, Stuttgart 1957.
131 Vgl. O.v. Nell-Breuning, 7105, 293.

da ich sowohl für die Textfassung als auch dafür die Verantwortung trage, daß diese Ausführungen ... in die Enzyklika aufgenommen wurden, bedrücken diese Mißverständnisse und erst recht deren unheilvolle Folgen mich überaus schwer"[132].

Als "äußerst unglücklich" habe sich auch erwiesen, wie "Quadragesimo Anno" vom Sozialismus handelt[133]. Das Verständnis des Sozialismus, das auf eine Begriffskonstruktion G. Gundlachs zurückgeht[134], sei zwar scharfsinnig, entbehre aber der tatsächlichen Grundlage. So sei auch diese Begriffsbestimmung mißverstanden und die in ihr enthaltene Einschränkung "er müßte denn aufhören, Sozialismus zu sein"[135] unterschlagen worden. "Mit anderen Worten, man hat die Verurteilung der Enzyklika nicht auf das bezogen, was sie als Sozialismus definiert, sondern es so hingestellt, als ob sie alles, was sich Sozialismus nennt, in einen Topf werfe und verdamme. So hat diese Stelle noch bis in die jüngste Zeit bei den freiheitlich-demokratischen Sozialisten, die sich ebenso wie die britischen Labour-Sozialisten bewußt waren, daß die Begriffsbestimmung der Enzyklika auf sie nicht zutrifft, tiefe Bitterkeit erzeugt und den Eindruck erweckt, die Kirche versage sich entgegen eigener besserer Einsicht der ehrlichen Auseinandersetzung"[136]. Auch im innerkirchlichen Raum wurde und wird die Auffassung vertreten, die katholische Soziallehre sei gegen "den Sozialismus" schlechthin[137], und oft wird daraus noch der Schluß gezogen, folglich käme nur eine modifizierte Bejahung "des Kapitalismus" in Betracht.[138]

Die angeführten Beispiele, die keineswegs beliebig sind, sondern zentrale Aussagen beider Enzykliken betreffen, machen Anfragen notwendig, die den Rahmen der Einzelkritik

---

132 O.v. Nell-Breuning, 7201, 133. A.a.O. 111 heißt es, dieser Teil sei "sehr wenig glücklich geraten", weil er "bei weitem nicht deutlich genug herausstellt, daß von einer Ordnung der Gesellschaft ('ordo socialis instaurandus'!) die Rede ist".
133 A.a.O. 80.
134 Vgl. G. Gundlach, a.a.O. Bd. 2, 122. Danach bedeutet "Sozialismus: eine nach Wertideen und Mitteln dem kapitalistischen Zeitalter innerlich zugehörige allumfassende Lebensbewegung zur Herbeiführung und dauernden Sicherung der Freiheit und des diesseitigen Glücks aller durch ihre uneingeschränkte Einfügung in die Einrichtungen der von höchster Sachvernunft geformten und jedes Herrschaftscharakters entkleideten menschlichen Gesellschaft."
135 Texte 134 (Nr. 117). "... si vere manet socialismus" (AAS, a.a.O. 215).
136 O.v. Nell-Breuning, 7201, 81.
137 Dieses Vorurteil reflektiert das bereits in Anm. 21 erwähnte Memorandum des Bensberger Kreises, Anti-Sozialismus aus Tradition?
138 Vgl. zum Beispiel einzelne Beiträge in A. Rauscher (Hrsg.), Ist die katholische Soziallehre antikapitalistisch?, Köln 1968.

übersteigen. Und auch die gesamte neuscholastische Konzeption der Sozallehre, die mit "Quadragesimo Anno" nach der lehrhaften Seite hin einen Höhepunkt erreicht hat, läßt einige Grundprobleme erkennen, die aus dem theoretischen Bezugssystem als solchem entstehen.

1.2.3.2 Probleme des Bezugssystems

Angesichts der Tatsache, daß die wichtigsten Abhandlungen in "Rerum Novarum" und "Quadragesimo Anno" solch groben "Mißverständnissen" ausgesetzt waren, stellt sich die Frage, ob für die Art, in der die katholische Soziallehre gesellschaftliche Probleme behandelt, die Heraufführung von "Mißverständnissen" in gewissem Sinn <u>konstitutiv</u> ist. Terminologie und Argumentationsweise sind anscheinend nur im begrenztem Maße einsichtig und nachvollziehbar. Der Wunsch, für "alle Menschen guten Willens" verständlich zu sprechen, steht in einem offensichtlichen Mißverhältnis dazu. Tatsächlich bieten die neuscholastische Sozialphilosophie und die Theologie des Ersten Vatikanischen Konzils keinen Verstehenshorizont mehr, der allgemein akzeptiert ist. Eine unmißverständliche Aufnahme der Aussagen beider Enzykliken setzt aber diesen Verstehenshorizont voraus. Fehlt er, so schlägt die erstrebte Allgemeinverständlichkeit und Verbindlichkeit des Denkens um in seine <u>faktische Partikularität</u>. Was als Fortschritt erachtet und <u>als Chance gesehen</u> wurde (und auch heute noch in der katholischen Soziallehre überwiegend so gesehen wird), erweist sich rückblickend als entscheidender Mangel: durch Abstraktion von den gesellschaftlichen und geschichtlichen "tatsächlichen Grundlagen" zugunsten scharfsinniger Begriffskonstruktionen und reiner Wesensbetrachtungen tragen diese zum Streit um die Realitäten nichts mehr bei. Und der Versuch, die tatsächlichen Verhältnisse mit den Ausführungen der Texte in Beziehung zu setzen, führt zu den bekannten "Mißverständnissen". So ist nicht nur die Idee der berufsständischen Ordnung einschließlich ihrer "Wiederbelebung" in "Quadragesimo Anno" im wesentlichen zu einer theoretischen Angelegenheit"[139] geworden. Durch den "Rückzug auf die Bastion eines zeitlos gültigen Systems" und den Überbau bestehender Gegensätze durch neuscholastische Abstraktheit hat die katholische Soziallehre insgesamt ihre Aktualität und Repräsentanz in der modernen Welt verloren[140].

Ein weiteres Problem kann unter dem Stichwort "Wissenschaft und Öffentlichkeit" gesehen werden. Es hängt mit der faktischen Partikularität neuscholastischen Denkens in gewisser Weise zusammen. Bekanntlich richteten sich beide

---

139 H. Jedin, a.a.O. Bd. VI,2, 214.
140 H. Jedin, a.a.O. Bd. VI,1, 689.

Enzykliken an Wissenschaftler und Theologen[141]. Sie wollten mittels differenzierter Problemanalysen und Lösungsvorschläge in eine wissenschaftliche Auseinandersetzung um die strittigen Fragen eintreten. Nun kann diese aber heutzutage – wie schon zur Zeit der Entstehung der Enzykliken – nicht von der Aufnahme der Gedanken in der Öffentlichkeit absehen. Wenn es zu einer solch großen Diskrepanz zwischen dem "eigentlich Gemeinten" und dessen öffentlicher Rezeption kommen konnte, zeigt das nicht nur die Unwissenschaftlichkeit öffentlicher Meinungen an, sondern zugleich auch den fehlenden Realitätsbezug der wissenschaftlichen Erörterungen. Mit dieser Bemerkung ist das Problem zwar nicht gelöst, und die angesprochene Differenz wird sich wohl nie ganz vermeiden lassen. Aber es ist doch ein Hinweis darauf gegeben, daß die Behandlung gesellschaftlich relevanter Themen – und um sie geht es der katholischen Soziallehre doch – nicht an der Öffentlichkeit vorbei geführt werden kann.

Abschließend ist an dieser Stelle noch ein theologisches Grundproblem zu nennen, das sich aus der geschichtlichen Entwicklung der katholischen Soziallehre ergeben hat. Es geht um die bereits mehrfach erwähnte arbeitsteilige Sicht, mit der die Kirche den gesellschaftlichen Bereich betrachtet. Mit ihm befaßt sie sich nur, sofern die "eigentliche" Sendung der Kirche von gesellschaftlichen Problemen betroffen ist, d.h. unter den folgenden Rücksichten und Bedingungen:

(1) Gesellschaftliche und wirtschaftliche Verhältnisse können so beschaffen sein, "daß sie einer ungeheuer großen Zahl von Menschen es außerordentlich schwer machen, das eine Notwendige, ihr ewiges Heil, zu wirken"[142].
(2) Die Kirche ist dank ihrer Sozialphilosophie in der Lage, den Menschen zur Einsicht in die "natürlichen Vernunftwahrheiten" zu verhelfen.
(3) Sozialethische Normen können "ausweislich der Erfahrung im allgemeinen nur dort ungetrübt erkannt werden, wo das Licht der Offenbarung leuchtet"[143].
(4) Die Glaubensverkündigung hat notwendig Folgen und Auswirkungen im gesellschaftlichen Bereich (Ursache-Folge-Relation), und die Kirche selbst ist ein Sozialgebilde.
(5) Das eigene Handeln nach den Grundsätzen der Gerechtigkeit macht die Glaubensverkündigung der Kirche glaubwürdiger (Zweck-Mittel-Relation).

---

141 O.v. Nell-Breuning, 7701, 74.
142 Texte 138 (Nr. 130). "... ut ingenti hominum numero maxima impedimenta creent quominus unum illud necessarium, aeternam nempe salutem, curent" (AAS, a.a.O. 219).
143 O.v. Nell-Breuning, 6301, 210.

Neben neu hinzukommenden Aspekten hatte sich die katholische Soziallehre in der Folgezeit vor allem mit den genannten Grundproblemen auseinanderzusetzen. Nach der Zeit Papst Pius' XII., dessen zahllose Ansprachen zu sozialen Fragen[144] keine Weiterentwicklung brachten, war es die Enzyklika "Mater et Magistra", die wichtige Schritte voranging.

1.3 Neue Aspekte und Akzente in der katholischen Soziallehre angesichts veränderter Problemstellungen

"'Mater et Magistra'. - Mit dieser Enzyklika setzt eine neue Zeit ein"[145]. Es sind vor allem vier Aspekte, die in einem Zusammenhang stehen und das "Neue" der Situation kennzeichnen.
(1) Die philosophisch-naturrechtliche Argumentation tritt zurück; "Johannes XXIII. beginnt stattdessen empirisch-soziologisch zu argumentieren und theologisch zu motivieren"[146].
(2) Adressaten der Enzyklika sind nicht mehr Bischöfe, Theologen und Fachwissenschaftler (Juristen und Ökonomen), sondern die Menschen überhaupt[147].
(3) Der Blick weitet sich aus der "europäischen Enge"[148] und versucht, die sozialen Probleme auf Weltebene zu erfassen. "Das Blickfeld hat sich geweitet, indem auch die Probleme der unterentwickelten Länder einbezogen sind und das bis dahin überwiegend auf den einzelnen Staat bezogene Gemeinwohl weltweit verstanden, auf die ganze, mehr und mehr zu einer Einheit zusammenwachsende Welt erstreckt wird"[149].
(4) Der "Akzent verlagert sich von der Behandlung der Eigentumsfrage hinüber zu den Fragenkreisen, in deren Mittelpunkt die Arbeit steht"[150]. Das hängt offensichtlich auch mit der im ersten Punkt genannten Argumentationsweise zusammen. Denn nach Nell-Breuning bewegt sich "Mater et Magistra" "nicht auf den Höhen sozialphilosophischer Abstraktion, sondern kniet sich in die soziale Wirklichkeit hinein. Damit kommt das Arbeitsleben stärker in den Blick"[151].

---

144 Vgl. A.-F. Utz/J.-F. Groner (Hrsg.), Aufbau und Entfaltung des gesellschaftlichen Lebens. Soziale Summe Pius XII., 3 Bde., Freiburg (Schweiz) 1954-1961.
145 O.v. Nell-Breuning, 7506, 17.
146 O.v. Nell-Breuning, 7701, 74.
147 Ebd.
148 A.a.O. 75.
149 O.v. Nell-Breuning, 7506, 17f.
150 O.v. Nell-Breuning, 6901, 66.
151 O.v. Nell-Breuning, 7506, 17.

Man kann verkürzt sagen, das nachlassende Interesse an
der philosophischen Argumentation hängt mit den "neuen"
Adressaten und der Einsicht zusammen, daß eine Analyse
der sozialen Probleme auf Weltebene mittels der scholastischen
Sozialphilosophie nicht mehr in den Griff zu bekommen ist.
Und auch die Entwicklungen in der Theologie schlagen sich
in den neuen Akzenten nieder, die seit "Mater et Magistra"
in der katholischen Soziallehre gesetzt werden. So kommt es
zu Unstimmigkeiten gegenüber bisherigen Äußerungen, weil
geltende Zuständigkeiten für bestimmte Sachbereiche und
Abgrenzungen in der Argumentationsweise übergangen werden.
Diese Periode der katholischen Soziallehre ist gekennzeichnet
von dem Schwanken zwischen der traditionellen
(neuscholastischen) Linie und der Suche nach neuen Wegen,
den Beitrag der Kirche zu Frieden, Gerechtigkeit und Fortschritt
in der Welt zu bestimmen.

1.3.1 "Mater et Magistra"

Das Rundschreiben Johannes' XXIII.[152] aus dem Jahr 1961
"über die jüngsten Entwicklungen des gesellschaftlichen Lebens
und seine Gestaltung im Licht der christlichen Lehre"[153]
behandelt in den ersten beiden Teilen Lehre und Weiterführungen
der katholischen Soziallehre seit "Rerum Novarum",
im dritten Teil "Neue Seiten der sozialen Frage" und im vierten
Teil "Die Neuordnung des gesellschaftlichen Lebens in
der Wahrheit, der Gerechtigkeit und der Liebe". Wir beschränken
uns auf Untersuchungen aus der Einleitung und
dem vierten Teil, weil hier die Veränderungen vorliegen,
die unter theologischer Rücksicht von grundlegender Bedeutung
sind. Die neue "weltweite Perspektive" wird an dieser
Stelle nur konstatiert. Auf sie wird im systematischen Teil
der Arbeit zurückzukommen sein.
  Ein Beispiel für das Desinteresse an einer philosophisch
exakten Definition bildet die zentrale Aussage in Nr. 219
der Enzyklika. Es ist der Satz, in dem sich nach Meinung
Nell-Breunings die ganze katholische Soziallehre zusammenfassen
läßt[154]; allerdings nicht in der Form, die hier vorliegt.
Seine - nach scholastischem Verständnis - "unsaubere
Formulierung"[155] lautet: "Nach dem obersten Grundsatz dieser
Lehre (sc. der Soziallehre der Kirche) <u>muß</u> der Mensch

---

152 Texte 201-270; AAS 53 (1961), 401-464.
153 Texte 201 (Teil der einleitenden Anrede).
"... de recentioribus rerum socialium processibus ad christiana
praecepta componendis" (AAS, a.a.O. 401).
154 O.v. Nell-Breuning, 7701, 20.
155 O.v. Nell-Breuning, 7201, 86.

der Träger, Schöpfer und das Ziel aller gesellschaftlichen Einrichtungen sein"[156]. Nach Nell-Breuning[157] ist der lateinische Text "halbrichtig": "Cuius doctrinae illud est omnino caput, singulos homines necessarie fundamentum, causam et finem esse omnium socialum institutorum"[158]. Die deutsche Übersetzung hingegen sei "schlechthin fehlerhaft"[159], weil ethisches Sollen und metaphysische Notwendigkeit miteinander vermengt seien[160]. Das Gewicht des Satzes liegt nicht auf der exakten Definition eines sozialphilosophischen Grundsatzes, sondern auf einer Forderung. Mit Blick auf die tatsächlichen Verhältnisse wird deren Veränderung gefordert.

Ein entsprechendes theologisches Beispiel bilden die Ausführungen, die über die Sendung der Kirche gemacht werden. Hatte es bisher immer geheißen, die Kirche sei einzig dazu gesandt, die Menschen zum ewigen Heil zu führen, so schränkt "Mater et Magistra" diese Bestimmung ein und erweitert sie zugleich durch einen Zusatz, wenn gesagt wird: "Die heilige Kirche hat so zwar vor allem die Aufgabe, die Seelen zu heiligen und ihnen die Teilnahme an den himmlischen Gütern zu schenken. Sie bemüht sich aber auch um die Bedürfnisse des menschlichen Alltags"[161]. Wie zur Bestätigung greift der nächste Abschnitt diese Redewendungen mit anderen Worten auf: "Damit verwirklicht die heilige Kirche den Auftrag Christi, ihres Gründers. Dieser meint vor allem das ewige Heil des Menschen, wenn er einmal sagt: 'Ich bin der Weg, die Wahrheit und das Leben' (Joh. 14,6), und bei anderer Gelegenheit: 'Ich bin das Licht der Welt' (Joh. 8,12). Wenn er aber beim Anblick der hungernden Menge bewegt ausruft: 'Mich erbarmt des Volkes' (Mark. 8,2), zeigt er, wie sehr ihm auch die irdischen Bedürfnisse der Völker am Herzen liegen"[162]. Auch hier findet nach Nell-Breuning wieder eine terminologische Verwischung und damit theologische Verunsicherung statt. "Leo XIII. hatte deutlich herausgestellt, die Kirche habe von Jesus Christus ein-

---

156 Texte 259 (Hervorhebungen von mir).
157 O.v. Nell-Breuning, 7701, 96.
158 AAS, a.a.O. 453.
159 O.v. Nell-Breuning, 7701, 96.
160 O.v. Nell-Breuning, 7201, 86.
161 Texte 202. "Quamvis igitur Ecclesiae sanctae ante omnia sit animos ad sanctitatem adducere et bonorum caelestium facere participes, eadem tamen de cotidianae quoque hominum vitae necessitatibus sollicita est" (AAS, a.a.O. 402; Hervorhebungen von mir).
162 Ebd. "Quod cum Ecclesia sancta praestat, praecepta Conditoris sui Christi in rem adducit, qui cum alibi dicit: 'Ego sum via, veritas et vita', alibi: 'Ego sum lux mundi', in primis utique spectat ad aeternam hominum salutem; cum vero, famelicorum circumspiciens multitudinem, veluti gemens clamat: 'Misereor super turbam', terrenas etiam populorum necessitates sibi curae esse ostendit" (ebd.; Hervorhebungen von mir).

zig und allein den Auftrag erhalten, die Menschen zum ewigen Heil zu führen; nichtsdestoweniger meint er, ihre Wirksamkeit trage auch zum irdischen Wohl der Menschen so viel bei, daß dieser Beitrag gar nicht größer sein könnte, selbst wenn sie an erster Stelle dazu gegründet wäre (Eingangsworte zu 'Immortale Dei'). Dieser klare Unterschied wird hier verwischt, wenn in Ziff. 3 und nochmals in Ziff. 4 das 'einzig und allein' zu 'vor allem' abgeschwächt erscheint und die Wirksamkeit für das irdische Wohl schlicht mit 'auch' angehängt wird"[163]. Damit wird die traditionelle Lehre "jedoch verbogen oder mindestens verunklart, als ob der Kirche eine Doppelaufgabe obliege: ewiges Heil und irdisches Wohl"[164].

Gerade diese Veränderung macht es Vertretern der katholischen Soziallehre schwer, "sich den neuen Denkstil anzueignen"[165]. Ihrer Meinung nach müßte sie auch Theologen zum Protest treiben: "Dogmatiker und Ekklesiologen lesen offenbar Sozialenzykliken nicht; andernfalls hätten sie doch wohl dagegen aufbegehrt"[166]. Daß der Protest ausgeblieben ist, liegt wohl weniger an Unkenntnis als an der veränderten Einschätzung, mit der das Verhältnis von Kirche und Gesellschaft nun auch theologisch gesehen wird. Hatte die Kirche einst mit ihrer Soziallehre "ein für allemal vom Bereich des Sozialen Besitz ergriffen"[167], so tut dies nun die Theologie um ihrer eigenen Identität willen. Die Zuweisung aller gesellschaftlichen und sozialen Probleme an die Sozialphilosophie als allein zuständiger Disziplin ist theologisch ebenso strittig geworden wie die Behandlung vermeintlich "rein" theologischer Probleme unter Absehung von ihren gesellschaftlich und geschichtlich bedingten Verstehenszusammenhängen. Die prinzipielle Bedeutung dieses Schritts schätzt Nell-Breuning deshalb richtig ein. Die Frage nach der Sendung der Kirche "erweist sich als der Kernpunkt der Auseinandersetzung mit der 'politischen Theologie' bei uns, mit der 'Theologie der Revolution' in Kreisen der Ökumene und mit der in Latein-Amerika entwickelten 'Theologie der Befreiung'. Wie verhalten sich zueinander Befreiung von der Sünde und Herstellung des rechten Verhältnisses zu Gott und Befreiung von Last und Bedrückung aller Art und Herstellung gerechter und wohlstandsfördernder Verhältnisse in der Welt?"[168]

---

163 O.v. Nell-Breuning, 7701, 77.
164 O.v. Nell-Breuning, 7201, 83. Anders der Kommentar von E. Welty, in: Die Sozialenzyklika Papst Johannes XXIII. Mater et Magistra, Freiburg ⁴1963, 95, Anm. 3. Auch Welty sieht den drohenden Gegensatz zur Lehre der Vorgänger und schwächt deshalb seine Interpretation der Textstelle ab.
165 O.v. Nell-Breuning, 7701, 74.
166 O.v. Nell-Breuning, 7201, 83.
167 A.a.O. 75.
168 O.v. Nell-Breuning, 7701, 77f.

Nun steht heute nicht nur die Brauchbarkeit dieser Unterscheidung für eine zureichende theoretische Erfassung des Problems zur Diskussion, sondern auch die in ihr eingeschlossene Unterscheidung von Glaubensverkündigung und praktischem gesellschaftlichem Engagement. Der Versuch, definitorisch "reine" Verhältnisse herzustellen, sieht an den tatsächlichen Verhältnissen vorbei. Wie die "Befreiung von der Sünde" theologisch nicht mit Inhalt gefüllt werden kann unter Absehung von "weltlichen Befreiungsprozessen", so ist auch die Glaubensverkündigung nicht am gesellschaftlichen Handeln vorbei oder "neben" ihm möglich. Und grundsätzlicher stellt sich die Frage, ob das "Wesen" der Sendung der Kirche überhaupt rein theoretisch erfaßt werden kann. Ist kirchliche Praxis die - mehr oder weniger getreue - "Anwendung" einer Theorie, oder ein konstitutives Moment an ihr? Mit anderen Worten: Das Glaubenswissen selbst muß als "praktisches Nachfolgewissen" verstanden werden. Bestimmt sich die Sendung der Kirche als Christus-Nachfolge, so folgt daraus für die Christologie: "Christus, er selbst, ist nicht nur anbetungswürdige 'Höhe', sondern immer auch 'Weg'. So ist jeder Versuch, ihn zu 'wissen', ihn zu 'verstehen', allemal ein 'Gehen', ein Nachfolgen: Nur ihm folgend 'wissen' wir, auf wen wir uns eingelassen haben. Nachfolge ist daher nicht nur eine nachträgliche Anwendung der kirchlichen Christologie auf unser Leben; Nachfolgepraxis ist selbst ein zentrales Stück Christo-logie ... Christus muß immer so gedacht werden, daß er nie nur gedacht ist"[169]. Analog gilt für die Sendung der Kirche, daß ihre theoretische Bestimmung davon abhängig ist, wie die Kirche ihre Sendung in der praktisch-konkreten Auseinandersetzung mit weltlicher Wirklichkeit wahrnimmt.

1.3.2 "Pacem in Terris"

Seit den diesbezüglichen Aussagen von "Mater et Magistra" "beobachten wir sowohl in kirchenlehramtlichen Dokumenten als auch in der theologischen Wissenschaft ein gewisses unsicheres Schwanken, welchen Platz die unbestrittenermaßen der Kirche von ihrem göttlichen Stifter aufgetragene caritative und soziale Wirksamkeit in der Sendung einnimmt, die Christus von seinem himmlischen Vater erhalten und an seine Kirche weitergegeben hat"[170].

Inhaltliche Berührungspunkte zu den Ausführungen von "Mater et Magistra" finden sich sowohl in "Pacem in Terris" als auch in der Pastoralkonstitution "Gaudium et Spes" des

---

[169] J.B. Metz, Zeit der Orden? Zur Mystik und Politik der Nachfolge, Freiburg 1977, 41.
[170] O.v. Nell-Breuning, 7701, 77.

Zweiten Vatikanischen Konzils. In der Friedensenzyklika "Pacem in Terris" (1963), die "im allgemeinen nicht zu den Sozialenzykliken" gezählt wird[171], ist - abweichend von "Mater et Magistra" - mehr generell eine Rückkehr zur naturrechtlichen Argumentation zu beobachten, nach Nell-Breuning eine Bestätigung für die traditionelle Soziallehre. "Damit ist klar, daß Johannes XXIII. durchaus an der Lehre seiner Vorgänger festhält und weit davon entfernt ist, deren naturrechtliche Argumentation als überholt oder nicht beweiskräftig fallenzulassen"[172].

In "Mater et Magistra" Nr. 222 war die Soziallehre der Kirche als "integrierender Bestandteil der christlichen Lehre vom Menschen" bezeichnet worden[173]. Damit diese Aussage keinen Widerspruch zu dem in Nr. 219 ausgesprochenen philosophischen Grundsatz (s.o.) bildet, der für "alle Menschen guten Willens" einsichtig ist, kann nach Nell-Breuning "christlich" in diesem Zusammenhang nicht bedeuten: "geoffenbarte Wahrheit". Gemeint sein kann hier lediglich das Offenhalten der Frage nach der "transzendente(n) Dimension in dem Sinne, daß der Mensch seinen Ursprung in Gott hat und auf ihn als sein letztes Ziel hingeordnet ist"[174]. In Entsprechung zu "Mater et Magistra" werden in "Pacem in Terris" Nr. 6 die "Gesetze" für das gesellschaftliche Zusammenleben "aus der Natur der Menschen" abgeleitet[175]. Was unter diesen Gesetzen genauer zu verstehen ist, wird nicht gesagt. Nell-Breuning zieht aus der Aussage den vorsichtigen Schluß, "daß es, um die Personalität und Personwürde des Menschen zu erkennen, nicht der Offenbarung und der uns durch sie geschenkten Bereicherung des Menschenbildes bedarf"[176]. Danach wäre die Anerkennung der Personalität und Personwürde des Menschen so etwas wie ein "Minimalkonsens", auf den sich alle Menschen einigen könnten. Mehr wäre nach dieser Interpretation dann aber auch aus der "Natur des Menschen" nicht erkennbar.

Ein zweiter Gedanke der Enzyklika soll erwähnt werden, weil er von Bedeutung ist für das Kirchenverständnis, das im Zweiten Vatikanum aufgenommen und verstärkt wird. "In einem wichtigen Stück wird 'Mater et Magistra' durch sie berichtigt. Jene hatte der Initiative, zu der sie die Laien

---

171 O.v. Nell-Breuning, 7201, 86.
172 O.v. Nell-Breuning, 7701, 102. Vgl. besonders Nr. 4-7 aus der Einleitung der Enzyklika (Texte 272f.).
173 Texte 259. "... doctrinam socialem, quam catholica Ecclesia profitetur, ab ipsa non posse disiungi doctrina, quam de hominum vita tradit" (AAS, a.a.O. 453).
174 O.v. Nell-Breuning, 7701, 97f.
175 Texte 272. "cum huiusmodi leges ... illinc dumtaxat petendae sint, ubi Parens rerum omnium inscripsit, hoc est in hominis natura" (AAS 55 (1963), 258).
176 O.v. Nell-Breuning, 7701, 104.

aufrief, einen schweren Dämpfer aufgesetzt, indem sie erklärte, sobald die Hierarchie sich zu Wort melde, hätten die Laien sofort strammzustehen und sich nach deren Wort zu richten. 'Pacem in Terris' beschränkt verbindliches Einschreiten der Hierarchie auf den Fall, daß es wegen Gefährdung sittlicher Normen vonnöten sei. Zwischen dem 'si forte contingat' in 'Mater et Magistra' und dem 'cum opus est' in 'Pacem in Terris' klafft - so will mir scheinen -, obwohl die beiden Enzykliken nur zwei Jahre (1961 bzw. 1963) auseinander liegen, eine weltweite Spanne"[177]. Also: "nicht mehr Bevormundung durch den für alles zuständigen Klerus, sondern eigene Verantwortung der Laien, eines jeden im Bereich seines beruflichen Wirkens, seines Sachverstandes, seiner fachmännischen Qualifikation"[178]. Doch nicht in dieser Richtung, die eine Vertiefung des Grabens zwischen kirchlicher Sendung und gesellschaftlichem Handeln bedeuten würde, wird der Gedanke weiterentwickelt. Vielmehr führt er zu einem veränderten theologischen Kirchenbegriff, der das Verhältnis von Hierarchie und Laien neu bestimmt. Das Stichwort von der Kirche als Volk Gottes (Dogmatische Konstitution über die Kirche "Lumen Gentium") soll nicht die Eigenständigkeit des Sachverstandes gegen die theologische Kompetenz stellen, sondern der theologischen Reflexion zugänglich machen, indem es den Weg dazu ebnet, wie noch zu zeigen sein wird, diese aus der Alleinzuständigkeit der Amtsträger herauszuführen.

Einen Fortschritt gegenüber "Quadragesimo Anno" bedeutet schließlich, was "Pacem in Terris" Nr. 157-160 (unter Berufung auf "Mater et Magistra" Nr. 239) über den Sozialismus ausführt, ohne das Wort auch nur einmal zu nennen. Auf den fehlenden Praxisbezug der Definition des Sozialismus

---

177 O.v. Nell-Breuning, 7201, 86f. Die beiden Texte, auf die sich Nell-Breuning bezieht, lauten vollständig: "Wenn aber in einer solchen Angelegenheit die kirchliche Hierarchie mit Weisung oder Vorschrift eingreifen sollte, müssen sich die Katholiken selbstverständlich unverzüglich nach einer solchen Entscheidung richten" (Texte 263); "At si forte contingat, ut de hac causa sacrae Auctoritatis ordines aliquid praeceperint vel decreverint, palam est huic sententiae esse ab hominibus catholicis proxime parendum" (AAS 53 (1961), 457).
"In der Tat darf niemand außer acht lassen, daß es Recht und Pflicht der Kirche ist, nicht nur die Reinheit der Glaubens- und Sittenlehre zu schützen, sondern ihre Autorität auch im Bereich diesseitiger Dinge einzusetzen, wenn nämlich die Durchführung der kirchlichen Lehre in konkreten Fällen ein solches Urteil notwendig macht" (Texte 316).
"Neminem enim praetereat oportet, Ecclesiae ius itemque officium esse, non solum fidei morumque doctrinam tutari, sed etiam auctoritatem suam apud filios suos in regione rerum externarum interponere, cum diiudicare opus est quomodo doctrina eadem sit ad effectum adducenda" (AAS 55 (1963), 301).
178 O.v. Nell-Breuning, 7506, 19.

in "Quadragesimo Anno" wurde schon hingewiesen. "Pacem in Terris" lehrt, zwischen philosophischen Lehrmeinungen und der in einem System endgültig festgelegten Weltanschauung einerseits und den sich wandelnden Bewegungen andererseits zu unterscheiden[179]. Die Katholiken werden zur Zusammenarbeit ermutigt, wenn nach dem Urteil der Klugheit der Fall eintritt, "daß Fühlungnahmen und Begegnungen über praktische Fragen, die in der Vergangenheit unter keiner Rücksicht sinnvoll erschienen, jetzt wirklich fruchtbringend sind oder es morgen sein können"[180]. Damit zeigt sich eindrucksvoll, daß die theoretisch andersartige Behandlung eines Problems nicht nur den tatsächlichen Gegebenheiten besser gerecht wird, sondern in den praktischen Konsequenzen zu einer veränderten Haltung führt. Ohne theoretische Vorbehalte aufgeben zu müssen, verlagert sich der Schwerpunkt von der "ideologischen Konfrontation" zur praktischen Kooperation. Nicht nur der "Ton" hat sich geändert, sondern die gesamte Einstellung der Kirche zur "Welt": "Allen Menschen guten Willens ist hier eine große Aufgabe gestellt: unter dem Leitstern der Wahrheit, der Gerechtigkeit, der Liebe und der Freiheit in der menschlichen Gesellschaft neue Wege der gegenseitigen Beziehungen zu finden"[181].

1.3.3 "Gaudium et Spes"

Aus der Pastoralkonstitution des Zweiten Vatikanischen Konzils über die Kirche in der Welt von heute[182] sollen zwei Problemkreise behandelt werden. Zum einen geht es um die

---

179 Texte 315f.
"Während die in ein System gefaßte und endgültig niedergelegte Weltanschauung nicht mehr geändert werden kann, unterliegen diese Bewegungen dort, wo sie sich mit den je und je sich wandelnden Verhältnissen befassen, doch notwendigerweise diesen Veränderungen" (Texte 315);
"quoniam, dum formula disciplinae, postquam definite descripta est, iam non mutatur, incepta illa utpote quae in mutabilibus rerum condicionibus versentur, his non possunt quin sint admodum sane obnoxia" (AAS, a.a.O. 300).
180 Texte 316. "Has ob causas cadere aliquando potest, ut quae congressiones de rerum usu antehac ad nullam partem utiles visae sint, nunc vero fructuosae aut iam re vera sint, aut futurae prospiciantur" (AAS, ebd.).
181 Texte 317. "Cum gravissimis igitur magnanimorum virorum muneribis illud maxime coniungi putandum est, ut, veritate, iustitia, caritate, libertate magistris ad ducibus, novas iidem necessitudinum rationes in hominum societate constituant" (AAS, a.a.O. 301).
182 Vgl. zum ganzen Abschnitt Text und Kommentar der Pastoralkonstitution "Gaudium et Spes", in: Lexikon für Theologie und Kirche, Ergänzungsband III, Freiburg 1968, 241-592. Der lat. Text wird daraus zitiert; die dt. Übersetzung ist identisch mit der von mir zitierten aus "Texte ...".

Frage der sozialphilosophischen Grundlagen (I. Hauptteil,
2. Kapitel der Konstitution) und dem aus ihnen gewonnenen
Ansatz für die Konsequenzen bezüglich des Wirtschaftslebens
(II. Hauptteil, 3. Kapitel); zum anderen wiederum um die
Frage nach der Aufgabe der Kirche in der Welt von heute
(I. Hauptteil, 4. Kapitel).

Auf einen wichtigen Unterschied der Pastoralkonstitution
gegenüber früheren Sozialenzykliken sei vorweg aufmerksam
gemacht: "Wenn die Sozialenzykliken sich überwiegend darauf
beschränken, von der Ordnung der menschlichen Gesellschaft
hier auf Erden zu handeln und über Dinge zu reden, über
die wir weitgehend auch mit Nichtchristen einig werden können und einig werden müssen, um mit ihnen gemeinsam ein
für sie und für uns gleicherweise bewohnbares Haus zu er-
richten, einzurichten und uns darin miteinander zu vertragen, so spannt das Konzil in dieser Konstitution den Bogen
weiter und stellt überall den Bezug auf das Heil und auf
die Ewigkeit her, bezieht die jenseitige Vollendung als den
Abschluß des immer nur vorläufigen diesseitigen Lebens in
all seine Überlegungen ein"[183]. Allerdings gilt diese Unterscheidung, wie wir schon gesehen haben, seit "Mater et
Magistra" nur noch in beschränktem Maße.

(1) Überlegungen zur gesellschaftlichen Natur des Menschen
bilden wie in "Mater et Magistra" den Ausgangspunkt der
Argumentation. Im Unterschied zur Sozialenzyklika wird hier
(Nr. 25) der sozialphilosophische Grundsatz präzise in ari-
stotelisch-thomistischer Formulierung ausgedrückt: "Wurzelgrund nämlich, Träger und Ziel aller gesellschaftlichen Institutionen ist und muß auch sein die menschliche Person,
die ja von ihrem Wesen selbst her des gesellschaftlichen Lebens durchaus bedarf"[184]. Daraus ergibt sich als Grundfor-
derung, daß die gesellschaftliche Ordnung und Entwicklung
sich am Wohl der Personen orientieren müssen; "denn die
Ordnung der Dinge muß der Ordnung der Personen dienst-
bar werden und nicht umgekehrt"[185].

Wie schon in "Mater et Magistra", verschiebt sich in der
Folge der Akzent von der Betonung des Eigentums auf den

---

183 O.v. Nell-Breuning, 7701, 126.
184 Texte 342. "Etenim principium, subiectum et finis omnium institutorum socialium est et esse debet humana persona, quippe quae,
suapte natura, vita sociali omnino indigeat" (LThK E III, 358; Hervorhebungen von mir). -
Als Beleg wird auch nicht die entsprechende Stelle von "Mater et
Magistra", sondern der Aristoteleskommentar des Thomas v. Aquin
angegeben (L. 1 zum I. Buch der Ethik).
185 Texte 344. "Ordo socialis igitur eiusque progressus in bonum
personarum indesinenter cedere debent, siquidem rerum ordinatio
ordini personarum subiicienda est et non e converso ..." (LThK E III,
362/364).

Vorrang der Arbeit. "Die in der Gütererzeugung, der Güterverteilung und in den Dienstleistungsgewerben geleistete menschliche Arbeit hat den Vorrang vor allen anderen Faktoren des wirtschaftlichen Lebens, denn diese sind nur werkzeuglicher Art"[186]. Und bei der Behandlung der Eigentumslehre steht nicht das Privateigentum, sondern die Bestimmung der wirtschaftlichen Güter zur Nutzung für alle im Vordergrund. "Gott hat die Erde mit allem, was sie enthält, zum Nutzen aller Menschen und Völker bestimmt; darum müssen diese geschaffenen Güter in einem billigen Verhältnis allen zustatten kommen; dabei hat die Gerechtigkeit die Führung, Hand in Hand geht mit ihr die Liebe. Wie immer das Eigentum und seine nähere Ausgestaltung entsprechend den verschiedenartigen und wandelbaren Umständen in die rechtlichen Institutionen der Völker eingebaut sein mag, immer gilt es, achtzuhaben auf diese allgemeine Bestimmung der Güter"[187].

Der Vorrang der Arbeit vor allen anderen Faktoren bedeutet nach Nell-Breuning für die katholische Soziallehre, daß sie "idealtypisch" eine sog. "laboristische" Wirtschaftsordnung vertritt: "In Gesellschaft und Wirtschaft sollte nicht das sachliche Element (Kapital, Vermögen), sondern das personale Element, der Mensch mit dem, was er leistet, mit seiner Arbeit, bestimmend sein. Offenbar ist dem bei uns nicht so. Wir nennen unsere Gesellschaft und Wirtschaft nicht 'laboristisch', sondern 'kapitalistisch'. Damit bringen wir zutreffend zum Ausdruck, daß die tatsächlich bestehende Ordnung nicht von den Personen und ihrer persönlichen Leistung, sondern von den Dingen (Ausstattung mit Vermögen, 'Kapital') bestimmt wird"[188]. Mit Blick auf die tatsächlichen Verhältnisse heißt es dann jedoch: "Solange wir kein zuverlässig funktionsfähiges Modell einer laboristischen Ordnung anzubieten haben, bleibt uns in der Tat nichts anderes übrig, als uns mit einem 'sozial temperierten Kapitalismus' zufriedenzugeben und ihn schrittweise (...) weiter zu verbessern"[189]. Kritisch wird angemerkt, daß der Herausforderung "mit noch so sehr geläutertem oder veredeltem 'Kapitalismus'

---

186 Texte 388. "Labor humanus, qui in bonis gignendis ac commutandis vel in servitiis suppeditandis exercetur, ceteris elementis vitae oeconomicae praestat, quippe quae tantum rationem instrumentorum habeant" (LThK E III, 496).
187 Texte 390f. "Deus terram cum omnibus quae in ea continentur in usum universorum hominum et populorum destinavit, ita ut bona creata aequa ratione ad omnes affluere debeant, iustitia duce, caritate comite. Quaecumque formae proprietatis sint, legitimis institutis populorum accommodatae, secumdum diversa atque mutabilia adiuncta, ad hanc bonorum universalem destinationem semper attendum est" (LThK E III, 504/506).
188 O.v. Nell-Breuning, 7701, 123.
189 A.a.O. 124.

nicht Genüge getan"[190] ist. Auf welchem Wege jedoch durch eine evolutive Weiterentwicklung des "Kapitalismus" aus der prinzipiellen Vorrangstellung des Faktors "Kapital" der Vorrang der menschlichen Arbeit gewonnen werden soll, darüber erfahren wir nichts[191].
(2) Abweichend von "Mater et Magistra" bestimmt "Gaudium et Spes" zunächst die Sendung der Kirche wieder so, wie man es bis zur Staatsenzyklika "Immortale Dei" Leos XIII. zurückverfolgen kann. "Die ihr eigene Sendung, die Christus der Kirche übertragen hat, bezieht sich zwar nicht auf den politischen, gesellschaftlichen oder sozialen Bereich: das Ziel, das Christus ihr gesetzt hat, gehört ja der religiösen Ordnung an. Doch fließen aus eben dieser Sendung Auftrag, Licht und Kraft, um der menschlichen Gemeinschaft zu Aufbau und Festigung nach göttlichem Gesetz behilflich zu sein"[192]. Nach Nell-Breuning ist damit die in "Mater et Magistra" "verwischte Grenze zwischen dem, was 'eigene Sendung' der Kirche ist, und dem, was sie im Dienste ihrer einen und einzigen Aufgabe tun darf und tun soll, ... wieder scharf und deutlich gezogen"[193]. Doch hat es eher den Anschein, daß sich diese Grenze sogleich wieder auftut, wenn die "religiöse Sendung" der Kirche näher beschrieben wird. Es heißt nämlich gleich anschließend, die Förderung der Einheit unter den Menschen hänge mit der Sendung der Kirche zusammen, und "daß die wahre Einheit in der äußeren gesellschaftlichen Sphäre aus einer Einheit der Gesinnungen und Herzen erwächst, aus jenem Glauben und jener Liebe nämlich, auf denen im Heiligen Geist ihre unauflösliche Einheit beruht"[194]. Damit scheint die "religiöse" Sendung der Kirche den politischen, gesellschaftlichen und sozialen Bereich nicht auszuklammern, sondern gerade einzuschließen. Das bestätigt der theologische Kommentar zu diesem Artikel: "Die Einheit der Kirche ist übernatürlich, so wie ihre Sen-

---

190 Ebd.
191 Der Gedanke wird in einem späteren Abschnitt über Kapitalismuskritik wieder aufgenommen.
192 Texte 359. "Missio quidam propria, quam Christus Ecclesiae suae concredidit, non est ordinis politici, oeconomici vel socialis: finis enim quem ei praefixit ordinis religiosi est. At sane ex hac ipsa missione religiosa munus, lux et vires fluunt quae communitati hominum secundum Legem divinam constituendae et firmandae inservire possunt" (LThK E III, 410).
193 O.v. Nell-Breuning, 7701, 129.
194 Texte 359. "Promotio enim unitatis cum intima Ecclesiae missione cohaeret, cum ipsa sit 'in Christo veluti sacramentum seu signum et instrumentum intimae cum Deo unionis totiusque generis humani unitatis'. Ita ipsa mundo ostendit veram unionem socialem externam ex unione mentium et cordium fluere, ex illa scilicet fide et caritate, quibus in Spiritu Sancto eius unitas indissolubiliter condita est" (LThK E III, 410).

dung religiöser Ordnung ist (es wird nicht gesagt 'rein geistlich', weil dieser Ausdruck zweideutig ist). Wenn das 'Religiöse' aber dasjenige ist, was den lebendigen Gott betrifft, umfaßt es das ganze Schicksal des Menschen"[195]. Trotz des terminologischen Unterschieds zu "Mater et Magistra" enthält der Begriff der religiösen Sendung hier also eine Bedeutung, die sachlich mit jener aus der Sozialenzyklika übereinstimmt.

Zudem: auf welchen Bereich sollte sich eine religiöse Sendung überhaupt noch beziehen, wenn sie sich nicht an den Menschen in seinen gesellschaftlichen, politischen und sozialen Bezügen richtet? Gerade weil die Sozialphilosophie der katholischen Sozialehre die gegenseitige Abhängigkeit von Person und Gemeinschaft betont (Überschrift zu Nr. 25 der Pastoralkonstitution), und weil nach ihrem theologischen Verständnis der Mensch sein "ewiges Heil nicht in der Vereinzelung, sondern nur in der Verbundenheit mit den anderen"[196] erreicht, ist der Bezug der kirchlichen Sendung auf die genannten Bereiche für die Durchführung der Sendung konstitutiv. Andernfalls bliebe die Sendung selbst ihrem Inhalt nach abstrakt, und ihr Adressat wäre das Abstraktum Mensch.

Die späteren Ausführungen der Pastoralkonstitution über die vielfältigen Beziehungen der Botschaft des Heils zur menschlichen Kultur[197] sowie über das Verhältnis von politischer Gemeinschaft und Kirche bestätigen diese Interpretation[198].

1.3.4 "Populorum Progressio"

Die beschriebene umfassende Sicht der kirchlichen Sendung wird in der Enzyklika Pauls VI. "Populorum Progressio" (1967)[199] aufgenommen, wenn auch unter einem anderen Gesichtspunkt, nämlich dem der vollmenschlichen Entwicklung. So werden gleich am Anfang die beiden Grundthemen angeschlagen: das Entwicklungsproblem ist umfassend, d.h. nicht nur nach seiner wirtschaftlichen Seite hin, zu sehen; die

---

[195] Y. Congar, Kommentar zum IV. Kapitel des 1. Hauptteils, in: LThK E III, 397-422, 410.
[196] O.v. Nell-Breuning, 7701, 125.
[197] Vgl. Texte 378ff.
[198] Texte 399: "Beide (sc. politische Gemeinschaft und Kirche) aber dienen, wenn auch in verschiedener Begründung, der persönlichen und gesellschaftlichen Berufung der gleichen Menschen."
"Ambae autem, licet diverso titulo, eorundem hominum vocationi personali et sociali inserviunt" (LThK E III, 530).
[199] Vgl. Texte 435-523; AAS 59 (1967), 257-299.

weltweiten Auswirkungen verlangen gemeinsames Handeln[200].
"Das Zweite Vatikanische Konzil wurde vor kurzem abgeschlossen. Seither steht das, was das Evangelium in dieser Frage fordert, klarer und lebendiger im Bewußtsein der Kirche. Es ist ihre Pflicht, sich in den Dienst der Menschen zu stellen, um ihnen zu helfen, dieses schwere Problem in seiner ganzen Breite anzupacken, und sie in diesem entscheidenden Augenblick der Menschheitsgeschichte von der Dringlichkeit gemeinsamen Handelns zu überzeugen"[201].

Die umfassende Entwicklung des Menschen ist Leitgedanke des I. Teils der Enzyklika. "Entwicklung ist nicht einfach gleichbedeutend mit wirtschaftlichem Wachstum. Wahre Entwicklung muß umfassend sein, sie muß jeden Menschen und den ganzen Menschen im Auge haben ..."[202]. Darin ist auch die religiöse Entwicklung eingeschlossen: "Wie die gesamte Schöpfung auf ihren Schöpfer hingeordnet ist, so ist auch das geistbegabte Geschöpf gehalten, von sich aus sein Leben auf Gott, die erste Wahrheit und das höchste Gut, auszurichten. Deshalb ist auch für uns die Entfaltung der menschlichen Person unsere oberste Pflicht"[203]. Durch seine christliche Berufung wird der Mensch darüber hinaus zu einem Humanismus (!) jenseitiger Art geführt, "der ihm die höchste Lebensfülle schenkt: das ist das letzte Ziel und der letzte Sinn menschlicher Entfaltung"[204]. Parallel dazu gehen am Schluß der Enzyklika die Worte an die Christen und die "an alle Menschen guten Willens" ineinander über. Die Hoffnung auf den gemeinsamen Aufbau der einen Welt, die man-

---

[200] Hier taucht wie erstmals bei "Pacem in Terris" bereits in der Überschrift die Anrede "an alle Menschen guten Willens" ("ad universos bonae voluntatis homines") auf.
[201] Texte 435. "Cum enim, post Concilium Oecumenicum Vaticanum II conclusum, Ecclesia clarius etiam altiusque iudicavisset et expendisset quid hac de re Christi Iesu Evangelium flagitaret, suum esse duxit hominibus magis etiam egregiam navare operam, ut non modo gravissimae huius quaestionis ii momenta omnibus vestigiis indagarent, sed etiam sibi persuaderent, hac summi discriminis hora, communi omnium actione vehementer opus esse" (AAS, a.a.O. 257f.).
[202] Texte 440. "Progressio, de qua loquimur, non unice ad rei oeconomicae incrementum contendit. Nam, ut vera dici possit, eadem integra sit oportet: scilicet cuiuslibet hominis ac totius hominis profectui consulere debet" (AAS, a.a.O. 264).
[203] Texte 441. "Quemadmodum res creatae universae ad Conditorem suum ordinantur, ita creatura ratione praedita officio tenetur vitam suam ad Deum, veritatem primam supremumque bonum, sua sponte dirigendi. Quare hic personae humanae profectus quasi officiorum nostrorum summa putanda est" (AAS, a.a.O. 265).
[204] Ebd. "In Christum vivificantem insertus, homo novum vitae augmentum accipit, et quendam humanismum, uti vocant, attingit, qui eius naturam transcendit, eique maximam vitae plenitudinem confert; ad quam, veluti ad supremum suum finem, profectus hominis spectat" (AAS, ebd.).

che für utopisch halten, sei von den Christen gegen einen vordergründigen "Realismus der Tatsachen" aufzurichten. Zugleich verlange der Weg zu mehr Menschlichkeit und dauerhaftem Frieden Anstrengungen, Opfer und die Solidarität aller[205].

Weil manchmal im Text nicht oder nur schwer zu erkennen ist, wer jeweils angesprochen wird[206], unterscheidet Nell-Breuning je nach Adressaten zwischen einem religiösen (vollmenschliche Entwicklung) und einem politischen Thema (Entwicklungshilfe) und sieht darin einen "Bruch"[207] im Gedankengang. Wie aber der vorige Absatz gezeigt hat, deckt sich diese Unterscheidung nicht damit, daß jeweils verschiedene Menschengruppen angesprochen werden. Gerade der Gedanke der umfassenden Entwicklung des Menschen ist es, für den der Text auch unter Nichtchristen werben will. Es liegt also ein Versuch vor, in einem päpstlichen Rundschreiben theologisch mit allen Menschen guten Willens ins Gespräch zu kommen. Damit wird das traditionelle argumentative Vorgehen der katholischen Soziallehre - Philosophie für Nichtchristen, Philosophie und Theologie für Christen - offensichtlich gesprengt[208].

1.3.5 "Octogesima Adveniens"

Aus dem apostolischen Schreiben Pauls VI. "Octogesima Adveniens" (1971) zum 80. Jahrsgedächtnis von "Rerum Novarum" sei hier nur ein Gedanke angeführt über das Verhältnis der Humanwissenschaften zur christlichen Sozialethik[209]. In Nr. 40 heißt es, jene "könnten der christlichen Sozialethik hilfreich beispringen, die sich damit wird abfinden müssen, aus dem Bereich, wo es darum geht, fertige Sozialmodelle auszuarbeiten, hinausgedrängt zu werden, wogegen ihre Aufgabe an Gewicht gewinnen wird, zu werten und die Verknüpfung nach oben herzustellen, indem sie die Fragwürdigkeit der Verhaltensvorschriften und der Werte dartut, die in diesen und jenen Modellen als endgültig und der

---

205 Vgl. Nr. 79f. (Texte 464f.).
206 O.v. Nell-Breuning, 7701, 161.
207 O.v. Nell-Breuning, 7201, 90.
208 Zu den Protesten, die einzelne Aussagen der Enzyklika in der Öffentlichkeit hervorgerufen haben, vgl. O.v. Nell-Breuning, 6803. - Die kritische Bemerkung Nell-Breunings, Teile der Enzyklika erweckten den Eindruck, als seien sie "wie aus der Froschperspektive der Entwicklungsländer geschrieben" (7201, 88), bezieht sich nicht auf den hier dargelegten Gedankengang, sondern auf die Vorschläge zur Entwicklungshilfe.
209 Texte 487-523; AAS 63 (1971), 401-441.

Menschennatur eingeboren aufscheinen"210. Neben der Betonung ihrer interdisziplinären Funktion ist bemerkenswert, daß hier Sozialethik (lat. doctrina christiana de moribus socialibus) als "norma negativa" der Gesellschaftstheorien, also im Sinne der Sozialkritik aufgefaßt wird, die grundsätzlich skeptisch zu sein hat gegenüber allem, was als der Menschennatur "eingeboren" ausgegeben wird.

Etwas später (in Nr. 42) heißt es, die Soziallehre (lat. socialis Ecclesiae doctrina) "entfaltet sich durch Überlegung und Forschung in ständiger Anwendung auf den ständigen Wechsel der Dinge dieser Welt, alles unter dem Impuls des Evangeliums als einer Quelle der Erneuerung, sofern nur seine Botschaft und seine Forderungen in ihrem vollen Umfang ernst genommen werden ... Schließlich schöpft sie Kräfte aus der reichen Erfahrung von Jahrhunderten, was ihr erlaubt, die in der heutigen Zeit erforderlichen kühnen und schöpferischen Neuerungen einzubauen in das, was unveränderlich das Ziel aller Mühen und Sorgen der Kirche bleibt"211. In welchem Verhältnis die "Soziallehre" des zweiten zur "Sozialethik" des ersten Zitats steht, bleibt unklar. Ob dabei überhaupt an die traditionelle katholische Soziallehre gedacht ist? Wenn Nell-Breuning das letzte Zitat dahingehend interpretiert, es handele sich dabei um "ausgesprochenermaßen sozialreformerische Praxis, selbstverständlich immer ausgerichtet an den ethischen Normen, an den im vollen Ausmaß ernst genommenen Forderungen des Evangeliums"212, so spricht das eher dagegen. Sollte im zweiten

---

210 Texte 510f. "Eaedem insuper prodesse poterunt christianae de moribus socialibus doctrinae, quae provinciam suam tum certe definiri et coarctari intelleget, cum de aliquibus exemplis socialibus proponendis agitur; contra, eius munus res diiudicandi et ad altiorem ordinem revocandi valde confirmabitur, cum demonstrabit, quam incertae ac finitae illae regulae et bona sint, quae eadem illa societas exhibebat tamquam perfecta atque ipsi hominis naturae ingenita" (AAS, a.a.O. 429).
211 Texte 512f. "Socialis Ecclesiae doctrina, omni suopte intimo vigore, homines in huiusmodi inquisitione comitatur. Si eam operam non interponit, ut iam stabilitam quandam structuram auctoritate sua confirmet vel praestitutum exemplum proponat, ea tamen non aliqua generalia principia in eorum mentem tantum revocat: sed cogitatione et studio, quae ad mutabilia huius mundi rerum adiuncta applicantur, ipsa crescit, impulsu scilicet Evangelii, renovationis fontis, quotiescumque eius nuntius, integra sua plenitudine suisque postulatis, affirmatur ... vires denique haurit ex habita experientia, per plurium saeculorum decursum ditata; id ideo ipsi permittit, ut, in continentibus perpetuisque eiusdem Ecclesiae sollicitudinibus, audaces creatricesque innovationes inducat, quas praesens mundi condicio postulat" (AAS, a.a.O. 431).
212 O.v. Nell-Breuning, 7701, 201. -
Auf die Unstimmigkeit macht a.a.O. eine Fußnote aufmerksam: "Auf den ersten Blick erkennt man, daß diese Ausführungen den Aussagen oder der Sprachregelung in 40 in keiner Weise Rechnung tragen; von dem in 40 Gesagten ist überhaupt keine Kenntnis genommen. Auch dieser Umstand spricht dafür, daß 38 bis 40 in letzter Stunde eingeschoben worden sind, man aber nicht mehr dazukam, sie fugenlos einzupassen."

Fall doch die katholische Soziallehre im klassischen Sinn gemeint sein, müßte man den "Einbau" kühner und schöpferischer Neuerungen als noch zu erfüllende Forderung verstehen. Wie eine solche Sozialphilosophie mit der "Praxis" vermittelt werden kann, bleibt vorerst offen.

1.3.6 "De iustitia in mundo" und die Antwort des Papstes

Mit dem Dokument der römischen Bischofssynode von 1971 "De iustitia in mundo"[213] hat die Kirche "einen neuen Abschnitt ihrer Soziallehre eröffnet: Sie stellt Forderungen an sich selbst. Das muß nicht, aber das kann einen neuen Anfang bedeuten, kann zu einem neuen Aufstieg führen. Zur Zeit ist die Lage der katholischen Soziallehre ambivalent"[214]. Gleichzeitig mit der Kritik bestehender Ungerechtigkeiten in der Welt übt die Kirche "ausgesprochenermaßen Kritik, und zwar eine offene und ungeschminkte Kritik an sich selbst"[215]. Gleichsam im argumentativen Vorfeld dazu greift das Dokument das Thema auf, das seit "Mater et Magistra" zum Problem geworden ist, nämlich das Ringen um ein angemessenes Verständnis der Sendung der Kirche.

Einleitend heißt es, man habe sich "die Frage gestellt nach dem Auftrag des Volkes Gottes, mehr Gerechtigkeit zu schaffen in der Welt"[216]. In Nr. 6 werden diese Sätze entscheidend erläutert: "Für uns sind Einsatz für die Gerechtigkeit und die Beteiligung an der Umgestaltung der Welt wesentlicher Bestandteil der Verkündigung der Frohen Botschaft, d.i. der Sendung der Kirche zur Erlösung des Menschengeschlechts und zu seiner Befreiung aus jeglichem Zustand der Bedrückung"[217]. Hier liegen zwei Beschreibungen für die Sendung der Kirche vor. Einmal wird der Einsatz für die Gerechtigkeit als wesentlicher Bestandteil (ratio constitutiva) der Glaubensverkündigung bezeichnet; zum anderen heißt es, Aufgabe der Kirche sei die Sendung zur Erlö-

---

213 Texte 525-547; AAS 63 (1971), 923-942.
214 O.v. Nell-Breuning, 7201, 93.
215 O.v. Nell-Breuning, 7212, 509.
216 Texte 525. "Convenientes ex universo mundo ... nosmet ipsos interrogavimus circa missionem Populi Dei, quod ad promotionem iustitiae in mundo attinet" (AAS, a.a.O. 923). -
"Auftrag", lat. "missio". Die dt. Übersetzung gibt "missio" teils mit "Sendung" (so in Nr. 6 und 38), teils mit "Auftrag" (Nr. 1 und 37) wieder. Zudem wird in Nr. 36 "munus" mit "Auftrag" übersetzt. Darum liegt es nahe, die Begriffe synonym zu gebrauchen und in jedem Fall darunter die Sendung der Kirche zu verstehen.
217 Texte 526. "Actio pro iustitia et participatio transformationis mundi plene nobis apparent tamquam ratio constitutiva praedicationis Evangelii, missionis nempe Ecclesiae circa generis humani redemptionem et liberationem ab omni statu oppressionis" (AAS, a.a.O. 924).

sung und Befreiung. Im deutschen Text werden beide Aussagen durch ein "das ist" gleichgesetzt, im lateinischen (schwächer) durch ein "nempe" verbunden. Nell-Breuning sieht in dieser Gleichsetzung einen Widerspruch: "Entweder ist die Sendung, die Christus seiner Kirche erteilt hat, ein und dasselbe wie die Verkündigung des Evangeliums, d.i. der Heilsbotschaft; dann ist das Heil und nur das Heil Gegenstand dieser Sendung; die 'Befreiung von aller Art Unterdrückung' kann sich als erfreuliche Begleiterscheinung oder Nebenfolge ergeben, aber dazu ist die Kirche nicht 'gesandt'; wohl steht sie in ihrem 'Pflichtenheft', aber Christus hat die Kirche nicht um ihretwillen gestiftet, wie denn auch die Menschwerdung des Sohnes Gottes sich um noch so hohen zeitlich-irdischen Wohles nicht verlohnte, sondern nur um des ewigen Heiles willen. Das ist die eine Alternative. Oder - und das wäre die andere - das mit der 'liberatio ab omni statu oppressionis' gemeinte zeitlich-irdische Wohl ist neben der 'redemptio' und mit ihr zusammen gleichfalls Gegenstand der Sendung; dann umfaßt diese mehr als bloß die Verkündigung des Evangeliums und kann daher nicht mit ihr in eins gesetzt werden"[218]. Als Ausweg empfiehlt Nell-Breuning, "das Anhängsel 'et liberationis ...' als unbedachte rhetorische Floskel, als mißglückte Amplifikation anzusehen". "M.a.W.: man kann - und um den Widerspruch zu beheben und dem Satz einen vollziehbaren Sinn zu geben, muß man - über dieses Anhängsel hinweglesen. Was dann bleibt, die Substanz des Satzes, ist genau die Aussage von 'GS' Ziff. 42, die klassische Linie seit Leo XIII."[219]

Ob mit dieser Rückkehr zur klassischen Linie allerdings die Intention des Textes noch getroffen ist, scheint fraglich. Das Problem, aus dem sich der "Widerspruch" nach Nell-Breuning erst ergibt, liegt darin, daß er die Gleichsetzung von "Sendung der Kirche" und "Verkündigung des Evangeliums" im ersten Halbsatz als im zweiten Halbsatz aufgegeben ansieht. Für ihn bedeutet "redemptio et liberatio" eine Aufspaltung[220] der Verkündigung, wobei die Befreiung "in etwas anderem als in der Vermittlung des übernatürlichen Heiles" besteht und damit "nicht spezifisch der Heilsordnung" angehört[221]. Damit würde aber der Text schließlich gegen seine eigene Absicht interpretiert, die die Befreiung des Menschen nicht aus seiner Erlösung "heraushalten" will. Gemeint ist doch in beiden Halbsätzen der gleiche sachliche Gehalt: "Der Auftrag, das Evangelium zu verkünden, erfordert heute den ungeteilten Einsatz für die volle Befreiung

---

218 O.v. Nell-Breuning, 7212, 512f.
219 A.a.O. 513.
220 A.a.O. 512.
221 Ebd.

des Menschen"[222]. Die Verkündigung der Frohbotschaft "begreift in sich den Ruf zur Abkehr von der Sünde zur Liebe des himmlischen Vaters, die allumfassende Brüderlichkeit und darin eingeschlossen die Forderung nach Gerechtigkeit in der Welt"[223].

Wollte man die Aussagen der Bischofssynode im Sinne der klassischen Linie seit Leo XIII. interpretieren, wäre auch nur schwer verständlich, weshalb Paul VI. in seiner abschließenden Ansprache an den diesbezüglichen Ausführungen eine "Berichtigung"[224] vornehmen wollte. Denn darin wird eben die "klassische Linie" mit Berufung auf "Gaudium et Spes" Nr. 42 wiederholt[225]. Unverkennbar in der Auseinandersetzung ist jedoch, wie sich unter dem Eindruck der Theologie der Befreiung[226] das begriffliche Instrumentarium kirchlicher Verlautbarungen verändert und die Verhältnisbestimmung von Kirche und Welt, Kirche und Gesellschaft usw. ansatzweise immer wieder neu versucht wird.

Das bestätigt eindrucksvoll "Evangelii Nuntiandi", die "Adhortatio apostolica" aus dem Jahre 1975[227]. Nach Nell-Breuning hatte sich die Situation zwischen 1971 und 1974 grundlegend geändert. "Mußte die Bischofssynode 1971 noch darauf dringen, die Kirche dürfe sich nicht auf die Wortverkündigung und die Verwaltung der Gnadenmittel beschränken, sondern habe sich auch (!) für mehr Gerechtigkeit in der Welt einzusetzen, so war inzwischen in der öffentlichen Weltmeinung ein Umschlag eingetreten: Der 'Vertikalismus', der ausschließlich nach oben, zu Gott hinaufblickte, hatte in weiten Kreisen einem 'Horizontalismus' Platz gemacht, der ebenso einseitig oder noch einseitiger den Blick ausschließlich auf die zeitlichen Dinge dieser irdischen Welt richtete; manche wollten sich ganz und gar auf das Wirken für mehr Gerechtigkeit in der Welt verlegen und sahen im ewigen Heil eine belanglose Sache, um die sich zu bemühen nicht verlohne. Von echter Evangelisation, d.i. Verkündigung der Frohen Botschaft von Jesus Christus, bliebe da nichts übrig"[228].

---

222 Texte 535. "Munus praedicandi Evangelium postulat praesenti tempore, ut nos ipsos iam nunc devoveamus hominis plenae liberationi, dum is in hoc mundo degit" (AAS, a.a.O. 932).
223 Ebd. "Ecclesia accepit a Christo missionem praedicandi nuntium evangelicum, quod continet vocationem hominis ad se convertendum a peccato ad amorem Patris, et fraternitatem universalem et proinde exigentiam iustitiae in mundo" (AAS, ebd.).
224 O.v. Nell-Breuning, 7701, 209.
225 Der ganze Text der Ansprache in: AAS 63 (1971), 831-837; hier 834.
226 1974 befaßte sich die 3. Bischofssynode "nochmals mit den durch die 'Theologie der Befreiung' aufgeworfenen Fragen" (O.v. Nell-Breuning, 7701, 210).
227 Herder Korrespondenz 30 (1976), 133-152; AAS 68 (1976), 5-76.
228 O.v. Nell-Breuning, 7701, 210.

Die Absicht Pauls VI. sei nun gewesen, dieser Tendenz durch "Evangelii Nuntiandi" mit aller Entschiedenheit entgegenzutreten und mit Nachdruck zu betonen: "Wesentlicher und spezifischer Bestandteil der Evangelisation, ohne den alles andere hinfällig wird und seinen Sinn verliert, ist das ewige Heil; zu diesem wesentlichen Kern der Evangelisation steht alles andere nicht im Verhältnis der Gleich- oder Neben-Ordnung, sondern eindeutig in Unterordnung, im <u>dienenden</u> Verhältnis"[229].

Von einem Ordnungsverhältnis ist nun aber im Text an keiner Stelle die Rede. Statt dessen gibt es viele Hinweise, die - in Entsprechung zu "De iustitia in mundo" - die faktische Einheit kirchlichen Handelns in der Glaubensverkündigung und im Einsatz für die Gerechtigkeit hervorheben. "Als Kernstück und Mittelpunkt seiner Frohbotschaft verkündet Christus das Heil, dieses große Gottesgeschenk, das in der Befreiung von allem besteht, was den Menschen niederdrückt, vor allem aber in der Befreiung von der Sünde und dem Bösen"[230].

Eine solche <u>integrale</u> Sicht christlicher Sendung und kirchlichen Handelns gestattet nun nicht mehr, bei den traditionellen Unterscheidungen stehen zu bleiben, von denen die Geschichte der katholischen Soziallehre einst ausging. Ihre Fragwürdigkeit spiegelt sich nicht nur in der gegenwärtigen theologischen Reflexion, sondern auch in zunehmendem Maße in den offiziellen kirchlichen Dokumenten selbst wieder. Die Ergebnisse der historischen Rekonstruktion der katholischen Soziallehre sollen deshalb in einer kurzen Schlußbetrachtung zusammengefaßt und die daraus sich ergebenden Konsequenzen für die weitere theologische Behandlung angedeutet werden.

1.4 Rückblick und Ausblick:
    Zur Lage der katholischen Soziallehre

Die gesamte Ausgangslage bei der Entstehung der katholischen Soziallehre war denkbar ungünstig. Die Erschütterungen im gesellschaftlichen und geistigen Leben, die sich bereits im Mittelalter angedeutet hatten[231], waren in der Form des partiellen Widerspruchs eine Zeit lang noch in das Ge-

---

229 Ebd., mit besonderer Betonung von Nr. 25-39.
230 Herder Korrespondenz, a.a.O. 134.
"Tamquam Boni sui Nuntii caput et veluti centrum, Christus salutem annuntiat, scilicet magnum Dei donum, quod habendum est non solum liberatio ab iis omnibus, quibus homo opprimitur, sed potissimum a peccato et a Maligno liberatio ..." (AAS, a.a.O. 10). Ähnlich auch in Nr. 14. 31. 33. 35. 38.
231 Vgl. den Kommentar von P. Jostock zu den Eingangsworten von "Rerum Novarum" (siehe Anm. 5).

samtgefüge einer gesellschaftlichen Ordnung integriert, bei der die Einheit von staatlicher und kirchlicher Gemeinschaft von gemeinsamen christlichen Grundüberzeugungen garantiert war. Erst mit dem Ausgang des Mittelalters kamen diese Erschütterungen voll zum Ausbruch und zeigten die Auswirkungen in ihrer ganzen Tragweite. Sie nahmen in der Französischen Revolution und in der Philosophie der Aufklärung den Charakter einer "umfassenden Lebensbewegung" an und ließen sich nicht mehr auf einzelne Teilbereiche des Lebens zurückdrängen, was zwar eine Störung, aber keine Zerstörung der alten Ordnung bedeutet hätte. Gesellschaft und Kirche waren von den Erschütterungen in gleichem Maße betroffen. Während aber die Gesellschaften die "Neuerungen" überwiegend positiv (mit Ausnahme des Adels und der Großgrundbesitzer) aufnahmen und in der Entwicklung der Staatsform "Republik" und in der bürgerlich-demokratischen Lebensform für sie einen neuen gesamtgesellschaftlichen Rahmen fanden, setzte sich die Kirche entschieden gegen den Geist der neuen Zeit zur Wehr. Ohne sich solchen Forderungen, die von ihr als berechtigt anerkannt wurden, entziehen zu wollen, lehnte sie eine grundlegende Umwälzung der Zustände ab. Veränderungen sollten "organisch" in die bestehende Ordnung, die grundsätzlich für erhaltungswürdig galt, eingebaut werden. Der Versuch zu retten, was zu retten war, bildete den Ausgangspunkt für die kirchliche Strategie in allen Bereichen - politisch, philosophisch, theologisch - in denen es zu Konflikten zwischen Gesellschaft und Kirche kam. Ihre Position war damit die Defensive, ihr Vorgehen von der Konfrontation bestimmt.

Durch die enge, geschichtlich gewachsene Verbundenheit von Christentum und "ancien régime" war die Aufklärung zum gemeinsamen Feind beider geworden. Indem sich die (kirchliche) Kritik am Liberalismus und Individualismus der Aufklärung darauf richtete, eben diese Verbindung aufrecht zu erhalten, verzichtete sie darauf, einen Weg aufzuzeigen, wie die eigenen christlichen Inhalte in einer Gesellschaft gerettet werden konnten, in der das Christentum nicht mehr mit dem ancien régime verbunden war[232]. Mit dem Sieg des Bürgertums mußte so eine Situation entstehen, in der das katholische Christentum keinen gesellschaftlichen Ort mehr hatte. Verstärkt wurde diese Tendenz durch das Vordringen der liberalen Nationalökonomie und das praktische Wirtschaftsleben überhaupt. Mit ihm wurde ein bedeutender Teil des gesellschaftlichen Lebens nicht mehr religiös interpretiert, sondern nur noch dem eigenen rationalen Planen und Handeln unterworfen. Erst nachdem das Bürgertum im 19. Jahrhundert selbst an die Macht gekommen und längst konserva-

---

[232] L. Goldmann, Der christliche Bürger und die Aufklärung, Neuwied - Berlin 1968, 103.

tiv geworden war, nahm es das Christentum in seinen Dienst. Aus der einst antichristlichen Einstellung der Aufklärung entstand die bürgerliche-christliche Haltung, die der Religion einen Platz im Privatleben des einzelnen zuwies[233]. Das Problem, wie jenseits von "bürgerlicher Privatreligion" oder "rechristianisierter Gesellschaft" der gesellschaftliche Ort von Christentum und Kirche gefunden werden kann, ist als Erbe der Aufklärung bis heute ungelöst.

Die <u>Konfrontation mit der Aufklärung</u> steht auch in der Geschichte der katholischen Soziallehre von Anfang an im Vordergrund. Die Stichworte dazu lauten: Erneuerung der scholastischen Sozialphilosophie statt Philosophie der Aufklärung, Wiederbelebung des Naturrechtsdenkens gegen das Vordringen der geschichtlichen und soziologischen Betrachtungsweise. Damit sind die wichtigsten Mittel beschrieben, mit deren Hilfe man sich die Bewältigung der Auseinandersetzungen erhofft. Die Problematik dieser Mittel liegt nun nicht in der Tatsache, <u>daß</u> sie eingeführt werden, sondern <u>wie</u> sie benutzt werden: nämlich als Strategie, die Einheit und Unversehrtheit kirchlich-theologischen Denkens an den konkreten Bestreitungen und gesellschaftlichen Infragestellungen vorbei zu retten. Die Aufgabe lautet deshalb nicht: Versöhnung mit der Aufklärung durch Preisgabe der Sozialphilosophie und Aufhebung des Naturrechtsdenkens; sondern: Ist statt der Konfrontation mit der Aufklärung eine positive Verarbeitung von Aufklärungsprozessen in der Philosophie und in der Theologie möglich? Und ist eine kritische Rezeption des Naturrechts möglich, bei der dieses nicht geschichts- und gesellschaftslos gedacht wird?

Mit dem Vordringen der neuscholastischen Sozialphilosophie bahnt sich in der Theologie jene Entwicklung an, die an früherer Stelle als "Arbeitsteilung" bezeichnet worden ist. Obwohl, wie wir gesehen haben, in den jüngeren kirchlichen Dokumenten zu gesellschaftlichen Fragen eine Neubesinnung auf die Sendung der Kirche stattfindet, die diese Arbeitsteilung in Frage stellt, wird in der Rezeption der lehramtlichen Verlautbarungen an der traditionellen Aufteilung von systematischer Theologie und katholischer Soziallehre festgehalten. Danach wird weiterhin unterschieden zwischen theologischer und sozialphilosophischer Argumentation, christlichen und nichtchristlichen Adressaten, kirchlichem und gesellschaftlichem Handeln, irdischem Wohl und ewigem Heil usw. Auch hier geht es nicht darum, diese Unterscheidungen rückgängig zu machen, sondern die mit Berufung auf sie vorgenommenen <u>Problemzuweisungen</u> an die Theologie bzw. die Soziallehre zu überwinden und ein neues Verhältnis zwischen Sozialphilosophie (und Sozialethik) und

---

[233] Vgl. a.a.O. 58ff.

systematischer Theologie zu finden. Damit wird zweierlei angezielt: Weder soll die Auseinandersetzung mit gesellschaftlichen Fragen weiterhin im <u>Vorfeld</u> der Theologie geführt werden, noch "soll die theologische und dogmatische Substanz des Christlichen aus der gesellschaftlichen Auseinandersetzung herausgehalten werden"[234]. Die durch den Verlust der kirchlichen Autorität im letzten Jahrhundert bedingte und von der katholischen Soziallehre zu problemlos als Voraussetzung übernommene Ausgangslage, nach der ein spezifisch christlicher Beitrag zur Lösung gesellschaftlicher Probleme Nichtchristen gegenüber nicht konsensfähig und ein Hindernis für argumentative Verbindlichkeit sei, ist zu überprüfen, zumal sich die erhoffte Universalisierbarkeit philosophischer Vernunft ebenso als problematisch erwiesen hat.

Wenn nach Nell-Breuning die Krise der katholischen Soziallehre von der Theologie herkommt[235], so stimmt das aus den genannten Gründen nur zur Hälfte. Wie immer man die gegenwärtige Situation der systematischen Theologie einschätzen mag: daß die sozialphilosophische mit der theologischen Entwicklung nicht Schritt gehalten hat, ist eine Tatsache, die nicht einseitig der Theologie angelastet werden kann. In der Überzeugung von der relativen Eigenständigkeit sozialphilosophischer Erkenntnisse hat die katholische Soziallehre zu lange von den Weiterentwicklungen in der Theologie nicht Kenntnis genommen. Die zu beobachtende Diskrepanz zwischen systematischer Theologie und Soziallehre liegt deshalb <u>auch</u> im gegenwärtigen Stand der katholischen Soziallehre selbst begründet. Richtig gesehen ist an der Beobachtung Nell-Breunings, daß der Rückgriff auf theologisch gesicherte und allgemein akzeptierte "Basissätze", wie die neuscholastische Dogmatik ihn der Soziallehre anbot, heute nicht mehr möglich ist. Nun kann aber die Theologie ihre eigene Entwicklung nicht aus diesem Grund rückgängig machen. Dem verlockenden Gedanken, durch Rückkehr zu alten Positionen auch die argumentative Klarheit und Geschlossenheit zurückzugewinnen, ist daher zu widerstehen. Mag die begriffliche und argumentative "Unschärfe" auch zu einer momentanen Irritation in der katholischen Soziallehre geführt haben, so kann sie doch als ein Zeichen dafür angesehen werden, daß sich die kirchliche Sozialverkündigung augenblicklich einer Übergangssprache bedienen muß, in der eine Chance liegt: die Repräsentanz und Kompetenz der Theologie bei der Bewältigung der anstehenden gesellschaftlichen Probleme neu zu gewinnen.

---

234 J.B. Metz, Glaube in Geschichte und Gesellschaft, 18.
235 So in einer Rezension von O.v. Nell-Breuning, in: Theologie und Philosophie 47 (1972), 277-280, 277.

2 Die theoretischen Grundlagen der katholischen Soziallehre in systematischer Darstellung und Kritik

Soweit offiziellen kirchlichen Verlautbarungen zu Fragen des gesellschaftlichen und sozialen Zusammenlebens in der Öffentlichkeit Beachtung geschenkt wird, bezieht sich diese überwiegend auf solche Problemkreise, die eine besondere Nähe zur allgemeinen politischen Diskussion aufweisen. Das entspricht zum Teil durchaus dem Anliegen der Verlautbarungen, die als "Gelegenheitsschriften" auf aktuelle Auseinandersetzungen Bezug nehmen und den kirchlichen Einfluß auf konkrete politische Entscheidungen geltend machen wollen. Der aktuelle Anlaß darf jedoch nicht darüber hinwegtäuschen, daß stets grundsätzliche Stellungnahmen angezielt sind, bei denen - sozusagen hinter dem Einzelfall - <u>wesentliche</u> Einsichten in gesellschaftliche Zusammenhänge, Ordnungsvorstellungen und Leitbilder behauptet werden. Nimmt man hinzu, daß Interessengruppen unterschiedlichster Richtungen gern eine Bestätigung ihrer Ansichten in der kirchlichen Lehre suchen[1], so bedarf auch das einer Erklärung, die durch die Rückfrage nach den Prinzipien der katholischen Soziallehre gefunden werden kann. Schließlich macht die Soziallehre selbst den Rekurs von Stellungnahmen zu Einzelfragen auf allgemeine Urteile[2]; denn nach ihrem Verständnis liegt der Gesellschaftsethik eine "Sozialmetaphysik" zugrunde, deren Wesensaussagen erst die Verbindlichkeit sozialethischer Forderungen bestimmen.

Wie schon im vorigen Kapitel geht es auch im folgenden nicht darum, Einzelaussagen der kirchlichen Sozialverkündigung zu gesellschaftlichen Fragen oder gar ein umfassendes Gesellschaftsmodell der katholischen Soziallehre vorzustellen und kritisch zu befragen[3]. Die historische Rekonstruktion

---

1 Das gilt in der Bundesrepublik im Grunde für <u>alle</u> gesellschaftlichen Großgruppen, die mit sozialen Problemen befaßt sind.
2 Argumentationslogisch verläuft der Weg umgekehrt: bei der vorherrschenden deduktiven Methode werden aus Einsichten in "Wesenszusammenhänge" oder in die "Natur" der Sache Aussagen über konkrete Sachverhalte abgeleitet.
3 Ausführungen der katholischen Soziallehre zu einzelnen Sachbereichen, die im Rahmen dieser Arbeit von Bedeutung sind, werden dem systematischen Aufbau untergeordnet und an verschiedenen Stellen behandelt.

hat daher solche konkreten Stellungnahmen nur am Rande berührt. Ihr ging es hauptsächlich darum, die theoriebildenden Bestandteile herauszuarbeiten, auf deren Grundlage Beurteilungen von sozialen Bewegungen, geistigen Strömungen und politischen Leitbildern vorgenommen werden. Als Ergebnisse der geschichtlichen Betrachtung, die sich entscheidend auf die Ausgestaltung der katholischen Soziallehre ausgewirkt haben, seine noch heute gültige Gestalt bestimmt haben, seien noch einmal genannt: die Konfrontation mit der Aufklärung und ihren Folgen in deren ganzer Tragweite (d.h. als Philosophie, als politisch wirksame Bewegung und als "Zeitgeist" mit seinen Auswirkungen auf das Lebensgefühl, das Weltverständnis und die Glaubenskrise großer Bevölkerungsteile); die Einführung der Sozialphilosophie als "Ersatz" für den Verlust der kirchlichen Autorität im gesellschaftlichen Bereich[4]; die Auseinandersetzung um die philosophische und/oder theologische Kompetenz bei der Bewältigung politischer und sozialer Probleme, wie sie besonders in der Frage nach der Sendung der Kirche deutlich geworden ist.

In den beiden folgenden Kapiteln werden diese Problemkreise unter systematischen Gesichtspunkten weiterverfolgt. Wenn dabei zunächst der Schwerpunkt auf der philosophischen Argumentation liegt und später nach theologischen Positionen in der katholischen Soziallehre gefragt wird, so ist das nicht im Sinn der hier kritisierten Arbeitsteilung mißzuverstehen. In der Darstellung der theoretischen Grundlagen der katholischen Soziallehre nimmt die Untersuchung der philosophischen Begründung zwangsläufig den größeren Raum ein, wenn sie deren Selbstverständnis gerecht werden will. Mit ihr ist deshalb auch eine philosophische Diskussion zu führen. Wenn es aber in der Absicht dieser Arbeit liegt, ein neues Verhältnis von Philosophie und Theologie zu finden, darf diese Diskussion nicht durch vorgängig zu ihr entschiedene Problemzuweisungen an die Philosophie bzw. Theologie eingegrenzt werden; sie muß vielmehr immer wieder geöffnet werden auf Fragestellungen hin, mit denen sich eine politische Theologie in das philosophische Gespräch einmischt, um ihren Anspruch geltend zu machen, daß die Bestreitungen kirchlicher Zuständigkeit für Fragen des gesellschaftlichen Lebens auch einer theologischen Antwort bedürfen. Ebenso beschränkt sich die kritische Diskussion theologischer Positionen nicht darauf, Glaubenswahrheiten inner-

---

Zu nennen sind vor allem die Themen: Personwürde des Menschen und christliches Menschenbild; Arbeit und Eigentum; Gemeinwohl; Kapitalismus und Sozialismus; Solidarität usw.
4 Gedacht ist dabei nicht an ein psychologisches Motiv oder strategisches Mittel, sondern an die tatsächliche Funktion, welche die Sozialphilosophie ausübt.

kirchlich zu interpretieren, sondern zielt darauf, sie im Prozeß gesellschaftlicher Auseinandersetzungen neu zu entdecken sowie kirchlich <u>und</u> gesellschaftlich wirksam zu artikulieren.

2.1 Die katholische Soziallehre als Gefüge offener Sätze

Nach H.J. Wallraff[5] zeigt eine Analyse der Ordnungsideen als auch der katholisch-sozialen Bewegung, daß die in der kirchlichen Soziallehre vorliegenden Sätze formal, abstrakt, offen gehalten sind: "Sobald es darum geht, Grundrechte und prinzipiell geschützte Institutionen zu verteidigen, zeigen sie eine große Härte und Entschiedenheit. Hinsichtlich aller positiven Ausgestaltung der tragenden Formen aber lassen sie einen weiten Ermessensspielraum frei, der an das Verantwortungsbewußtsein der Beteiligten appelliert und Schulmeinungen auf den Plan ruft"[6]. Die Unbestimmtheit und Allgemeinheit der Aussagen ist dabei nach Wallraff bewußt angezielt: "Nicht nur tatsächlich, sondern der Grundidee nach wird hier die Zuständigkeit für das spezifisch Konkrete einer Streitfrage abgelehnt"[7]. Mit dieser Einstellung soll den geschichtlichen Umständen, in denen ein allgemeines Prinzip Anwendung finden soll, Rechnung getragen und dem Verantwortungsbewußtsein der jeweils Handelnden Raum gegeben werden. Damit unterscheidet sich die katholische Gesellschaftsethik strukturell von gesellschaftlichen Totalmodellen, deren Vorstellungen von der gesellschaftlichen Ordnung bis in Einzelheiten hinein geklärt sind. Gleichzeitig erlaubt ihr diese Offenheit, sich in unterschiedlichen Gesellschaftssystemen an ihren Maßstäben zu orientieren und in ihnen die prinzipiellen Forderungen zur Sprache zu bringen.
Der Grund für diese Offenheit und Abstraktheit liegt in der Entstehungsgeschichte lehramtlicher Äußerungen. Die Sozialenzykliken sind Verteidigungsschriften, die Infragestellungen von sogenannten Mindestwerten oder letzten Grundüberzeugungen abzuwehren haben, wenn solche durch Institutionen oder gesellschaftliche Bewegungen vorgenommen werden. Sind die Sätze der lehramtlichen Verlautbarungen in diesem Sinn die "Negation einer Negation", also Abwehr von Bestreitungen, so hat das zur Folge, daß sie hinsichtlich

---

5 H.J. Wallraff, Die katholische Soziallehre - ein Gefüge von offenen Sätzen, in: H. Achinger/L. Preller/H.J. Wallraff (Hrsg.), Normen der Gesellschaft. Festgabe für Oswald von Nell-Breuning SJ, Mannheim 1965, 27-48.
6 A.a.O. 38.
7 Ebd.

konstruktiver Beiträge zur Gesellschaftsordnung in-operational sind. Sie machen keine eindeutigen Vorschriften, sondern geben "höchstens rahmenhafte Handlungsanweisungen"8. Davon ist nun aber auch die katholische Soziallehre im eigentlichen Sinn betroffen (d.h. als das Ganze von lehramtlichen Aussagen und deren philosophisch-theologischer Interpretation, und hier besonders die Versuche, die Lehre auf den konkreten Fall "anzuwenden"). Soweit sie sich für ihre konstruktiven ordnungspolitischen Zielvorstellungen auf lehramtliche Äußerungen beruft, bleibt sie notwendig in deren formalem und abstraktem Rahmen. Soweit sie darüber hinausgeht und aus den Aussagen Schlüsse zieht für konkrete politische Entscheidungen, verzichtet sie auf deren Verbindlichkeit und begibt sich auf das Feld von Ermessensspielräumen und Schulmeinungen.

Ein anschauliches Beispiel hierfür bildet die kirchliche Eigentumslehre. Mit der Forderung nach Abschaffung des privaten Eigentums setzt sich die Enzyklika "Rerum Novarum"9 gleich zu Beginn auseinander. Sie stellt dieser Forderung die Formel entgegen: "ius proprietatis sanctum esse oportere"10. Zunächst wird mit diesem Satz, der auf die Eigentumslehre des Thomas von Aquin zurückgeht, nicht das Privateigentum "heiliggesprochen", wie oft behauptet worden ist, sondern das Recht auf Privateigentum für unantastbar erklärt. Darüber hinaus wurde aus dem Satz abgeleitet, die katholische Soziallehre verteidige damit die bestehende Eigentumsordnung und erlaube es dem Staat nicht, die institutionelle Gestalt des Privateigentums anders zu fassen, als sie tatsächlich geregelt sei. Alle diese Folgerungen haben keinen Anhalt an der Aussage selbst. Im Gegenteil soll mit ihr gerade der Weg zu einer gerechteren Ordnung und Verteilung des Eigentums beschritten werden, wie an späterer Stelle der Enzyklika ausgeführt wird11; "... nicht nur den Gebrauch des Eigentums, sondern die Handhabung des Rechts auf Sondereigentum kann nach Leo XIII. der Staat regeln und mit dem Gemeinwohl in Einklang bringen,

---

8 A.a.O. 43.
9 Vgl. oben den Abschnitt 1.2.1.
10 Rerum Novarum Nr. 12.
"... daß die Grundlage aller Überlegungen die Unverletzlichkeit des Rechts auf Sondereigentum zu bilden hat" (Die sozialen Rundschreiben, a.a.O. 25).
"... als Grundsatz festzuhalten, daß das Privateigentum unangetastet zu lassen sei" (Texte 39). Diese Übersetzung ist ungenau; sie unterschlägt, daß es um das "ius proprietatis" geht, und kann deshalb dazu beitragen, die genannten Mißverständnisse zu fördern.
11 Vgl. Rerum Novarum Nr. 35, in: Texte 57ff., sowie die Ausführungen in Quadragesimo Anno Nr. 49, in: Texte 108f., die darauf Bezug nehmen; dazu die Kommentare von O.v. Nell-Breuning, 3201, 75ff.; 5601, 371ff.; 6901, 48ff.

während ihm die Machtvollkommenheit, dieses Recht aufzuheben, nicht verliehen ist. Was aber ist 'Handhabung des Rechts auf Sondereigentum'? Sie geht offenbar sehr viel weiter als der Gebrauch, den jemand von seinem Eigentum, d.h. von den ihm gehörenden Sachen macht. 'Handhabung des Rechts auf Sondereigentum' ist in der Tat gar nichts anderes als die ganze Eigentumsordnung, die Gesamtheit all der Rechtsregeln, durch die das Eigentum in einem bestimmten staatlichen Gemeinwesen geregelt ist. Diese Eigentumsordnung kann der Staat im einzelnen festsetzen, und zwar immer so, daß sie mit den Erfordernissen des Gemeinwohls in Einklang steht"[12]. Damit ist das Problem zwar noch nicht gelöst, weil im konkreten Fall wieder erst geklärt werden muß, welche Eigentumsordnung "mit den Erfordernissen des Gemeinwohls in Einklang steht". Der Satz über das Recht auf Privateigentum aber sagt nichts anderes aus als die prinzipielle Berechtigung jedes Menschen, Privateigentum zu erwerben. In diesem Sinn ist er formal, abstrakt, offen gehalten und als solcher nicht als konstruktiver Beitrag für die Gesellschaftsordnung operationalisierbar.

Gilt dieser formale und abstrakte Charakter für die Sätze der katholischen Soziallehre überhaupt, so zeigt sich darin eine bemerkenswerte Strukturparallele zu den individualistischen Weltanschauungen der Aufklärung, die "nur in bestimmten geschichtlichen Situationen einen Inhalt haben, vor allem im 18. Jahrhundert, aber auch heute noch, jedesmal, wenn die Grundwerte des Individualismus: Freiheit, Gleichheit, Toleranz etc., gefährdet sind und verteidigt werden müssen; daß aber jedesmal, wenn diese Werte in einer Gesellschaft vorherrschen und nicht ernstlich und unmittelbar gefährdet sind, ihr rein formaler, für die Sinnerfüllung des menschlichen Lebens nicht ausreichender Charakter sichtbar wird"[13]. Trotz bedeutender materialer Unterschiede (d.h. in den Inhalten, die prinzipiell geschützt werden sollen) stellen sich für beide Auffassungen - die der Aufklärung und die der katholischen Soziallehre - argumentativ die gleichen Probleme, nämlich sowohl die Normativität der formalen Werte als auch ihrer geschichtlich-konkreten Inhalte in einer bestimmten historischen Situation zu begründen.

Denn zunächst ist hier zu fragen, wo die Grenze zwischen prinzipiellen Aussagen einerseits und Ermessensspielräumen bzw. geschichtlich wandelbaren Formen andererseits verläuft und anhand welcher Kriterien sie festgelegt werden kann. Wie lassen sich "Grundrechte und prinzipiell geschützte Institutionen" bestimmen und von ihren zeitbedingten Erschei-

---

12 O.v. Nell-Breuning, 3201, 78.
13 L. Goldmann, Der christliche Bürger und die Aufklärung, Neuwied - Berlin 1968, 56.

nungsformen, die der Kritik unterworfen sind, abheben und unterscheiden?

Darüber hinaus: Wie läßt sich überhaupt begründen, daß es ein Feld von prinzipiellen Aussagen gibt, dessen Inhalte - wiederum prinzipiell - jeglicher Infragestellung enthoben sind und damit "unantastbar", weil sie angeblich für das menschliche Zusammenleben schlechthin konstitutiv sind? Und wie läßt sich begründen, daß es Institutionen gibt, die "prinzipiell geschützt" werden müssen, die also - im Sinne radikaler Institutionenkritik - nicht als solche, sondern nur in ihrer konkreten Erscheinungsweise kritisiert werden dürfen?

In der Philosophie der Aufklärung gibt es auf diese Fragen letztlich keine argumentativ überzeugenden Antworten. Die Begründungsbasis für die liberalen Freiheitsrechte liegt in der rational verstandenen Personwürde des Menschen[14]. Diese Beschränkung ist geschichtlich aus der Tatsache zu verstehen, daß in der Aufklärung "die Vernunft als das entscheidende Mittel des praktischen Kampfes gegen Despotismus und Aberglauben, gegen Vorrechte, ancien régime und Christentum erscheint"[15]. Nun hat aber der Rekurs auf die Personwürde des Menschen, der in der Verweigerung einer christlichen Begründung der Menschenrechte wurzelt, durchaus einen positivistischen Zug. Denn die Vernunft weiß eigentlich keinen vernünftigen Grund beizubringen, weshalb bei der Begründung der Menschenrechte an einem bestimmten Punkt haltgemacht werden kann, es sei denn in der Tatsache, daß die Personwürde des Menschen in seiner Vernunft und in seinem freien Willen gründet, womit die Vernunft auf den Grund ihrer selbst und damit argumentativ an ihren Endpunkt gekommen ist. Immerhin muß im praktisch-politischen Kontext dieser Verweigerung beachtet werden, daß die kirchliche Lehre selbst durch ihre Konfrontation mit der Aufklärung in der damaligen Zeit eine solche christliche Begründung der Freiheitsrechte ablehnte. Ihre Anerkennung durch die Kirche beginnt erst in der zweiten Hälfte des 19. Jahrhunderts[16], zu einer Zeit also, als sich die Freiheitsrechte gesellschaftlich im Bürgertum bereits durchgesetzt haben und der stetig wachsenden Arbeiterschaft nun ihrerseits vorenthalten werden. Zu dieser Zeit hat sich das Besitzbürgertum aber längst mit der Kirche versöhnt und verteidigt, wie vormals ancien régime und Christentum, seine Vorrechte gegenüber der neu aufkommenden Klasse. Gleich-

---

14 Vgl. z.B. W. Kern, Menschenrechte und christlicher Glaube, in: Stimmen der Zeit 197 (1979), 161-172, bes. 164f.
15 L. Goldmann, a.a.O. 55f.
16 Mit dem Rundschreiben Papst Leos XIII. von 1888 "Libertas praestantissimum"; siehe E. Marmy (Hrsg.), Mensch und Gemeinschaft in christlicher Schau. Dokumente, Freiburg (Schweiz) 1945, 84-116.

zeitig verlagert sich der Schwerpunkt kirchlicher Gesellschaftskritik von der Bekämpfung des individualistischen Liberalismus zur Auseinandersetzung mit dem Sozialismus, in dem die größere Gefahr für das Christentum gesehen wird.

Anders als die Philosophie der Aufklärung, der es mehr um die Durchsetzung als um die Begründung der Freiheitsrechte geht und die daher stärker praktisch orientiert ist, beantwortet die katholische Soziallehre die oben gestellten Fragen mit dem Hinweis auf ihre Erkenntnisquellen und ihre Erkenntnistheorie[17]. Erkennbar ist aber nach den am Beginn dieses Abschnitts gemachten Ausführungen bereits jetzt, daß den Sätzen der katholischen Soziallehre eine nur relative Offenheit zukommt. Die Unterscheidung von Grundwerten sowie prinzipiell geschützten Institutionen einerseits und deren Unbestimmtheit bezüglich der positiven Ausgestaltung ihrer "tragenden Formen" für die konkrete Gesellschaftsordnung andererseits enthält ein dogmatisches Element; die "Offenheit" wird nämlich von vornherein auf den Bereich beschränkt, der jenseits der Grenze von Grundwerten und prinzipiell geschützten Institutionen liegt. Nichtsdestoweniger steht damit die katholische Soziallehre heute vor neuen Problemen. Wallraff konnte seinerzeit noch davon ausgehen, daß keine der gesellschaftlich einflußreichen Bewegungen diese Grundwerte angriff[18]. Für die katholische Soziallehre entstanden folglich aus der genannten Unterscheidung keine Schwierigkeiten: "Nicht gesellschaftliche Werte zu sichern, vielmehr solche zu entfalten und zu kombinieren, ist die Aufgabe, die ansteht. Sie ist nur zu lösen, indem Konventionen, Vorlieben und Ermessensentscheide eingeführt werden. Damit entzieht sie sich weitgehend dem Raum der katholischen Soziallehre, die, nachdem sie ihre defensiven Funktionen erfüllt hat, das meiste der Freiheit der Beteiligten anheimgibt"[19]. Nun hat sich diese Situation aber, wie in der Bundesrepublik die Diskussion um die Grundwerte anzeigt, grundlegend geändert. Aber auch abgesehen vom "Zeitgeist" verschließt sich die katholische Soziallehre argumentativ mit dieser Unterscheidung den Zugang zu einer grundsätzlichen Auseinandersetzung um Grundwerte und Institutionen, wie sie heute notwendig ist und im Rahmen anderer Sozialphilosophien und in der praktisch-politischen Diskussion auch geführt wird.

---

17 Siehe dazu 2.2 und 2.3 dieser Arbeit.
18 H.J. Wallraff, a.a.O. 42.
19 A.a.O. 42f.

2.1.1 Allgemeinbegriffe in gesellschaftlicher Differenzierung

Bevor die Fragen nach einem möglichen christlichen Beitrag in der Diskussion über die Grundwerte und nach den letzten Grundüberzeugungen und ihrer metaphysischen Begründung weiterverfolgt werden, soll ein Gedanke eingeschoben werden zur Konstitution von Allgemeinbegriffen in der katholischen Soziallehre. Bei der Unmöglichkeit, kirchliche Aussagen zu gesellschaftlichen Problemen im Hinblick auf konkrete Sachverhalte zu "operationalisieren", geht es ja nicht allein um deren praktische Verwertbarkeit im Streit politischer Entscheidungen. Sie ist vielmehr nur ein Symptom für den Verdacht, daß sich in den jenseits der gesellschaftlichen Auseinandersetzungen gewonnenen Allgemeinbegriffen die tatsächlichen Verhältnisse, für deren Bewältigung solche Begriffe gewonnen werden, gar nicht widerspiegeln. Dieser Eindruck kam schon einmal an dem Beispiel zur Sprache, wie in der Enzyklika "Quadragesimo Anno" über den Sozialismus gehandelt wird. Dabei zeigte sich, daß nach dem Verlust des Realitätsbezugs durch die Reduktion auf eine ungeschichtliche und gesellschaftslose "Wesensbeschreibung" eine Begriffskonstruktion entstanden war, die weder dem Selbstverständnis der von dem kirchlichen Verdikt Betroffenen entsprach noch einer theoretischen Klärung des Verhältnisses von Kirche und Sozialismus förderlich war. Trifft diese Beobachtung auf die Zentralbegriffe der katholischen Soziallehre überhaupt zu, so hat das weitreichende methodische Folgen: Die Aufgabe besteht dann darin, solche Begriffe nicht durch Abstraktion von, sondern gerade _in_ gesellschaftlicher Differenzierung zu gewinnen.

In einer Untersuchung hat H. Ludwig[20] zur Naturrechtslehre des Thomas von Aquin ausgeführt, daß mit ihr ein erster Schritt getan worden war, das Verhältnis von Kirche und Welt entsprechend dem Stand der gesellschaftlichen Differenzierung und Komplexität zu bestimmen. Dadurch kommt es gegenüber dem traditionellen Augustinismus zu einer differenzierteren Sicht der gesellschaftlichen Wirklichkeit und zu einer relativen Autonomisierung der Vernunft und des Menschen[21]. "Während die Kurialisten eine gerechtere Gesellschaft nur im Herrschaftsbereich der lex evangelii denken und begründen können, Gerechtigkeit also nur innerhalb des orbis christianos gedacht werden kann, geht Thomas hinter die lex evangelii zurück: die Begegnung mit der arabischen Welt nötigte der Theologie die Reflexion über die Deutung einer außerchristlichen Kultur und Gesellschaft auf"[2]

---

20 H. Ludwig, Die Kirche im Prozeß der gesellschaftlichen Differenzierung, München - Mainz 1976, 127ff.
21 Vgl. a.a.O. 128 und 131.
22 A.a.O. 128f.

Gegenüber dem Anspruch auf eine total christliche Welt nimmt die metaphysische Vernunft einen gesellschaftskritischen Charakter an, indem sie die Legitimität objektiv irriger Überzeugungen (freilich nur für Juden und Heiden!) aufweist. So erhält auch die Existenz nichtchristlicher Gesellschaften ihren Ort im theologischen Bewußtsein. Hier haben die Ausführungen des Thomas zur natürlichen Schöpfung Gottes und deren Sinnstrukturen ihren realen Bezug. Die Metaphysik verläßt damit jedoch noch nicht den Boden der theistischen Weltauffassung. Denn trotz der Autonomie der Person im Bereich der Moral (durch die Berufung auf das Gewissen) bleibt der Mensch hingeordnet auf Gott; die lex naturalis bleibt in der lex aeterna Gottes verankert.

Durch den inneren Zerfall der christlichen Gesellschaft tritt dann der gesellschaftskritische Charakter der Metaphysik zurück. Sie wird nun selbst als Stütze für gesellschaftliche Strukturen gebraucht, die mit kirchlicher und theologischer Autorität allein nicht mehr aufrecht erhalten werden können, bis sie in der Neuscholastik ganz an die Stelle einer theologisch begründeten Gesellschaftsordnung tritt. Dagegen bleibt auch die Metaphysikkritik der Reformation noch "auf dem Boden einer durchaus christlichen Konsensgemeinschaft. Der Prozeß der gesellschaftlichen Differenzierung von Vernunft - und dies ist Metaphysikkritik im Sinne der Aufklärung - hat hier noch nicht begonnen"[23].

Anders verhält es sich bei der Aufklärung. Die durch sie ausgelöste Krise der Metaphysik ist zugleich die Aufkündigung der Konsensgemeinschaft auf der Basis metaphysischer Vernunft. Erst dadurch wird die Differenzierung in der Sicht gesellschaftlicher Wirklichkeit (christliches - nichtchristliches Weltverständnis) und damit im theologischen Vernunftbegriff konsequent weitergeführt zur Differenzierung der gesellschaftlichen Konstitution von Vernunft überhaupt. "Die in der Aufklärung einsetzende gleichzeitige Berufung auf 'Vernunft', 'Subjekt' und 'Praxis' deutet hin auf ein neues Verfahren: Vernunft wird - im Ansatz - nicht mehr subjektlos und losgelöst von ihrer praktischen Dimension verstanden. Während der metaphysische Gebrauch von 'Vernunft' die Frage ihres sozialen und politischen Kontexts verdeckte, wird nun aufgeklärt über die Hintergründe solch abstrakten Vernunftgebrauchs. D.h. die Usurpation der metaphysischen Vernunft für eine bestimmte, im Hintergrund bleibende und als gesamtgesellschaftliches Subjekt fungierende Macht wird aufgedeckt, konkret: die Vereinnahmung von allgemeiner durch einerseits kirchliche, andererseits politische Herrschaft"[24].

---

23 J.B. Metz, Glaube in Geschichte und Gesellschaft, 39.
24 Ebd.

Zwei Einschränkungen, die sich aus dem geschichtlichen
Prozeß der Aufklärung ergeben haben, müssen an dieser
Stelle kritisch gemacht werden. Zum einen ist das Subjekt,
das sich aus geistiger und politischer Unmündigkeit befreite,
der Bürger, selbst zum Herrschaftssubjekt geworden. Sein
Streben richtet sich zwar nicht unmittelbar auf die Beherrschung von Menschen, sondern der Natur, d.i. der Wirtschaft. Auf der Grundlage einer individualistischen und auf
dem Privateigentum gegründeten Gesellschaft, in der die
Gleichheit der Freiheit untergeordnet wird, muß diese neue
Variante der Naturbeherrschung aber zu großen sozialen und
politischen Ungleichheiten führen und dadurch mittelbar zur
Unterdrückung der Besitzlosen durch die Bürger. Zum anderen kommt im Bürger ein Subjekt zur Geltung, das durch
seine gesellschaftliche Praxis die Vernunft der Aufklärung
auf technische (wirtschaftliche) Vernünftigkeit reduziert.
Das durchrationalisierte und verstandesmäßig organisierte
Wirtschaftsleben weckt im Bürger die Überzeugung, seine
gesellschaftliche Stellung sei das "Ergebnis seines eigenen
Verhaltens, seiner richtigen und erfolgreichen oder falschen,
erfolglosen Handlungen, welche aber, auf wirtschaftlichem
Gebiet wenigstens, völlig wertneutral sind und überhaupt
nicht nach dem Maßstab des Guten oder Bösen beurteilt werden können"[25]. Gestützt auf die Anschauungen der liberalen
Nationalökonomie, für die das Gemeinwohl mit dem Eigennutz
aller an der Wirtschaft Beteiligten zusammenfällt, führt das
zur Identifizierung von philosophischer und bürgerlicher
Vernunft, durch welche die neu entstandenen Herrschafts-
verhältnisse wieder verdeckt werden. Der wirtschaftende
Mensch hatte das Gefühl, indem er sich selbst bereicherte
und sozial aufstieg, gleichzeitig eine für die Allgemeinheit
nützliche Tätigkeit auszuüben. M. Weber hat in seiner "protestantischen Ethik" die Zusammenhänge von kapitalistischer
Geisteshaltung und besonders calvinistischem Arbeitsethos
überzeugend dargestellt[26].

Trotz dieser Einschränkungen darf nicht übersehen werden, daß die Aufklärung tendenziell darauf zielt, "alle Menschen zu mündigen Subjekten des Vernunftgebrauchs zu machen"[27] und die Freiheit (auch des wirtschaftlichen Handelns)

---

25 L. Goldmann, a.a.O. 58f.
26 M. Weber, Die protestantische Ethik und der Geist des Kapitalismus, in: ders., Gesammelte Aufsätze zur Religionssoziologie I, Tübingen 1920. Vgl. L. Goldmann, a.a.O. 69. - Man könnte von einem Beitrag des theologischen Selbstverständnisses im 19. Jahrhundert zur
"Autonomie" der Wirtschaft sprechen: Die Religion des Bürgers zieht
sich aus dem öffentlichen Leben zurück; die dogmatische Theologie
mischt sich nicht ein, sondern überläßt das soziale Feld der Philosophie (vgl. 2.5 dieser Arbeit).
27 J.B. Metz, a.a.O. 39.

mit der Gleichheit in Einklang zu bringen, die nur dann einen gesellschaftlich bestimmten und bestimmbaren Inhalt hat, wenn sie nicht durch wirtschaftliche Ungleichheit aufgehoben ist. Der Anspruch der Aufklärung muß deshalb auch gegen deren geschichtlich bisher begrenzte Verwirklichung durchgehalten und durchgesetzt und für das Subjektsein (bzw. Subjektwerden) aller offengehalten werden.

Für die katholische Soziallehre ergeben sich daraus die folgenden Anforderungen. Sie weisen schon jetzt darauf hin, daß nicht in der Parteilichkeit eine Gefahr für die katholische Soziallehre liegt, sondern in der vermeintlichen politischen Unschuld aufgrund gesellschaftlicher Bewußtlosigkeit. Gleichzeitig nehmen sie die Stichworte der Aufklärung auf, nämlich Vernunft, Subjekt und Praxis: Das Verständnis philosophischer Vernunft, auf das sich die katholische Soziallehre bei der Formulierung ihrer Prinzipien beruft, hat die gesellschaftliche Differenzierung von Vernunft zu berücksichtigen, damit sich nicht hinter der behaupteten metaphysischen Vernunft ein partielles gesellschaftliches Subjekt verbirgt, das die katholische Soziallehre zur Sicherung eigener politischer Herrschaftsinteressen in Dienst nimmt. Ferner muß die katholische Soziallehre darüber Auskunft geben können, für wen sie konkret mit ihren Stellungnahmen Partei ergreift, um ihren eigenen gesellschaftlichen Ort deutlich zu machen und sich vor ungerechtfertigten Vereinnahmungen durch Interessengruppen zu schützen. Versteht sie schließlich ihre Aufgabe als Beitrag zur Befreiung von Menschen aus gesellschaftlicher und sozialer Unterdrückung und Unmündigkeit, so muß sie darüber reflektieren, ob und wie sich die Situation der von ihr angesprochenen gesellschaftlichen Subjekte durch eine angewandte Gesellschaftslehre verändert.

2.1.2 Zum politisch-theologischen Stellenwert der Diskussion über die Grundwerte

Die im letzten Abschnitt vorgenommenen Differenzierungen geben einige Rahmenbedingungen an, die eine abstrakte und von einer Analyse der jeweiligen konkreten geschichtlichen Situation losgelöste Diskussion über die Grundwerte verhindern können. Tatsächlich wird diese Diskussion in gewisser Weise subjektlos und praxisfern geführt. Sowohl in den Abgrenzungen im Verständnis der Grundwerte bei den verschiedenen politischen Parteien als auch in den bisherigen theologischen Beiträgen überwiegen theoretische Ausführungen und terminologische Klarstellungen, die den Rang des praktisch-gesellschaftlichen Kampfes um die Durchsetzung der Menschenrechte für deren theoretische Behandlung unbeachtet lassen[28]. Folglich wird auch die Möglichkeit übersehen, daß es einen Zusammenhang zwischen der Grundwerte-Debatte und anderen gesellschaftlichen, wirtschaftlichen und sozialen Problemen gibt.

In Entsprechung zur Geschichte der kirchlichen Naturrechtslehre sieht A. Auer[29] in der gegenwärtigen theologischen Diskussion über die Grundwerte eine "Neigung zur Deduktion"[30]: "Die Naturrechtslehre entwickelte sich vermutlich zunächst auf der Basis menschlicher Erfahrung, der guten und der schlechten, und ihrer besonnenen Auslegung und Auswertung. Die induktiv gewonnenen Einsichten wurden durch Berufung auf den 'göttlichen Weltplan' bzw. auf den 'Logos der Schöpfung' legitimiert. Nachdem durch diese transzendente Legitimation ein Maximum an Sicherheit erreicht schien, begann die Naturrechtslehre sich vorwiegend der Deduktion zu bedienen. Das 'Ewige Gesetz', ursprünglich Interpretament der Legitimation, wurde nun zur 'Erkenntnisquelle' von Recht und Sittlichkeit hinaufideologisiert. (Ähnliches wie über das Ewige Gesetz wäre über die metaphysische Wesensnatur des Menschen zu sagen.)

In der gegenwärtigen theologischen Diskussion über die Grundwerte scheint sich da und dort eine ähnliche Gefahr anzubahnen. Es beginnt sich - vergröbert gesprochen - die Auffassung durchzusetzen, daß sich aus den grundlegenden christlichen Glaubenswahrheiten über Schöpfung, Rechtfertigung und Vollendung 'Ableitungen' oder 'Konsequenzen' ergeben, die bis in die Postulate konkreter 'Grundrechte' hineinreichen"[31]. Demgegenüber empfiehlt Auer, die theologische Position vorsichtig zu formulieren: "Die christliche Botschaft eröffnet einen Sinnhorizont, aus dem heraus das geschichtliche Engagement von Vernunft und Freiheit nachdrücklich urgiert und die Vielfalt konkreter geschichtlicher Entwürfe und Verwirklichungen kritisch geprüft werden kann und muß"[32]. Politisches Handeln sei an die Analyse der konkreten Situation und an die Abwägung sachlicher Notwendigkeiten und Möglichkeiten gebunden. Ihre Legitimation liege in der "Ausrichtung auf das menschlich Sinnvolle"[33]. Die Vermittlung von Sachgesetzlichkeiten und Sinnvorstellungen in politischer Programmatik finde "durch die

---

28 Zur Geschichte und zum politischen Kontext vgl. W. Kern, Menschenrechte in Geschichte und Gegenwart, in: Stimmen der Zeit 197 (1979), 3-14.
29 A. Auer, Die Sinnfrage als Politikum, in: Stimmen der Zeit 197 (1979), 247-259.
30 A.a.O. 252.
31 Ebd.
32 A.a.O. 253.
33 Ebd.

Einführung dieser human- und sozialwissenschaftlichen Sachverhalte in jenen Sinnhorizont, der die tragenden Grundwerte des Menschseins umgreift"[34], statt.

Die hier geforderte Aufwertung der induktiven Methode der Normenfindung entspricht dem Anliegen, die inhaltlichen Bestimmungen und institutionellen Ausgestaltungen der Grundwerte am jeweiligen Stand ihrer gesellschaftlichen Differenzierung zu orientieren. Bei dem von Auer gewählten Ansatz ist allerdings zu fragen, wie sich das "menschlich Sinnvolle" zu dem durch die christliche Botschaft eröffneten "Sinnhorizont" verhält, und ob tatsächlich die durch die christliche Botschaft ermöglichte und intendierte Glaubenspraxis mit der Eröffnung eines "Sinnhorizonts" sachgemäß erfaßt ist[35]. Auch wenn die Postulate konkreter Grundrechte nicht aus den grundlegenden christlichen Glaubenswahrheiten abgeleitet werden, liegt ihre "Entsprechung" wohl eher auf der Ebene bestimmter Optionen als auf der eines abstrakten und christlich unbestimmten Sinnhorizonts. Das Christentum ist nicht das Allgemeine gegenüber der geschichtlich-gesellschaftlichen Vernunft des Menschen, sondern die konkrete Verwirklichung von Sinn und gleichzeitig deren Kritik, weil jede Sinngebung und Sinnverwirklichung hinter dem Anspruch zurückbleibt, das Subjektsein aller (im christlichen Verständnis: der Lebenden und der Toten) zu ermöglichen[36].

Der Unterschied von abstraktem und konkretem Gebrauch kann am Beispiel des Grundwertes der Freiheit deutlich gemacht werden. Nach O.v. Nell-Breuning darf der Grundwert der (inneren) Freiheit nicht mit dem Menschenrecht auf (äußere) Freiheit identifiziert werden: "Auch das Menschenrecht auf Freiheit ist wie alle anderen Menschenrechte nur

---

34 Ebd.
35 Vgl. die Formulierung "Die christliche Botschaft eröffnet einen Sinnhorizont" (a.a.O. 253) mit der Begründung des "menschlich Sinnvollen" in der 1. und 2. These:
"1. These: der Mensch ist von seinem Wesen her so sehr auf Sinn verwiesen, daß er dessen Mißachtung ... auf die Dauer nicht ertragen bzw. hinnehmen kann. Die Sinnfrage ist also zunächst insofern ein Politikum, als politische Programmatik und politisches Handeln nur von einem umgreifenden Gesamtverständnis her spezifisch menschliches Gepräge erhalten. Das sozial-ökonomisch Machbare muß dem Maß des menschlich Sinnvollen unterstellt werden" (a.a.O. 247, im Original kursiv).
"2. These: Die Sinnfrage ist weiterhin ein Politikum, insofern dem Sinn als dem tragenden Grund des Menschlichen der Charakter unbedingter Verbindlichkeit zukommt. Er drängt mit einer immanenten Dynamik auf Verwirklichung. Indem der Mensch seiner Verwiesenheit auf Sinn durch geschichtliche Mangelerfahrungen immer neu bewußt wird, wird er zugleich angetrieben, angemessenere Vorstellungen über seine Würde zu entwickeln und durchzusetzen" (a.a.O. 250, im Original kursiv).
36 Siehe dazu den folgenden Abschnitt 2.1.3.

ein Ausfluß des Grundwertes Freiheit als der Würde des verantwortlichen Wesens, das ein Gewissen hat, mit dem es verantwortlich vor sich selbst und nach theistischem, insbesondere christlichem Verständnis vor Gott steht"[37]. Aus dieser Unterscheidung wird eine Folgerung gezogen, die praktisch zu einem dualistischen Freiheitsverständnis führt. "Die Freiheit, die der Politiker verwirklichen kann, ist nur die äußere, namentlich der gesellschaftliche Raum für freie, d.i. ungehinderte Betätigung der menschlichen Selbstbestimmung. Dieser Raum kann enger oder weiter sein, kann durch ökonomische, soziale und politische Maßnahmen sowohl erweitert als auch eingeengt, kann unter Umständen bis auf ein äußerstes Mindestmaß beschränkt werden. Unabhängig von ihm besteht und ihm voraus geht in jedem Fall die innere Freiheit des Menschen, die ihn zum verantwortlichen Wesen und damit zum Träger von Pflichten und Rechten macht"[38]. Da die innere Freiheit unabhängig von der äußeren existiert, ist die Schaffung gesellschaftlicher "Frei-Räume" zu ihrer Verwirklichung zwar wünschenswert; sie gehen aber nicht als konstitutives Moment in das Freiheitsverständnis ein.

Der tatsächliche Zusammenhang von innerer und äußerer Freiheit kommt dagegen sofort in den Blick, wenn nach den Bedingungen für die konkrete Verwirklichung persönlicher Freiheit im gesellschaftlichen Raum gefragt wird. So betont der Diskussionsbeitrag "Grundwerte und Grundrechte"[39], daß sich Freiheit in drei Dimensionen entfaltet; neben der persönlichen und demokratisch-rechtsstaatlichen in der "Dimension der sozialen Institutionen, weil ohne die 'tatsächliche Möglichkeit' zur Selbstentfaltung Freiheit eine bloße Illusion bleiben müßte"[40]. Es besteht ein dialektisches Verhältnis zwischen der individuellen Verwirklichung von Freiheit und ihrer gesellschaftlichen (und institutionell gesicherten) Ermöglichung, wie überhaupt zwischen individueller sittlicher und gesellschaftlicher Praxis. Ob es in einer Gesellschaft freie Subjekte gibt, ob in ihr alle von der Freiheit Gebrauch machen können, und wenn nicht, welche Subjekte es können, hängt nicht allein vom Willen und vom sittlichen Stand des je einzelnen ab, sondern auch von den gesellschaftlichen Bedingungen, die es im Extremfall allen oder niemandem, in der Regel einem größeren oder kleineren Teil der Gesellschaft erlauben, ihr Leben tatsächlich in Freiheit zu gestalten. Entsprechendes wäre zur Verwirklichung der Grundwerte und zur Achtung der Menschenrechte überhaupt zu sagen.

---

37 O.v. Nell-Breuning, 7901, 267.
38 A.a.O. 265f.
39 Grundwerte und Grundrechte. Vorgelegt von der Grundwerte-Kommission beim SPD-Parteivorstand, 15. Januar 1979.
40 A.a.O. 9.

Wir sind damit bei der Frage angelangt, welcher Stellenwert der Diskussion über die Grundwerte im Rahmen der Beschäftigung mit den klassischen sozialen Problemen zukommt. Die Frage ist in zwei Richtungen zu beantworten, zwischen denen ein innerer Zusammenhang besteht:

Zum einen gilt (vorwiegend für das heutige Bürgertum in industrialisierten Ländern), daß die Durchsetzung fundamentaler wirtschaftlicher und sozialer Sicherheiten in steigendem Maße mit einer faktischen Verneinung der Wertüberzeugungen und Institutionen einhergeht, die das gesellschaftliche Zusammenleben tragen. "Schichten, die sich dem Bürgertum zuzählen, sind dabei, aus der Ehe und aus der Familie etwas anderes zu machen, als dies gemeint ist, wenn die beiden Begriffe in der Ethik gebraucht werden. Sie funktionieren Ehe und Familie in etwas anderes um, was besagt, daß sie die Grenze überschreiten, bis zu der sich die Realität immer von den Idealen zu entfernen pflegte. Dieselben Kreise verneinen durch ihr praktisches Tun und Lassen Erfordernisse des Privateigentums, bei deren Mißachtung aus dem Institut ein störender Torso wird. Sie geben in praxi der Idee des Staates eine Bedeutung, die den Staat für viele zum Feind macht, die ihn als den ihren betrachten sollen. Im Ergebnis müssen jene fundamentalen Einrichtungen des Ganzen, um die sich die Ethik unentwegt bemüht hat, ihren guten Namen dazu hergeben, Vorgänge und Strukturen zu bezeichnen, die keineswegs zur Norm werden dürfen"[41]. Eine angewandte christliche Gesellschaftslehre, die dieser Entwicklung entgegentreten will, muß dabei "der Tatsache Rechnung tragen, daß eine gegnerische Stellungnahme, die sich in das praktische Verhalten breiter Kreise verleiblicht hat, nicht allein durch Wort und Schrift beizukommen ist. Die fällige Abwehr erhält nur Gewicht, insofern auch sie zugleich Stellungnahme und Praxis ist"[42].

Zum anderen gilt nach wie vor für den größeren Teil der Weltbevölkerung, daß die grundlegenden wirtschaftlichen und sozialen Probleme nicht gelöst sind. Das hängt nicht zuletzt mit der faktischen Weigerung der Gesellschaften industrialisierter Länder zusammen, die Errungenschaften, die sie für sich selbst durchgesetzt haben, nun auch - in weltweiter Solidarität - den Menschen in nichtindustrialisierten Ländern zuzugestehen. Dabei geht es weniger darum, daß die Berechtigung menschlichen Fortschritts für diese Länder geleugnet würde, als um die praktische Weigerung, das eigene Leben so zu ändern, daß die theoretische Anerkennung der Men-

---

[41] H.J. Wallraff, Und wieder die katholische Soziallehre, in: H.J. Wallraff (Hrsg.), Sozialethik im Wandel der Gesellschaft, Limburg 1974, 35-53, hier 38f.
[42] A.a.O. 40.

schenrechte für alle auch wirksam werden kann. (Wir beobachten hier eine ähnliche Entwicklung wie im Bürgertum des 19. Jahrhunderts: nachdem es selbst durch die Französische Revolution und ihre Forderung der Freiheitsrechte an die Macht gekommen war, verweigerte es der aufkommenden Arbeiterschaft die gleichen Rechte.) Die Diskussion über die Grundwerte darf deshalb nicht den Eindruck erwecken, als könne man sich nun, nachdem die fundamentalen Lebensprobleme gelöst seien, den "geistigen" Fragen des gesellschaftlichen Lebens zuwenden. Eine Theologie, die praktisch orientiert ist und das Subjektsein aller einklagt, wird vielmehr darauf hinweisen müssen, daß Unfreiheit, Ungleichheit (Ungerechtigkeit) und fehlende Brüderlichkeit (Solidarität), die fehlende oder mangelhafte Verwirklichung der Grundwerte also, im gesamtgesellschaftlichen und weltweiten Kontext wieder hauptsächlich zu Lasten derer geht, die auch im wirtschaftlichen und sozialen Leben benachteiligt sind. Für sie kann die Diskussion über die Grundwerte nur die Verdopplung von Unmündigkeit und Unterdrückung konstatieren.

2.1.3 Gesellschaft als "Qualität" der Theologie

Die Ausführungen dieser Arbeit setzen bei einem Verständnis von Theologie an, das hier kurz erläutert werden soll. In der katholischen Sozialllehre und in einer Theologie der Gesellschaft[43] wird "die Gesellschaft" als Objekt des philosophischen und theologischen Erkennens betrachtet. Die theologische Relevanz gründet insbesondere darin, daß die ("rein religiös" verstandene) Sendung der Kirche Auswirkungen im gesellschaftlichen Bereich hat, die Kirche also "um ihrer Lehre willen" ihr gesellschaftlich wirksames (oder aber wirkungsloses) Verhalten reflektieren muß. Dagegen ist die Gesellschaft hier zunächst und primär Qualität der Theologie selbst, ohne deshalb als ihr Gegenstand aus dem Blick zu geraten. Im Gegenteil: Gesellschaft wird als Objekt erst in seiner ganzen Bedeutung erfaßt, nachdem sie als Qualität der Theologie erkannt ist[44]. Was ist damit gemeint?

---

[43] Mit dem Anliegen einer Sozialtheologie oder Theologie der Gesellschaft und ihrer Beurteilung aus der Sicht dieser Arbeit beschäftigt sich ein eigener Abschnitt im 3. Teil.
[44] Der Ansatz wird im folgenden verkürzt skizziert. Eine ausführliche Begründung findet sich bei J.B. Metz (vgl. Anm. 64 des 1. Teils) vgl. bes.:
- Kirche und Welt im Lichte einer "Politischen Theologie", in: Zur Theologie der Welt, 99-116;
- "Politische Theologie" in der Diskussion, in: H. Peukert (Hrsg.), Diskussion zur "politischen Theologie", 267-301;
- Art. "Politische Theologie", in: Sacramentum Mundi, Bd. III, 1232-1240;
- Glaube in Geschichte und Gesellschaft, 44-74.

Durch das in der Aufklärung manifest gewordene Auseinandertreten von Religion und Gesellschaft, von religiöser und gesellschaftlicher Existenz, erscheint die christliche Religion "im Verhältnis zu ihrer gesellschaftlichen Mitwelt erstmals als partikular. Der Universalitätsanspruch erweist sich dadurch als geschichtlich bedingt. An diese Problematik knüpft die Religionskritik der Aufklärung und später die des Marxismus unmittelbar an; diese Kritik nimmt von Anfang an jene Gestalt an, die sie bis heute trägt: sie ist Religionskritik als Ideologiekritik, d.h. sie sucht Religion zu entlarven als Funktion, als ideologischen Überbau über bestimmte gesellschaftliche Praxen und Machtverhältnisse. Sie sucht unter dem Stichwort des falschen Bewußtseins das religiöse Subjekt zu dechiffrieren als die ihrer selbst nicht oder noch nicht bewußte Gesellschaft. Eine Theologie, die dieser Kritik zu antworten sucht, muß notwendig die gesellschaftlich-politischen Implikationen ihrer Vorstellungen und Begriffe mitentfalten"[45]. Nur wenn die gesellschaftliche Konstitution theologischer Begriffe in der Theologie mitreflektiert wird, kann Religion diesem Ideologieverdacht entgegentreten. Gleichzeitig ist damit ein erster Schritt zu einer theologischen Sprache gemacht, die sich um Konsensfähigkeit im Gespräch mit nicht-theologischen Gesellschaftstheorien bemüht.

Darüber hinaus ist zu beachten: Wenn sich die theologische Antwort nicht darum bemüht, die gesellschaftliche Relevanz von Religion aufzuweisen, also das Verhältnis von Glaube und gesellschaftlicher Praxis durch die Aufklärung hindurch zu "retten", wird sie sich damit begnügen müssen, der Religion einen Sektor jenseits des öffentlichen Lebens zu sichern, in dem diese "nicht mehr zur gesellschaftlichen Konstitution der Identität des Subjekts gehört, sondern - hinzutritt"[46]. D.h. für die gesellschaftlich bereits konstituierte Identität des Subjekts erscheint Religion nun als beliebig. Diese würde in ihrem Selbstverständnis damit jener liberalen Kritik nachgeben, die Religion nur noch als Privatsache zuläßt, und die Züge einer bürgerlichen Religion tragen, die dem gesellschaftlichen Standort des Christentums im 19. Jahrhundert entspricht und in konsequenter Weiterführung der Aufklärung hier u.a. kritisiert werden soll.

Seit der Aufklärung ist die politische Ordnung näherhin als Freiheitsordnung bestimmt und wirksam. "Politische Strukturen und Verfassungen erscheinen nun nicht mehr wie die religiöse Ordnung als der Freiheit des Menschen vorgegeben und angeboten; sie werden nun vielmehr verstanden als eine

---

45 J.B. Metz, Zur Theologie der Welt, 99f.
46 J.B. Metz, Glaube in Geschichte und Gesellschaft, 30. - Hierin gründet der Einwand politischer Theologie gegen die transzendentalen, existentialen und personalistischen Theologien der Gegenwart.

fundamental auf der Freiheit des Menschen selbst basierende und dadurch auch prinzipiell veränderliche und wandelbare Wirklichkeit ... Deshalb ist kritisches politisches Bewußtsein in einer solchen Freiheitsordnung nie von den gesellschaftlichen Fundamenten dieser Ordnung völlig isoliert. Politisches Bewußtsein einer freiheitlich-politischen Ordnung reicht in die gesellschaftliche Freiheitsgeschichte selbst. In diesem Sinne aber ist auch das theologische Bewußtsein 'politisch'. Nicht etwa, um das politische Bewußtsein selbst wieder kirchlich und theologisch zu bevormunden, keineswegs, sondern um Kirche und Theologie ihrerseits auf jene Freiheitsgeschichte der menschlichen Gesellschaft zu beziehen, die zum inhärierenden Fundament der neuen politischen Ordnungen geworden ist und von der das Christentum aufgrund der Inhalte seiner Botschaft nicht beliebig abstrahieren kann"[47]. Die Unterscheidung von politischer und religiöser Ordnung wird also nicht aufgegeben, sondern vorausgesetzt, ihre Beziehung aber so hergestellt, daß Öffentlichkeit als "Wesensmedium theologischer Wahrheitsfindung"[48] verstanden wird.

Die politische Theologie erscheint somit als "Versuch, die eschatolog. Botschaft des Christentums zu formulieren unter den Bedingungen unserer Gesellschaft und mit Berücksichtigung des Strukturwandels ihrer Öffentlichkeit (Versuch der Überwindung einer rein passiven Hermeneutik des Christentums im zeitgenössischen gesellschaftlichen Kontext)"[49]. Sie verlangt ein neues Theorie-Praxis-Verhältnis in der Theologie, "dem zufolge jede Th. als sie selbst 'praktische', handlungsorientiernde Th. sein muß"[50]. Denn der gesellschaftsbezogene Charakter kritischer (mithin auch theologisch-kritischer) Vernunft kann nicht "rein theoretisch" durchgehalten werden. Folglich wird die Wahrheitsfrage unter dem Primat der Praxis angegangen. Ohne Wahrheit und Relevanz einfachin zu identifizieren, wird an ihrem Zusammenhang festgehalten. Da politische Theologie "den Begriff einer subjektlosen Wahrheit für abwegig und gefährlich hält, konvergieren für sie Wahrheit und Relevanz insofern, als Wahrheit für sie zu jener Relevanz wird, die für alle Subjekte gilt: Wahr ist das, was für alle Subjekte relevant ist - auch für die Toten und Besiegten"[51]. Subjekt darf hier freilich nicht abstrakt der Geschichte und Gesellschaft, in denen es seine

---

47 J.B. Metz, "Politische Theologie" in der Diskussion, in: H. Peukert (Hrsg.), a.a.O. 270f.
48 J.B. Metz, Art. "Politische Theologie", a.a.O. 1234.
49 A.a.O. 1233f.
50 A.a.O. 1234.
51 J.B. Metz, Glaube in Geschichte und Gesellschaft, 56f. - Daß dieser praktische Wahrheitsbegriff dem theologisch-christologischen Wahrheitsverständnis entspricht, dazu vgl. die Ausführungen über "biblische Kategorien" im 3. Teil.

Identität finden soll (bzw. verlieren kann), entgegengesetzt werden; damit würde sich der Glaube doch wieder aus dem Kampf um das Subjektsein aller heraushalten und auf die weltlose Entscheidung des einzelnen reduziert werden. Vielmehr ist das Glaubensverständnis anhand der gesellschaftsbezogenen Praxis des Glaubens zu gewinnen.

Damit ist schließlich eine "Definition" des Glaubens erreicht, die der Infragestellung religiöser Existenz durch die Aufklärung Rechnung tragen will und den gesellschaftsbezogenen Charakter des christlichen Glaubens selbst zum Ausdruck bringt: "Der Glaube der Christen ist eine Praxis in Geschichte und Gesellschaft, die sich versteht als solidarische Hoffnung auf den Gott Jesu als den Gott der Lebenden und der Toten, der alle ins Subjektsein vor seinem Angesicht ruft"[52].

Im Hinblick auf die Zielsetzung dieser Arbeit ist das Glaubensverständnis in zweifacher Hinsicht bedeutsam. Eine Konfrontation gesellschaftlicher Wirklichkeit mit den Forderungen des Glaubens und ihre Interpretation im Lichte der katholischen Soziallehre verlangen eine <u>theologische</u> Hermeneutik der Gesellschaft, die nicht mit dem Verweis auf die (scholastische) Sozialphilosophie einfachhin abgegolten ist; denn mit der Beschränkung auf die naturrechtliche Argumentation ist die Frage nach der Relevanz des christlichen Glaubens für das gesellschaftliche Zusammenleben bereits in einem Sinne entschieden, bei dem für mögliche spezifisch christliche Inhalte, Kategorien und Ordnungsvorstellungen kein Raum mehr ist. Und die theologische Hermeneutik des Christentums muß eine <u>politische</u> sein, wenn sie einen konstitutiven Beitrag bei der Suche nach der Identität des Subjekts in Geschichte und Gesellschaft leisten will; andernfalls bliebe sie entweder im Rahmen des durch die Aufklärung kritisierten Religionsverständnisses, das sich der (ideologiekritischen) Frage nach der gesellschaftlichen Funktion von Religion verweigert, oder sie würde jene geschichtlich-gesellschaftliche Gestalt als dem Christentum angemessen ansehen, die das Verhältnis von Religion und Gesellschaft als unproblematisch voraussetzt, jedoch heute faktisch nicht mehr gegeben ist.

2.2 Die "Erkenntnisquellen" der katholischen Soziallehre

Die Frage nach den "Erkenntnisquellen" enthält ein Kernproblem der katholischen Soziallehre, weil in ihr - vorgängig zum Urteil über Wahrheitsgehalt und Relevanz von Einzelaussagen bei konkreten Sachfragen und damit über ihre möglichen

---

52 A.a.O. 70 (im Original kursiv). Dort auch anschließend eine erste Explikation dieser "Definition".

Beiträge zur Lösung anstehender gesellschaftspolitischer Probleme - die katholische Soziallehre als ganze in ihrer geschichtlich gewordenen Gestalt zur Diskussion steht. Diese Frage ist daher für die Betrachtungsweise der vorliegenden Arbeit von besonderer Bedeutung und im Rahmen dieses philosophisch akzentuierten Kapitels ausführlicher zu behandeln.

Dabei kann jedoch nicht übersehen werden, daß die Rede von den zwei Erkenntnisquellen eine theologische Implikation enthält; in gewisser Weise "verlängert" diese Konzeption den gegenüber Reformation und Rationalismus der Aufklärung vertretenen Standpunkt der katholischen Dogmatik in die Soziallehre hinein. Die dogmatischen Aussagen des Konzils von Trient (1545-1563) über das "Zusammenwirken" von Natur (freiem Willen) und Gnade bei der Rechtfertigung des Sünders[53] hatten unter erkenntnistheoretischem Gesichtspunkt zur Voraussetzung, daß die sogenannte natürliche Erkenntnisfähigkeit des Menschen, seine Fähigkeit also, mittels seiner Vernunft zutreffende Einsichten in die Beschaffenheit der Wirklichkeit zu gewinnen, durch den Sündenfall Adams und seine Folgen (erbsündige Verfaßtheit der gesamten Menschheit) nicht vollständig zerstört worden war[54]. Andernfalls hätte die freie Entscheidung zum Glauben kein auch nur irgendwie rational begründetes Element. Gerade das aber sollte gegen Martin Luthers Rechtfertigungslehre festgehalten werden. Auf der Grundlage dieses Prinzips von "fides et ratio", das im übrigen auf einem Teilgebiet - nämlich der Geschichte der Gottesbeweise - eine große theologische Tradition hatte, entwickelte das Erste Vatikanische Konzil (1869-1870) seine Auffassung von der "zweifachen Erkenntnisordnung"[55], nämlich Glaubenserkenntnis und Ver-

---

53 Vgl. DS 1525f. und 1554ff.
54 Diese Formulierung ist in Analogie zu DS 1555 (über den freien Willen) gebildet. Die Implikation ist auch in DS 1557 enthalten; dort heißt es, daß nicht "alle Werke, die vor der Rechtfertigung getan werden, in Wirklichkeit Sünden seien ..."
55 Vgl. DS 3015ff.
Bei O.v. Nell-Breuning, 6701, 61f., ist die theologische Prämisse und ihre "Ableitung" aus der Erbsündenlehre deutlich ausgesprochen: "Die natürliche Ordnung, die der Schöpfer in die Dinge gelegt hat, ist weder durch den Schöpfer selbst aufgehoben, indem er den Menschen über die reine Geschöpflichkeit hinaus für ein auf höherer Ebene liegendes Endziel in der persönlichen Gemeinschaft mit Gott, dem Heiligen, bestimmt hat, noch ist sie umgekehrt durch den Menschen und seinen Sündenfall aufgehoben; ja sie ist durch den Sündenfall des Menschen nicht einmal unkenntlich gemacht worden, indem der Mensch durch den Sündenfall seine ihm ursprünglich vom Schöpfer geschenkte Erkenntnisfähigkeit derart verstümmelt oder sich deren so völlig beraubt hätte, daß sie ihre Funktion nicht mehr zu erfüllen vermöchte. Wenn wir von dieser Voraussetzung ausgehen, wenn wir das als Grundlage annehmen, dann ist es konsequent, daß wir von hier aus im Wege philosophischer Schlußfolgerungen Schritt für Schritt weitergehen

nunfterkenntnis. In Analogie zur Anwendung dieses Prinzips auf die Gotteslehre (Frage nach der natürlichen und übernatürlichen Gotteserkenntnis) wird, nachdem dadurch die prinzipielle Möglichkeit zutreffender Aussagen aufgrund rationaler Erkenntnis (dogmatisch) festgestellt war, auch bei der Erkenntnis sittlicher Normen von einer "zweifachen Erkenntnisordnung" mit den entsprechenden zwei Erkenntnisweisen (Glaube - Vernunft) bzw. Erkenntnisquellen (Offenbarung - Naturrecht) ausgegangen.

Nell-Breuning macht dies anhand der Grundfrage jeder Soziallehre "Was ist der Mensch?" deutlich: "Jeder Soziallehre liegt - bewußt oder unbewußt - eine bestimmte Philosophie, genauer die Antwort zugrunde, die eine philosophische Schule oder Richtung auf diese Frage gibt. Die Soziallehre der Kirche beantwortet diese Frage nicht nur philosophisch, sondern zugleich und vor allem theologisch; sie erarbeitet sich diese Antwort, indem sie nicht nur die philosophischen, sondern auch die ihr aus der Offenbarung zu Gebote stehenden theologischen Erkenntnisquellen und Erkenntnismittel benutzt. Das setzt voraus, daß beide Erkenntniswege zum gleichen Ziel führen; dessen weiß die Kirche sich im voraus sicher, da ein und derselbe Gott als der Urheber beider Erkenntnisquellen, der von ihm geschenkten Vernunfteinsicht und der von ihm an die Menschheit ergangenen Offenbarung, sich nicht widersprechen kann. So können die beiden Erkenntniswege zu Erkenntnissen führen, die einander ergänzen, sich wechselseitig beleuchten und dadurch tieferes Verständnis erschließen, aber niemals einander widersprechen"[56].

Neben dem Bestreben, Glaube und Vernunft (Offenbarung und Naturrecht) entgegen fideistischen und rationalistischen Positionen jeweils eine relative Eigenständigkeit zu sichern, folglich auch der katholischen Soziallehre ein argumentativ zugängliches und außertheologisch überprüfbares Fundament zu geben, war damit zugleich also auch eine theologische Absicht verbunden, nämlich zu einer "vertieften Klärung des Verhältnisses von Schöpfung und Erlösung, von Natur und Gnade, von Naturrecht und Evangelium in der einen Heilswirklichkeit"[57] zu gelangen.

---

oder, um ein anderes Bild zu gebrauchen, Stein auf Stein setzen. Wer dagegen der Überzeugung ist, entweder die Schöpfungsordnung selbst sei so wesentlich gestört, daß man an ihr nicht mehr den Sinn des menschlichen Daseins ablesen könne, oder auch nur, der Mensch habe sich der Fähigkeit, ihn dort abzulesen, selber beraubt, der muß notwendigerweise diesen Weg als ungangbar verwerfen und infolgedessen einen anderen Weg einschlagen, mit anderen Worten: Er kann nicht philosophisch prozedieren, er muß theologisch argumentieren."
56 O.v. Nell-Breuning, 8001, 15f.
57 A. Rauscher, "Sub luce Evangelii". Naturrecht und Evangelium in der Pastoralen Konstitution, in: Wissenschaft - Ethos - Politik im Dienste gesellschaftlicher Ordnung (Festschrift für Josef Höffner), Münster 1966, 70.

2.2.1 Offenbarung und Naturrecht

Im Unterschied zur evangelischen Sozialethik, deren Vertreter dem Gedanken des Naturrechts zurückhaltend bis ablehnend gegenüberstehen, und die eine im engeren Sinn "rein" theologische Soziallehre betreiben wollen, spricht die katholische Soziallehre also von Naturrecht und Offenbarung als ihren zwei Erkenntnisquellen[58]. Dabei ist der Vorrang sozialphilosophischer - und das meint näherhin: naturrechtlicher - Argumentation unbestritten. "Die kath. Soziallehre (k.S.) umfaßt das Ganze der aus Naturrecht u. Offenbarung gewonnenen Normen, die sich auf die Ordnung der Gesellschaft richten. Allerdings sind die Inhalte der k.S. weit überwiegend u. zu einem so wesentl. Teil dem Naturrecht entnommen, daß das System der k.S. allein sozialphilos. u. ohne den Bezug z. Offenbarung begründbar ist"[59].

Für eine theologische Disziplin überraschend erscheint, daß nicht dieser philosophische Grundansatz problematisiert wird, sondern Bedeutung, Verbindlichkeit und Funktion theologischer Argumente in der Kontroverse stehen. Biblischen Kategorien und Aussagen, die für das gesellschaftliche Leben und seine normative Gestaltung von Bedeutung sein könnten[60], wird "geschichtliche Relativität" zugesprochen. Die notwendige hermeneutische Übertragung zur Beurteilung gegenwärtiger gesellschaftlicher Verhältnisse anhand biblischer Maximen gilt als philosophisches Bemühen[61]. "Das Grundprinzip der biblischen Ethik, das Gebot der Gottes- und Nächstenliebe, ist nämlich fast so allumfassend und unbestimmt wie das ober-

---

[58] So Papst Pius XI. mit Berufung auf Papst Leo XIII.: "... Wiederaufrichtung (sc. der Gesellschaftsordnung) nach den Grundsätzen gesunder Sozialphilosophie bis zu ihrer Vollendung nach den erhabenen Vorschriften des Heilsplans der Frohbotschaft" (Quadragesimo Anno Nr. 76); vgl. auch in der lat. Überschrift dieser Enzyklika: "De Ordine Sociali Instaurando Et Ad Evangelicae Legis Normam Perficiendo". Im gleichen Sinne auch Papst Pius XII.: "Zum unanfechtbaren Geltungsbereich der Kirche gehört es, in denjenigen Belangen des sozialen Lebens, die an das Gebiet der Sittlichkeit heranreichen oder es schon berühren, darüber zu befinden, ob die Grundlagen der jeweiligen gesellschaftlichen Ordnung mit der ewig gültigen Ordnung übereinstimmen, die Gott, der Schöpfer und Erlöser, durch Naturrecht und Offenbarung kundgetan hat" (A.-F. Utz/J.-F. Groner (Hrsg.), Aufbau und Entfaltung des gesellschaftlichen Lebens. Soziale Summe Pius XII., Band 1, Freiburg (Schweiz) 1954, Nr. 498).
[59] F. Klüber, Art. "Soziallehre", in: LThK 9, Freiburg 1964, 917-920, hier 917.
[60] Vgl. dazu Kap. 3.
[61] W. Kerber, Katholische Soziallehre, in: Demokratische Gesellschaft, Bd. 2, München 1975, 545-642, hier 565; ähnlich auch 566, wo allerdings einschränkend gesagt wird, die hermeneutische Übersetzungsarbeit sei "nicht rein philosophischer Natur".

ste Prinzip des natürlichen Sittengesetzes, das Gute sei zu tun und das Böse zu lassen. Was als das Gesollte im einzelnen anzusehen ist, hängt von philosophischer Einsicht in die Entscheidungssituation und die Natur des Menschen ab"[62].
Lediglich das biblische "<u>Vorverständnis vom Menschen</u>, vom Sinn seines Daseins, seinem letzten Ziel" gibt der Kirche einen "relativen gedanklichen Vorsprung", der auch für die sittliche Entscheidung Bedeutung hat: "Der Glaube gibt eine Grundorientierung, mit welcher Einstellung die sozialen Probleme angegangen werden müssen, ein Richtmaß sittlicher Werte, von denen her sich eine konkrete Situation besser beurteilen läßt als im Vakuum reiner Philosophie"[63].
Als Fazit über die Bedeutung der Erkenntnisquelle "Offenbarung" kann so mit W. Kerber festgehalten werden: "Die christliche Offenbarung enthält keine Überlegungen zu einer politischen und sozialen Ordnung, die man unmittelbar in die Wirklichkeit umsetzen könnte. Das Argument aus der Heiligen Schrift spielt daher in der katholischen Sozialehre auch nur eine untergeordnete Rolle"[64]. Diese Schlußfolgerung muß jedoch keineswegs als zwingend angenommen werden. Denn auch die Einsicht, daß biblische Kategorien und Beispiele nicht "unmittelbar" in die Wirklichkeit umgesetzt werden können, braucht nicht dazu zu verleiten, ihnen eine nur "untergeordnete Rolle" zuzusprechen. Denn ihre moralische Kraft ist ausweislich der Erfahrung in vielen Fällen größer als die Kraft rationaler Argumente. Und zudem verlangen auch sogenannte Einsichten in die Natur der Sache, in die wesentlichen Gestaltungsprinzipien einer politischen und sozialen Ordnung, nach Konkretionen, die den jeweiligen geschichtlichen und gesellschaftlichen Verhältnissen entsprechen. Wie die Kontroversen um die Allgemeinverbindlichkeit und Überzeugungskraft naturrechtlicher Argumentation zeigen werden, bietet auch diese "keine Überlegungen zu einer politischen und sozialen Ordnung, die man unmittelbar in die Wirklichkeit umsetzen könnte", wobei die Betonung - nach Kerber - ja auf "unmittelbar" liegen muß, wenn darin ein Vorrang der Sozialphilosophie gegenüber der Offenbarung festgestellt werden soll.
Folglich gibt es vereinzelt auch ein Unbehagen über die "sträfliche Nachlässigkeit" - so Nell-Breuning -, mit der die Möglichkeiten theologischer Argumentation in der katholischen Sozialehre behandelt werden. Nell-Breuning fragt selbst, ob man sich weiterhin von der Überzeugung leiten lassen dürfe, "wenn es sich darum handle, die Dinge systematisch zu entwickeln, dann gehe das auf diesem philosophisch-naturrechtlichen Wege nun einmal sehr viel leichter und besser, als wenn wir uns nur auf die Schriften des Alten und Neuen Testaments

62 A.a.O. 565.
63 A.a.O. 566.
64 A.a.O. 562.

angewiesen sähen"[65]. - An der grundsätzlichen Richtigkeit und absoluten Unverzichtbarkeit philosophisch-naturrechtlicher Argumentation hält allerdings auch Nell-Breuning fest[66].

Ergänzend ist von seiten einer politischen Theologie darauf hinzuweisen, daß die geschilderte Position der katholischen Soziallehre sich zweierlei verbirgt. Einmal enthält die naturrechtliche Argumentation gerade dort, wo sie vermeintlich "rein philosophisch" sein will, theologische Prämissen und Implikationen, die offensichtlich erst durch eine theologische Hermeneutik der theoretischen Grundlagen katholischer Soziallehre bewußt gemacht werden[67]; zum anderen zeigt die jüngste Diskussion gesellschaftlicher Grundprobleme im kirchlichen und gesamtgesellschaftlichen Bereich, daß die Theologie sehr wohl einen Beitrag leisten kann, gesellschaftliche Zustände und notwendige Innovationen zur Veränderung gegenwärtiger Verhältnisse anhand der Maßstäbe des Evangeliums und entsprechend den sozialen Aufgaben, die im kirchlichen Sendungsauftrag enthalten sind, zu beurteilen. Aus beiden Gründen ergibt sich das Postulat einer theologischen Hermeneutik der Gesellschaft, die über den sozialphilosophischen Ansatz der katholischen Soziallehre hinausgeht.

2.2.2 Das Naturrecht in der kirchlichen und theologischen Auseinandersetzung

Funktion und Konzeption der Naturrechtslehre werden in der katholischen Soziallehre nicht einhellig beurteilt. Bei diesen Auseinandersetzungen geht es nicht um eine Randfrage; nach Nell-Breuning sind sie für die katholische Soziallehre von grundsätzlicher und weitreichender Bedeutung. "In jüngster Zeit ist ein Streit über die Rolle ausgebrochen, die das Naturrecht in der katholischen Soziallehre spielt; im Grunde genommen ist das nichts weniger als ein Streit um die Daseinsberechtigung einer katholischen Soziallehre überhaupt"[68]. Diese Einschätzung, die einer verbreiteten Stimmung Rechnung trägt[69], hat offensichtlich bei vielen Vertretern der katholischen Soziallehre zu einer erheblichen Verunsicherung geführt. Das geht sogar so weit, daß es nach Nell-Breuning möglich ist, in der Pastoralkonstitution des Zweiten Vatikanischen Konzils - je nach Standpunkt des Interpreten - Zeugnisse sowohl

---

65 O.v. Nell-Breuning, 6701, 63.
66 A.a.O. 66.
67 Das gilt z.B. auch dort, wo Nell-Breuning etwa auf das Verhältnis von Offenbarung und Naturrecht zu sprechen kommt (vgl. den Text in Anm. 55).
68 O.v. Nell-Breuning, 7201, 46.
69 Vgl. den Aufsatz "Krise der katholischen Soziallehre?" In: O.v. Nell-Breuning, 7201, 55-70.

für als auch gegen eine naturrechtliche Argumentation zu finden, und zwar in jeweils ein und derselben Sache. Danach können Befürworter des Naturrechts die "Argumentation in Grundsatzfragen" als naturrechtlich ansehen und "Gegner des Naturrechts der gleichen Argumentation den naturrechtlichen Charakter absprechen und sie als Konvenienzgründe oder etwas ähnliches deuten"[70].

Entscheidender als diese Beobachtung sind jedoch Änderungen in der Naturrechtskonzeption selbst. Nell-Breuning nennt zwei Erklärungen für solche Wandlungen in der Naturrechtslehre. Zum einen räumt er durchaus ein, daß sich nicht alles, was in der Vergangenheit als "Wesenserkenntnis" angesehen wurde, aufrechterhalten ließ und deshalb aufgegeben werden mußte; "so ist damit zu rechnen, daß sich auch nicht alles, was heute noch als Wesenserkenntnis gilt, endgültig als solche bewähren wird"[71]. Zum überwiegenden Teil sei jedoch die innerkatholische Kontroverse um das Naturrecht "bei genauerem Zusehen in der Hauptsache als leerer Wortstreit aufgrund unscharfen, zum guten Teil schlechterdings falschen sprachlichen Ausdrucks"[72] anzusehen. "Wer von wandelbarem Naturrecht redet, begeht entweder den sachlichen Fehler, Naturrecht und Naturrechtslehre zu verwechseln, oder den sprachlichen, Naturrecht zu sagen, aber Naturrechtslehre zu meinen"[73]. In beiden Fällen ließe sich das "Mißverständnis" vermeiden, wenn man einmal eingesehen habe, daß das Naturrecht selbst sich niemals ändere, die Naturrechtslehre jedoch stets berichtigungsbedürftig sei und auch häufig berichtigt wurde. "Wie alle menschliche Erkenntnis, so ist auch unsere Erkenntnis dessen, was objektiv sachgerecht ist und darum von uns als sachgerecht anerkannt und in praxi befolgt werden sollte, immer nur eine bruchstückweise und unvollkommene Erkenntnis. Wenn wir das, was in unseren Lehrbüchern steht, 'Naturrecht' nennen, dann ist dieses Naturrecht mit vielen Irrtümern durchsetzt, und auch das, was an sich richtig ist, ist nur zu bestimmten Zeiten und an bestimmten Orten aktuell; wenn wir unter Naturrecht das verstehen, was objektiv sachgerecht ist, dann ist es lückenlos allerorten und zu allen Zeiten wahr und gültig."[74]

Bei der Frage nach den Wandlungen in der Naturrechtskonzeption läßt sich also die Position Nell-Breunings folgendermaßen zusammenfassen: In dem, was objektiv sachgerecht ist, ist das Naturrecht unwandelbar. Würde man bei der an sich auch richtigen Erkenntnis der Veränderlichkeit des Naturrechts unterscheiden "1. was sich aus der 'Natur der Sache'

---

70 A.a.O. 46.
71 O.v. Nell-Breuning, 6301, 209.
72 O.v. Nell-Breuning, 8001, 337.
73 A.a.O. 335f.
74 O.v. Nell-Breuning, 7201, 63.

als solcher ergibt; 2. unsere Einsicht in diesen Sachverhalt; 3. die Prinzipien, in denen wir versuchen, diese Einsichten in Worte menschlicher Sprache zu kleiden, und 4. die aus den so formulierten Prinzipien gezogenen, wiederum in Worten menschlicher Sprache ausgedrückten, mehr oder weniger konkreten Anwendungen, dann würde sich meines Erachtens alles entwirren; unter vernünftigen Menschen wäre der Streit zu Ende."[75]

Nun hilft diese begriffliche Unterscheidung in der Sachfrage allerdings kaum weiter. Denn auch ein unwandelbares Naturrecht (im Sinne Nell-Breunings) wird für die katholische Soziallehre erst dadurch bedeutsam, daß es in einer sich wandelnden Naturrechtslehre argumentativ zugänglich und verwendbar ist. Die "Natur der Sache selbst" jenseits ihrer erkenntnismäßigen und damit sprachlichen Fassung bleibt irrelevant. Und gerade auch für die aus dem Naturrecht gewonnenen Prinzipien wurde in vielen Fällen unwandelbare Geltung behauptet. "Nach der scholastischen und neuscholastischen Lehre gibt es ein für alle Menschen aller Zeiten und Kulturen geltendes, unwandelbares Sittengesetz, dessen Normen sich aus der stets gleichbleibenden Natur des Menschen ableiten lassen. Kulturelle Verschiedenheiten betreffen entweder nur unwesentliche Nebensächlichkeiten (...), oder aber sie sind als Irrtümer gegenüber der einen richtigen Naturrechtsauffassung abzulehnen. So mochte die katholische Soziallehre zwar nicht alle Einzelfragen beantworten können, für ihre Prinzipien und die daraus sich ergebenden Ableitungen nahm sie aber allgemeine und unwandelbare Geltung in Anspruch. Für eine legitime Vielgestalt des kulturellen Lebens, für die soziologische Bedingtheit auch sittlicher Wertauffassungen, für die Geschichtlichkeit des Menschen und seines Selbstentwurfs war in dieser Lehre nicht viel Raum. <u>Diese</u> starre Naturrechtsauffassung wurde von den neueren Entwicklungen im Kern getroffen."[76] Der Hinweis von Kerber auf die historische und soziale Bedingtheit sittlicher Wertauffassungen sei an dieser Stelle nur vermerkt. Er wird bei der Frage bedeutsam, wie Naturrechtsdenken aufrechterhalten werden kann, ohne auf die Verarbeitung von Aufklärungsprozessen in der katholischen Soziallehre zu verzichten[77]. - Wenn er auch insgesamt diese Wandlungen für so geringfügig hält, daß sie den Kernbereich der traditionellen katholischen Soziallehre nicht betreffen, so führen sie nach Kerber doch zu einer <u>Relativierung</u> der Funktion, die der kirchlichen Soziallehre im praktisch

---

75 A.a.O. 62.
76 W. Kerber, a.a.O. 577.
77 Vgl. dazu den Teil 2.4 dieser Arbeit. -
Beispiele für Wandlungen in der Naturrechtskonzeption der katholischen Soziallehre bei W. Kerber, a.a.O. 577ff. Weitere Belege bietet C. Urban, Nominalismus im Naturrecht, Düsseldorf 1979 (bes. das 1. und 4. Kapitel). Vgl. auch O.v. Nell-Breuning, 7201, 35ff.

politischen Leben zukommt. Bezeichnenderweise ist diese Relativierung – so Kerber – vom kirchlichen Lehramt selbst ausgelöst oder zumindest gefördert worden. "Jene gerade in Deutschland lange vorherrschende Auffassung läßt sich aber nicht mehr vertreten, die in der katholischen Soziallehre ein in sich geschlossenes, festgefügtes Ordnungsmodell erblickte, das anderen politischen und sozialen Strömungen auf gleicher Ebene als die _eine_ Antwort des katholischen Glaubens gegenübergestellt werden könnte. Diese falsche Auffassung ist durch die lehramtliche Entwicklung gewissermaßen empirisch widerlegt worden, indem das Lehramt selber nicht an allen Punkten festhielt – teilweise zur Bestürzung jener, die an der Vorbereitung und Formulierung solcher Verlautbarungen beteiligt gewesen waren. Bis heute ist die Unsicherheit und das Unbehagen weiter Kreise gerade im deutschen Katholizismus noch nicht völlig überwunden darüber, daß die kirchliche Soziallehre heute kein Richtmaß mehr abgibt für eine derartige Geschlossenheit der Katholiken auch in politischen Fragen, wie das in der Vergangenheit der Fall war."78 Diese Entwicklung im praktisch-gesellschaftlichen Bereich wird also gerade erst in ihrer Beziehung zur theologischen Diskussion um die Rolle des Naturrechts in der katholischen Soziallehre verständlich.

Auf der theoretischen Ebene verschärft hat sich der Streit, seitdem die Funktion des Naturrechts auch unter ideologiekritischen Gesichtspunkten untersucht wird. So vermutet J. Ratzinger in der katholischen Soziallehre ideologische Elemente, "das heißt Gedankengänge, die nur scheinbar naturrechtlich oder theologisch sind, in Wirklichkeit aus einer als 'natürlich' empfundenen _geschichtlichen_ Sozialstruktur kommen, die so unter der Hand als normativ erklärt wird"79. Als Begründung für seine Vermutung führt er zunächst an, wie sich der Naturrechtsgedanke historisch entwickelt habe. In der Vermischung des griechischen Ansatzes mit theologischen Gedankengängen der lateinischen Scholastik des Mittelalters ist der Begriff "Natur" das Ergebnis eines theologischen Abstraktionsprozesses. Durch die Begegnung mit einer nichtchristlichen Welt reichte die lex evangelii des orbis christianus

---

78 W. Kerber, a.a.O. 578f.
79 J. Ratzinger, Naturrecht, Evangelium und Ideologie in der katholischen Soziallehre, in: K.v. Bismarck/W. Dirks (Hrsg.), Christlicher Glaube und Ideologie, Stuttgart – Berlin 1964, 24-30, hier 24. –
Daß auch die vorliegende Arbeit insgesamt solche ideologiekritischen Fragen von vornherein zu berücksichtigen sucht, dürfte bereits jetzt hinreichend deutlich geworden sein. –
Die Darstellung Ratzingers zu entkräften versuchen z.B. W. Weber, Anfragen an die Soziallehre der Kirchen, in: Jahrbuch für christliche Sozialwissenschaften (13) 1972, 27-53; A. Rauscher, "Sub luce Evangelii". Naturrecht und Evangelium in der Pastoralen Konstitution, in: Wissenschaft – Ethos – Politik im Dienste gesellschaftlicher Ordnung (Festschrift für Josef Höffner), Münster 1966, 69-80.

als Rechtsbasis für den Verkehr mit den anderen Völkern nicht mehr aus. Da es andererseits im praktischen Zusammensein der Völker unmöglich war, diese einfach als rechtlos zu erklären, entstand aus dem Rückgriff hinter die Positivität der kirchlich verstandenen lex evangelii "der Gedanke eines Bereichs der 'reinen Natur', die alle umgreife und daher einen für alle gemeinsamen Rechtsrahmen ermögliche. Die Naturrechtsidee wurde mithin im Christlichen nicht zufällig in der Begegnung mit den Arabern und in Übernahme der weitgehend von ihnen vermittelten griechischen Philosophie formuliert. Für unsere Fragestellung besonders wichtig ist dabei der Tatbestand, daß die griechische Philosophie aufgenommen wurde durch den Filter einer konkreten geschichtlichen Situation und ihrer Ansprüche hindurch und damit also der von ihr aufgeworfene Gedanke des natürlich Rechten in einer ganz bestimmten geschichtlichen Prägung zur Geltung kam."[80]

In der Neuzeit verlor seit der Aufklärung die "lex evangelii" immer mehr an Geltung zugunsten dessen, was als "natürlich" angesehen wurde. Folglich benutzten Lehramt und Theologie der Kirche zunehmend naturrechtliche Kategorien, was eine Verstärkung deduktiver Verfahrensweisen zur Folge hatte. "Da solche Deduktionen keineswegs für jedermann zwingend sind, sie jedoch mit der Absicht aufgestellt wurden, Glaubenslehren als auch von der bloßen Vernunft her verbindlich zu erweisen, wurde nun für den vernünftigen Charakter dieser Schlußfolgerungen die Autorität der Kirche in Anspruch genommen, so daß einerseits der Erweis der Vernünftigkeit den schwankenden Glauben stützen, andererseits die Autorität des Glaubens die ungewisse Vernunftssicherheit ergänzen sollte. Oder anders gesagt: Das 'Naturrecht' sollte das positive Recht der Kirche decken, wurde aber seinerseits vom positiven Recht der Kirche gehalten"[81]. Auch hier zeigt sich noch einmal von einer anderen Seite das theologische und kirchliche Interesse am Ausbau des Naturrechts, von dem weiter oben bereits die Rede war.

Neben diesem christlichen Interesse ist aber das Naturrechtsdenken auch von konkreten geschichtlichen Umständen stets geprägt gewesen. In ihnen bzw. genauer in ihrer "Verbergung" durch das Naturrecht liegt für Ratzinger die "eigentliche Schwäche der katholischen Soziallehre". "Sie hat sich diesem Faktum der Geschichtlichkeit weitgehend entzogen

---

80 J. Ratzinger, a.a.O. 25f. -
Die "reduktionistische Engführung des Naturbegriffs" in der neuscholastischen Naturrechtslehre betont auch A. Hollerbach, Das christliche Naturrecht im Zusammenhang des allgemeinen Naturrechtsdenkens, in: F. Böckle/E.-W. Böckenförde (Hrsg.), Naturrecht in der Kritik, Mainz 1973, 9-38; hier 28. Hollerbach nennt als weitere Merkmale "abstrakten Rationalismus" und "legalistischen Positivismus".
81 J. Ratzinger, a.a.O. 26.

und in abstrakten Formeln eine überzeitliche Sozialdogmatik zu formulieren versucht, die es so nicht geben kann. Nicht daß die besonderen Gegebenheiten des Jahrhunderts mit einflossen, war ein Fehler, sondern daß beides - der Wertungsmaßstab des Evangeliums und die gegebenen Sozialtatsachen - unter das Pseudonym des Naturrechts zusammengezogen wurde ..."[82]. Auch das hatte erhebliche kirchenpolitische Konsequenzen. Die Vernachlässigung der Geschichtlichkeit führte nach Ratzinger zu einer starken Bindung "an die hierarchisch-ständische Welt des Mittelalters als Idealbasis, von der man die Idee des Naturrechts schöpfte"; damit war eine "starke Option in Richtung auf das Konservative" grundgelegt mit den heute noch spürbaren Folgen, daß die Soziallehre der Päpste "trotz vieler guter Ratschläge der Mentalität der technisch-industriellen Welt fremd blieb und in ihrem Ansatz wie in ihrer Sprach- und Denkstruktur die Menschen des technischen Milieus kaum zu treffen vermochte"[83]. Insgesamt machen alle diese ideologiekritischen Beobachtungen deutlich, daß die Rolle des Naturrechts in der katholischen Soziallehre nur noch unter Einbeziehung der Reflexion gerade der Aufklärungsprozesse bestimmt werden kann und neu formuliert werden muß, die zur "Krise des Naturrechts" geführt haben.

2.2.3 Zur Naturrechtsdiskussion in zeitgenössischen Gesellschaftstheorien

Man wird nicht sagen können, daß die katholische Soziallehre in der sozialphilosophischen Diskussion der Gegenwart eine bedeutende Rolle spielt. Will sie also ihrer Aufgabe gerecht werden, Beiträge zu einer Gestaltung der Gesellschaft zu leisten, die ihren Maßstäben entspricht oder ihnen zumindest nicht widerspricht, so werden ihre Vertreter stärker als bisher das Gespräch mit anderen Gesellschaftstheoretikern suchen müssen. Aber auch aufgrund ihrer Eigenart gibt es zwei Anlässe für die katholische Soziallehre in ihrer traditionellen Form, in ein solches Gespräch einzutreten.

---

82 A.a.O. 29. -
Vgl. zur Forderung nach einer Darstellung der Geschichte des Naturrechtsdenkens in der katholischen Soziallehre sowie zur gesellschaftspolitischen Bedeutung des Naturrechtsdenkens besonders im deutschsprachigen Raum den Aufsatz "Die Funktion des Naturrechtsdenkens für die Stabilisierung des Katholizismus", in: F.X. Kaufmann, Theologie in soziologischer Sicht, Freiburg 1973, 78-92.
83 J. Ratzinger, a.a.O. 29. -
Zu Ratzingers positivem Vorschlag, in einer katholischen Soziallehre "die Gesamtheit der sozialen Phänomene unter der 'regulativen Idee' des Evangeliums zu ordnen bzw. sie auf die Leitidee des Evangeliums zu beziehen in der Überzeugung, daß dies zugleich die wahrhaft 'soziale Idee' ist" (28), wird weiter unten noch Stellung genommen.

Da ist zunächst die Frage nach der "Konsensfähigkeit" des Naturrechtsdenkens zu stellen. Das Interesse an der naturrechtlichen Argumentation ist ja von der Überzeugung geleitet, nur so lasse sich ein gemeinsamer Weg für die Ordnung der Gesellschaft auch zwischen Menschen verschiedener Weltanschauungen finden. Demgegenüber wirkt das theologische Argument bei dieser Suche nach einem Glaubensüberzeugungen und Weltanschauungen übergreifenden Konsens angeblich eher wie ein "Störfaktor"; ihm komme keine verbindliche und verbindende Überzeugungskraft zu[84]. Eine solche "Selbsteinschätzung" verlangt geradezu danach, sich in der Auseinandersetzung mit anderen Gesellschaftstheorien zu bewähren.

An dieser Stelle kann nicht auf die Konsequenzen eingegangen werden, die sich daraus für die Theologie ergeben. Denn abgesehen davon, daß eine genauere Verhältnisbestimmung von philosophischer und theologischer Erkenntnis fehlt[85], verzichtet die katholische Soziallehre damit auch von vornherein darauf, einen eventuell spezifisch christlichen Beitrag zur Gestaltung der Gesellschaft überhaupt zu suchen und in die Diskussion mit anderen Weltanschauungen einzubringen[86]. –

In unserem Zusammenhang entscheidend ist, daß auch das naturrechtliche Argument, dem immer noch die größere Verbindlichkeit und Überzeugungskraft zugetraut wird, seine Bewährung gegenüber nichtkirchlichen Gesellschaftstheorien erweisen muß. Wurde bisher immer das theologische Argument von der katholischen Soziallehre verdächtigt, in die Universalität der Vernunft die Partikularität des Evangeliums zu "mischen", wodurch verbindliche Aussagen der Soziallehre verunmöglicht würden, so zeigt sich angesichts der heutigen sozialphilosophischen Diskussion doch gerade, daß zu vermuten ist, in Wahrheit sei der Vernunftbegriff der katholischen Soziallehre partikular, sofern es ihm an Konsensfähigkeit mit zeitgenössischem philosophischem Denken mangele. Der kirchliche und theologische Streit um die Verbindlichkeit naturrechtlichen Denkens ist im letzten Abschnitt geschildert worden. In diesem Abschnitt geht es darum, wie zwei andere gesellschaftstheoretische Konzepte mit der Idee des Naturrechts umzugehen versuchen.

---

84 O.v. Nell-Breuning, 6301, 212.
85 So stellt auch Nell-Breuning (211f.) die Frage, ohne aber eine Antwort darauf zu geben.
86 Eine interessante Ausnahme bildet die vom Rat der EKD und der Deutschen Bischofskonferenz herausgegebene Schrift "Grundwerte und Gottes Gebot", abgedruckt in: Herder Korrespondenz 33 (1979), 561-5 In einem einleitenden Kurzkommentar schreibt die Herder Korrespondenz: "Die Originalität der Erklärung liegt im Ansatz beim Dekalog, der es ermöglicht, axiomatische Leitlinien und konkrete Anwendungsfelder zu verbinden, <u>ohne daß damit auf kontroverse Naturrechtskonstruktionen zurückgegriffen werden mußte</u>" (561; Hervorhebung von mir).

Zuvor sei aber noch der zweite Anlaß genannt, der die kirchliche Soziallehre dazu drängen muß, das Gespräch zu suchen. Er liegt darin, daß die katholische Soziallehre gerade in ihrer naturrechtlichen Konzeption selbst eine Gesellschaftstheorie ist. Nach Nell-Breuning bildet das Naturrecht die Grundlage der katholischen Gesellschaftslehre[87]; ihr geht es um die "Ordnungsstrukturen" der Gesellschaft im Ganzen[88]. Und mit einem solchen Anspruch verbindet sich dann zwangsläufig auch die Problematik, seine Berechtigung in der Kontroverse mit alternativen Modellen zu überprüfen. Man wird dabei grundsätzlich fragen dürfen, ob es heute noch einen solchen universal verbindlichen Anspruch geben kann. Hat er vielleicht gerade zu der doch aufs ganze gesehen nur mäßigen Relevanz bei der praktischen Verwirklichung der Grundsätze katholischer Soziallehre geführt? Denn kann man sich gegenüber "Totalmodellen" anders verhalten als prinzipiell zustimmend oder ablehnend? Vielleicht sollte die katholische Soziallehre ihren naturrechtlichen Ansatz deshalb lieber als ein Angebot verstehen, nämlich als Angebot an Nichtchristen, bei der christlichen Suche nach gerechten Ordnungsstrukturen der Gesellschaft mitzureden, sich in die christliche "Lehre" von der Gesellschaft "einzumischen". In diesem Sinne sollen im folgenden zwei Gesellschaftstheorien kurz vorgestellt werden, die sich von ganz verschiedenen Standpunkten her mit dem Naturrechtsdenken - in einem Fall mehr implizit, im anderen explizit - auseinandersetzen.

Die Beschränkung auf die Positionen von H. Albert[89] und J. Habermas[90] ist keineswegs willkürlich. Liegen doch bei beiden Konzeptionen vor, die - zumindest im deutschsprachigen Raum - die gesellschaftstheoretische Diskussion nachhaltig prägen und im praktisch-politischen Leben nachhaltige Wirkungen zeitigen. Da es im Zusammenhang unserer Arbeit nicht darum geht, ihre Gesellschaftstheorien als solche und in ihrer Gesamtheit vorzustellen, sondern unter der Rücksicht natur-

---

87 O.v. Nell-Breuning, 6701, 9.
88 O.v. Nell-Breuning, 6301, 208 und 209; mit Berufung auf eine Definition von G. Gundlach. -
Auch die bereits zitierte kritische Bemerkung von W. Kerber setzt ja voraus, daß die Auffassung zumindest lange vorgeherrscht hat, "die in der katholischen Soziallehre ein in sich geschlossenes, festgefügtes Ordnungsmodell erblickte, das anderen politischen und sozialen Strömungen auf gleicher Ebene als die eine Antwort des katholischen Glaubens gegenübergestellt werden könnte" (a.a.O. 578f.).
89 H. Albert, Traktat über kritische Vernunft, Tübingen ^{2}1969, bes. 55-79.
90 J. Habermas, Theorie und Praxis. Sozialphilosophische Studien, Frankfurt 1978 (Erstausgabe: Neuwied - Berlin 1963), bes. 89-127. - Zur theologischen Rezeption des hier behandelten Problems vgl. H. Ludwig, Die Kirche im Prozeß der gesellschaftlichen Differenzierung, München - Mainz 1976, 118ff.

rechtlicher Fragestellungen und Implikationen zu untersuchen, kann ihre paradigmatische Bedeutung auch in dieser Begrenzung aufgezeigt werden.

Im Anschluß an seine Analyse des Erkenntnisproblems und der Frage nach der Begründung wissenschaftlicher Erkenntnis entwickelt <u>Albert</u> seine philosophischen Überlegungen zum Verhältnis von Erkenntnis und Entscheidung. Das Problem der Begründung ethischer Überzeugungen stellt sich für ihn analog zum Problem von Letztbegründungen im Erkenntnisbereich. Da alle Versuche von Letztbegründungen im sogenannten "Münchhausen-Trilemma"[91] enden, soll an die Stelle der Begründungsidee die "Idee der kritischen Prüfung"[92] treten. So können sogenannte Vorurteile für den Erkenntnisfortschritt nutzbar gemacht werden. Sie sind "nicht als <u>Dogmen</u>, sondern als <u>Hypothesen</u> zu behandeln, die in für sie prüfungsrelevanten Situationen prinzipiell scheitern können"[93]. "Nicht der Rekurs auf letzte und sichere <u>Gründe</u>, sondern die Suche nach relevanten unvereinbaren Instanzen, das heißt: die Suche nach <u>Widersprüchen</u>, ist demnach erforderlich, wenn man sich der Wahrheit nähern will"[94].

Entsprechendes gilt nun auch für alle Versuche zur Begründung ethischer Überzeugungen. Denn die Begründungsidee führt, "gleichgültig auf welcher Ebene sie realisiert werden soll, wie wir wissen, zu dem bekannten Trilemma. Wir haben also allen Anlaß, diese Idee für Aussagen aller Art aufzugeben, für Forderungs- wie für Behauptungssätze"[95]. Würde man trotzdem am Ideal einer normativen Wissenschaft festhalten, wäre man "natürlich mit der Frage konfrontiert, inwieweit es von Interesse ist, dieses Ideal grundsätzlich aufrechtzuerhalten, aber die Anforderungen, die an seine Realisierung gestellt werden, so abzuschwächen, daß das System keine der Leistungen mehr erbringen kann, die man von ihm ursprünglich erwartet hatte"[96]. Damit ist eine Frage aufgeworfen, die sich ja auch für die naturrechtlichen Prinzipien der katholischen Soziallehre stellt, auch wenn sie Alberts Fazit aus diesen Überlegungen nicht teilt: "Die Suche nach dem archimedischen Punkt ist in der Ethik ebenso nutzlos und daher fehlgeleitet wie in anderen Disziplinen"[97].

Hier scheint sich zu bestätigen, was Nell-Breuning in einer grundsätzlichen Bemerkung über das Verhältnis von katholischer Soziallehre und (Neo-)Positivismus schreibt: "hier han-

---

91 H. Albert, a.a.O. 13.
92 A.a.O. 35.
93 A.a.O. 43. "Hypothese" bedeutet nach Albert "nicht mehr als prinzipiell kritisierbare Annahme" (a.a.O. 75, Anm. 29).
94 A.a.O. 43.
95 A.a.O. 65.
96 A.a.O. 67.
97 A.a.O. 68.

delt es sich um einen fundamentalen Gegensatz"98. Den Grund
für diesen Gegensatz sieht er darin, daß bei einer solchen
Position Seins- und Sollensbereich, Seins- und Sollenserkenntnis auseinandergerissen würden; "im Unterschied zu allen
positivistischen Richtungen, ... insoweit auch zur evangelischen Sozialethik hält sie (sc. die katholische Sozialllehre)
unbedingt daran fest, daß die Ordnungsstrukturen der Gesellschaft oder, was auf dasselbe hinauskommt, die sozialethischen Normen der Vernunfterkenntnis zugänglich sind"99.
Nichtsdestoweniger kennt auch Albert (hypothetische) Gesetzmäßigkeiten, die durch die Analyse verschiedener Möglichkeiten entstehen, "die unter den für die betreffenden Entscheidungssituationen maßgebenden Wertgesichtspunkten jeweils
in Betracht kommen, und dadurch die Realisierung von Entwürfen möglich macht, die der praktischen Phantasie entstammen", und die in praktischer Hinsicht als Einschränkungen
wirksam werden sollen, "die der praktischen Phantasie für
die Lösung von Problemen auferlegt werden müssen"100. Und
man könnte sogar sagen, analog zum Verhältnis von normativen Prinzipien und ihrer Anwendung auf die konkrete Situation in der Konzeption der katholischen Sozialllehre formuliert
Albert: "Die Entscheidung in praktischen Situationen bedarf
im allgemeinen, vor allem, wenn es sich um neuartige Situationen handelt, situationsspezifischer Überlegungen, die nicht
in genereller Weise vorweggenommen werden können ... Der
Praktiker ist, soweit er nicht einer etablierten Routine folgt,
in der Situation des Künstlers, der die ihm bekannten Gesetzmäßigkeiten ausnutzt, um die Schöpfungen seiner Phantasie
zu realisieren"101.

Den in einem gewissen Sinn hypothetischen Charakter des
Naturrechts zeigen ja auch die Wandlungen in der Naturrechtslehre an, von denen bereits weiter oben die Rede war. Dabei
wäre es allerdings für Albert "sinnlos", hinter den Veränderlichkeiten in naturrechtlichen Aussagen noch ein unwandelbares Naturrecht selbst anzunehmen, weil dies für die Erkenntnis der "Gesetzmäßigkeiten" nichts austrägt.

Die Darstellung Alberts über das Verhältnis von Erkenntnis
und Entscheidung mündet in Überlegungen zur Rolle kritischer
Prinzipien. Einige Postulate, die für eine kritische Rezeption
durch die katholische Sozialllehre bedeutsam sein könnten,
seien abschließend genannt:

(1) Wenn ethische Aussagen und Systeme als Hypothesen zu
behandeln sind, "dann muß es grundsätzlich zulässig sein,
Alternativen in Erwägung zu ziehen und neue Perspektiven zu entwerfen, aus denen sich andere Lösungen ethischer Probleme ergeben als die bisher üblichen"102.

---

98 O.v. Nell-Breuning, 8001, 337.
99 O.v. Nell-Breuning, 6301, 210.
100 H. Albert, a.a.O. 67.
101 Ebd.
102 A.a.O. 75.

(2) Zur kritischen Durchleuchtung vorhandener Wertorientierungen muß nach "relevanten Widersprüchen" gesucht werden, "um gegebenenfalls eine Revision der betreffenden Überzeugungen anzustreben"[103].

(3) Aufgabe einer kritischen Moralphilosophie ist es, sogenannte "Brückenprinzipien" - Maximen "zur Überbrückung der Distanz zwischen Soll-Sätzen und Sachaussagen und damit auch zwischen Ethik und Wissenschaft"[104] - zu finden, die eine Kritik an normativen Auffassungen durch Ausnutzung wissenschaftlicher Erkenntnis ermöglichen.

Eine naturrechtliche Konzeption der katholischen Soziallehre, die sich nicht auf den Standpunkt stellt, ein gesellschaftliches "Totalmodell" auf der Grundlage unwandelbarer Einsichten in das Wesen von Mensch und Gesellschaft zu besitzen, sollte m.E. in der Lage sein, von solchen Prinzipien für Erkenntnisse in bezug auf ethische Überzeugungen kritisch zu lernen. Sie braucht sich deshalb nicht zu einer "Lebensweise des Kritizismus"[105] mit ihrer möglichen Geringschätzung von Glaubensüberzeugungen zu bekennen, durch die erst ein unüberbrückbarer Gegensatz zur katholischen Soziallehre entstünde.

In seiner Abhandlung "Naturrecht und Revolution" geht <u>Habermas</u> von der Unterscheidung zwischen klassischem und modernem Naturrecht aus. Der Bruch zwischen beiden liegt an der Schwelle zur Neuzeit und wird näherhin bei Thomas Hobbes lokalisiert. "Das absolute Naturrecht des Thomas (sc. von Aquin) unterstellte doch, daß im Naturzustande die Ethik der Bergpredigt unmittelbar realisiert sei. Es gäbe keine Herrschaft: alle sind frei; es gäbe keine gesellschaftlichen Unterschiede: alle sind gleich; es gäbe kein persönliches und ausschließliches Eigentum: allen ist alles gemeinsam, alle haben ein Recht auf alles. Hobbes übernimmt diese Bestimmungen verbal; wechselt aber das Rechtssubjekt stillschweigend aus. Anstelle des animal sociale im christlich-aristotelischen Verstande setzt er ein animal politicum im Sinne Machiavellis"[106] So tritt an die Stelle der klassischen Ethik des Naturrechts in ihrer Rolle als Wissenschaft des Naturzustandes eine moderne Physik der menschlichen Natur. Denn Hobbes' "Analyse des naturwüchsigen Zustandes der Menschengattung vor aller Vergesellschaftung ist überhaupt nicht ethisch, sondern physikalisch: sie hat es mit dem Sinnesapparat, den Triebreaktionen, den animalischen Bewegungen von Lebewesen zu tun; mit der physischen Ausstattung der Menschen und ihren kausal bestimmten Reaktionsweisen"[107]. Entsprechend wird der

---

103 A.a.O. 76.
104 Ebd.
105 Vgl. a.a.O. 79.
106 J. Habermas, a.a.O. 69.
107 A.a.O. 70.

Vergesellschaftungsprozeß selbst physikalisch gedeutet und prognostisch bestimmbar: "Sobald die Einsicht in die Mechanik des Gesellschaftszustandes gewonnen ist, können die technisch erforderlichen Veranstaltungen getroffen werden, um die richtige soziale und politische Ordnung zu erzeugen"[108].

Die Revolution als praktische Verwirklichung der Philosophie - und das hieß: der Grundsätze des rationalen Naturrechts - kennt folglich zunächst noch keine Revolutionäre. Erst ihre Vollendung in der Umsetzung des rationalen Naturrechts in positives Staatsrecht lenkt den Blick auf die handelnden Revolutionäre als die Subjekte, welche die Revolution zu Ende führen. Damit ist der entscheidende Schritt zur Positivierung des Naturrechts getan. "Während dem klassischen Naturrecht zufolge die Normen des sittlichen und rechtlichen Handelns gleichermaßen inhaltlich am guten, und das heißt tugendhaften Leben der Bürger orientiert sind, ist das Formalrecht der Neuzeit von den Pflichtkatalogen einer materialen Lebensordnung, sei es der Stadt oder des Standes, entbunden. Es berechtigt vielmehr zu einer neutralen Sphäre des persönlichen Beliebens, in der jeder Bürger als Privatmann Ziele der Nutzenmaximierung egoistisch verfolgen kann. Formale Rechte sind prinzipiell Freiheitsrechte, weil sie alle Handlungen, die nicht explizit nach Kriterien äußeren Verhaltens verboten sind, freigeben müssen ... Weil prinzipiell Freiheitsrecht, ist ein von den informellen Lebensordnungen abgelöstes Formalrecht <u>auch</u> Zwangsrecht. Die Kehrseite der privaten Autonomie, zu der es berechtigt, ist die psychologische Zwangsmotivierung des Gehorsams. Geltendes Formalrecht ist durch physisch wirksame Gewalt sanktioniert, Legalität von Moralität grundsätzlich geschieden"[109].

Unterschiedliche historische Situationszusammenhänge führen nun zu zwei völlig verschiedenen Formen der politischen Rezeption des Naturrechts. Die Politik der amerikanischen Kolonisten, die auf der vermeintlichen Naturrechtsauffassung von J. Locke[110] fußte, hatte restriktive Zielsetzungen: Beschränkung der politischen Gewalt und Abschirmung der Privatsphäre des gesellschaftlichen Verkehrs gegenüber staatlichen Interventionen. Demgegenüber sah die revolutionäre Posi-

---

108 A.a.O. 76.
109 A.a.O. 90f.
110 "So verstand man auch Locke noch aus der Kontinuität des klassischen Naturrechts, nachdem die Emanzipation unabwendbar geworden und als Basis ihrer Rechtfertigung nur mehr das moderne Naturrecht übriggeblieben war; die christlichen Voraussetzungen seiner Lehre mochten dem Vorschub leisten ...
Auch Locke schien, wie die praktische Philosophie vor ihm, Gesetze guten Lebens und klugen Handelns zu geben und nicht Regeln, nach denen die richtige Gesellschaftsordnung nun planmäßig erst einzurichten wäre" (a.a.O. 98f.).

tivierung des Naturrechts im Gefolge der Französischen Revolution den politischen Akt der Verwirklichung von Naturrecht in der "Konstruktion einer die Gesamtgesellschaft organisierenden Verfassung"[111]. Dabei verblaßte der (physikalische) Ausgangspunkt Hobbes' zunehmend zugunsten des philosophischen Bewußtseins einer bloßen Naturordnung, die nur im Rahmen einer politischen Gesellschaft verwirklicht werden konnte. "Auf diese Weise bietet auch die in der französischen Deklaration oft bemerkte 'Vermischung' von Menschenrechten, Bürgerrechten und Grundsätzen des Staatsrechts keine Schwierigkeit – das Naturrecht ist von vornherein als Gesellschaftsrecht begriffen"[112].

So führen die unterschiedlichen Naturrechtsauffassungen und -konstruktionen z.B. in Nordamerika und Frankreich auch zu sehr verschiedenen Deutungen der revolutionären Aufgabe, wie das Naturrecht zu positivieren und die Demokratie zu verwirklichen sei. "Der revolutionäre Akt selbst kann nicht den gleichen Sinn haben, wenn es sich dort darum handelt, die spontanen Kräfte der Selbstregulierung im Einklang mit dem Naturrecht freizusetzen; hier aber darum, eine naturrechtliche Gesamtverfassung gegen eine depravierte Gesellschaft und eine korrumpierte Menschennatur erst durchzusetzen. Dort wird revolutionäre Gewalt zur Restriktion einer despotisch entfesselten Gewalt aufgeboten, hier zur Konstruktion einer natürlichen Ordnung, die nicht mit dem Entgegenkommen einer Naturbasis rechnen kann. Dort kann die Revolution den ungebrochenen Egoismus der natürlichen Interessen für sich arbeiten lassen, hier muß sie moralische Antriebe mobilisieren."[1]

An diesem – in beiden Fällen liberalen – Selbstverständnis bürgerlicher Revolution knüpft die marxistische Deutung des bürgerlichen Rechtsstaates an. Denn der hatte die politische Ökonomie selbst zum Prüfstein der Wahrheit gemacht; "die Naturgesetze der Gesellschaft sollten die Versprechungen der Naturrechte des Menschen einlösen. Wenn daher Marx jetzt der Politischen Ökonomie nachweisen konnte, daß der freie Verkehr der Privateigentümer untereinander einen chancengleichen Genuß der persönlichen Autonomie für alle Individuen notwendig ausschließt, so hatte er zugleich den Beweis geliefert, daß den formalen und generellen Gesetzen der bürgerlichen Privatrechtsordnung die prätendierte Gerechtigkeit ökonomisch versagt bleiben muß. Das Interesse der Bürgerlichen kann dann mit dem aller Bürger nicht länger identifiziert werden; gerade die generellen Sätze, in denen sich das formale Recht ausdrückt, bringen nur das partikulare Interesse einer Klasse zur Geltung"[114]. Der Staat ist wieder zum Herrschafts-

111 A.a.O. 100.
112 A.a.O. 108.
113 A.a.O. 110f.
114 A.a.O. 115.

instrument geworden, indem er nicht der Gesellschaft im ganzen, sondern den Interessen der Privatbürger dient. Die sich für Marx aus dieser Erkenntnis ergebende Aufgabe ist klar: "Während die politische Revolution den Bürger rechtlich emanzipiert hatte, soll eine künftige proletarische Revolution den Menschen gesellschaftlich emanzipieren"[115].

Damit geht schließlich auch die dialektische Verknüpfung von Revolution und Naturrechtsdenken (im "modernen" Sinn der Positivierung des Naturrechts) verloren - zu Lasten beider: mit der Ideologiekritik am bürgerlichen Rechtsstaat hatte Marx "die Idee der Rechtlichkeit selbst und, mit der soziologischen Auflösung der Basis natürlicher Rechte, die Intention des Naturrechts als solche für den Marxismus so nachhaltig diskreditiert, daß sich seitdem die Klammer um Naturrecht und Revolution gelöst hat. Die Parteien eines internationalisierten Bürgerkrieges haben den Nachlaß verhängnisvoll eindeutig aufgeteilt: die eine Seite hat die Erbschaft der Revolution, die andere die Ideologie des Naturrechts übernommen."[116]

Auf der Grundlage dieser historischen Rekonstruktion des Naturrechts in der Neuzeit formuliert Habermas einige Aspekte, die die ambivalente Stellung der Menschen- und Bürgerrechte im modernen Sozialstaat deutlich machen und die deshalb in der gesellschaftstheoretischen Diskussion zu beachten sind:
(1) "Auf der einen Seite sind die grundrechtlichen Verbürgungen das anerkannte Fundament der Rechtsstaatlichkeit, einer Ordnung, an der sich Ausübung von Herrschaft, Gewaltvollzug und Machtausgleich legitimieren müssen. Andererseits entbehrt das Naturrecht selbst jeder verbindlichen philosophischen Rechtfertigung. Gewiß rekurrieren Rechtslehrer und Praktiker tatsächlich auf Naturrechtstraditionen, sei es christlicher, sei es rationalistischer Observanz; aber die angezogenen Systeme sind nicht etwa nur kontrovers, sie verlieren nicht nur durch den Pluralismus der Begründungsversuche ihre Glaubwürdigkeit - sondern bleiben im allgemeinen selbst unter dem Niveau der zeitgenössischen Philosophie."[117]
(2) Der immer noch vorherrschenden liberalen Deutung der Grundrechte ist weithin die gesellschaftliche Basis entzogen. Bei der zunehmenden Verschränkung von Staat und Gesellschaft in den letzten hundert Jahren "ist die Sphäre des Warenverkehrs und der gesellschaftlichen Arbeit der Autonomie der Privatleute im gleichen Maße entzogen worden, wie der Staat interventionistische Aufgaben übernommen hat. Dem Sozialstaat sind Eigentumsordnung und gesamtwirtschaftlicher Kreislauf nicht mehr als Naturbasis bloß vorgegeben, die ökonomischen Voraussetzungen für eine entpolitisierte Gesellschaft sind entfallen. Die klassische Trennung von Menschen- und

---

115 A.a.O. 117.
116 A.a.O. 117f.
117 A.a.O. 118.

Bürgerrechten, und die strikte Unterscheidung des privaten vom öffentlichen Recht, haben mithin ihre Grundlage, auf die sie einst liberal bezogen waren, verloren."[118]

(3) Der Funktionszuwachs des Sozialstaats hat dazu geführt, daß politische Praxis immer stärker durch wissenschaftliche Analysen vorbereitet und durch sogenannten sozialtechnischen Sachverstand bestimmt wird. Die Sozialwissenschaften haben sich darauf eingestellt, indem sie nicht mehr hermeneutisch, sondern analytisch verfahren: "Sie können für die Organisation von zweckmäßigen Mitteln technische Empfehlungen geben, aber nicht normativ über die Zwecke selbst orientieren; sie enthalten sich strikt einer verbindlichen Aufklärung über praktische Notwendigkeiten in gegebenen Situationen, über die Selektion von Zwecken, die Priorität von Zielen, die Anwendung von Normen.

Beide Momente: die Grundnormen politischen Handelns, die einer wissenschaftlichen Legitimation nicht mehr fähig sind; und die wissenschaftlich rationalisierten Methoden einer technischen Verfügung über gesellschaftliche Prozesse, die als solche der praktischen Orientierung entbehren, sind abstrakt auseinandergetreten. Der theoretische Zusammenhang zwischen beiden Momenten, der in der Tradition der Naturrechts- und Naturgesellschaftslehren von Hobbes und Locke bis zu Marx stets gewahrt blieb, ist zerbrochen; positivistische Anpassung oder weltanschaulicher Dirigismus können ihn nicht ersetzen."[119]

Für das Naturrecht als Begründungssystem führt das zu folgenden Konsequenzen: Es besteht ein dialektisches Verhältnis zwischen den Grundrechtsnormen, auf die der Sozialstaat verpflichtet ist, und Naturrechtskonstruktionen, aus denen sie einst legitimiert wurden. "Diese werden in ihrer ursprünglichen Intention unnachgiebig festgehalten, zugleich aber im Hinblick auf die gesellschaftlichen Bedingungen, unter denen sie sich heute realisieren müssen, umfunktioniert. Gerade die liberale Verbindung der Naturrechtskonstruktion mit der Politischen Ökonomie der bürgerlichen Gesellschaft hat eine soziologische Kritik herausgefordert, die lehrt, daß wir das formale Recht nicht aus dem konkreten Zusammenhang gesellschaftlicher Interessen und geschichtlicher Ideen lösen und gleichsam für sich, sei es ontologisch, transzendental-philosophisch oder anthropologisch aus Natur (der Natur der Welt, des Bewußtseins oder des Menschen) begründen können"[120].

Umgekehrt bedeutet das: bürgerlich-liberale Naturrechtskonstruktion und die Idee des Naturrechts dürfen nicht gleichgesetzt werden. Der "revolutionäre Sinn des modernen Naturrechts" läßt sich nur verwirklichen "durch eine Interpretation aus den konkreten gesellschaftlichen Verhältnissen"[121]

118 A.a.O. 118f.
119 A.a.O. 119.
120 A.a.O. 122.
121 Ebd.

- auch wenn er sich nicht auf den gesellschaftlichen Interessenzusammenhang reduzieren läßt. Eine produktive Verbindung von politischer Praxis und sozialwissenschaftlicher Analyse in diesem Interesse macht aber zudem für die Wissenschaften eine Reflexion auf ihre politischen Folgen erforderlich. "Eine positivistisch beschränkte Sozialwissenschaft darf über die Stufe einer ideologiekritischen Auflösung der naturrechtlichen Leerformeln nicht hinausgehen. Auf der Stufe der Selbstreflexion ihres Engagements für eine grundrechtlich verpflichtete politische Praxis wird sie sich indessen mit Postulaten des Wertnihilismus oder der Wertabstinenz nicht begnügen können: dann muß sie sich vielmehr selber als Moment des praktischen Lebenszusammenhangs begreifen – und als ein Agens in ihm."[122]

Mit seiner Abhandlung "Naturrecht und Revolution" legt Habermas die Konzeption einer geschichtlichen Naturrechtsauffassung vor, über deren Analysen und Schlußfolgerungen im einzelnen sicher keine ungeteilte Meinung herrschen muß. Jedoch scheint es so, daß die von ihm beschriebenen Wandlungen und Funktionalisierungen des Naturrechts von der katholischen Soziallehre noch gar nicht zur Kenntnis genommen worden sind. Im Interesse der "Rettung" eines gesellschaftlichen Grundkonsenses auf der Basis differenzierten naturrechtlichen Denkens gegenüber solchen positivistischen Deutungen, die Naturrecht und eine Theorie der gesellschaftlichen Veränderungen einfachhin gegeneinanderstellen, sollte dieses Gespräch gesucht werden.

Die beiden vorangegangenen Abschnitte haben folgendes deutlich gemacht: Hat sich schon die Naturrechtskonzeption in der katholischen Soziallehre erheblich gewandelt, wodurch der Kernbereich katholischer Soziallehre sich immer mehr eingeengt hat, so fehlt erst recht bisher eine gemeinsame Basis mit anderen Sozialphilosophien. Die "Legitimationspflicht" liegt heute nicht mehr bei den "modernen" Philosophien gegenüber der neuscholastischen, sondern ist – zumindest – eine gegenseitige. Der erste Schritt naturrechtlichen Denkens müßte aber unter dieser Rücksicht darin bestehen, die Ansprüche der katholischen Soziallehre vermittels einer Philosophie geltend zu machen, die sich um Konsensfähigkeit bemüht. Solange das nicht geleistet wird, kann auch die Absicht nicht eingelöst werden, auf der Grundlage einer Naturrechtskonzeption eine Gesellschaftsordnung auch zwischen Menschen verschiedener Weltanschauungen zu finden. Unter veränderten gesellschaftlichen Bedingungen, unter denen der "kritische Realismus der Neuscholastik", der im nächsten Abschnitt dargestellt wird, nicht mehr allgemeine Verstehensgrundlage ist, zeigt sich der behauptete allgemeingültige Standpunkt als tat-

---

122 A.a.O. 124.

sächlich partikular. Die Anerkennung dieser Partikularität
wäre eine Voraussetzung, um die philosophia perennis ins heutige philosophische Gespräch zu bringen; sie wird jedoch von
der Soziallehre bisher verweigert in der Befürchtung, daß
die Preisgabe einer katholischen Soziallehre in der bisherigen
Form zugleich die Preisgabe einer katholischen Soziallehre
überhaupt bedeuten könnte.

2.3 Die sozialphilosophische (naturrechtliche) Argumentation

Bereits in dem Abschnitt über die "Erkenntnisquellen" der
katholischen Soziallehre ist an mehreren Stellen deutlich geworden, daß der philosophische Ansatz von theologischen Voraussetzungen ausgeht und theologische Implikationen enthält,
die kaum thematisiert werden. Deshalb sei hier noch einmal
hervorgehoben, daß auch der erkenntnistheoretische Ausgangspunkt der sozialphilosophischen, und das heißt näherhin: der naturrechtlichen Argumentation in der katholischen
Soziallehre von einer theologischen Überzeugung geleitet ist:
"Die natürliche Ordnung, die der Schöpfer in die Dinge gelegt hat, ist weder durch den Schöpfer selbst aufgehoben, indem er den Menschen über die reine Geschöpflichkeit hinaus
für ein auf höherer Ebene liegendes Endziel in der persönlichen Gemeinschaft mit Gott, dem Heiligen, bestimmt hat, noch
ist sie umgekehrt durch den Menschen und seinen Sündenfall
aufgehoben; ja sie ist durch den Sündenfall des Menschen
nicht einmal unkenntlich gemacht worden, indem der Mensch
durch den Sündenfall seine ihm ursprünglich vom Schöpfer geschenkte Erkenntnisfähigkeit derart verstümmelt oder sich
deren so völlig beraubt hätte, daß sie ihre Funktion nicht
mehr zu erfüllen vermöchte"[123].

Im folgenden soll nun die sozialphilosophische Argumentation
"in sich" dargestellt werden; denn nach dem Selbstverständnis scholastischer Philosophie hindert der theologische Ausgangspunkt, sofern er nicht als Moment in die Argumentation
eingeht, ja keineswegs daran, zu - auch "rein" philosophisch -
richtigen Erkenntnissen zu kommen.

Naturrecht bedeutet nach Nell-Breuning "die rechtliche
Ordnung insbesondere des Verhältnisses von Einzelmensch
und Gesellschaft, die sich aus der Natur der Dinge, hier aus
der Menschennatur selbst, ergibt"[124]. Zur Gewinnung naturrechtlicher Aussagen kommt es also darauf an, grundlegende
Einsichten in die Natur, das heißt das "Wesen" des Menschen,
zu erhalten. Dabei ist uns bereits die Unterscheidung zwischen

123 O.v. Nell-Breuning, 6701, 67.
124 A.a.O. 9.

unwandelbarem Naturrecht und wandelbarer Naturrechtslehre
begegnet. Mit dieser Unterscheidung ergibt sich für die naturrechtliche Argumentation unter erkenntnistheoretischer Rücksicht: auch wenn Aussagen über das "Wesen" einer Sache
prinzipiell irrtumsfähig sind und auch tatsächlich manches
als Wesensaussage behauptet worden ist, was sich später bzw.
durch Überprüfung nicht als solche aufrecht erhalten ließ,
so bleibt davon unberührt, daß es einen solchen "Wesensbe-
stand" gibt, der zudem prinzipiell erkenntnismäßig zugänglich
ist[125]. Im Rahmen scholastischer Philosophie wird diese erkenntnistheoretische Position auch als "kritischer Realismus"
bezeichnet.

2.3.1 Die Erkenntnistheorie der (Neu-)Scholastik:
"Kritischer Realismus"

Innerhalb der katholischen Soziallehre wird in der Regel die
Frage nach ihren erkenntnistheoretischen Voraussetzungen
gar nicht behandelt. Die Soziallehre partizipiert dabei an einer "wissenschaftlichen Arbeitsteilung", bei der sie im Gefüge
eines philosophischen Gesamtsystems auf den Ergebnissen von
Erkenntnistheorie, Metaphysik und (allgemeiner) Ethik auf-
bauen konnte[126]. So kann auch Nell-Breuning schlicht feststellen: "Erkenntnistheoretisch steht sie (sc. die katholische
Soziallehre) auf dem Boden des kritischen Realismus der philosophia perennis und bekennt sich in diesem Sinn im Gegensatz zum Positivismus und Neopositivismus zu dem von diesem
aufs schärfste abgelehnten 'Essentialismus'. Ihrer Metaphysik
legt sie das Axiom zugrunde: 'ens est unum, verum, bonum'.
Es gibt nicht nur Seinserkenntnisse überhaupt, sondern echte
Wesenserkenntnisse ('quod quid est')"[127].

125 So unterscheidet F. Klüber, Grundlagen der katholischen Gesellschaftslehre, Osnabrück 1960, zwischen unwandelbarem Naturrecht,
zu dem jene Normen gehören, "die unmittelbar mit der Natur des Menschen als eines Leib-Geist-Wesens mitgegeben sind" (43), und wandelbarem Naturrecht als der "Konkretisierung der Grundsätze des unwandelbaren Naturrechts auf die besonderen geschichtlichen Verhältnisse
eines Volkes und einer Zeit" (44); und J. David, Wandelbares Naturrecht? In: Orientierung 20 (1956), 171-175, meint: "... nichts hindert
uns, anzunehmen, daß es neben einem unwandelbaren Kern des Men-
schenwesens auch veränderliche Schichten oder Sphären gebe, die
zwar auch irgendwie zur Natur des Menschen gehören, nicht aber
gleich wesentlich und unwandelbar wie der Kern ... Es ändern sich
keineswegs nur die äußeren Bedingungen, sondern das die Rechte be-
gründende Subjekt ändert sich ebenfalls" (173).
126 Den Zusammenhang gerade dieser drei philosophischen Disziplinen
betont auch J. Messner, Das Naturrecht, Innsbruck ⁵1966, 92f. -
Für F.X. Kaufmann, a.a.O. 90, liegt die Schwäche des Naturrechtsdenkens gerade in den erkenntnistheoretischen Grundlagen.
127 O.v. Nell-Breuning, 6301, 209.

Nun setzt ein solcher Ansatz die Klärung des sogenannten "Universalienstreits" voraus, der seit dem Mittelalter in der Philosophiegeschichte eine große Rolle gespielt hat und bis heute nicht entschieden ist. In einer erkenntnistheoretischen Abhandlung müßte der stets auf hypothetischen Annahmen beruhende Ablauf des Erkenntnisvorgangs geklärt werden. Jedenfalls kann nicht davon ausgegangen werden, daß die noch als relativ unproblematisch angenommene Theorie z.B. des Thomas von Aquin über den Erkenntnisvorgang[128] philosophisches Allgemeingut sei und - spätestens seit Kants Erkenntniskritik - heute noch auf einem Konsens beruhe.

Grundsätzlicher wird man formulieren müssen: Die katholische Soziallehre kann nicht davon ausgehen, daß die erkenntnistheoretische Basis ihrer naturrechtlichen Aussagen von anderen philosophischen Disziplinen beigesteuert wird; die Einheit von Erkenntnistheorie, Metaphysik und Ethik, die es in der Blütezeit der Scholastik gab und auf die auch die Neuscholastik (als der philosophische "Rahmen" der bisherigen katholischen Soziallehre) aufbaute, ist nicht mehr vorhanden. Wenn aber das "Gesamtsystem" oder eine generelle Lösung des Problems der Wesenserkenntnisse fehlen, muß die katholische Soziallehre die Geltung der von ihr herangezogenen naturrechtlichen Argumentation in jedem Einzelfall selbst herausarbeiten. Nachdem weiter oben unter dem Stichwort "Allgemeinbegriffe in gesellschaftlicher Differenzierung" gezeigt worden ist, welche Rolle geschichtlich-gesellschaftliche Bedingungen bei der Bildung von Allgemeinbegriffen spielen, könnte nun analog formuliert werden: Allgemeinbegriffe bzw. sogenannte Wesensaussagen müssen auch die Differenzierung philosophischer Vernunft berücksichtigen, die sich im Gefolge der Aufklärung herausgebildet hat.

Darüber hinaus ist festzustellen, daß auch in theologischen Positionen heute nicht mehr von der scholastischen Erkenntnistheorie als einheitlicher Argumentationsgrundlage ausgegangen werden kann. Selbst wenn man eine die Neuscholastik zu überwinden suchende Theologie wie die transzendentale K. Rahners hier nicht heranziehen will, denke man doch nur an den Einfluß personalistischer und existentialistischer Philosophien auf die gegenwärtige Theologie. Im Unterschied zur politischen

---

128 Schematisch verkürzt ließe sich diese Anschauung so wiedergeben: Erkenntnisgegenstand ist das "Ansich" einer Sache (die "res"), das ein individuelles "Wesen" hat (die "essentia"). Die Sinneserkenntnis bildet eine Erscheinung, aus der der "intellectus agens" die Wesensstruktur erhellt. Allgemeinbegriffe entstehen nun entweder durch mehrmaliges Erkennen des Einzelwesens; oder es gibt im "Ansich" neben dem individuellen noch ein "überindividuelles" Wesen, das auf die gleiche Art erkannt wird. - Dabei bleibt eigentlich unerklärt, wie das Wesen erkannt wird. Zudem läßt sich der Bereich, für den solche Allgemeinbegriffe behauptet werden, nicht festlegen.

Theologie bleibt das Problem bei ihnen dadurch verborgen, daß sie die gesellschaftliche Konstitution ihrer Begriffe und Vorstellungen nicht mitreflektieren.

2.3.2 "Sein und Sollen" - Einheit von Metaphysik und philosophischer Ethik

Für das Verhältnis von Erkenntnistheorie und Ethik muß im Sinne scholastischer Philosophie festgehalten werden: Ethische Normen, die auf dem Versuch der "Letztbegründung" sittlichen Handelns beruhen, haben als Grundlage einen erkenntnistheoretischen Realismus, der Einsichten in die "Natur der Sache", insbesondere in das Wesen des Menschen ermöglicht. Oder umgekehrt: Der "kritische Realismus" fordert im Bereich der praktischen Philosophie die "Seinsgerechtigkeit des Handelns, besagt also, daß auch die sittlichen Normen letztlich in der Wesensordnung des Seienden begründet sind"[129].
Die Metaphysik stellt zwischen Erkenntnistheorie und Ethik das notwendige "Bindeglied" dar. Zunächst ist ja der Begriff "Natur" in Verbindung mit dem Naturrecht als metaphysischer Begriff verstanden und gleichbedeutend mit "Wesen". Grundlegender aber ist, daß das Naturrecht als der Teil des natürlichen Sittengesetzes, "der sich auf die äußere Ordnung des Gemeinschaftslebens bezieht und dem Menschen gebietet, jedem das Seine zu geben, also das, was ihm auf Grund seiner Menschennatur als das ihm Gehörende zusteht"[130], eben mit dem natürlichen Sittengesetz im Sein selbst verankert ist. Das natürliche Sittengesetz ist aber nichts anderes als "der Inbegriff der Normen, die in der Natur des Seins, im Wesen der Schöpfungsordnung gegründet sind"[131]. Die Identität von Seins- und Wertordnung ist für die naturrechtliche Argumentation in der katholischen Soziallehre konstitutiv. Denn das natürliche Sittengesetz "stellt dem Menschen die Forderung: Handle gemäß deiner eigenen Natur, d.h. handle seinsgerecht! Das der Seinsordnung gemäße Handeln aber ist das Tun des Guten: ens et bonum convertuntur, sagt die scholastische Philosophie. Deshalb kann man die generelle Maxime des sittlichen Naturgesetzes auch formulieren: Tue das Gute!"[132].
Die entsprechende naturrechtliche Grundnorm lautet dann: Gib jedem das Seine (suum cuique)! Aus ihr lassen sich "durch schlußfolgerndes Denken weitere naturrechtliche Sätze ableiten: Leben, Würde und Freiheit der Person sind zu achten, jedem Menschen ist ein angemessener Anteil an den Erdengütern

---

[129] W. Brugger, Art. "Realismus", in: Philosophisches Wörterbuch, Freiburg 13|1967, 302-304, hier 303f. - Vgl. z.B. F. Klüber, a.a.O. 13ff.
[130] F. Klüber, a.a.O. 43.
[131] A.a.O. 25.
[132] A.a.O. 30.

zu gewähren, gemeinwohlwidrige Eingriffe des Staates in die Freiheitssphäre der Person sind nicht erlaubt, der rechtmäßigen Obrigkeit ist zu gehorchen, Verträge sind zu halten, Schadenzufügung durch unerlaubte Handlungen verpflichtet zum Schadenersatz."[133]

Nun geht es hier nicht primär um solche Ableitungen, sondern um den Zusammenhang von Metaphysik und Ethik überhaupt. Im Kontext der bereits zitierten Bemerkung Nell-Breunings über das erkenntnistheoretische Fundament der Naturrechtslehre heißt es dann auch, die katholische Soziallehre sei "Sozial-Metaphysik = Ontologie und eben darum zugleich Normativ-Wissenschaft = Deontologie der Gesellschaft. Damit ist auch ihre Position im Werturteilsstreit gegeben. Erkenntnistheoretisch steht sie auf dem Boden des kritischen Realismus der philosophia perennis und bekennt sich in diesem Sinn im Gegensatz zum Positivismus und Neopositivismus zu dem von diesem aufs schärfste abgelehnten 'Essentialismus'. Ihrer Metaphysik legt sie das Axiom zugrunde: 'ens est unum, verum, bonum'. Es gibt nicht nur Seinserkenntnisse überhaupt, sondern echte Wesenserkenntnisse ('quod quid est'), und aus diesen erfließen wesensnotwendige Erkenntnisse über Werte und Unwerte, insbesondere über ethische Werte und ethische Unwerte, über das, was sein soll, und das, was nicht sein darf"[134]. Auf dieser Grundlage bilden explikative und normative Aussagen eine unlösbare Einheit: "der Schluß vom (metaphysischen) Seinsverhalt auf die Werthaftigkeit und das Sollen ist nicht nur legitim, sondern zwingend"[135]. Dies soll an zwei Beispielen – dem Solidaritätsprinzip und einem weiteren "Kernsatz", auf den sich nach der Meinung Nell-Breunings die gesamte katholische Soziallehre reduzieren ließe[136] – kurz erläutert werden:

Bei F. Klüber hat das Solidaritätsprinzip den folgenden Wortlaut: "Weil der Mensch seiner Natur nach auf die Gemeinschaft hingeordnet u. von ihr abhängig ist, trägt er Verantwortung für die rechte Ordnung des gesellschaftl. Ganzen. Die Gemeinschaft ihrerseits ist rückgebunden an die Person u. muß auf sie ihre gesamte gesellschaftl. Tätigkeit einrichten"[137]. Der "Erklärungswert" beider Sätze liegt eigentlich

---

133 A.a.O. 39.
134 O.v. Nell-Breuning, 6301, 209; ähnlich 6701, 31f. – Über den Erkenntnisvorgang vom Sein zum Sollen sagt A.-F. Utz, Sozialethik, 1. Teil, Die Prinzipien der Gesellschaftslehre, Heidelberg 1958, 68: "Das naturhafte Gewissen (Synderesis) besorgt spontan die Umformung der Seinserkenntnis in die Sollenserkenntnis." – Die scholastische Synderesislehre kritisiert z.B. F.X. Kaufmann, Wissenssoziologische Überlegungen zu Renaissance und Niedergang des katholischen Naturrechtsdenkens im 19. und 20. Jahrhundert, in: F. Böckle/E.-W. Böckenförde, a.a.O. 126-164, hier 146ff.
135 O.v. Nell-Breuning, 7701, 21; ähnlich auch 6701, 32.
136 Vgl. O.v. Nell-Breuning, 7701, 20.
137 F. Klüber, Art. "Soziallehre", in: a.a.O. 918.

nur darin, daß jeweils aus einer Zustandsbeschreibung ethische Folgerungen gezogen werden: aus der seinsmäßigen Gemeinverstrickung von Person und Gemeinschaft folgt ethisch zwingend und damit verpflichtend die Gemeinhaftung der Person für die Gemeinschaft und der Gemeinschaft für die Person.

Der Kernsatz, auf den sich nach Nell-Breuning die ganze katholische Soziallehre "wie auf einen Fingernagel schreiben" ließe, heißt: "Der Mensch ist Ursprung, Träger und Ziel aller Sozialgebilde und allen sozialen Geschehens"[138]. Als explikative Aussage ist dieser Satz "mit zentralen Wahrheiten unseres Glaubens, insbesondere mit dem unserem Glauben zugrunde liegenden Menschenbild, mit dem, was Gott uns über den Menschen und seine Absichten mit ihm geoffenbart hat, so eng und unlösbar verbunden, daß von ihm nicht abgegangen werden kann, ohne den Glauben selbst an der Wurzel zu zerstören"[139]. Deshalb sei diese Aussage von der Kirche verbindlich zu lehren und unbedingt zu schützen. Weil aber in seiner abstrakten Allgemeinheit der normative Satz am Wahrheitsanspruch des explikativen teilnimmt und zwingend aus ihm folgt, bedeutet dies, daß alle konkreten Normen und Handlungen dem sachlichen Gehalt dieser Norm zumindest nicht widersprechen dürfen. - Nun soll aber in dem Hinweis auf das christliche Menschenbild kein Begründungsmoment liegen, das in das Argument selbst eingeht; es dient lediglich als zusätzliche "Kontrolle" für die Wahrheit des Satzes. "An sich" ist er philosophischer Art und für die Vernunft jedes Menschen einsichtig. Die Frage, die Nell-Breuning stellt, ohne sie zu beantworten, ob sich nämlich der sachliche Gehalt der Aussage "nur in der Sprache einer 'essentialistischen' Philosophie aussprechen oder auch in anderer Weise dem menschlichen Verständnis erschließen läßt"[140], wäre für das philosophische Gespräch eigentlich von großem Interesse. -

Problematisch und dringlich erscheint diese Aufgabe inso-

---

138 O.v. Nell-Breuning, 7701, 20. -
In "Mater et Magistra" Nr. 219 lautet der Satz: "Nach dem obersten Grundsatz dieser Lehre muß der Mensch der Träger, Schöpfer und das Ziel aller gesellschaftlichen Einrichtungen sein" (Texte 259). Nell-Breuning kritisiert daran die unsaubere Formulierung, die ethisches Sollen und metaphysische Notwendigkeit "vermengt" (7201, 86); auch die lat. Fassung ist nur halbrichtig: "singulos homines necessarie fundamentum, causam et finem esse omnium institutorum" (7701, 95). In der Pastoralkonstitution "Gaudium et Spes" Nr. 25 ist durch den Zusatz "und muß auch sein" die gemeinte explikative und zugleich normative Bedeutung der Aussage hervorgehoben: "Wurzelgrund nämlich, Träger und Ziel aller gesellschaftlichen Institutionen ist und muß auch sein die menschliche Person" (Texte 342); "Etenim principium, subiectum et finis omnium institutorum socialium est et esse debet humana persona ..." (LThK E III, 358).
139 O.v. Nell-Breuning, 7701, 20f.
140 A.a.O. 20.

fern, als es hier nicht um sprachliche Umformulierungen geht, sondern insbesondere um die Verarbeitung eines Stücks Aufklärungsgeschichte in der katholischen Soziallehre. "Das traditionelle christliche Denken begründete die Normen, die das menschliche Verhalten regeln sollten, auf den Willen der Gottheit oder wenigstens, in einer halb-rationalistischen Form, auf eine von Gott im menschlichen Geist angelegte natürliche Vernunft"[141]. Mit den großen individualistischen Denkströmungen des Rationalismus, des Empirismus und der Aufklärung wurde allen Versuchen zur Begründung von Werturteilen der Boden entzogen, da sie "jeden Begriff des Überindividuellen: Gott, Gemeinschaft, Totalität, Sein, abgeschafft und daher auch die beiden Formen des individuellen Bewußtseins, das Wissen und das Werten, voneinander radikal getrennt haben"[142]. Wenn dagegen mit der Entwicklung des dialektischen Denkens sich heute "die wichtigsten philosophischen Denker, Hegel, Marx, Lukács, Heidegger, wie groß auch die Unterschiede zwischen ihnen sein mögen, der grundlegenden Tatsache bewußt (sind), daß der Mensch ein aktiver Teil des Ganzen (der Totalität, des Seins) ist, so daß einerseits alle menschlichen Wertungen zur seienden Wirklichkeit gehören und auf ihr fußen, während andererseits alle Wirklichkeit einen wertmäßigen und wertenden Charakter hat"[143], so liegt darin durchaus wieder ein Anknüpfungspunkt für naturrechtliches Denken. Es geht nicht darum, die Aufklärung in der katholischen Soziallehre einfach nur nachzuholen, sondern die Prozesse, die in ihrer Entwicklung stattgefunden haben, geistig zu bewältigen und für heutiges Denken fruchtbar zu machen - eben in der Form einer dialektischen Rezeption des Naturrechts.

2.3.3 Die Prinzipien und ihre Konkretion - Nochmals: Die katholische Soziallehre als Gefüge offener Sätze

Die im letzten Abschnitt angeführten Beispiele für naturrechtliche Grundnormen haben gezeigt, daß der wesensnotwendige Zusammenhang von Seins- und Sollensaussagen, von explikativen und normativen Sätzen noch nicht festlegt, welche <u>konkreten</u> Normen und Handlungen aus den normativen Prinzipien folgen. Entscheidungen darüber liegen nach Auffassung der katholischen Soziallehre innerhalb eines Ermessensspielraumes[144] und werden dem sogenannten "Sachverstand der Laien"

---

141 L. Goldmann, a.a.O. 29.
142 A.a.O. 30.
143 A.a.O. 29.
144 Nach F. Klüber, Grundlagen der katholischen Gesellschaftslehre, 16ff., ist die "Anwendung" der abstrakt-generellen Sozialprinzipien auf die konkrete gesellschaftliche Situation Aufgabe der Gesellschaftspolitik und Sozialpädagogik. -

dem Verantwortungsbewußtsein dessen, der jeweils zu handeln hat[145], überlassen. Damit entziehen sie sich weitgehend - wenn auch nicht der sittlichen Beurteilung, so doch - dem Zuständigkeitsbereich der Sozialwehre. "Was in einer bestimmten Situation getan werden muß, läßt sich nur selten aus allgemeinen Prinzipien mit Schlüssigkeit deduzieren, wenn nicht ein Grundwert selber auf dem Spiel steht"[146]. Kerber nennt die Naturrechtslehre deshalb ein "offenes System". "Wenn echte menschliche Grundwerte bedroht sind, lassen sich vom Naturrecht her eindeutige Aussagen machen ... In der Bundesrepublik sind - nicht ohne den Einfluß des katholischen Naturrechtsdenkens - diese Grundwerte aber weitgehend in den Verfassungskonsens eingegangen. Wenn dieser Konsens in Frage gestellt wird, gewinnt das Naturrecht sofort wieder an Aktualität. Für die weitere Ausgestaltung der rechtlichen und sozialen Ordnung, für die Wertekombinationen sind ähnlich eindeutige Aussagen vom Naturrecht her nicht möglich"[147]. Das Naturrecht als Widerstandskategorie - der so beschriebenen und eingegrenzten Funktion des Naturrechts kann unbedingt zugestimmt werden.

An diesem "negativen" Grundzug liegt es auch, daß Nell-Breuning die oft behauptete Geschlossenheit der katholischen Sozialwehre bezweifelt: "Tatsächlich besteht die Einheitlichkeit nur in bezug auf die tragenden philosophischen (und theologischen) Prinzipien"[148]. Und H.J. Wallraff, von dem die Bezeichnung der katholischen Sozialwehre als ein "Gefüge offener Sätze" herkommt, betont als Folge des abstrakten und formalen Charakters ihrer Prinzipien die defensive Funktion der katholischen Sozialwehre, die, nachdem die Grundwerte gesellschaftlich gesichert sind, "das meiste der Freiheit der Beteiligten anheimgibt. Anders ausgedrückt: Für sich allein genommen sind die Sätze der katholischen Sozialwehre hinsichtlich fälliger konstruktiver Beiträge zur Gesellschaftsordnung in-operational; an dieser Stelle geben sie keine eindeutigen, sondern höchstens rahmenhafte Handlungsanweisungen"[149].

Gegenüber dieser Konzeption ist zunächst zu fragen, ob mit ihr den Anforderungen Rechnung getragen werden kann, vor denen heute das gesellschaftliche Zusammenleben steht; zumal politisch wirksames Handeln immer weniger auf den Kreis der sogenannten "verantwortlichen Politiker" beschränkt werden kann und - wenigstens für einen Teil der Gesellschaft -

---

Für N. Monzel, Solidarität und Selbstverantwortung. Beiträge zur Christlichen Sozialwehre, München 1959, 17ff., tut sich hier auch ein weites Feld für die Sozialtheologie auf.
145 H.J. Wallraff, a.a.O. 47.
146 W. Kerber, a.a.O. 574.
147 A.a.O. 573.
148 O.v. Nell-Breuning, 6701, 30f.
149 H.J. Wallraff, a.a.O. 43.

auch der Begründung durch christliche Wertüberzeugungen bedarf. Die für eine Gesellschaftsordnung relevanten Entscheidungen fallen ja gerade in der alltäglichen Auseinandersetzung um die sachgemäße, d.h. den Forderungen der Gerechtigkeit am besten entsprechende Konkretisierung von teils gemeinsamen, teils differierenden Wertüberzeugungen. Und die vom eigenen methodischen Ansatz her zwingend auferlegte Selbstbescheidung der katholischen Soziallehre führt dann dazu, daß sie sich in solchen Auseinandersetzungen mit dem Rekurs auf ihre prinzipiellen Aussagen begnügen muß.

Theologisch gedeckt wird diese Enthaltsamkeit durch die Bestimmung der Sendung der Kirche, nach der sie für den gesellschaftlichen Bereich keinen Auftrag erhalten hat. Auf die Fragwürdigkeit der Konsequenzen, die sich aus der darin enthaltenen Unterscheidung von religiösem und politischem Bereich ergeben, ist im dritten Teil dieser Arbeit noch einzugehen. Hier muß zumindest die Frage festgehalten werden: Wie kann verhindert werden, daß damit politische Ermessensentscheidungen mit den daraus sich ergebenden Folgen für die politische Gemeinschaft von jeweils individuellen sittlichen Urteilen abhängen, die auf einem geschichts- und gesellschaftslosen Verständnis des Naturrechts basieren?

Die Bestimmung des Verhältnisses von Prinzipien und ihrer Konkretion in der katholischen Soziallehre geht von einem Ansatz aus, der aufgrund der Geschichte des Naturrechts problematisch ist. Denn wie besonders die Ausführungen über Wandlungen der Naturrechtslehre in theologischen wie in sozialphilosophischen Konzeptionen gezeigt haben, befand sich gerade die Geltung naturrechtlicher Grundsätze in einer ständigen Abhängigkeit von deren gesellschaftspolitischer Relevanz[150]. Theorie und Praxis verhalten sich danach eben nicht wie Prinzip und Konkretion; die praktische Verwirklichung der Prinzipien bestimmt die jeweilige theoretische Konzeption des Naturrechts mit und ist selbst ein inneres Moment an ihr. Damit ist aber auch die der geschichtlichen und gesellschaftlichen Situation adäquate Realisierung naturrechtlicher Normen nicht eine nachträgliche Anwendung abstrakter, zeitlos gültiger Prinzipien, sondern allererst Möglichkeitsbedingung ihrer angemessenen Erfassung und Formulierung.

---

150 Vgl. besonders den weiter oben behandelten Artikel von J. Habermas.

2.4 Naturrechtsdenken und Aufklärung

Die Gegenüberstellung der sozialphilosophischen Grundlagen unterschiedlicher Gesellschaftstheorien, die in irgendeiner Weise zur naturrechtlichen Argumentation in Beziehung gesetzt werden können, und die daraus resultierenden kritischen Anmerkungen zur katholischen Soziallehre haben deutlich gemacht, daß heutiges Naturrechtsdenken nicht mehr auf die Verarbeitung jener Probleme verzichten kann, die seit der Philosophie der Neuzeit aufgegeben sind und gemeinhin unter dem Stichwort "Aufklärung" zusammengefaßt werden. Dabei ist nicht ein Nachholen des historischen Prozesses gemeint, sondern die geistige Bewältigung des seit der Aufklärung und durch sie gegebenen Bewußtseins über die Zusammenhänge von Wahrheitsfindung und Ideologiekritik, Erkenntnis und Interesse, philosophischem Denken und seinen gesellschaftlichen Bedingungen usw.

In diesem Sinn lauten die zugespitzten Fragen: Ist die Naturrechtskonzeption der katholischen Soziallehre in ihrer im Rahmen neuscholastischer Philosophie ausgearbeiteten und bis heute vorherrschenden Gestalt "vor-aufklärerisch"? Und besteht dann die Möglichkeit, Naturrechtsdenken und Aufklärung so miteinander zu verbinden, daß der vermeintlich konstitutive Gegensatz zwischen beiden Positionen überwunden werden kann und dadurch produktive Einsichten für beide (!) entstehen?

2.4.1 Unterschiedliche Verarbeitung von Aufklärungsprozessen

Wohl nur vergleichbar mit der konstantinischen Wende zu Beginn des 4. Jahrhunderts, hat die Aufklärung sowohl für das Selbstverständnis und die gesellschaftliche Selbstdarstellung des Christentums als Kirche als auch für die Einschätzung der Funktion des Glaubens durch den Bürger umwälzende Änderungen hervorgebracht. Das gesellschaftliche Zusammenleben auf der Basis rein humanistisch verstandener Grundwerte und Grundrechte; "autonomes" Staatsverständnis; die Unterscheidungen von Staat und Gesellschaft, von öffentlichem und privatem Bereich; die Reduktion des Religionsverständnisses im Sinne der "Privatsache des Bürgers"; die Erklärung geistiger und religiöser Bedürfnisse aus dem Zusammenhang mit den gesellschaftlichen Lebensbedingungen; die Deutung der Geschichte aus dem Grundwiderspruch zwischen Produktionsbedingungen und Produktivkräften - kurz das gesamte geistige Gedankengut und alltägliche Lebensgefühl der "Moderne" und des heutigen Menschen sind nicht anders denn als Folgen der Aufklärung zu begreifen.

Deshalb kann auch die katholische Soziallehre im 20. Jahrhundert nicht überhaupt kein Verhältnis zur Aufklärung haben.

Aber das historische Urteil über die Zeit der Aufklärung und
die systematischen Versuche, heutige gesellschaftstheoretische und -praktische Probleme als Folgen der Aufklärung zu
verstehen und zu verarbeiten, brauchen deshalb keineswegs
einhellig auszufallen. Zu sehr zeigen gerade in den westlichen
Industriestaaten, aber auch in den östlichen Staatssozialismen,
die emanzipatorischen Prozesse und Interessen ihren ambivalenten Charakter. Die Geschichte der Aufklärung darf keineswegs als abgeschlossen gelten; sie ist bisher eher eine halbierte Geschichte geblieben.

Es gibt folglich auch eine unterschiedliche Verarbeitung
von Aufklärungsprozessen, die Konsequenzen für das Selbstverständnis des Christentums und die gesellschaftliche Wirksamkeit der Kirche hat.

2.4.1.1 Evolutive Verarbeitung von Aufklärungsprozessen

Von Anfang an stehen bei J.B. Metz die Versuche, Aufklärungsdenken für die Theologie produktiv zu machen, unter
dem Interesse, den "'weltlichen' Ausgangs- und Bezugspunkt
theologischer Glaubensverantwortung"[151] zu bestimmen, und
dadurch ist "die Erörterung des Themas 'Welt' immer auch zur
Frage nach dem Ansatz theologischer Glaubensverantwortung
überhaupt"[152] geworden. In nüchterner Konstatierung lautet
folglich der Ausgangspunkt seiner theologischen Reflexion:
"Die Welt ist heute weltlich geworden, und wenn nicht alles
trügt, ist dieser Vorgang noch keineswegs an einem überschaubaren Ende angelangt"[153]. Auch wenn der Prozeß der "Verweltlichung der Welt" in seinem ambivalenten Charakter gesehen wird[154], steht doch seine christliche Positivität im Vor-

---

151 J.B. Metz, Zur Theologie der Welt, Vorwort.
In dem ganzen Buch dominiert noch die Interpretation der Neuzeit im
Rahmen eines evolutionistischen Zeitschemas. Aufklärung und Säkularisierung werden als gewissermaßen "genuine" Entwicklungsstufen in
der Differenzierung christlichen Weltverständnisses und Weltverhältnisses ausgelegt. Daß später bei Metz die auch kritisch zu beurteilenden Aufklärungsprozesse stärker in den Blick kommen, wird der folgende Abschnitt (2.4.1.2) zeigen. Davon zeugt auch insgesamt J.B.
Metz, Jenseits bürgerlicher Religion. Reden über die Zukunft des
Christentums, München - Mainz 1980.
152 J.B. Metz, Zur Theologie der Welt, Vorwort.
153 A.a.O. 11.
154 A.a.O. 15f., 18, 38f. und öfter. In dem Exkurs "Welt als Geschichte" (46-50) wird diese Ambivalenz präzisiert: Welt kann sowohl
Welt der absoluten Selbstverschließung als auch Stätte der Präsenz
christlicher Verheißung sein. "So bleibt die Aufgabe, eine formale
Definition von Welt zu ermitteln, die zeigt, daß Welt beides sein kann,
ohne daß doch die paradoxale Einheit beider Bestimmungen das Wesen
dieser Welt ausmachen und so das Verständnis einer 'neuen' Weltzukunft nicht mehr zulassen würde. Die gesuchte Definition bestimmt
Welt als Geschichte" (47f.).

dergrund. Die These lautet: "Die Weltlichkeit der Welt, wie
sie im neuzeitlichen Verweltlichungsprozeß entstand und in
global verschärfter Form uns heute anblickt, ist in ihrem
Grunde, freilich nicht in ihren einzelnen geschichtlichen Ausprägungen, nicht gegen, sondern <u>durch</u> das Christentum entstanden; sie ist ursprünglich ein <u>christliches</u> Ereignis und
bezeugt damit die innergeschichtlich waltende Macht der 'Stunde Christi' in unserer Weltsituation"[155].

Nach einer christologischen Begründung des christlichen
Weltverständnisses (aus der Menschwerdung Gottes) wird die
These im Sinne eines dreifachen Verständnisses der Weltlichkeit der Welt differenziert: "unschuldige" Weltlichkeit vor der
Vermittlung durch die geschichtliche Begegnung mit dem Christentum; die durch das Christentum freigesetzte Weltlichkeit
als christliche Geschichte; "die diesen Freisetzungsprozeß
autonomistisch und säkularistisch mißverstehende, gegen ihren christlichen Ursprung protestierende und sich von ihm
emanzipierende Weltlichkeit der Welt, wobei diese protestierende Emanzipation und jene christliche Geschichte der Freisetzung sich in einer nie adäquat auflösbaren Weise durchdringen"[156]. Näherhin um diese Verschränkung von weltlicher Emanzipationsgeschichte und christlicher Freiheitsgeschichte geht es dann. Vorbereitend dazu wird die geschichtliche Situation heutiger Welterfahrung beschrieben als eine
Situation des Umschlags von einer divinisierten (Erfahrung
der Welt als Natur) zu einer hominisierten Welt (Erfahrung
der Welt als Geschichte) und darin insbesondere als Krisenerfahrung des Glaubens[157].

Noch einmal wird der ambivalente Charakter dieses Geschehens betont. Die Hominisierung ist nicht "monokausal als die
geschichtliche Durchführung der in der christlichen Botschaft
selbst strukturell grundgelegten Hominisierung zu deuten"[158].
Doch wieder steht die christliche Positivität des Vorgangs im
Vordergrund: Durch dessen Ambivalenz sei die jetzige Welt
nicht strukturell unchristlicher als frühere Weltsituationen.
Der Glaube wird nicht durch den Vorgang der Hominisierung
als solchen bedroht, "sondern von den falschen Göttern und
Ideologien, die sich faktisch dieses Vorgangs bemächtigt haben und ihn ständig gegen seinen geschichtlichen Ursprung
verraten"[159]. Gleichwohl bietet diese Weltsituation der Neuzeit
positive Ansatzpunkte für das christliche Glaubens- und Weltverständnis. Die hominisierte Welt wird zum anthropologisch
gewendeten Ort der Erfahrung des "Numinosen": als "Freiheit,
die sich an dieser Welt ins Werk setzt", und als "Geschichte

---

155 A.a.O. 16; im Original kursiv.
156 A.a.O. 37.
157 A.a.O. 52ff.
158 A.a.O. 61.
159 A.a.O. 62.

dieser vom Menschen unternommenen, hominisierten Natur in ihrer freien, unverfügbaren Zukünftigkeit"[160]. So eröffnet diese Interpretation der Welterfahrung die Möglichkeit einer größeren "Zukunft des Glaubens, in der erst bei uns ankommt, was durch das Ereignis des Christentums für die Welterfahrung des Menschen geschah. Vielleicht sollten wir einmal den Gedanken wagen, daß das Christentum mehr noch am Anfang als am Ende seiner innerweltlichen Geschichte steht"[161].

Hier liegt eine Deutung neuzeitlicher Geschichtserfahrung vor, die als evolutive Verarbeitung von Aufklärungsprozessen durch das Christentum bezeichnet werden kann. Der durch die Aufklärung freigesetzte, gegenüber den vorhergehenden Epochen neue Zugang des Menschen zu Natur und Geschichte, kurz - zur Welt führt auch zu einem christlichen Glaubensverständnis, das sich erst aufgrund der Wirklichkeitserfahrung der Aufklärung entwickeln konnte und im Grunde durch ein positives Verhältnis zu dieser Welt bestimmt ist[162]. Die negativen Momente in diesen Prozessen wie Schuld und Versagen werden zwar nicht übersehen[163], aber doch durch die Einordnung in den größeren, positiv gefärbten Geschichtszusammenhang relativiert und dadurch in gewisser Weise entwichtigt.

2.4.1.2 Kritische Rezeption von Aufklärungsprozessen
Im Unterschied zur geschilderten evolutiven Verarbeitung von Aufklärungsprozessen in seinem Buch "Zur Theologie der Welt" soll nun bei J.B. Metz von einer kritischen Rezeption seit "Glaube in Geschichte und Gesellschaft" gesprochen werden. Zwischen beiden Formen besteht nicht einfach ein Gegensatz! Denn schon in "Welt als Geschichte" hatte es geheißen: "Im Lichte der biblischen Botschaft ist aber Welt nicht einfach der Ort der dialektischen Einheit von Heil und Unheil. Zu ihrer Bestimmung gehört vielmehr die Verheißung einer 'neuen Welt', es gehört zu ihr also eine Zukunft, in der Welt entweder das eine oder das andere, Welt der absoluten Selbstverschließung oder Welt als Stätte der Präsenz der Verheißung ist. Eine rein paradoxale Theologie der Welt unterschlägt deshalb entweder die eschatologische Struktur der Geschichte der Welt, in welcher diese Welt nicht immer beides ist, sondern das eine oder das andere; oder sie unterschlägt die bleibende Geschichts- und Weltstruktur des Heils, weil in ihr das Heil von der Welt immer nur dialektisch, als Heil und Unheil, ausgesagt werden kann.

---

160 A.a.O. 63.
161 A.a.O. 63f.
162 Das gilt auch noch für den Aufsatz "Kirchliche Autorität im Anspruch der Freiheitsgeschichte", in: J.B. Metz/J. Moltmann/W. Oelmüller, Kirche im Prozeß der Aufklärung, München - Mainz 1970, 53-90.
163 Vgl. J.B. Metz, Zur Theologie der Welt, 62.

So bleibt die Aufgabe, eine formale Definition von Welt zu ermitteln, die zeigt, daß Welt beides sein kann, ohne daß doch die paradoxale Einheit beider Bestimmungen das Wesen dieser Welt ausmachen und so das Verständnis einer 'neuen' Weltzukunft nicht mehr zulassen würde. Die gesuchte Definition bestimmt Welt als Geschichte"[164]. Und in einer nuancierten Entsprechung finden sich später in "Glaube in Geschichte und Gesellschaft" - diese Sätze: "Weder sind Weltgeschichte und Heilsgeschichte zwei Größen, die durch theologische Spekulation in eine Art Deckungsgleichheit zu bringen wären, noch können und sollen sie paradoxal kontrastiert werden. Heilsgeschichte ist vielmehr Weltgeschichte, in der den unterlegenen und verdrängten Hoffnungen und Leiden ein Sinn eingeräumt wird. Heilsgeschichte ist jene Weltgeschichte, in der den besiegten und vergessenen Möglichkeiten menschlichen Daseins, die wir 'Tod' nennen, ein Sinn in Aussicht gestellt wird, der durch den Ablauf künftiger Geschichte nicht widerrufen oder aufgehoben wird"[165]. Doch wird nun die Dialektik der Aufklärung selbst herausgearbeitet. Gegen eine affirmative Beerbung des Gedankenguts der Aufklärung durch das Christentum, gegen die zu starke Betonung der christlichen Positivität in der neuzeitlichen Freiheitsgeschichte und eine zu schnelle Versöhnung mit den Aufklärungsprozessen überhaupt tritt der widersetzliche Charakter und der praktische Anspruch des christlichen Glaubens stärker hervor.

Wichtige Gesichtspunkte einer dialektischen Hermeneutik der Gegenwart sind dabei:

(1) "Christliche Praxis als gesellschaftliche bleibt ... ethisch bestimmt"[166]; die Forderung nach Berücksichtigung der gesellschaftlichen Bedingungen sittlicher Praxis "zielt nicht darauf, sittliche Praxis einfach als gesellschaftliche zu dechiffrieren und das sittliche Subjekt schlechthin zu relativieren. Die Berücksichtigung der gesellschaftlichen Abhängigkeiten sittlichen Handelns gilt als eine zwar notwendige, aber nicht als ausreichende Bedingung für die Bestimmung christlicher Praxis"[167]. Das hat Bedeutung für die Abwendung der drohenden Negation des einzelnen, die in den industrialisierten Staaten des Westens ebenso wie in sozialistischen Gesellschaften als Gefahr gegeben ist.

(2) "Christliche Praxis als gesellschaftliche bleibt bestimmt von einem Überschuß an geschichtlichen Bestimmungen, die nicht abgeleitete Funktion der herrschenden gesellschaftlichen Totalität sind"[168]. Mit Hilfe gefährlicher Erinnerung muß dieser Überschuß gegen die vermeintlichen Plausibilitäten

---

164 A.a.O. 46-50, hier 47f.
165 J.B. Metz, Glaube in Geschichte und Gesellschaft, 100.
166 A.a.O. 53.
167 Ebd.
168 Ebd.

einer "gleichzeitigen" Gesellschaft praktisch werden[169].
(3) "Christliche Praxis als gesellschaftliche bleibt von einem Praxisverständnis geleitet, das auch die pathische Verfassung dieser Praxis berücksichtigt: Praxis nicht nur als Handeln – prototypisch als Unterwerfung und Beherrschung von Natur –, sondern als 'Leiden'. Zu diesen pathischen Verfassungen menschlicher Praxis, die als Widerstandsformen gegen die grassierende Apathie einzuklagen sind, gehören die Trauer als Kategorie des Widerstands gegen die Trauer- und Melancholieverbote einer Leistungs- und Siegergesellschaft ebenso wie die Freude als Kategorie des Widerstands gegen die wachsende Unfähigkeit, unverzweckbaren Sinn zu feiern. Dazu gehört nicht zuletzt die Solidarität als Empfänglichkeit für die vergangenen Leiden, also gewissermaßen als Solidarität nach rückwärts, mit den Toten und Besiegten"[170]. Dabei geht es also gerade nicht um eine Stabilisierung des status quo durch Beschwichtigung des einzelnen, die seine Leidensfähigkeit gegenüber anderen und seiner eigenen Existenzweise in eine Haltung der Ohnmacht gegenüber herrschenden gesellschaftlichen Zuständen ummünzt; "die Betonung der pathischen Verfassung menschlicher Praxis ... will Praxis nur befreien aus ihrer exklusiven Orientierung an einem anthropologischen Modell, demzufolge der Mensch einseitig als Herrschaftssubjekt gegenüber Natur und die Geschichte des Menschen als undialektische Fortschritts- und Siegergeschichte konzipiert sind"[171].

So dominiert hier die Beschreibung der Gegenwart als Krisensituation, die zwar nicht monokausal der Aufklärung angelastet wird, aber doch wesentlich von ihrer Geschichte mitbestimmt ist. Sie mündet folgerichtig in Betrachtungen über die Wende zu einer nachbürgerlichen Gesellschaft – und in ihr über das Ende bürgerlicher Religion –, wobei die Errungenschaften bürgerlicher Freiheitsgeschichte nicht negiert, sondern in geschichtlicher Dialektik beerbt werden sollen[172]. Als wichtigstes Krisenzeichen gilt Metz die Erfahrung von Auschwitz[173]; hinzu kommen "Atombedrohung, Rüstungswahn, Umweltvernichtung, Ressourcenknappheit und Wachstumskrisen, die schwer in den Griff zu bekommende Dialektik zwischen

---

169 Vgl. § 11 Erinnerung, a.a.O. 161-175; außerdem J.B. Metz, Produktive Ungleichzeitigkeit, in: J. Habermas (Hrsg.), Stichworte zur "Geistigen Situation der Zeit", 2. Band, Frankfurt 1979, 529-538.
170 J.B. Metz, Glaube in Geschichte und Gesellschaft, 54.
171 A.a.O. 54f. –
Unter anderer Rücksicht bilden auch der Primat der Praxis bei der Bestimmung des christlichen Glaubens sowie die Betonung der intelligiblen Kraft der Praxis für die Theologie wichtige Unterschiede; dazu später mehr.
172 Vgl. J.B. Metz, Jenseits bürgerlicher Religion, 107.
173 A.a.O. 29-50.

Ökologie und Ökonomie, der grassierende Terror und vor allem auch ein drohender globaler Verteilungskampf im sogenannten Nord-Süd-Konflikt"[174]. Wenn alle diese Symptome einer weltweiten Krisen- und Umbruchsituation nicht Apathie, sondern Widerstand erzeugen sollen, verlangen sie den Befreiungsprozeß einer anthropologischen Revolution; er ist "sowohl in seinen Inhalten wie in seinem Richtungssinn verschieden von den uns geläufigen Vorstellungen sozialer Revolutionen. Es geht in dieser anthropologischen Revolution ja nicht um eine Befreiung von unserer Armut und von unserem Elend, sondern von unserem Reichtum und dem allemal überschießenden Wohlstand; es geht nicht um eine Befreiung von unseren Mängeln, sondern von unserem Konsum, in dem wir am Ende uns selbst konsumieren; es geht nicht um eine Befreiung von unserem Unterdrücktsein, sondern von der unveränderten Praxis unserer Wünsche; es geht nicht um eine Befreiung von unserer Ohnmacht, sondern von unserer Art der Übermacht; nicht um eine Befreiung von unserem Beherrschtsein, sondern von unserem Herrschen; es geht nicht um eine Befreiung von unseren Leiden, sondern von unserer Apathie; es geht nicht um eine Befreiung von unserer Schuld, sondern von unserer Unschuld oder besser, von jenem Unschuldswahn, den das herrscherliche Leben längst in unseren Seelen verbreitet hat. Diese anthropologische Revolution will gerade die nichtherrscherlichen Tugenden an die Macht bringen und in diesem Zusammenhang übrigens auch unsere Gesellschaft von der reinen Männerkultur befreien"[175].

Die bei Metz kritisch gegen eine halbierte Aufklärung gewendete Diagnose der Gegenwart als Umbruchsituation mit den daraus sich ergebenden Konsequenzen für gesellschaftstheoretische und gesellschaftspolitische Neuorientierungen[176] ist ein Beispiel dafür, wie Aufklärungsdenken auf dem Bewußtseinsstand der Zeit kritisch verarbeitet und für das kirchliche und theologische Verhältnis zur Gesellschaft fruchtbar

---

174 A.a.O. 98.
175 A.a.O. 61.
176 Beispielhaft am Friedensthema wird das durchgeführt bei J.B. Metz, Paradigma für eine politische Kultur des Friedens, in: Ernesto Cardenal. Ansprachen anläßlich der Verleihung des Friedenspreises des Deutschen Buchhandels, Frankfurt 1980, 17-34. -
Vgl. auch J.B. Metz, Unterbrechungen. Theologisch-politische Perspektiven und Profile, Gütersloh 1981. - Hier zeigt sich zum einen, wie gesellschaftsbezogenes theologisches Denken in kritischer Absicht das Gespräch mit nichttheologischen Denkern sucht und - findet. Zum anderen thematisiert das Buch gerade die Frage nach den Subjekten in Theologie und Gesellschaft; und zwar ist - wie in dem Beitrag "Warum ich Christ bin. Ein Brief an Walter Jens" artikuliert wird - die Subjektfrage nicht substitutiv durch "Prominente" gelöst, sondern ihr Beitrag wird paradigmatisch verstanden, wobei allgemeine Probleme und Perspektiven aufgezeigt werden können.

gemacht werden kann. Nicht in einer rückwärts gewandten Abkehr von den Herausforderungen durch die Aufklärung, auch nicht in einer "Vergleichzeitigung" des Christentums durch Anpassung an scheinbar moderne Mentalität, sondern nur in kritischer Durchdringung mit der Kraft zum Widerstand kann unter den Bedingungen der jeweiligen Zeit die Identität des Christentums gefunden und seine gesellschaftliche Verantwortung wahrgenommen werden.

2.4.2 Zur Identifizierung von philosophischer und bürgerlicher Vernunft

Es ist zweitrangig, ob es sich bei der Identifizierung von philosophischer und bürgerlicher Vernunft um einen angezielten Vorgang handelt. Entscheidend ist die faktische Identifizierung, die sich im philosophischen Denken wie im praktischen Prozeß der Aufklärung durchgesetzt hat. "Zwar war das Pathos der Aufklärung durchaus darauf gerichtet, alle Menschen zu mündigen Subjekten des Vernunftgebrauchs zu machen: unterschiedslos werden Wissen und Mehrwissen, Bildung und Mehrbildung proklamiert; Enzyklopädien entstehen; die 'Erziehung des Menschengeschlechts' (Lessing) könnte geradezu als Programm von Aufklärung gelten. Dennoch darf die Sprache der Aufklärung nicht darüber hinwegtäuschen, daß sie doch letztlich dazu diente, den Besitzbürger zum Träger politischer Vernunft zu erheben. Die Mündigkeit der Aufklärung war eben nicht gemeint als Mündigkeit für die Besitzlosen, für die Landbevölkerung, für die Bauern, die in der Zeit, in der man die großen Enzyklopädien schrieb, nahezu alle noch Analphabeten waren. - So behauptet sich in der Kritik der metaphysischen Vernunft, in der emphatischen Rede von 'Mündigkeit' und 'Subjekt' letztlich eine neue Elite, eine neue Aristokratie, d.h. im spiegelverkehrten Gleichnis genau das, wogegen man kämpfte"[177].

Die Kennzeichnung der bisherigen Aufklärungsgeschichte als "halbierte Aufklärung" hat unmittelbar mit dieser (stillschweigenden) Identifizierung zu tun. Denn der tatsächliche Geschichtsverlauf zieht weiterhin den Trennungsstrich, seine geistige "Bewältigung" bleibt dualistisch konzipiert. Gegenüber der Inthronisation des Bürgers als geschichtsmächtigem Subjekt ist an der Subjektwerdung aller Menschen festzuhalten, gerade auch der Vergessenen und Zukurzgekommenen der Geschichte (der Arbeiter im Europa des 19. Jahrhunderts; der Armen in der Dritten Welt, wie uns in besonders drastischer Weise erst heute durch die modernen Massenmedien bewußt wird). Gegen ein an Naturbeherrschung und Fortschritts-

---

[177] J.B. Metz, Glaube in Geschichte und Gesellschaft, 39f.

glauben orientiertes Menschenbild sind Schuld- und Leidensgeschichte der Menschheit einzuklagen, gegen die alleinige Hoffnung für die Überlebenden die Zukunft auch der Toten.

"Die Züge dieser besitzbürgerlichen Elite gehen aber auch ein in die sog. aufgeklärte Vernunft selbst und ihren Begriff von Praxis und Subjekt. In der Logik dieser Vernunft entfaltet sich Praxis nicht eigentlich als Befreiungspraxis, sondern als Herrschaftspraxis - nicht mehr im alten, unmittelbaren Sinn der Herrschaft, sondern als Herrschaft über Natur - im Interesse des Marktes"[178]. Auf die Folgen, welche die Denkform der individualistisch-bürgerlichen Gesellschaft für das Wirtschaftsleben hatte, wurde bereits an früherer Stelle einmal hingewiesen. Es entstand die Überzeugung, mit der Durchsetzung des wirtschaftlichen Eigennutzes falle auch die Herstellung des Gemeinwohls zusammen. "Der wirtschaftlich tätige Handelsmann oder Gewerbetreibende hatte nicht nur das Bewußtsein, von einzelnen 'Sünden' abgesehen, ein ehrenwertes und unbedenkliches Leben zu führen, sondern auch das Gefühl, daß er, indem er sich selbst bereicherte und sozial aufstieg, eine nützliche Tätigkeit ausübte, welche auch der Allgemeinheit zugute kam. Die Länder, wo die Menschen am besten und glücklichsten leben, waren für ihn die, wo das wirtschaftliche Leben am fortgeschrittensten war, der moderne Mensch eben, in der Sicht des Bürgers, viel glücklicher als der Primitive und der Barbar"[179].

Die Versuche zur Überwindung der halbierten Aufklärung entwickelten sich seit K. Marx in zwei völlig verschiedenen Richtungen; "einerseits das bürgerliche Denken, das ungefähr seit Anfang des Jahrhunderts, mit der Kierkegaard-Renaissance in Westeuropa (natürlich als Symptom und nicht als Ursache verstanden), den Optimismus und den zuversichtlichen Glauben an das Individuum verloren hatte und von ganz anderen, irrationalen Kategorien, die den früher vorherrschenden entgegengesetzt waren, immer stärker strukturiert wurde, andererseits den dialektischen Materialismus, der die humanistische Tradition des deutschen Idealismus in positiv wissenschaftlicher Form weiterentwickelt"[180].

Wenn man - wie Goldmann[181] - davon ausgeht, daß die erstgenannte Einstellung durch den raschen wirtschaftlichen Aufschwung der Industrieländer nach dem Zweiten Weltkrieg einen eher "episodischen" Charakter hatte und einem erneuten bürgerlichen Optimismus in der westlichen Welt weichen mußte, wobei - wie zu Beginn des bürgerlichen Zeitalters - das wertfreie Wirtschaftsleben wieder einen immer größeren Platz ein-

---

178 A.a.O. 40.
179 L. Goldmann, a.a.O. 69.
180 A.a.O. 89.
181 Vgl. a.a.O. 92.

nahm[182], so bleibt als die eigentliche Herausforderung "die sozialistische Kritik des bürgerlichen Denkens"[183] mit ihrer Hoffnung "auf eine neue Brüderlichkeit und eine allgemein menschliche Zukunft"[184]. "Die Aufklärung hatte, gerade indem sie ihre Werte verwirklichte, versagt; die christliche Religion war in der bürgerlichen Welt zur Privatsache und meistens zur Lüge geworden; der Sozialismus erschien als die einzige Hoffnung auf wirtschaftliche und geistige Rettung"[185].

Die tatsächliche geschichtliche Entwicklung im 20. Jahrhundert erforderte tiefgreifende Korrekturen dieser Auffassung. Auf der einen Seite verband sich das kapitalistische Wirtschaftsleben ohne große Schwierigkeiten mit dem Faschismus. Die ohnehin nur formal, d.h. unter Voraussetzung bürgerlichen Besitzstandes gesicherten Grundwerte konnten in der Krisensituation außer Kraft gesetzt oder völlig abgeschafft werden. Auf der anderen Seite bedrohte die Abschaffung des Marktes in den sozialistischen Gesellschaften auch die Grundwerte und selbst ihre nur formale Sicherung; für ihre Verwirklichung fehlte nach dem Verlust der alten eine neue soziale Grundlage. Die Rettung der Errungenschaften bürgerlicher Freiheitsgeschichte gehört nach Goldmann jedoch zum unaufgebbaren Erbe der bürgerlichen Aufklärung. So münden seine Überlegungen in eine "Synthese" aus westlich-bürgerlicher und sozialistischer Gesellschaftsform[186] mit der Hoffnung auf eine immanente, geschichtliche Menschheitsreligion[187]. Die weiter oben formulierten Anfragen an eine halbierte Aufklärung werden damit m.E. aber nicht beantwortet. Sie können auch erst aus einer theologischen Perspektive, welche die Identifizierung von philosophischer und bürgerlicher Vernunft sozusagen ein zweites Mal kritisiert[188], in den Blick kommen.

2.4.3 Dialektische Rezeption des Naturrechts?

Im Rahmen der katholischen Soziallehre als Gesellschaftstheorie besteht die Aufgabe des Naturrechts darin, eine konsensfähige Grundlage für das gesellschaftliche Zusammenleben zu schaffen, die jeder positivistischen Verfügung entzogen ist und individuelle Freiheitsrechte wie die berechtigten Forderungen des Gemeinwohls an den einzelnen und gesellschaftliche Gruppen auf eine tragfähige Basis stellen und bleibend sichern

---

182 Vgl. a.a.O. 94.
183 Ebd.
184 A.a.O. 95.
185 A.a.O. 95f. - Dieses Urteil gilt für Goldmann trotz der sich anschließenden Kritik des "realen" Sozialismus.
186 Vgl. a.a.O. 96-104.
187 Vgl. a.a.O. 103.
188 Vgl. Punkt 2.5.1 dieser Arbeit.

Die Geschichte des Naturrechtsdenkens zeigt nun, daß der (neu)scholastische Versuch, diesen Konsens "jenseits" der geschichtlichen und gesellschaftlichen Bedingungen zu finden, das Naturrecht nicht vor der Indienstnahme durch partikulare Interessen geschützt hat. Diese bewußt gemacht zu haben, war der erste Schritt einer ideologiekritischen Betrachtung des Naturrechts. Wenn er auch häufig dazu geführt hat, seit der Aufklärung überhaupt auf naturrechtliches Denken zu verzichten, so ist trotzdem eine andere Lösung des Problems denkbar: die Suche nach einem Konsens über die Grundlagen gesellschaftlichen Zusammenlebens nicht jenseits, sondern innerhalb der geschichtlichen und gesellschaftlichen Bedingungen von Freiheitsrechten und Gemeinwohlverpflichtungen.

In diesem Sinn besteht die Aufgabe in einer dialektischen Rezeption des Naturrechtsdenkens. Sie kann als Subjekt-Objekt-Dialektik oder als Theorie-Praxis-Dialektik beschrieben werden. Dabei geht es um das dialektische Verhältnis von individueller und kollektiver gesellschaftlicher Praxis und der Darstellung der theoretischen, "objektiven" Gestalt ihrer normativen Grundlagen; oder auch um das Verhältnis von Einsichten in grundlegende Tatbestände des gesellschaftlichen Lebens und den geschichtlich und gesellschaftlich konkreten Umständen ihrer Verwirklichung bzw. deren Verweigerung. In beiden Fällen ist der konstitutive Zusammenhang zwischen theoretischer Konzeption und praktischer Realisation unauflösbar. Seine Mißachtung führt zur theoretischen Aufkündigung naturrechtlichen Denkens als Konsensgrundlage und zum praktischen Mißbrauch des Naturrechts durch partikulare Interessen.

Es ist offenkundig, daß derartige Versuche zur Begründung gesellschaftlicher Grundnormen von einem Geschichtsverständnis ausgehen, das stärker zukunfts- als vergangenheitsorientiert ist. "Das traditionelle Naturrechtsdenken setzt einen objektiv vorhandenen Fundus an Normen voraus, die die Menschen erkennen können und denen sie sich zu unterwerfen haben. Demgegenüber steht die Option der Neuzeit für Normen, Rechte und Pflichten, die aus den jeweiligen historisch-gesellschaftlichen Situationen gewonnen werden. Als Differenz der implizierten Anthropologien ist festzustellen, daß im traditionellen Naturrechtsdenken ein statisches 'metaphysisches' Wesen des Menschen vorausgesetzt wird, während das neuzeitliche Menschenverständnis von der konstitutionellen Offenheit und Unabgeschlossenheit des Menschen ausgeht"[189]. Doch ist in dieser Zukunftsorientierung nicht nur ein Entgegen-

---

189 C. Urban, a.a.O. 30. –
Zu den Schwierigkeiten, diese Aufgabe im Rahmen metaphysischen Denkens zu lösen, vgl. von J.B. Metz den Exkurs "Über die Verborgenheit des Zukunftsproblems in der Metaphysik", in: Zur Theologie der Welt, 89-91.

kommen zu sehen - wenn auch für die Auseinandersetzung mit außerkirchlichen Gesellschaftstheorien dadurch erhebliche Vorteile entstehen; die theologische Legitimation eines solchen Vorgehens ist der eigentliche Ausgangspunkt. "Die neuzeitliche Zukunftsorientierung und das darin wirksame Verständnis von Welt als Geschichte ist selbst fundiert im biblischen Verheißungsglauben"[190]. Nicht auf das Gewesene, sondern auf das Zukünftige als das "Noch-nie-Gewesene" richtet sich das Verheißungswort. "Im biblischen Verständnis erscheint Welt als eine auf die Verheißung Gottes hin <u>entstehende</u> Geschichtswelt, für deren Prozeß die Hoffenden in Verantwortung stehen"[191]. Der Bezug menschlicher Freiheitstat auf das "Neue" der verheißenen Zukunft enthält ein revolutionäres Element, insofern in ihm "das Bewußtsein eines absoluten Novum lebendig ist, das nicht einfach als evolutive Verlängerung unserer eigenen Möglichkeiten verstanden werden kann"[192]. Der so verstandene biblische Verheißungsglaube "läßt sich nicht als ein Mythos entlarven, der in der Ordnung der Antwort und der Erfüllung zu formulieren und zu fixieren sucht, was uns doch allein in der Ordnung der Frage gegeben sei. Der biblische Verheißungsglaube hebt nämlich die menschliche Fragesituation nicht auf, er beschwichtigt sie nicht, sondern verschärft sie. Wie etwa kann das reine Fragen in eine geschichtliche Initiative und Forderung übergehen, wenn es nicht von einer Verheißung geleitet ist? Wieso bleibt die Frage nicht in der Ordnung der reinen Weltbetrachtung, der spekulativen Wissenserweiterung, wieso bleibt sie gewissermaßen nicht rein philosophisch? Was treibt sie dazu, revolutionär, weltverändernd zu werden, geschichtliche Initiativen zu ergreifen - überhaupt Welt als eine zukunftsorientierte Geschichtswelt zu verstehen?"[193]

Wenn man es schlagwortartig (und wie bei Typisierungen zwangsläufig immer auch verkürzend) ausdrücken will: Im Rahmen eines zukunftsorientierten Verhältnisses zur Geschichte steht nicht ein "Ordnungsmodell", sondern ein "Freiheitsmodell" im Mittelpunkt gesellschaftstheoretischer Überlegungen. Nicht die Kriterien einer vorgegebenen Ordnung (und in diesem Sinn ist auch eine nicht real existierende, metaphysische "Idealordnung" vorgegeben), sondern die Möglichkeiten grö-

---

190 J.B. Metz, Zur Theologie der Welt, 80. -
Daß diese Zukunftsorientierung sehr wohl mit einem konstitutiven Verhältnis zur Vergangenheit verbunden ist, zeigt der Beitrag "Gefährliche Erinnerung der Freiheit Jesu Christi. Zur Präsenz der Kirche in der Gesellschaft", in: J.B. Metz, Glaube in Geschichte und Gesellschaft, 77-86.
191 J.B. Metz, Zur Theologie der Welt, 81.
192 A.a.O. 82.
193 Ebd.

ßerer Freiheitsverwirklichung für alle werden zum Maßstab gesellschaftlicher Veränderungen. Das Naturrecht als quasi institutionalisierter Ort der "Interferenz zwischen Theologie und Welt"[194] muß deshalb das neuzeitliche Freiheitsverständnis in sich aufnehmen, um zu gesellschaftlich relevanten Aussagen zu gelangen.

Im Interesse der gesellschaftlichen Durchsetzung von Freiheit kann Naturrecht dann zur Begrenzung positiven Rechts dienen, und zwar nicht primär im Sinne seiner Begründung und als sittliche Norm für den Erweis seiner Legitimität, sondern als kritische Instanz zur Relativierung positiven Rechts in seiner jeweiligen konkreten Gestalt. "Wenn die einzelnen Subjekte die verbindliche Allgemeinheit der Gesellschaft selber schaffen, dann sind die Bedingungen zu reflektieren, unter denen die kontingenten einzelnen Subjekte eine vernünftige Gesellschaft bilden und ihre Autonomie entfalten können. Das Naturrecht auf Freiheit wäre dann das Naturrecht auf Kündbarkeit des Vertrags, damit die Subjekte nicht Opfer ihrer selbsterstellten Gesellschaft werden. Damit die Bürger nicht Sklaven und Unterworfene der 'zweiten Natur' hochkomplexer Vertragsgesellschaften werden, müssen sie sich immer wieder ihrer 'ersten Natur' und des darin implizierten 'Naturrechts auf Freiheit' erinnern und es einklagen, das heißt, sie müssen Ernst machen mit der Auflösbarkeit der Gesellschaftsverträge"[195]. Was hier am Beispiel des Vertrags angedeutet wird[196], wäre im Rahmen einer katholischen Soziallehre für die Fundierung der Grundwerte in jedem einzelnen Fall zu leisten.

Das Begründungsproblem allgemein verbindlicher Normen für das gesellschaftliche Zusammenleben ist damit allerdings rein theoretisch nicht mehr lösbar. Die Begrenzung individueller Freiheit zugunsten gesellschaftlicher Gleichheit etwa ist kein Postulat theoretischer Vernunft, sondern als Folge der Aufklärung Aufgabe praktischer Philosophie und Gesellschaftspolitik - wie schon in der Französischen Revolution die Proklamation der Menschenrechte nicht auf einem theoretischen Begründungszusammenhang beruhte, sondern Ergebnis des politischen Widerstandes gegen eine als Unrecht erlebte Stan-

---

194 C. Urban, a.a.O. 80. -
Über die theologische Wurzel dieser Problemkonstellation bei W.v. Ockham und seine Auseinandersetzung mit der Naturrechtslehre des Thomas von Aquin vgl. a.a.O. 110-148. Zum Verständnis der politischen Ordnung als Freiheitsordnung vgl. J.B. Metz, "Politische Theologie" in der Diskussion, in: H. Peukert (Hrsg.), Diskussion zur "politischen Theologie", Mainz - München 1969, 267-301, bes. 269-274.
195 C. Urban, a.a.O. 91f.
196 Der Gedanke ist bei C. Urban, a.a.O. 84-93, breiter ausgeführt; dort wird auch begründet, warum die Idee des Vertrags für das Naturrechtsdenken der Neuzeit eine bedeutende Rolle spielt.

desordnung war. Erst im geschichtlichen Prozeß ihrer gesellschaftlichen Durchsetzung werden auch die Bemühungen, z.B. das Verhältnis von Freiheit und Gleichheit zueinander theoretisch zu bestimmen, rational einsichtig und konsensfähig. Und umgekehrt verhelfen theoretische "Fixierungen", die auf diese Weise gewonnen werden, auch wieder zu einem größeren Problembewußtsein gegenüber bisherigen Defiziten gesellschaftlicher Praxis.

2.5 Ideologiekritische Attitüde der politischen Theologie

Ist der Ideologieverdacht gegenüber einer Weltanschauung oder Lehre einmal geäußert, kann man sich zu ihm nicht mehr beliebig verhalten. Den Verdacht einfach zu ignorieren hilft ebenso wenig wie die blanke Zurückweisung seiner Berechtigung. Nur die ideologiekritische Arbeit an der eigenen Position kann ihn überprüfen, bestreiten und - gegebenenfalls - widerlegen. Insofern ist die "ideologiekritische Attitüde" der politischen Theologie keine angesonnene Einstellung, sondern aufgedrängte und notwendige Reaktion auf den vorgetragenen Verdacht gegenüber der Religion.

J. Ratzinger hatte in seinem weiter oben behandelten Aufsatz ein ideologisches Moment in der katholischen Soziallehre entdeckt, das in der naturrechtlichen Argumentation verborgen liegt: "eine kräftige Dosis zeitbestimmter Vorstellungen"[197] in der vermeintlich reinen Wesenserhellung einer deduktiven Naturrechtssystematik und damit die in der katholischen Soziallehre selbst nicht zu verhindernde Vernachlässigung des Geschichtlichen zugunsten einer überzeitlichen Sozialdogmatik, "die es so nicht geben kann"[198]. In einem noch weiter reichenden Sinn ideologisch ist der partikulare gesellschaftliche Gebrauch der katholischen Soziallehre, den die vermeintlich universale Geltung naturrechtlicher Normen gefunden hat. Schließlich führte die religiöse und gesellschaftliche Praxis der Kirche auf der arbeitsteiligen Grundlage von neuscholastischer Dogmatik und Sozialphilosophie zum Ideologieverdacht gegenüber der Religion im allgemeinen. Eine Äußerung Nell-Breunings, nach der die Krise der katholischen Soziallehre von der Theologie her komme[199], muß unter dieser Rücksicht geradezu umgekehrt werden: Die Krise einer Theologie, die nicht ideologiekritisch ist, kommt von den gesellschaftstheoretischen und politisch-praktischen Einwänden her, welche die katholische

---

197 J. Ratzinger, a.a.O. 27.
198 A.a.O. 29.
199 Bemerkung in einer Rezension O.v. Nell-Breunings, in: Theologie und Philosophie 47 (1972), 277.

Soziallehre ebenso wenig wie die gesellschaftliche Praxis der Kirche und die metaphysische Theologie seit dem Beginn der Neuzeit auf der Basis ihres Naturrechtsverständnisses entkräften konnte. So stellt die politische Theologie ein kritisches Korrektiv innerhalb der gegenwärtigen Theologie überhaupt dar.

Die Notwendigkeit dazu kann durch eine historische und systematisch-theologische Reflexion aufgezeigt werden. Bereits im Bewußtsein der frühen Aufklärung in Frankreich zerbricht die bis dahin selbstverständliche Einheit und Zuordnung von Religion und Gesellschaft. Im Subjekt treten Religion und Gesellschaft als zwei Bewußtseinsbereiche auseinander, im gesellschaftlichen Leben drängt die Unterscheidung von "öffentlich" und "privat" die Religion in den Bereich des Privaten ab. Erstmals erscheint die christliche Religion im Verhältnis zu ihrer gesellschaftlichen Mitwelt als partikulare Größe; ihr Universalitätsanspruch erweist sich dadurch als geschichtlich bedingt. Hier knüpft die Religionskritik der Aufklärung und später die des Marxismus unmittelbar an: sie ist Religionskritik als Ideologiekritik. Unter dem Stichwort des falschen Bewußtseins soll das religiöse Subjekt dechiffriert werden als das Produkt einer Gesellschaft, die ihrer selbst nicht oder noch nicht bewußt ist. Ideologiekritik sucht Religion zu entlarven als Funktion und ideologischen Überbau über bestimmte gesellschaftliche Praxen und Machtverhältnisse. Will die Theologie dieser Kritik antworten, muß sie die gesellschaftlichen Implikationen ihrer Begriffe und Vorstellungen mitentfalten. Dabei versagt aber die klassische metaphysische Theologie, denn "ihre Begriffe und Kategorien unterstellen die grundsätzliche Problemlosigkeit des Verhältnisses von Religion und Gesellschaft, von Glaube und gesellschaftlicher Praxis. Solange diese Voraussetzung besteht, kann eine rein metaphysische Interpretation der Religion durchaus auch gesellschaftlich relevant sein; und sie war es z.B. in den hohen Gestalten mittelalterlicher Theologie. Wo indes diese Einheit zerbricht, gerät diese metaphysische Theologie als theoretischer Anwalt des anhängenden Prozesses zwischen christlicher Heilsbotschaft und gesellschaftlich-politischer Wirklichkeit in die radikale Krise"[200].

Die Reaktion auf die geschilderte Problemsituation im Sinne existentialer, personalistischer oder transzendentaler Theologien bleibt unbefriedigend, insofern sie den Kern der christlichen Botschaft privatisieren und das Heilsverständnis existentialistisch verengen. Zwar weichen sie damit der gesellschaftlichen Infragestellung von Religion aus - diese berührt ja nicht mehr den Kern der Botschaft und den Glauben selbst -, aber um den Preis, die gesellschaftliche Dimension des christlichen

---

200 J.B. Metz, Zur Theologie der Welt, 99f.; vgl. Glaube in Geschichte und Gesellschaft, 16f.

Glaubens auf die weltlose Entscheidung des einzelnen zu reduzieren und den Bereich des öffentlichen (und privaten) Handelns nur mehr als ethische Folge, nicht aber als ein inneres Moment der Glaubenspraxis selbst zu begreifen. "Das Wort der Verkündigung wurde verstanden als reines Anredewort, als Wort der personalen Selbstmitteilung Gottes, nicht aber als Wort einer gesellschaftsbezogenen Verheißung ... Hier scheint deshalb eine kritische Entprivatisierung des Verständnisses der Grundlagen unserer Theologie vonnöten. <u>Diese Entprivatisierung ist die primäre theologiekritische Aufgabe der politischen Theologie</u>"[201]. Für den ideologiekritischen Ansatz in der Theologie und das künftige Selbstverständnis theologischer Arbeit bedeutet dies: "Die praktische und - im weitesten Sinne des Wortes - politische Vernunft muß künftig an allen kritischen Reflexionen der Theologie beteiligt sein. Auf sie hin konkretisiert sich zunehmend das klassische Problem des Verhältnisses von fides und ratio, auf sie hin zieht sich immer mehr das Problem der Glaubensverantwortung zusammen. Das sogenannte hermeneutische Grundproblem der Theologie ist nicht eigentlich dasjenige des Verhältnisses von systematischer und historischer Theologie, von Dogma und Geschichte, sondern von Theorie und Praxis, von Glaubensverständnis und gesellschaftlicher Praxis"[202]. So kann die Theologie gleichzeitig, gerade indem sie ihrer eigentlichen Aufgabe nachgeht, Rechenschaft über die christliche Hoffnung (1 Petr 3,15) unter den Bedingungen der Zeit abzulegen, wieder aus der kognitiven Isolation herauskommen, in die sie mit einer gesellschaftlich bewußtlosen Dogmatik ebenso wie mit ihrer philosophischen Soziallehre geraten ist, deren Theologiefreiheit sie davor nicht geschützt hat.

2.5.1 Gegen die Identifizierung von bürgerlicher und theologischer Vernunft

Der Prozeß der Identifizierung von bürgerlicher und theologischer Vernunft setzte zu einer Zeit ein, der in bezug auf die Entwicklung der gesellschaftlichen Verhältnisse geradezu als anachronistisch bezeichnet werden muß. Denn nachdem das Bürgertum im 19. Jahrhundert selbst konservativ geworden war, gab es seine antichristliche Einstellung auf und entdeckte die Religion als eine die bestehende soziale Ordnung stützende Macht[203]. So konnten auch frühsozialistische Bewegungen, die wenigstens teilweise auch in den Kirchen beheimatet waren,

---

201 J.B. Metz, Zur Theologie der Welt, 101. Der Gedanke wird a.a.O. 99-107 weiter entfaltet. - Siehe außerdem die Literaturhinweise in Anm. 44.
202 A.a.O. 104.
203 Vgl. L. Goldmann, a.a.O. 90.

keine gesellschaftliche Wirksamkeit erlangen. Vielmehr erkannte zumindest die katholische Kirche in der anwachsenden sozialistischen Arbeiterbewegung und im Marxismus die gesellschaftlich größere Gefahr für sich selbst. Die an und für sich größere Nähe der katholischen Soziallehre zu humanistisch-sozialistischen Tendenzen als zu einer liberalistischen Weltanschauung[204] hatte so - wie man rückblickend feststellen muß - nie eine Chance, sich zu entwickeln.

Statt dessen setzte sich die praktische Versöhnung mit dem liberalen Bürgertum durch und wirkt bis heute im öffentlichen Urteil (zum Teil auch in der Selbstdarstellung der katholischen Soziallehre) über den gesellschaftlichen Ort der Kirche fort. Dabei beruhte sie eigentlich auf unüberbrückbaren weltanschaulichen Gegensätzen und konnte nur gelingen, weil die bürgerliche Gesellschaft sich das Christentum in der ihr gemäßen Form anpaßte. "Früher war der Unglaube individuell, der Glaube kollektiv; jetzt, wo der Unglaube zu einer sozialen Erscheinung geworden ist, wird oft der Glaube individuell. Es heißt nicht mehr 'wir glauben', sondern 'ich glaube', und gerade dieses 'ich' des gebildeten Bürgers fordert eine durchgeistigte, rationale Religion"[205]. Die praktischen Erfordernisse und ethischen Überzeugungen des in der Wirtschaft tätigen Bürgers waren mit den traditionellen christlichen Anschauungen immer weniger in Einklang zu bringen, und auch das konkrete Gesellschaftsbild der Kirche mußte ihm als unangemessene Erklärung und Richtschnur für sein eigenes Leben erscheinen[206]. "Man versteht, daß dem Bürger dabei die Kirche nicht mehr als seine eigene Gemeinde und der Priester nicht mehr als ein Vermittler zwischen ihm und der Gottheit erscheint. Kirche und Priester werden zu einer Organisation, die die Wahrheit des Glaubens verteidigt und sich an das Urteil des Bürgers wendet - eine Organisation, der er beitreten kann, wenn er diese Wahrheit anerkennt oder seinen Beitritt eventuell auch nur im allgemeinen als für die Gesellschaft nützlich empfindet, ohne in Einzelfragen mit der von der Kirche vertretenen Doktrin übereinzustimmen"[207].

Diese selektive Assimilierung hatte jedoch andererseits zur Voraussetzung, daß das Christentum selbst seinen Charakter verändert hatte, sich mit dem Rückzug auf die Gestaltung des Privatlebens dem wachsenden "profanen" Sektor des modernen Lebens angepaßt und ihn so faktisch auch anerkannt hatte.

---

204 Vgl. O.v. Nell-Breuning, 6701, 31. Außer diesem generellen Urteil stellt Nell-Breuning das fest in bezug auf die Grundwerte (10), das Eigentumsverständnis (24) und die Sozial- und Wirtschaftspolitik (29). -
Zum (Neo-)Liberalismus vgl. O.v. Nell-Breuning, 7508.
205 L. Goldmann, a.a.O. 62f.
206 Vgl. a.a.O. 68.
207 A.a.O. 64.

"Gleichzeitig aber verlor die auf diese Weise eingeengte Religion gerade dadurch, daß sie aus einem immer wachsenden Teil des alltäglichen Lebens ausgeschaltet wurde, auch an Intensität. Sie wurde zu einer Art 'Prinzipienerklärung', die das Familienleben und auch das äußere soziale Leben manchmal noch beeinflußte, auf die wichtigsten Tätigkeiten des Individuums aber keinen Einfluß mehr ausübte. Dadurch änderte sich ihr Inhalt und ihre Natur ganz wesentlich ... Der explizite Glaube bildete immer mehr nur einen kleinen Ausschnitt des impliziten ... Die Tatsache, daß man sich als Christ fühlt, bedeutet nicht nur, daß man nicht allen von der Kirche aufgestellten und von ihr anerkannten Behauptungen zustimmt, sondern auch, daß man sich durch seine Kirchenzugehörigkeit nur zu denjenigen Behauptungen und Glaubenssätzen verpflichtet hält, die man ausdrücklich anerkennt"[208]. Einer solchen vom eigenen Zustimmungswillen abhängigen und in ihrer Bedeutung für die Lebenspraxis nach dem eigenen liberalen Maßstab zurechtgestutzten Religion konnte sich das Bürgertum leicht bedienen, um auch für die mit der Industrialisierung und ihren sozialen Folgen neu auftauchenden Probleme eine Lösung in seinem Sinn zu versuchen - nun freilich nicht mehr gegen die Religion, sondern mit ihr.

Dabei hatte das Religionsverständnis aufgeklärter Denker längst, wie bereits angedeutet, jede Ähnlichkeit mit dem Christentum verloren; auch wenn sie - wie Voltaire und Rousseau - zeigen wollten, daß die Religion Jesu bzw. der Evangelien mit ihrer "vernünftigen natürlichen Religion" übereinstimmte.
"Die 'wahre' Religion muß auch für diejenigen von ihnen, die nicht (oder noch nicht) Atheisten sind, allen Menschen einsichtig sein, sie kann also nicht besondere, nur durch Offenbarung erfahrbare und der Vernunft nicht zugängliche Dogmen enthalten, vor allem aber nicht mit dem vernünftigen Denken und mit der vernünftigen bürgerlichen Moral in Konflikt geraten.

Daher ist die Kirche, die ja eine bestimmte positive Religion vertritt, verdächtig, und es obliegt den guten Regierungen, ihr jeden Einfluß auf Staat und Regierung zu entziehen"[209]. Die gesellschaftliche Privatisierung ist also im universalen Geltungsanspruch dieser Religion von vornherein inbegriffen. Nichtsdestoweniger soll sie, weil vernünftig, allen Menschen entsprechen.

Ihren kirchlichen Reflex findet diese natürliche Vernunftreligion in einigen liberalen Theologien, "in denen nur noch allgemeiner die Rede war (z.T. noch ist) von Religion als dem Gefühl schlechthinniger Abhängigkeit (Schleiermacher) oder dem Ausdruck der numinosen Tiefe des Daseins (Tillich)"[210].

---

208 A.a.O. 62.
209 A.a.O. 71. Dort wird auf den folgenden Seiten dieses Religionsverständnis dargelegt.
210 J.B. Metz, Glaube in Geschichte und Gesellschaft, 41.

Aufklärung ist hier nicht mehr jene kirchenfeindliche und antitheologische Position, gegen die neuscholastische Dogmatik und kirchliche Soziallehre angekämpft haben, sondern selbst zum locus theologicus geworden, "an dem Christentum als es selbst allgemein vernünftig und damit auch weltgeschichtlich universal wird. In der einen oder anderen Form sind mehr oder minder alle z.Zt. als fortschrittlich bzw. modern geltenden Theologien durchstimmt von der Genugtuung über diesen späten Sieg: Gegen Tradition und Autorität wird jetzt, im verhaltenen Pathos der Aufklärung, plädiert für Demokratie, Öffentlichkeit, Redlichkeit, Gewissensfreiheit, Meinungsfreiheit und Mündigkeit in der Kirche: und dies ja wahrlich auch mit viel Berechtigung! Die liberalen Apologeten des Christ-seins haben mit den Waffen der Aufklärung aber auch deren Aporien übernommen"[211]. Der universale Anspruch der Aufklärung ist heute gegen ihren faktischen geschichtlichen Verlauf durchzusetzen. Und die Theologie muß sich zur Aufgabe machen, die vergessenen Wahrheiten der Aufklärung in Erinnerung zu rufen. Sie kann dies aber nicht, indem sie wieder auf eine voraufklärerische Position zurückgreift, auch nicht durch die Vergleichzeitigung des Christentums mit der ersten Aufklärung, sondern nur mittels eines "neuen Durchgangs durch die Aufklärung selbst: einer radikalen Aufklärung über die Aufklärung, einer politisch-theologischen Aufklärung über die wirklichen Prozesse der Neuzeit"[212].

Die Kritik an der Identifizierung von bürgerlicher und theologischer Vernunft richtet sich also erstens darauf, daß in ihr unter dem Begriff einer allgemeinen und natürlichen Vernunftreligion ein elitäres, partikulares Subjekt verborgen ist: der Bürger. Die Vernunftreligion "gehört faktisch allein dem neuen Menschen der Aufklärung, dem Bürger, als dem Subjekt von Vernunft"[213]. Er ist auch der Schöpfer jener bürgerlichen Religion, von der er sich selbst distanziert, indem er einen nur feierlichen Gebrauch von Religion macht.

Die Kritik richtet sich zweitens gegen eine Theologie, "die das neuzeitliche Subjekt unkritisch als das religiöse meint verteidigen zu müssen" und die deshalb "der späte Reflex dieser bürgerlichen Religion bzw. dieser Religion des Bürgers"[214] ist. Sie durchbricht folglich nicht die bürgerliche Unnahbarkeit gegenüber Religion, sondern bekräftigt und bestätigt sie: "Nicht die Religion beansprucht den Bürger, sondern der Bürger die Religion; nicht die Religion verändert die Gesellschaft, sondern die bürgerliche Gesellschaft ruht nicht, bis

---

211 A.a.O. 25.
212 A.a.O. 26.
213 A.a.O. 41. Vgl. oben den Abschnitt über die Identifizierung von philosophischer und bürgerlicher Vernunft.
214 A.a.O. 30.

die Religion zu ihr und ihren Plausibilitäten paßt. Doch diese Unnahbarkeit des Bürgers gegenüber der Religion ist nicht einfach identisch mit der christlichen Freiheit des Evangeliums, so wie das christliche Subjekt nicht identisch ist mit dem bürgerlichen Individuum und ein bürgerlicher Individualismus nicht identisch ist mit einem christlichen Existentialismus"215. Theologiekritik als Gesellschaftskritik und Gesellschaftskritik als Theologiekritik: in ihrer Verschränkung kommt die Identifizierung von theologischer und bürgerlicher Vernunft ans Licht und kann in der Bestimmung der gesellschaftskritischen Funktion des Christentums theologisch überwunden werden.

2.5.2 Überwindung traditioneller Formen der Arbeitsteilung - Statt Integralismus: Gesellschaftskritik

Die kirchliche Soziallehre ist historisch und theologisch eine Reaktion auf die Herausforderungen, denen sich die Kirche durch die Aufklärung ausgesetzt sah. Auch wenn erst gegen Ende des 19. Jahrhunderts eine katholische Soziallehre und eine christliche Sozialwissenschaft im eigentlichen Sinn entstanden, reichen ihre Wurzeln doch, wie der geschichtliche Rückblick gezeigt hat, zurück bis zum Beginn jenes Jahrhunderts. In ihrer konkreten Gestalt war die Reaktion keine direkte Antwort auf die Herausforderungen, sondern vielmehr der Versuch, diese durch den Rückgriff auf scholastische und naturrechtliche Traditionen zu unterlaufen. Im Sinn eines solchen - theologischen und kirchenpolitischen - Rückgriffes auf mittelalterliche Positionen kann von einer voraufklärerischen Gestalt der katholischen Soziallehre gesprochen werden.
Wir haben bereits gesehen, daß der Verlust an Normativität und Universalität der Kirche durch die zunehmende Säkularisierung der modernen Staaten und Gesellschaften das eigentliche Problem darstellt, an dem die katholische Soziallehre sich abarbeiten sollte. Weil "die 'Doctrina christiana' oder gar die 'Doctrina catholica' nicht mehr unbefragte Zustimmungsgrundlage für soziales Verhalten und Handeln darstellt"216, soll der Konsens mittels der naturrechtlich argumentierenden Sozialphilosophie gesichert werden217. Im Unterschied zur

---

215 J.B. Metz, Jenseits bürgerlicher Religion, 112.
216 J.B. Metz, Glaube in Geschichte und Gesellschaft, 17.
217 Eigentlich geht es hier noch nicht, wie im 20. Jahrhundert, um die Einstellung, nach der sich die Kirche an der Errichtung einer Gesellschaftsordnung beteiligen soll, die auch für Andersdenkende annehmbar ist; weltanschaulicher Pluralismus wird explizit von der Kirch erst seit dem Zweiten Vatikanischen Konzil anerkannt. Man wird vielmehr sagen müssen, die Funktion der Sozialphilosophie bestand ursprünglich darin, den katholischen Einfluß auf die Gesellschaft soweit möglich aufrecht zu erhalten bzw. den Verlust dieses Einflusses - nac

späteren "Versöhnung" steht die katholische Soziallehre also ursprünglich durchaus im Widerspruch zur bürgerlichen Gesellschaft. "Nicht, daß sich Gegenkräfte gegen Bürgertum und Liberalismus entfalteten, ist zu bedauern, nicht daß jener besagten Auflösung der gesellschaftlichen Praxis des christlichen Glaubens in die rein moralisch-private Praxis des christlichen Bürgers widersprochen wurde, sondern daß dieser Widerstand eher zu wenig aus der Mitte und Radikalität des christlichen Glaubens selbst erwuchs"218. In dieser Verkürzung des Glaubens um seine gesellschaftliche Dimension liegt nach Metz der Grund dafür, daß der Widerstand der kirchlichen Soziallehre von der christlichen Sozialwissenschaft derart mißverstanden werden konnte, "daß er ihr (jedenfalls hierzulande!) am Ende ausschließlich zu einer defätistisch gestimmten Apologie des spätkapitalistischen Bürgertums geriet"219.

Unter diesen Umständen bildet sich das arbeitsteilige Verhältnis von Theologie und Soziallehre heraus, das hier u.a. kritisiert wird - im Interesse von Theologie und kirchlicher Gesellschaftskritik gleichermaßen. Gegen den Versuch, diese Arbeitsteilung zu überwinden, wurde und wird auch heute noch der Verdacht geäußert, er führe zu einem neuen Integralismus, "der heute mit verkehrter Front wieder aufzuleben scheint in Spielarten der 'politischen Theologie' und/oder der 'Theologie der Revolution'"220. Nell-Breuning beschreibt den Integralismus als "jene Irrlehre, die, um 'integral katholisch' zu sein, auch die weltlichen Sachbereiche als solche 'katholisch' machen wollte. Ihnen allen - insbesondere dem Staat, der Gesellschaft und der Wirtschaft - jeden Eigenstand, jeden Eigenwert und erst recht jede Eigengesetzlichkeit absprechend wollte der Integralismus sie lediglich als Dienstwerte gelten lassen, insoweit sie für das durch die Kirche herbeizuführende ewige Heil irgendwie als Hilfsmittel zu gebrauchen seien. Folgerecht sollten alle diese Bereiche 'aus dem Katholischen heraus' entwickelt und gestaltet werden; sie alle sollten kirchlichem, d.h. kirchenamtlichem Einfluß unterliegen"221. In der Tat handelt es sich beim Integralismus wohl um eine Gefahr, vor der auch die katholische Soziallehre in manchen Äußerungen und eine von ihr geforderte Sozialtheologie stehen. Wenn Messner äußert, die "Rechristianisierung der Gesellschaft ist unerläßlich, wenn die Sozialreform entscheidende Erfolge er-

---

damaliger Auffassung auch im Interesse der Gesellschaft - möglichst weitgehend einzudämmen.
218 J.B. Metz, Glaube in Geschichte und Gesellschaft, 27.
219 Ebd.
220 O.v. Nell-Breuning, 7201, 61.
221 O.v. Nell-Breuning, 7213, 40. Zur Rolle des Integralismus als Gegner der katholischen Soziallehre vgl. 40-47.

zielen soll"[222], so läßt sich eine solche Rechristianisierung wohl kaum auf die "Verkündigung des Sittengesetzes"[223], worin nach seinen Worten die Zuständigkeit der Kirche in der Sozialreform besteht, beschränken. Und gegen eine theologische Soziallehre gibt Nell-Breuning selbst zu bedenken: sie "würde die Ordnung einer Gesellschaft entwickeln, wie sie nach katholischem Glauben sein sollte, d.h. einer Gesellschaft, deren Glieder alle den katholischen Glauben annehmen und gewillt sind, ihr privates und öffentliches Leben nach ihm zu gestalten. Die Aufgabe aber, vor der wir stehen und für die unsere Soziallehre uns rüsten muß, ist eine ganz andere: wir leben in einer weltanschaulich pluralistischen Gesellschaft und haben zu deren Gestaltung mitzuwirken. Dieser Gesellschaft dürfen wir nicht eine Ordnung vorschreiben und noch viel weniger aufzwingen wollen, die zwar unseren Überzeugungen entspricht, Andersdenkenden aber Gewalt antäte und sie hindern würde, ihrem Gewissen gemäß zu leben"[224].

Nun scheint hier bei der Vermutung, die politische Theologie könne im Integralismus enden, ein Mißverständnis vorzuliegen, das eben in der Ableitung der "neuen" politischen Theologie aus der alten gründet; und die alte politische Theologie hat nach Nell-Breuning im Integralismus "ihren Gipfel erreicht, auf den der Absturz gefolgt ist"[225]. Der einseitige Supranaturalismus des Integralismus lebe aber in der heutigen politischen Theologie unter veränderten Vorzeichen fort. "Jetzt geht es nicht mehr darum, den Menschen möglichst tief zu drücken, um - wie man meint - Gott dadurch um so mehr zu erhöhen; vielmehr will man jetzt den Weg zu Gott gerade umgekehrt über den Menschen finden"[226]. Nicht gegen das richtige Verständnis dieser Aussage, sondern gegen die Gefahr eines "reinen" Immanenzdenkens wendet sich Nell-Breuning. Will man den hier unterstellten anthropologischen Ansatz einmal als theologische Herrschafts-Anthropologie bezeichnen, die der säkularisierten Herrschafts-Anthropologie der Aufklärung entspricht, dann dürfte unmittelbar deutlich sein, daß er auf die in dieser Arbeit eingenommene und von Metz herkommende Position nicht zutrifft. Das verbietet schon die oben skizzierte kritische Verarbeitung der Aufklärungsprozesse.

Das Mißverständnis setzt sich dann fort in der Behandlung der gesellschaftskritischen Funktion der Kirche, die bei Nell-Breuning nicht ganz mit dem übereinstimmt, wie diese Funktion in der politischen Theologie gesehen wird. Nach Nell-Breuning gibt es "einzelne Anhänger der 'politischen Theolo-

---

222 J. Messner, Das Naturrecht, 502.
223 A.a.O. 501.
224 O.v. Nell-Breuning, 6301, 212.
225 O.v. Nell-Breuning, 7501, 56.
226 A.a.O. 60.

gie' (mehr noch auf evangelischer als auf katholischer Seite), nach deren Verständnis die Kirche ein, ja geradezu das Instrument grundsätzlicher Sozialkritik wäre und darin ihre Daseinsberechtigung gründete"227. In einem eigenen Beitrag befaßt sich Nell-Breuning mit der Frage, worin - nach einschlägigen kirchlich-lehramtlichen Verlautbarungen - die Sendung der Kirche besteht, und kommt dabei zu dem Ergebnis: "Christus hat seine Kirche nicht als 'Institution der Sozialkritik' gestiftet"228. Zumindest für die vorliegende Arbeit muß festgehalten werden, daß die Bestimmung der gesellschaftskritischen Funktion der Kirche keineswegs identisch ist mit der Bestimmung der Sendung der Kirche229. Etwas anderes ist die Frage, ob die Kirche ihre (theologisch zu bestimmende) Sendung überhaupt erfüllen kann, ohne gesellschaftskritisch zu wirken230. Immerhin läßt Nell-Breuning - wenigstens für den praktisch-pädagogischen Bereich - einen gewissen Vorrang der Sozialkritik gelten. Danach steht in der Erziehung für den überindividuellen Bereich der sozialen Normen "nicht die Eingewöhnung in das Bestehende und Einübung in das Gewohnte und Übliche, sondern die Sozialkritik im Vordergrund"231.

Über den sozialkatechetischen Blickwinkel hinaus liegt in der Wahrnehmung der sozialkritischen Funktion der Kirche für Kaufmann ein kulturelles Problem für die Gesamtgesellschaft. "Glaubwürdige kulturelle Präsenz des Christentums ist wahrscheinlich nur insoweit zu gewinnen, als die Eigenständigkeit der im Christentum verankerten Reflexion in der Kritik fundamentaler gesellschaftlicher Selbstdeutungen ... fruchtbar wird. Wenn es zutrifft, daß die gesellschaftliche Entwicklung auf eine Überbewertung von Systemintegration im Vergleich zur Sozialintegration hinausläuft, daß die immanente Expansivität des Wirtschaftssystems (die übrigens von den Gewerkschaften ebenso getragen wird wie von den Unternehmern!) und die Eigeninteressen öffentlicher Verwaltungen zu einer zunehmenden Aushöhlung der sozialen Relevanz der Privatsphäre und der Handlungsmöglichkeiten der Individuen führen, wenn also die politisch erworbenen Freiheitsrechte zunehmend ihre sozialen Grundlagen verlieren und die Bedingungen der Personwerdung des Menschen prekär werden,

---

227 O.v. Nell-Breuning, 7301, 121.
228 O.v. Nell-Breuning, 7404, 203; mit Berufung auf lehramtliche Aussagen in Immortale Dei, Quadragesimo Anno, Mater et Magistra, Gaudium et Spes, De Iustitia in Mundo.
229 Diese Identifizierung nimmt Nell-Breuning faktisch vor; vgl. 7404, 203.
230 Vgl. dazu den Abschnitt über die Sendung der Kirche in Teil 3 dieser Arbeit.
231 O.v. Nell-Breuning, 7803, 241.

wenn die instrumentelle Vernunft und der Mythos der Machbarkeit des Glücks die Oberhand gewinnen, wenn also ein Leben 'jenseits von Freiheit und Würde' (Skinner) zumindest als logische Möglichkeit eines gesellschaftlichen Entwicklungstrends am Horizont erscheint, so finden sich hier m.E. genügend Ansatzpunkte, um der säkularisierten Vorstellung der Menschenwürde ihre genuin religiöse und christliche Dimension zurückzugewinnen"[232]. Nach Kaufmanns Analyse kann das Christentum den Gefährdungen personaler Identitätsbildung und der weiteren gesellschaftlichen Entwicklung also entgegentreten und gerade darin seine eigenen Tradierungschancen wahrnehmen. "Gesellschaftskritik würde dann aus weit fundamentaleren als 'moralischen' Gründen zur Aufgabe des Christen"[233].

Um auch an diesem Punkt noch nicht stehenzubleiben, muß schließlich eine sachliche Differenz zwischen katholischer Soziallehre und politischer Theologie an dieser Stelle wenigstens kurz angesprochen werden. Nell-Breunings Überlegungen in bezug auf die gesellschaftskritische Funktion der Kirche gehen stets von der "Sendung der Kirche" aus. "Der Kirche als solcher hat ihr göttlicher Stifter nicht aufgetragen, Kultur zu betreiben und die Welt menschlicher zu machen, sondern das Evangelium zu verkünden; eben damit wirkt die Kirche sozialkritisch, und dies um so mehr, je ernster sie es mit der Befolgung des Evangeliums nimmt. Als solche dagegen ist die Kirche keine sozialkritische Institution; der Absicht und den Versuchen, sie dazu 'umzufunktionieren', ist entschieden entgegenzutreten"[234]. Eine verbale (und vielleicht auch sachliche) Übereinstimmung liegt zunächst darin, daß einer dem Evangelium entsprechenden Praxis der Kirche sozialkritische Wirkung zuerkannt wird. Aber mit Hilfe der Kategorien von Mittel und Zweck bzw. Ursache und Wirkung läßt sich das Problem insofern nicht lösen, als dadurch das "integrale" Verhältnis von

---

[232] F.X. Kaufmann, Kirche begreifen, 177.
[233] A.a.O. 159.
[234] O.v. Nell-Breuning, 7501, 68. Ähnlich 7702, 30:
"Gesendet ist die Kirche einzig und allein zu dem, wozu Gott seinen Sohn in die Welt gesandt hat, nämlich das durch die Sünde zerbrochene Verhältnis der Menschheit zu Gott wiederherzustellen, den Menschen den durch die Sünde verschlossenen Weg zu Gott wieder zu erschließen. Aus dieser Sendung erwächst der Kirche zwingend schlüssig eine Vielzahl von Aufgaben und Pflichten, einmal den Forderungen des Evangeliums, nicht zuletzt hinsichtlich der Gerechtigkeit, selbst in vollkommener Weise nachzukommen, zum andernmal, die Kräfte, über die sie verfügt, so einzusetzen, wie es nach ihrer jeweiligen besten Einsicht in die gesamte Verumständung und Lage der Dinge ihrer einen und einzigen Sendung am besten dient." - Nell-Breuning bezieht sich dabei auf "Gaudium et Spes" gegen eine mißverständliche Formulierung in "Mater et Magistra", wie er sie versteht. Vgl. oben 1.3.1 und 1.3.3.

übernatürlichem und natürlichem Wirken der Kirche (um es in traditionellen Begriffen auszudrücken) theologisch auseinandergeschlagen wird und gar nicht mehr bestimmt werden kann, wodurch die Kirche ihre "eigentliche" Sendung noch erfüllt bzw. was die Kirche "als solche" dann noch ist - es sei denn, man reduziert die übernatürliche Wirksamkeit der Kirche in dieser "Welt" auf Wortverkündigung und Sakramentenspendung und vergißt dabei doch wieder, daß einerseits "Welt" eine "gesellschaftliche Wirklichkeit in einem geschichtlichen Prozeß"[235] ist, andererseits Wortverkündigung und Sakramentenspendung durchaus nicht "rein" religiöse Tätigkeiten ohne gesellschaftliche Auswirkungen sind, ja mancherorts geradezu als "politische" Handlungen verstanden und eingesetzt werden.

Die Sendung der Kirche kann sich nur und gerade in ihrer geschichtlich und gesellschaftlich bedingten Existenzweise und Wirksamkeit vollziehen. Denn "die Kirche lebt nicht 'neben' oder 'über' dieser gesellschaftlichen Wirklichkeit, sondern in ihr als gesellschaftskritische Institution. Die Kirche hat als Institution in dieser gesellschaftlichen Welt und für sie eine kritisch-befreiende Aufgabe"[236], die sie nicht mit einer systematischen Soziallehre, sondern durch Sozialkritik erfüllen muß. "Als gesellschaftlich partikulare Institution kann die Kirche ihren universalen Anspruch gegenüber der Gesellschaft nur dann ohne Ideologie formulieren, wenn sie ihn als Kritik darstellt und zur Geltung bringt"[237]. Das heißt für die Kirche: Verzicht auf eine machtpolitische Durchsetzung ihrer Vorstellungen und Verzicht darauf, der Politik Vorschriften zu machen; das hat allerdings für die politische Theologie nicht zur Folge, "daß sie sich nicht in die Politik einmischt", sondern bedeutet für sie u.a., als ein "Anwalt der Freiheit ...

---

235 J.B. Metz, Zur Theologie der Welt, 107.
236 Ebd.
237 A.a.O. 115. Unmittelbar vorher heißt es: "Die gesellschaftskritische Attitüde der Kirche kann nicht darin bestehen, in unserer pluralistischen Gesellschaft eine positive Gesellschaftsordnung normativ zu proklamieren" (114); insofern geht auch die Bemerkung von W. Kerber, a.a.O. 582f., in die falsche Richtung: "Metz macht aber kaum inhaltliche Aussagen darüber, wie die einer solchen 'politischen Theologie' entsprechende Gesellschaftsordnung aussehen solle". -
Aus anderen Gründen betont H.E. Tödt für den Bereich der evangelischen Sozialethik den Vorrang der Sozialkritik. Vgl. H.E. Tödt, Theologie der Gesellschaft oder theologische Sozialethik? Ein kritischer Bericht über Wendlands Versuch einer evangelischen Theologie der Gesellschaft, in: Zeitschrift für evangelische Ethik 5 (1961), 211-241: "Unsere kritischen Fragen an Wendland konvergieren in dem Einwand, daß der Schritt über sozialethische Urteile hinaus zu einer universalen Sicht einer Theologie der Gesellschaft theologisch nicht zu rechtfertigen ist" (240); Tödt möchte statt dessen "die sozialethische Arbeit der Kirche aufs Konkrete verweisen" (234).

in die (politische) Praxis hinein zu wirken"[238]. Wie das zu geschehen hat, läßt sich nicht generell sagen (das widerspräche gerade der geforderten sozialkritischen Bestimmtheit), sondern erst im konkreten Widerspruch zu einer gesellschaftlichen Praxis, welche die Subjektwerdung aller verhindert oder in Frage stellt.

Der Verdacht, die Betonung der gesellschaftskritischen Funktion der Kirche führe zu einem "Integralismus von links", beruht auf einer grundlegenden Verkennung des in der politischen Theologie angezielten Subjekts kirchlichen und politischen Handelns. Wie kirchliches Handeln in der Gesellschaft nicht auf das Handeln der Amtsträger begrenzt werden kann – darüber wird in Kapitel 3 noch zu sprechen sein –, so ist politisches Handeln nicht den beruflich dafür ausgebildeten und gesellschaftlich eingesetzten Politikern vorbehalten. "Politisch" ist insofern nicht nur die offizielle Regierungs- und Parteipolitik, sondern jede Tätigkeit, die sich – affirmativ und kritisch – auf die Erhaltung oder Veränderung bestehender gesellschaftlicher Verhältnisse richtet. Schon insofern läßt sie sich gar nicht auf den Kreis sog. "Berufspolitiker" begrenzen. Diese Ausweitung des Politikverständnisses ist keineswegs willkürlich, sondern als Folge der Aufklärung nur die reflexe Einholung einer tatsächlichen geschichtlichen Entwicklung. Das Volk oder die gesellschaftliche Basis ist spätestens seit dem Ende des Obrigkeitsstaates nicht länger bloßes Objekt politischen Handelns von "Mächtigen", sondern greift – und dies in zunehmendem Maße – in die politische Willensbildung und politische Entscheidungsprozesse zur Wahrnehmung der eigenen Interessen ein. Dies gilt erst recht für eine Gesellschaft, deren weitere Entwicklung nicht mehr unter dem Primat der Stabilität, sondern unter dem Postulat der Veränderung steht. Unter diesen Umständen bedarf es auch einer Umgestaltung des Verhältnisses von öffentlich und privat (nicht seiner Abschaffung!), das in seiner durch die Aufklärung geprägten Gestalt nicht mehr mit den Erfordernissen einer Gesellschaft übereinstimmt, die am Ende des bürgerlichen Zeitalters steht und ihre Zukunft im Weltmaßstab zu betrachten lernt. Unter solchen Bedingungen ist die Relevanz des Privaten für das öffentliche Leben ebenso zu berücksichtigen und neu zu definieren wie die Bedeutung der gesellschaftlichen Zustände für das Privatleben des einzelnen.

Der Verdacht des Integralismus ist schließlich auch insofern unzutreffend, als es künftig nicht darum geht, politisches Handeln substitutiv einer bestimmten dafür ausgebildeten oder ernannten Menschengruppe (sei es dem Klerus, sei es einer linken "Elite") zu überantworten, sondern die ge-

---

[238] In einer Rezension von O.v. Nell-Breuning, in: Theologie und Philosophie 49 (1974), 153, werden diese Unterschiede vorschnell eingeebnet.

sellschaftliche Basis als Subjekt politischen Handelns in Kraft zu setzen. Gegenüber der gesellschaftlichen Basis ist aber der Begriff "Integralismus" historisch und sachlich gegenstandslos; meint er doch, wie oben ausgeführt, daß alle gesellschaftlichen Bereiche dem kirchenamtlichen Einfluß unterworfen werden sollen. Damit wird vollends deutlich, daß das Christentum als gesellschaftlich partikulare Größe seinen Einfluß in einer gesellschaftlichen "Basisbewegung" nicht autoritativ und von oben, sondern nur in gesellschaftskritischer Haltung von unten wahrnehmen kann.

Dies hat durchaus Konsequenzen für die Subjektfrage in der Theologie. Nicht der kirchlich eingesetzte und staatlich anerkannte Berufstheologe ist ausschließliches und primäres Subjekt des Theologietreibens[239], sondern der einzelne und in der Gemeinschaft lebende Christ, der sein Christentum bei der Bewältigung gesellschaftlicher und weltweiter Probleme zur Rettung der Identität aller Menschen herausgefordert und aufgerufen weiß. Es gibt eine Grenze der theologischen Annäherung an die Glaubenspraxis, die nur durch die überwunden werden kann, die am Prozeß des gesellschaftlichen Kampfes um die Subjektwerdung aller beteiligt sind, und deren praktischem Einsatz gegenüber das Bemühen um theologisch-wissenschaftliche Verallgemeinerung eine abgeleitete Funktion bleibt. In diesem Sinn ersetzt die politische Theologie nicht ein gesellschaftlich anerkanntes Subjekt politischen und kirchlichen Handelns durch ein neues, sondern sie will durch ihre gesellschaftskritische Absicht dazu beitragen, daß das politische, kirchliche und theologische Subjekt des christlichen Glaubens sich seiner selbst bewußt wird und seine Handlungsmöglichkeiten in gesellschaftlicher und kirchlicher Praxis wahrnimmt.

---

239 Vgl. J.B. Metz, Glaube in Geschichte und Gesellschaft, 120ff.; F. Castillo (Hrsg.), Theologie aus der Praxis des Volkes, München - Mainz 1978; F. Castillo, Bürgerliche Religion oder Religion des Volkes? In: Concilium 15 (1979), 302-308; Neue Orte des Theologietreibens, in: Concilium 14 (1978), 277-344.

3 Kritische Diskussion zentraler theologischer Positionen in der katholischen Soziallehre

Wie bereits in den beiden vorangehenden Kapiteln geht es auch in diesem Teil der Arbeit nicht darum, theologische Auffassungen zu Einzelfragen der katholischen Soziallehre darzulegen oder zu kritisieren. Vielmehr soll versucht werden, einige zentrale theologische Positionen in der katholischen Soziallehre herauszustellen und kritisch zu reflektieren. Dadurch wird sozusagen der theologische Rahmen gekennzeichnet, in dem erst der Ort konkreter Aussagen bestimmt werden kann.

Trotz des Anspruchs, philosophische Sozialethik zu sein, deren normative Aussagen zwingend aus Vernunfterkenntnissen folgen, und damit für "alle Menschen guten Willens" (vgl. die Anrede am Beginn der Enzyklika "Pacem in Terris") einsichtig zu argumentieren, ist der Vernunftbegriff der katholischen Soziallehre von zwei theologischen Polen bestimmt. In den Termini klassischer Theologie ist die Vernunfterkenntnis zugleich durch die Sünde getrübte und vom Glauben erleuchtete Erkenntnis[1]. Auf der - theologisch präsumierten - prinzipiellen Möglichkeit wahrheitsfähiger Vernunfterkenntnis beruht der sozialphilosophische Ansatz der katholischen Soziallehre mit seiner Berufung auf das Naturrecht: die sog. "natürliche Ordnung" ist weder durch den Schöpfer noch durch den Menschen und seinen Sündenfall aufgehoben; die "ursprüngliche Erkenntnisfähigkeit" ist dem Menschen deshalb nicht verlorengegangen[2]. Die Irrtumsfähigkeit der Vernunft im Einzelfall begründet u.a. die Bedeutung und Funktion der Glaubenserkenntnis für die Soziallehre. So anerkennt Nell-Breuning eine relative Notwendigkeit der Offenbarung, "insbesondere soweit es sich um tiefgehende metaphysische Wahrheiten, ethisch verbindliche, normative Wahrheiten handelt"[3], da sozialethische Normen "ausweislich der Erfahrung im allgemeinen nur dort ungetrübt erkannt werden, wo das Licht der Offenbarung leuchtet"[4]. In der Überprüfung und Bestätigung sozialphilosophischer Einsichten liegt demnach eine Aufgabe

---

1 Siehe bereits weiter oben den Abschnitt 2.2.
2 Vgl. O.v. Nell-Breuning, 6701, 61.
3 A.a.O. 59.
4 O.v. Nell-Breuning, 6301, 210.

der von der katholischen Soziallehre geforderten (ergänzenden) Sozialtheologie.

Mittels theologischer Reflexion wird auch die Frage nach dem Subjekt kirchlichen Handelns in der Gesellschaft beantwortet. An der Subjektfrage entscheidet sich die grundsätzliche und aktuelle politische Haltung der Kirche zu gesellschaftlichen Problemen: Wer ist – im Sinn der katholischen Soziallehre – Träger der Sozialreform? Hat die Kirche eine gesellschaftskritische Funktion? Können Amtsträger der Kirche in politischen Ämtern tätig sein? Gegen den Verdacht eines neuen Integralismus wurde bereits auf die gesellschaftskritische Attitüde der politischen Theologie und die Ausweitung des kirchlichen Subjekts gesellschaftlichen Handelns hingewiesen. Unter Berücksichtigung der Subjektfrage ergibt sich zugleich ein weiterer Gesichtspunkt für den Vorrang der Sozialkritik vor einer systematischen Gesellschaftslehre, nämlich: die Einheit von Glaubensgeschichte und politischer Widerstandsgeschichte. Gerade heutige Erfahrungen in lateinamerikanischen Ländern lehren uns erneut, daß christliche Glaubenspraxis sich nicht aus den gesellschaftlichen Widersprüchen heraushalten kann; andererseits kann aber im praktischen Widerstand gegen Unrechts- und Unterdrückungssituationen der Glaube eine Quelle für politische Umbrüche sein.

Schließlich ist die für die katholische Soziallehre wichtige Unterscheidung von ewigem Heil und irdischem Wohl und darin eingeschlossen die Frage, worin die Sendung der Kirche besteht, theologischer Art. Unter ideologiekritischer Rücksicht muß nach Berechtigung und Grenzen solcher theologischer Unterscheidungen wie Kirche und Welt, Natur und Übernatur, Heil und Wohl etc. gefragt werden. Jedenfalls dürfen sie – auch in der Theologie und in ihrem Interesse – nicht problemlos vorausgesetzt werden. Damit fällt von dieser Seite noch einmal Licht auf die Fragwürdigkeit der Arbeitsteilung von katholischer Soziallehre und dogmatischer Theologie.

Mit den eben angeschnittenen Themen ist bereits eine Übersicht über die Gliederung dieses Kapitels gegeben: das Postulat einer Sozialtheologie im Rahmen der katholischen Soziallehre; das Subjekt kirchlichen Handelns in der Gesellschaft; das Ziel kirchlichen Handelns in der Gesellschaft.

3.1 Das Postulat einer Sozialtheologie im Rahmen der katholischen Soziallehre

Bei Nell-Breuning gibt es zwei voneinander unabhängige Einsichten, die das Postulat einer Sozialtheologie in seinem Sinn begründen; einmal die Notwendigkeit einer theologischen Überprüfung sozialphilosophischer Erkenntnisse, zum anderen Überlegungen zur gesellschaftlichen Verfaßtheit der Kirche.

Das Zweite Vatikanische Konzil spricht von der Kirche als socialis compago (gesellschaftliches Gebilde), die als Gemeinschaft des Glaubens, der Hoffnung und der Liebe auf der Erde als sichtbares Gefüge verfaßt und eine mit hierarchischen Organen ausgestattete Gesellschaft sei[5]. Obwohl damit gesehen ist, daß die Kirche "im sozialen und politischen, ja auch im ökonomischen Bereich eine ins Gewicht fallende Realität" ist[6], gesteht Nell-Breuning an anderer Stelle ein: "an einer Soziallehre von der Kirche, die der Natur der Sache nach Sozialtheologie wäre, fehlt es noch fast ganz"[7]. Gerade wenn eine solche Sozialtheologie mehr sein soll als "Ekklesiologie" im traditionellen Verständnis, kommt sie nicht ohne die theologische Reflexion sozialphilosophischer Erkenntnisse über das "Sozialgebilde" Kirche aus und sprengt damit die traditionelle Arbeitsteilung von Philosophie und Theologie. Gleichzeitig muß sie die gesellschaftliche Konstitution ihrer theologischen Begriffe reflektieren. Wirklich ernst genommen, kann sie deshalb nur eine politische Theologie der Kirche sein.

Eingehender zu erörtern und im sozialwissenschaftlichen Schrifttum auch breiter behandelt ist die zweite Aufgabe der Sozialtheologie innerhalb der katholischen Soziallehre, nämlich die der "Überprüfung" sozialphilosophischer Aussagen. Da theologische Einsichten prinzipiell nicht in der Lage sind, die Wahrheit metaphysischer Erkenntnisse in Frage zu stellen, andernfalls die Vernunft sich selbst widerspräche, hat die Sozialtheologie eine ergänzende, bestätigende Funktion, indem sie versucht, "die mit Hilfe der Vernunft gewonnenen Erkenntnisse von den Wahrheiten der Offenbarung her weiterzuführen und zu vertiefen. Was die Vernunft erkennt, insofern sich Gott durch die Natur der Dinge dem Menschen kundgibt, das wird durch sein personales Wort nicht nur bestätigt, sondern auch erweitert und um solches bereichert, das sonst nicht sichtbar geworden wäre"[8].

---

5 Dogmatische Konstitution über die Kirche "Lumen Gentium" Nr. 8. - Der Text vermeidet mit dieser Umschreibung eine der klassischen Bezeichnungen für die Kirche als "societas perfecta" (vgl. A.-F. Utz/ J.-F. Groner, Aufbau und Entfaltung des gesellschaftlichen Lebens. Soziale Summe Pius XII., 3 Bde., Freiburg (Schweiz) 1954-1961, Nr. 4100); daraus ließe sich aber ganz offensichtlich ebenso das Postulat einer Sozialtheologie entwickeln. Nach Nell-Breuning bekommt diese Bezeichnung zwar in den Blick, daß die Kirche selbst ein Sozialgebilde ist, aber "bisher fast ausschließlich unter juridischen Gesichtspunkten" (O.v. Nell-Breuning, 6301, 211).
6 O.v. Nell-Breuning, 7702, 19.
7 O.v. Nell-Breuning, 6301, 211. - Zu den Aufgaben einer Sozialtheologie hinsichtlich des Verhältnisses von Amtsträgern und Laien vgl. O.v. Nell-Breuning, 5601, 9.
8 F. Klüber, Grundlagen der katholischen Gesellschaftslehre, Osnabrück 1960, 22. - A.a.O. 18f. zieht Klüber eine weitere Schlußfolgerung, die in unserem Zusammenhang nicht erörtert zu werden braucht

Doch kommt auch die Sozialtheologie nicht ohne philosophische Reflexion aus. Da die Offenbarung keine fertige sozialwissenschaftliche Lehre enthält[9], muß auch eine theologische Soziallehre Schlußfolgerungen aus der Offenbarung ziehen. "Die Ergebnisse dieses schlußfolgernden Denkens sind 'Theologumena', das heißt mittels der vom Glauben erleuchteten Vernunft, also eben doch mit Hilfe der vom Schöpfer der vernunftbegabten Kreatur geschenkten natürlichen Erkenntniskraft erarbeitete Einsichten und Aussagen"[10]. Aus dem Zitat wird ersichtlich, daß es unmöglich ist, die durch philosophische und theologische Erkenntnis gewonnenen Einsichten präzise zu unterscheiden. Dies sollte auch gar nicht versucht werden. Am Ende würde man sich damit der Gefahr aussetzen, die gesellschaftliche Konstitution auch theologischer Vernunft zu ignorieren sowie die faktische Einheit von Natur und Gnade, Vernunft und Glaube, Menschheitsgeschichte und Heilsgeschichte aufzugeben.

Die "Ergänzung" von Sozialphilosophie und Sozialtheologie im Sinne der katholischen Soziallehre findet eine praktische Anwendung bei der Bestimmung des Menschenbildes, das im Zentrum der Soziallehre steht. Es ist nach Nell-Breuning ein theistisches, aber nicht spezifisch christliches Menschenbild[11]. Es wird der Erfahrung entnommen, durch philosophische Reflexion vertieft und an der Offenbarung überprüft[12]. Sein charakteristisches Merkmal liegt darin, daß es die Individual- und Sozialnatur des Menschen gleichgewichtig betont, was mit dem Begriff "Person" ausgedrückt werden soll. "Die Person ist mehr als bloßes Individuum; sie verbindet die Geschlossenheit des Selbstandes mit der Offenheit des gleich wesentlichen Stehens und Lebens im Verbund und im Austausch mit ihresgleichen. Als Individuum hat der Mensch das Recht auf die volle Entfaltung seiner Individualität; als eines 'ens sociale' kann diese seine Entfaltung nicht ohne Bezug auf die Gesell-

---

"Es ist das Charakteristikum einer katholischen Gesellschaftslehre, daß sie sich, obwohl sie ihre Erkenntnisse auf philosophischem Wege mit Hilfe des rationalen Denkens gewinnt, dem Lehramt der Kirche unterstellt. Sie orientiert sich an der Offenbarungswahrheit als norma negativa und tritt niemals zur katholischen Glaubenslehre in Widerspruch. Die Wahrheiten der Offenbarung sind ihr ein Maßstab, dem sie die Voraussetzungen und Ergebnisse ihres Denkens unterordnet. Sie verzichtet darauf, an einer vermeintlichen Erkenntnis festzuhalten, sobald ihr bewußt wird, daß sie mit der Glaubenslehre unvereinbar ist."
9 Vgl. O.v. Nell-Breuning, 6004, 49; W. Kerber, Katholische Soziallehre, in: Demokratische Gesellschaft, Bd. 2, München 1975, 545-642, hier 562.
10 O.v. Nell-Breuning, 6004, 49f.
11 Das gilt, obwohl es bei O.v. Nell-Breuning, 6004, 48, heißt: die Christen seien "in der glücklichen Lage, im christlichen Menschenbild das wahre Bild vom Menschen zu besitzen".
12 O.v. Nell-Breuning, 6301, 210.

schaft oder gar im Gegensatz zu ihr und damit auf ihre Kosten vor sich gehen"[13]. Diese wesentliche Bezogenheit des einzelnen auf die Gesellschaft ist es, weshalb das Menschenbild der katholischen Soziallehre auch als "solidaristisch" bezeichnet wird.

Mit einer Einschränkung deckt sich dieses "christliche" Menschenbild nach der Meinung Nell-Breunings mit dem eines freiheitlich-demokratischen Sozialismus. Letzterem fehlt lediglich seine "transzendente Dimension", doch: "Glücklicherweise lassen sich alle oder jedenfalls weitaus die meisten Aussagen und Forderungen der katholischen Soziallehre aus ihrem Menschenbild auch ohne Bezugnahme auf dessen transzendente Dimension ableiten; der Rückgriff auf diese Dimension wandelt diese Aussagen und Forderungen nicht ab, sondern ist nur dazu angetan, sie zu bekräftigen"[14]. Trotzdem enthält das Menschenbild für die Christen einen zweifachen inhaltlichen Überschuß. Zum einen ist es nicht reine Lehre, sondern – in der Person Jesus Christus – geschichtlich-konkrete Wirklichkeit: "In Jesus Christus steht das Bild des Menschen, wie Gott den Menschen sieht und will, in verbindlicher Vorbildlichkeit vor unseren Augen"[15]. Zum anderen gehören nach Klüber Aussagen über das Verhältnis des Menschen zu Gott und seine Berufung für das Reich Gottes wesentlich zu Aussagen über "Natur und Sinnbestimmung des Menschen"[16]. Als Konsequenzen aus diesen "Wesensgehalten der Offenbarung" ergeben sich: "Ehrfurcht und Liebe gegenüber dem Mitmenschen; Unantastbarkeit der Würde, Ehre und Freiheit eines jeden Geschöpfes, das Menschenantlitz trägt; die Betrachtung der irdischen Dinge sub specie aeternitatis. Unmittelbar unter dem Einfluß dieser Offenbarungswahrheiten sind die Lehre von der Person und der Persönlichkeit, die Gedanken der Liebe, der Gerechtigkeit und Freiheit entfaltet oder in neuer Sicht verkündet worden; die Verantwortlichkeit des einzelnen vor Gott und dem Nächsten, seine Beanspruchung durch die Gemeinschaft, die Verwaltung der dem Menschen anvertrauten Güter als Lehen Gottes im Dienste der Gemeinschaft"[17]. Wenn auch für Nell-Breuning alle diese ethischen Ansprüche ohne den Bezug zur Offenbarung begründbar sind, anerkennt er doch die bestätigende Funktion sozialtheologischer Einsichten und ihre Bedeutung für das praktisch-ethische Handeln.

Die am Beispiel des christlichen Menschenbildes zu erken-

---

13 O.v. Nell-Breuning, 7403, 393.
14 A.a.O. 393f.
15 O.v. Nell-Breuning, 6004, 49.
16 F. Klüber, a.a.O. 23.
17 A.a.O. 23f. – Deshalb ist es nach J. Höffner, Christliche Gesellschaftslehre, Kevelaer 61975, 23, auch eine wichtige Aufgabe der Sozialtheologie, vor jedem Sozialutopismus zu warnen.

nende, nicht ganz einheitliche Beurteilung der Rolle der Sozialtheologie im Rahmen der katholischen Soziallehre führt bei Nell-Breuning zu einer neuen Unterscheidung, die er in der von den Päpsten angewandten Verfahren sieht, nämlich "die <u>Doktrin</u> philosophisch zu entwickeln und der Glaubenswelt die <u>Motive</u> zum Handeln zu entnehmen"[18]. Nun enthält diese Unterscheidung m.E. Probleme neuer Art. Denn trotz der behaupteten unlösbaren Einheit von explikativer und normativer Aussage in sozialphilosophischen Prinzipien spricht sie der Norm die verpflichtende Kraft ab. Nicht in der Norm, in dem als verpflichtend eingesehenen sittlichen Anspruch, liegt das Motiv zum Handeln, sondern im Glauben. Ohne die Motivationskraft des Glaubens leugnen zu wollen, darf sie doch die Motivation nicht verdrängen, die aus dem als verpflichtend eingesehenen Handeln kommt. Zudem übersieht diese Unterscheidung von Lehre und Motiv, daß Erkenntnis selbst bereits motiviert, d.h. von einem bestimmten Interesse geleitet ist. Von der katholischen Soziallehre selbst ist immer wieder darauf hingewiesen worden, daß sie ihre Erkenntnisse in der Auseinandersetzung mit zeitgeschichtlichen Problemen gewinnt und ihre gesellschaftliche Funktion darin besteht, "echte Mindestwerte allem Feilschen und Experimentieren zu entziehen"[19]. Die Einsicht in die Gebundenheit der Erkenntnis an Werthaltungen und Handlungsmotivationen sowie deren erkenntnismäßige Struktur darf in diesem Zusammenhang nicht aufgegeben werden. Auf die dieses Problem berührende Verhältnisbestimmung von Theorie und Praxis in der katholischen Soziallehre und die Frage nach der "intelligiblen Kraft der Praxis" ist an anderer Stelle noch einzugehen.

Hier bleibt festzuhalten: Die katholische Soziallehre hat sich mit ihrer Forderung nach einer Sozialtheologie eigentlich ein in ihrem Sinn unlösbares Problem geschaffen. Als Bestätigung für die der Soziallehre ohnehin sozialphilosophisch zugänglichen Erkenntnisse wäre eine (ergänzende) Sozialtheologie überflüssig. Vermag die Sozialphilosophie keine Motive zu einem ihren Prinzipien entsprechenden Handeln beizubringen, stellt sie ihren Anspruch in Frage, einen Beitrag zu einer Gesellschaftsordnung zu leisten, der gemeinsam mit "alle Menschen guten Willens" verwirklicht werden kann; denn woher sollte die Motivation für diejenigen kommen, die nicht "christlich" motiviert sind? Sollte die Sozialtheologie dagegen in der Lage sein, Einsichten zu Tage zu fördern, die sich auf die

---

18 O.v. Nell-Breuning, 6301, 212.
19 H.J. Wallraff, Die katholische Soziallehre - ein Gefüge von offenen Sätzen, in: H. Achinger/L. Preller/H.J. Wallraff (Hrsg.), Normen der Gesellschaft. Festgabe für Oswald von Nell-Breuning SJ, Mannheim 1965, 27-48, hier 42; vgl. auch 34f. - Ähnlich O.v. Nell-Breuning, 7506, 11.

gesellschaftliche Wirklichkeit beziehen und für die kirchliche Sendung in der Gesellschaft bedeutsam sind, die aber der philosophischen Soziallehre nicht zugänglich sind, so führt das zu einem Widerspruch in der kirchlichen Soziallehre und konsequenterweise zur Forderung nach Aufhebung der Arbeitsteilung von Sozialphilosophie und Sozialtheologie.

Einen Schritt in diese Richtung versucht der schon früher behandelte Beitrag von J. Ratzinger. Sein Vorschlag, die Gesamtheit der Sozialtatsachen unter die regulative Idee des Evangeliums zu stellen, sprengt die bisher genannten Positionen, die sozusagen eine Unterordnung der Sozialtheologie unter die Sozialphilosophie anzielen. Ratzinger begründet seinen Vorschlag mit der Feststellung, daß das von der Natur des Menschen her Rechte nie rein spekulativ ermittelt werden kann. Was die Würde des Menschen fordert, ist geschichtlich variant. Die sozialen Phänomene selbst enthalten keinen Wertmaßstab für ethisches Handeln; dieser kann nur aus einer "Vorentscheidung" kommen, die außerhalb der Tatsachen liegt[20]. Folglich hat die katholische Soziallehre die Sozialtatsachen und Materialprinzipien mit jeder anderen Soziallehre gemeinsam. Ihr Spezifikum liegt in dem Versuch, "die Gesamtheit der sozialen Phänomene unter der 'regulativen Idee' des Evangeliums zu ordnen bzw. sie auf die Leitidee des Evangeliums zu beziehen in der Überzeugung, daß dies zugleich die wahrhaft 'soziale Idee' ist. Nochmals anders ausgedrückt: Eine eigentlich theologische Soziallehre gibt es nicht, wohl aber den Versuch einer jeweils neuen 'Evangelisierung' der Soziallehre und umgekehrt einer jeweils neuen 'Realisierung' des Evangeliums in der konkreten Sozialgeschichte der Menschen"[21]. Von daher formuliert Ratzinger seine Anfragen an die traditionelle katholische Soziallehre, nämlich: ob wirklich das Evangelium "redlich und nüchtern auf die konkreten Sozialtatsachen bezogen worden ist"[22], und ob man sich tatsächlich darum bemüht hat, die Sozialtatsachen als solche zu erfassen und unter den christlichen Wertmaßstab zu stellen.

Dieser christliche Wertmaßstab bedürfte nun hinsichtlich seiner Tragweite und inhaltlichen Füllung weiterer Erörterungen, die Ratzinger selbst nicht mehr vornimmt. Jedenfalls ist auch so schon deutlich, daß ein solcher Versuch darauf zielt, theologische Aussagen zur gesellschaftlichen Wirklichkeit und deren Veränderung am Maßstab des von Natur her Rechten nicht vorgängig zu, sondern gerade in gesellschaft-

---

20 Vgl. J. Ratzinger, Naturrecht, Evangelium und Ideologie in der katholischen Soziallehre. Katholische Erwägungen zum Thema, in: K.v. Bismarck/W. Dirks (Hrsg.), Christlicher Glaube und Ideologie, Stuttgart - Berlin 1964, 24-30, hier 27.
21 A.a.O. 28.
22 Ebd.

licher Differenzierung zu gewinnen. Weder kann die metaphysische Vernunft mittelalterlich-scholastischer Theologie noch darf die rationalistische Vernunft der Aufklärung abstrakt beerbt werden[23]. Will Religion ein integrierender Bestandteil bei der gesellschaftlichen Konstitution der Identität des Subjekts sein, muß sie diesen Weg der Bestimmung ihrer eigenen Identität im gesellschaftlich differenzierten Prozeß gehen. Wie im 19. Jahrhundert die Theologie erkennen mußte, daß Geschichte zu einem inneren Problem der Theologie geworden war, das nicht durch das Verhältnis von Theologie und Geschichtswissenschaft gelöst werden konnte, so muß die Theologie heute erfahren und reflektieren, daß Gesellschaft ein innertheologisches Problem ist[24]. Eine kritische Theologie kann nicht vom gesellschaftlichen und praktischen Bezug ihrer "Rede von Gott und seinem Reich" absehen. <u>Das Postulat einer Sozialtheologie im Rahmen der katholischen Soziallehre verdeckt jedoch dieses Problem der gesellschaftlichen Konstitution theologischer Begriffe durch die Arbeitsteilung von Dogmatik und Soziallehre</u>, insofern weiterhin davon ausgegangen wird, "Gesellschaft" sei gar kein Thema der Theologie, und Theologie könne noch (und eigentlich besser) ohne die Irritationen durch gesellschaftskritische Anfragen an die theologische Vernunft betrieben werden[25]. Auch in der neueren katholischen Dogmatik, die schon nicht mehr mit der scholastischen Sozialphilosophie in Einklang zu bringen ist, bleibt dieses Problem ungelöst, wenn auch verborgen. Es kann weder von der Sozialphilosophie mit einer ergänzenden Sozialtheologie noch von der Dogmatik unerledigt liegen gelassen werden, wenn es einmal als <u>theologisches Problem</u> aufgetaucht und erkannt ist.

---

23 J.B. Metz, Glaube in Geschichte und Gesellschaft, Mainz 1977, 29-43, reflektiert diesen Standpunkt mittels einer theologischen Kritik bürgerlicher Religion.
24 Vgl. J.B. Metz, Kirchliche Autorität im Anspruch der Freiheitsgeschichte, in: J.B. Metz/J. Moltmann/W. Oelmüller, Kirche im Prozeß der Aufklärung, München - Mainz 1970, 53-90, hier 54f.
25 Diesem entscheidenden Mangel bleibt auch der Versuch von Geck verhaftet: L.H. Geck, Christliche Sozialprinzipien. Zum Aufbau einer Sozialtheologie, in: Theologische Quartalschrift 130 (1950), 28-53; ähnlich J. Fuchs, Christliche Gesellschaftslehre? In: Stimmen der Zeit 164 (1958/59), 161-170; N. Monzel, Solidarität und Selbstverantwortung. Beiträge zur christlichen Soziallehre, München 1959; N. Monzel, Was ist christliche Gesellschaftslehre? (Münchener Universitätsreden, N.F. 14), München 1956. - Dies gilt auch, obwohl seinem sozialkritischen Ansatz zuzustimmen ist, für den in Anm. 237 erwähnten Beitrag von H.E. Tödt. -
Ausdrücklich davon abheben möchte ich die Bemühungen um eine gesellschaftsbezogene Theologie bei J. Moltmann, Trinität und Reich Gottes. Zur Gotteslehre, München 1980. Hier wird die gesellschaftliche Konstitution theologischer Begriffe mitreflektiert und die Arbeitsteilung von Sozialethik und kritischer Theologie der Gesellschaft ansatzhaft gesprengt.

3.2 Das Subjekt kirchlichen Handelns in der Gesellschaft

Die Aufgabe, sozialkritische Theologie in einem gesellschaftlich differenzierten Prozeß zu treiben, kann nicht ohne Berücksichtigung der Subjektfrage gelöst werden. Denn gerade die Vernachlässigung dieses Problems hat zu einer ideologischen Universalisierung eines gesellschaftlich partikularen Subjekts in Theologie und christlicher Gesellschaftslehre geführt. Der durch seine wirtschaftliche und soziale Macht seit der Industrialisierung aufgestiegene Bürger ist zum faktischen Subjekt politischen Handelns geworden; seine durch die Aufklärung initiierte und geförderte geistige Mündigkeit hat ihn zum "Herrschaftssubjekt" auch über die Religion gemacht, sofern der Bürger ihr das Feld für den Kampf um die christliche Identität vorgegeben hat und die Religion seine heimliche Identifizierung mit dem christlichen Subjekt nicht verhindern konnte. Deshalb ist für die Theologie die Frage nach dem Subjekt kirchlichen Handelns in der Gesellschaft von herausragender Bedeutung. Die universale Bedeutung der Identität "des" christlichen Subjekts kann nur durch Differenzierungen im Begriff des geschichtlichen und gesellschaftlichen Subjekts zum Ausdruck gebracht werden[26].

Demgegenüber muß festgestellt werden, daß der Subjektbegriff in der katholischen Soziallehre sehr undifferenziert ist und auch nur begrenzte Anwendung finden kann, was durch die besondere Art des Zugangs zur Subjektfrage bedingt ist. Es zeigt sich eine eigentümliche Spannungslosigkeit zwischen dem Subjekt politischer und wirtschaftlicher Tätigkeit und dem Subjekt kirchlichen Handelns. Die Identifizierung unterschiedlicher Subjekte für das eine und das andere ist jedoch keineswegs ein reiner Vorteil. Sie trägt auch die Schwierigkeit in sich, der Komplexität und dem - wenigstens partiellen - Ineinander von kirchlichem und gesellschaftlichem Handeln gerecht zu werden. Damit ist bereits angedeutet, daß die Subjektfrage Auswirkungen auf die Bestimmung des Zieles kirchlichen Handelns in der Gesellschaft hat[27].

Vor allem mit Berufung auf das Zweite Vatikanische Konzil versucht Nell-Breuning, die Frage nach dem Subjekt kirchli-

---

26 Das bestätigt eindrucksvoll, wenn auch ungewollt, die Forderung der katholischen Soziallehre nach Subjekt<u>werdung</u> des Arbeiters.
27 In einem Brief von O.v. Nell-Breuning an mich vom 12.12.1978 heißt es: "Solange die Theologen über das Verhältnis von Philosophie und Theologie, von Natur und Übernatur, von säkularem Wohl und religiösem Heil keine klaren Aussagen machen, kommen wir in entscheidenden Stücken nicht weiter und vor allem nicht zueinander." - Wenn auch klar ist, daß diese Verhältnisbestimmungen in katholischer Soziallehre und politischer Theologie nicht in gleicher Weise gesehen werden, so erhalten die genannten Unterscheidungen doch erst durch die Subjektfrage ihre volle Tragweite und Fragwürdigkeit.

chen Handelns aus der Bestimmung der Sendung der Kirche abzuleiten. Diese muß jedoch eingebettet werden in theologische Reflexionen zum Verhältnis von Kirche und Welt. Besonders bei der Pastoralkonstitution "Gaudium et Spes" ist darauf zu achten, daß sie Kirche und Welt nicht als zwei unverbundene und voneinander unabhängige Größen beschreibt, die - nachträglich - zueinander in Beziehung gesetzt werden, sondern sogleich mit der Feststellung einsetzt, daß die Kirche "sich mit der Menschheit und ihrer Geschichte wirklich engstens verbunden"[28] weiß.

Ein solcher Ansatz ist nur schwer durchzuhalten, wenn er etwa mit der traditionellen Lehre von Kirche und Staat als zwei "societates perfectae" vermittelt werden muß. Bezeichnenderweise findet sich dieser Begriff auch nicht in der dogmatischen Konstitution über die Kirche "Lumen Gentium", wo statt dessen, wie bereits vermerkt, von der Kirche als "socialis compago" die Rede ist. Es ist kaum anzunehmen, daß dem Konzil dieses Problem nicht bewußt gewesen ist. Vielmehr liegt die Vermutung nahe, daß mit dem unscharfen Begriff "socialis compago" ein theologischer Versuch unternommen wurde, das Verhältnis von Kirche und Welt neu zu bestimmen, auch wenn dafür noch keine systematisch reflektierte Gesellschaftslehre zur Verfügung stand, auf die man zurückgreifen konnte. Wie dem auch sei, in jedem Fall kann eine gesellschaftskritische theologische Reflexion des Verhältnisses von Kirche und Welt nicht versuchen, daß komplexe gesellschaftliche Verhältnis beider zueinander und ihren Beziehungsreichtum zugunsten "reiner" Begriffe aufzulösen. Was Kirche ist und worin ihre Sendung besteht, läßt sich erst in der Bestimmung ihres Verhältnisses zur Welt aufzeigen.

3.2.1 Berechtigung und Fragwürdigkeit der theologischen Unterscheidung von Kirche und Welt

Die Schwierigkeit, das Verhältnis von Kirche und Welt sachgerecht zu bestimmen, gründet in der Notwendigkeit, Identität und Differenz beider Größen zugleich zum Ausdruck zu bringen. Tatsächlich betonen die geläufigen "Definitionen" für die Kirche stets jeweils den einen Aspekt zu Lasten des anderen.

Nach Nell-Breuning wissen wir, was die Kirche ist, ohne davon einen umfassenden Begriff zu haben[29]. Lehramtliche Äußerungen bedienen sich deshalb verschiedener Umschrei-

---

28 Pastoralkonstitution über die Kirche in der Welt von heute "Gaudium et Spes" Nr. 1, in: Texte 322; lat: "Quapropter ipsa (sc. communitas) cum genere humano eiusque historia se revera intime coniunctam experitur"; ähnlich auch im Titel zu Nr. 1.
29 O.v. Nell-Breuning, 7702, 17.

bungen. Dogmatische Qualifikationen wie corpus Christi mysticum oder Ursakrament sind theologisch bedeutsam, verdecken aber die gesellschaftliche Wirklichkeit und Wirksamkeit der Kirche, die zu ihrem theologischen Begriff gehören. Die Bezeichnung societas perfecta entstammt Überlegungen zum Verhältnis von Kirche und Staat und will ihre gegenseitige Unabhängigkeit und hoheitliche Machtvollkommenheit betonen. Auf die mit dieser Bezeichnung verbundene juridische Verengung des Kirchenbegriffs wurde bereits hingewiesen. Das Sozialgebilde Kirche wird allzusehr von einem obrigkeitlichen Standpunkt her betrachtet.

Aus dem Verständnis der Kirche als Christus totus (Augustinus) entwickelte Papst Pius XII. seine Lehre von der Kirche als "Lebensprinzip der menschlichen Gesellschaft"[30]. Dieser bildhafte Ausdruck ist nach Nell-Breuning "hervorragend geeignet, um deutlich zu machen, daß die Kirche als etwas von ganz anderer Art der menschlichen Gesellschaft lebensspendend gegenübersteht"[31]. Die Kirche stehe folglich "oberhalb oder außerhalb der sozialen Wirklichkeit oder ihr gegenüber"[32]. Zwar ist diese Umschreibung geeignet, die Differenz von Kirche und Welt zum Ausdruck zu bringen, gemäß der Interpretation Nell-Breunings würde sie aber zugleich verschweigen, daß die Kirche nicht "über" oder "außerhalb" der Welt steht, sondern in ihr lebt und wirkt und ihren Auftrag für die Welt gar nicht anders als weltgestaltend und -verändernd ausführen kann. Demgegenüber soll hier die Auffassung vertreten werden, daß der Begriff "Lebensprinzip" gerade insinuiert, die Kirche könne nur in einer anderen Wirklichkeit existieren; ohne die Welt als der "Materie" ihrer Wirksamkeit kann auch das Lebensprinzip nicht existieren.

Der entscheidende Mangel dieser Definition liegt m.E. in einem anderen Punkt. Die abstrakte und von den gesellschaftlichen Umständen abgehobene Definition entspricht gar nicht den geschichtlichen Bedingungen der Wirklichkeit kirchlichen Lebens. Nicht die Kirche prägt faktisch das gesellschaftliche Leben, sondern die Gesellschaft prägt das konkrete Bild der Kirche und definiert die Räume ihrer Repräsentanz und Wirksamkeit in der Welt. "Unter dem Deckmantel bürgerlicher Religion klafft inmitten der Kirche ein Riß zwischen den öffentlich proklamierten, kirchlich verordneten und geglaubten messianischen Tugenden des Christentums (Umkehr und Nachfolge, Liebe und Leidensbereitschaft) und den tatsächlichen Wert- und Lebensorientierungen bürgerlicher Praxis (Autonomie, Besitz, Stabilität, Erfolg). Unter den Prioritäten des Evangeliums werden die Prioritäten des bürgerlichen Lebens praktiziert.

---

30 A.-F. Utz/J.-F. Groner, a.a.O. Nr. 4106.
31 O.v. Nell-Breuning, 7702, 17.
32 A.a.O. 19.

Unter dem Schein der geglaubten Umkehr und der geglaubten
Nachfolge etabliert sich - in einer ihm selbst nicht bekömmlichen Fraglosigkeit - das bürgerliche Subjekt mit seinen Interessen und seiner Zukunft"[33]. Wenn nicht alles täuscht,
droht die bürgerliche Gesellschaft - jedenfalls hierzulande -
inzwischen zum "Überlebensprinzip" der Kirche zu werden.
Die Rede von der Kirche als dem Lebensprinzip der Gesellschaft bedarf, damit es nicht bei der Behauptung ihrer dogmatischen Richtigkeit bleibt, einer veränderten Praxis kirchlichen Handelns in der Welt.

In einem eigenen Kapitel behandelt die Kirchenkonstitution
"Lumen Gentium" des Zweiten Vatikanischen Konzils Ausführungen zur Kirche als dem neuen Volk Gottes[34]. Die Verwendung des Wortes "Volk", die unmittelbar vorhergehende Betonung der Einheit von irdischer und "mit himmlischen Gaben
beschenkte(r) Kirche"[35] sowie die Bezeichnung der Kirche
als "socialis compago" legen es nahe, hier eine besondere Nähe
zur gesellschaftlichen Wirklichkeit der Kirche zu erwarten.
Doch bleibt das "Volk" (wie übrigens auch in der gesellschaftspolitischen Diskussion unter "Volk" verschiedene und einander
ausschließende soziale Gruppen subsumiert werden) eine abstrakte Größe[36], die unter dem theologischen Begriff eines
<u>neuen</u> Volkes Klassenunterschiede und fundamentale politische
Gegensätze verschleiert, die es - in weltweiter Perspektive -
auch innerhalb der Kirche gibt. Die katholische Synode in
der Bundesrepublik formuliert: "Wir dürfen im Dienste an der
einen Kirche nicht zulassen, daß das kirchliche Leben in der
westlichen Welt immer mehr den Anschein einer Religion des
Wohlstandes und der Sattheit erweckt, und daß es in anderen
Teilen der Welt wie eine Volksreligion der Unglücklichen wirkt,
deren Brotlosigkeit sie buchstäblich von unserer Tischgemeinschaft ausschließt. Denn sonst entsteht vor den Augen der
Welt das Ärgernis einer Kirche, die in sich Unglückliche und
Zuschauer des Unglücks, viele Leidende und viele Pilatuse
vereint und die dieses Ganze die eine Tischgemeinschaft der
Gläubigen, das eine neue Volk Gottes nennt. Die eine Weltkirche darf schließlich nicht in sich selbst noch einmal die

---

[33] J.B. Metz, Jenseits bürgerlicher Religion. Reden über die Zukunft
des Christentums, München - Mainz 1980, 13.
[34] "Lumen Gentium" Nr. 9-17. - Zu den damit verbundenen theologischen Problemen vgl. J.B. Metz, Glaube in Geschichte und Gesellschaft, 120-135.
[35] "Lumen Gentium" Nr. 8.
[36] Dies wird leider unterstrichen durch die Trennung der dogmatischen Bestimmungen von den einschlägigen Passagen über die Kirche
in der Welt, die in einer <u>eigenen</u> Konstitution behandelt werden (vgl.
"Gaudium et Spes" Nr. 40-45 und 76).

sozialen Gegensätze unserer Welt einfach wiederspiegeln"[37].

Angesichts der religiösen Situation in spätbürgerlichen Gesellschaften hat die Kirche "zwar immer noch ein starkes Milieu, aber immer weniger ein Volk"[38], und dies vornehmlich, weil das Volk immer noch nicht zum Subjekt in der Kirche geworden ist. Soll der Begriff "Volk" im neuen Volk Gottes eine wirklich neue Qualität erhalten, die ihn von einem undifferenzierten und bedeutungslosen politischen Volksverständnis oder populistischem kirchlichem Gebrauch unterscheidet, kann er nur im geschichtlich-praktischen Volkwerden einer weltweiten Kirche der Solidarität Realität gewinnen, "in der das Volk herausgetreten ist aus seinen natürlichen kollektiven Identitätsmustern, heraus aus Nation, Rasse und Klasse; in der das Volk auch geschichtlich zu einem 'neuen Volk' geworden ist und eine neue Identität vor Gott gefunden hat und in der der Satz: 'die Kirche ist für alle da' nicht wie eine inhaltlose Vereinnahmung gerade der Schwachen und Sprachlosen anmutet, weil in ihr alle zum Subjekt geworden sind"[39].

Aus der Pastoralkonstitution "Gaudium et Spes", die im Zusammenhang der Fragen nach dem Subjekt kirchlichen Handelns und nach der Sendung der Kirche noch näher besprochen wird, soll hier nur auf eine Beobachtung hingewiesen werden. Zwar heißt es dort, Kirche und politische Gemeinschaft seien voneinander unabhängig und hinsichtlich ihrer Aufgaben und Zuständigkeiten zu unterscheiden[40]; aber als Bezugsrahmen für diese Differenzen wird festgestellt: "Das Irdische und das, was am konkreten Menschen diese Welt übersteigt, sind miteinander eng verbunden, und die Kirche selbst bedient sich des Zeitlichen, soweit es ihre eigene Sendung erfordert"[41]. Damit ist angedeutet, daß Identität und Differenz von Kirche und Welt begrifflich gar nicht exakt zu erfassen sind. Annäherungsweise kann aber versucht werden, in der Bestimmung ihres Verhältnisses zur Welt zu sagen, was die Kirche ist.

Von diesem Ansatz geht auch Metz aus, wenn er feststellt: "Trotz der modischen Rede über Kirche und Welt ist kaum et-

---

37 Unsere Hoffnung. Ein Bekenntnis zum Glauben in dieser Zeit, in: Gemeinsame Synode der Bistümer in der Bundesrepublik Deutschland. Offizielle Gesamtausgabe, Bd. 1, Freiburg 1976, 71-111, hier 109.
38 J.B. Metz, Glaube in Geschichte und Gesellschaft, 121.
39 A.a.O. 134.
40 "Gaudium et Spes" Nr. 76, in: Texte 399. -
"Communitas politica et Ecclesia in proprio campo ab invicem sunt independentes et autonomae" (LThK E III, 530). "Ecclesia, quae, ratione sui muneris et competentiae, nullo modo cum communitate politica confunditur ..." (LThK E III, 528).
41 Texte 400. - "Res quidem terrenae et ea, quae in hominum condicione hunc mundum exsuperant, arcte inter se iunguntur, et ipsa Ecclesia rebus temporalibus utitur quantum propria eius missio id postulat" (LThK E III, 532).

was so unklar wie das grundsätzliche Verhältnis beider zueinander. Die übliche Rede von der Zuwendung der Kirche zur Welt, von der positiven Einschätzung der Welt durch die Kirche usw. macht diese Unklarheit deutlich. Ist Kirche denn etwas anderes als Welt? Ist sie nicht auch Welt? Sind wir Christen, die wir doch die Kirche bilden, nicht auch Welt? Wohin wenden wir uns, wenn wir uns zur 'Welt' wenden? Die Kirche ist nicht einfach Nicht-Welt, sie existiert nicht 'neben' oder 'über' unserer säkularisierten Gesellschaft, sondern in ihr, als die Gemeinschaft derer, die aus den in Jesus angesagten und endgültig bestätigten Verheißungen Gottes zu leben versucht, die deshalb unsere gesellschaftliche Mitwelt immer neu mit dieser Hoffnung infiziert und deren Verschließungen und Verabsolutierungen kritisiert"[42]. Kirche als kritische und befreiende Instanz in einer Gesellschaft, die um ihre Selbstbehauptung und evolutiv vermeintlich machbare Zukunft besorgt ist, als Institution, die von der eschatologischen Hoffnung auf ihre Selbstaufhebung ins Reich Gottes hinein lebt; so kann sie ohne politische Macht und doch gesellschaftlich wirksam, ohne die Attitüde, in einer anderen Welt zu leben, und doch die weltlichen, weil geschichtlich und gesellschaftlich begrenzten Möglichkeiten transzendierend, Kirche in der Welt und für die Welt sein. "Von Anfang an - nicht etwa erst seit den Zeiten Konstantins - übersteigt die Kirche sich selbst in jene fremde Welt hinein, auf die sie sich ständig beziehen muß, seit sie die Kirche des Sohnes ist, der diese 'Fremde' als sein 'Eigentum' reklamierte und der diesen Anspruch besiegelte mit seinem Tod für alle - auch für die Ungläubigen ... Diese Fremdbestimmung kommt zur Kirche nicht nachträglich hinzu, sie ist Element ihrer Konstitution, gehört zu ihrem specificum christianum. Nicht nur, was 'menschlich' ist, sondern auch, was 'christlich' in einem vollen und bestimmten Sinn ist und sein kann, kann die Kirche nicht im vorhinein und gewissermaßen ohne das Experiment geschichtlicher Erfahrung und Auseinandersetzung wissen"[43].

Die Differenz von Kirche und Welt bedeutet dann für das kirchliche Handeln, "in Widerstand und schöpferischer Erwartung die Gestalt der Welt zu verändern, in der man glaubt, hofft und liebt"[44]. Weder die Identifizierung christlicher Existenz mit einer geschichtlich bedingten Form gesellschaftlicher (und kirchlicher) Wirklichkeit noch der Rückzug aus der Welt (wohin dann eigentlich?) und ihren politisch und sozial geprägten Strukturen wird diesem Anspruch gerecht. Identität und Differenz von Kirche und Welt sind als bleibende Bedingungen

---

42 J.B. Metz, Zur Theologie der Welt, Mainz 1968, 85.
43 J.B. Metz, Kirchliche Autorität im Anspruch der Freiheitsgeschichte, a.a.O. 81.
44 J. Moltmann, Theologie der Hoffnung, München [5]1966, 304.

christlicher Selbstverwirklichung festzuhalten; ihnen ist aber ebenso ständig neu standzuhalten.

Hier muß auf einen Aspekt der politischen Präsenz des Christentums in der Gesellschaft aufmerksam gemacht werden, den man als die kompensatorische Funktion kirchlicher Verbände bezeichnen kann (ohne damit ihre sicher vorhandenen Verdienste bestreiten zu wollen, auf die hier im einzelnen nicht eingegangen werden kann). Bedingt durch das Schwinden ihrer gesellschaftlichen Relevanz hat sich die Kirche seit der Mitte des 19. Jahrhunderts stark um die Bildung religiöser, caritativer und sozialer Verbände bemüht, mit denen sie sich eine kirchliche "Eigen-Welt" geschaffen hat. Das Verhältnis zur Welt konnte dadurch aber nicht wiedergewonnen werden, da die Verbände ihrerseits Schwierigkeiten haben, ihren Ort zwischen offizieller Kirche und realpolitischer Welt zu finden. Von beiden Seiten gleichermaßen in die Pflicht genommen, kommen sie nicht darüber hinaus, gesellschaftspolitische Probleme und Lösungsversuche des Staates sowie die Ansprüche der Kirche, die eigentlich an die Gesamtgesellschaft gerichtet sind, in ihren eigenen Reihen zu reproduzieren. Wegweisende Impulse, die über die Widersprüche und Grenzen gesellschaftlicher, politischer und wirtschaftlicher Ordnungsvorstellungen hinausführen, sind von ihnen jedenfalls nicht ausgegangen und können wohl auch kaum erwartet werden.

Aus allem bisher Gesagten sollte deutlich geworden sein, daß die Frage nach dem Verhältnis von Kirche und Welt nicht rein theoretisch beantwortet werden kann, sondern entlang der tatsächlichen und angezielten kirchlichen Praxis differenziert betrachtet werden muß. Die beiden in den letzten Abschnitten behandelten Probleme und gezeigten Problemkonstellationen - hinsichtlich der theologischen Verhältnisbestimmung von Kirche und Welt sowie einer politischen Theologie der Kirche - haben Auswirkungen auf die Überlegungen zum Subjekt kirchlichen Handelns.

3.2.2 Ekklesiologisches Selbstverständnis: Wann handelt die Kirche als Kirche?

Eine von der Subjektfrage und der christlichen Praxis geleitete Theologie kann nicht Unterscheidungen der systematischen Theologie einfach übernehmen, um sie dann auf die Bereiche einer christlichen Gesellschaftslehre anzuwenden; sie muß in der gesellschaftsbezogenen Reflexion theologischer Begriffe deren theoretische und praktische Tragfähigkeit überprüfen. Nur so bietet sich eine Gewähr dafür, daß theologische Einsichten realitätsbezogen bleiben und den Ansprüchen an die gesellschaftliche Praxis des Christentums genügen. Deshalb gilt auch für das ekklesiologische Selbstverständnis der Kirche, daß es nicht in rein theoretischen Erwägungen über das Wesen der Kirche gewonnen wird, sondern erst in der Verbindung von dogmatischem Wissen und kritischer Analyse der konkreten Realität der Kirche; andernfalls bliebe das Subjekt kirchlichen Handelns in der Gesellschaft ein rein gedachtes und seine Praxis gedankenlos.

Im Unterschied zu dieser Auffassung versucht die katholische Soziallehre, einen theologie-immanent gewonnenen Begriff vom Subjekt kirchlichen Handelns auf ihren Bereich zu übertragen, ohne ihn von ihren Erfahrungen bezüglich der gesellschaftlichen Praxis der Kirche her zu befragen[45]. Als Ausgangspunkt bei der Beantwortung der Frage "Wann handelt die Kirche als Kirche?" dient nach Nell-Breuning in der katholischen Soziallehre die folgende Unterscheidung: "Wir Katholiken sind immer Kirche, aber selbst wenn wir unsere Pflichten als Glieder der Kirche erfüllen oder im Interesse der Kirche etwas unternehmen, für ihr Ansehen und ihre Rechte kämpfen oder uns bemühen, ihren Lehren Geltung zu verschaffen, handeln wir nicht oder doch nur in Ausnahmefällen als Kirche"[46]. Kirche als Kirche meint hier immer "als Institution"[47], "die Hierarchie"[48], "ihre Amtsträger und Institutionen"[49].

Daraus folgt jedoch noch nicht, daß jedes Handeln kirchlicher Amtsträger auch schon Handeln der Kirche ist, z.B. in solchen Fällen, in denen Amtsträger bei dringend anstehenden Aufgaben für nicht verfügbare qualifizierte Laien einspringen[50]. Die Unterscheidung gilt deshalb nochmals für das, was "Diener der Kirche" tun, und das, was "die Kirche tut"[51].

---

45 Ein Beispiel dafür bietet O.v. Nell-Breuning, 7201, 83. Nachdem Nell-Breuning festgestellt hat, daß in "Mater et Magistra" die Lehre über die Sendung der Kirche "verunklart" worden sei, "als ob der Kirche eine Doppelaufgabe obliege: ewiges Heil und irdisches Wohl", fährt er fort: "Dogmatiker und Ekklesiologen lesen offenbar Sozialenzykliken nicht; andernfalls hätten sie doch wohl dagegen aufbegehrt". Der Gedanke, das theologische Verständnis der Kirche vom gesellschaftspolitischen Wirken der Kirche her einmal zu befragen, also die Dogmatik selbst evtl. zu belehren, liegt christlichen Sozialwissenschaftlern offensichtlich fern.
46 O.v. Nell-Breuning, 7507, 149. - Eine These Nell-Breunings in diesem Aufsatz lautet: "In seiner Glanzzeit bildeten der soziale und der politische Katholizismus eine unzertrennbare Einheit; ja, man kann sagen, sie waren ein und dasselbe" (151). Daß solche Erkenntnisse gar nicht in Beziehung zur Frage nach dem Subjekt des Glaubens gesetzt werden, muß doch verwundern. Immerhin sind es dieselben Menschen, die als Mitglieder der Kirche und als Bürger diese Einheit geschaffen haben.
47 O.v. Nell-Breuning, 7702, 24.
48 A.a.O. 25 sowie 7507, 149, Anm. 4.
49 O.v. Nell-Breuning, 7701, 30.
50 O.v. Nell-Breuning, 7702, 25.
51 A.a.O. 29. - Auf einen konkreten Fall angewendet heißt das: Im eigentlich politischen Bereich kann es sein, daß sich kirchliche Amtsträger engagieren (als Minister, Parlamentarier o.ä.), "ohne daß die Kirche als solche engagiert wäre" (O.v. Nell-Breuning, 7507, 150).

Umgekehrt kann es sein, daß die Kirche als solche in einzelnen Personen, Gruppen oder ganzen Volksteilen eines Landes handelt, die also nicht Amtsträger sind, wenn diese "kraft ihnen von der kirchlichen Autorität erteilter Weisung oder Sendung" handeln[52].

Im Sinne der katholischen Soziallehre muß als Ergebnis der Frage nach dem Subjekt kirchlichen Handelns festgehalten werden:

(1) In der Regel handelt die Kirche als Kirche dort, wo ihre Amtsträger handeln.

(2) Nicht-Amtsträger (im kirchlichen Sprachgebrauch: Laien) handeln dann im Namen der Kirche, wenn sie eine ihnen von der kirchlichen Amtsautorität erteilte Weisung oder Sendung ausführen.

(3) Wo Christen ohne ausdrücklichen kirchlichen Auftrag handeln, tun sie dies auf eigene Verantwortung und in eigenem Namen, selbst wenn solches Handeln "vom christlichen Glauben, vom christlichen Ethos, ja selbst von päpstlichen Staats- oder Sozialenzykliken inspiriert ist"[53]. Ihr Tun bzw. Unterlassen hat zwar positive oder negative Auswirkungen auf das Ansehen der Kirche, muß aber von ihr als solcher nicht verantwortet werden[54].

Das hat zur Folge, daß auch als "Volk Gottes" die Kirche, also die Gesamtheit der Mitglieder, nur dann als solche handelt, wenn das "Volk" im Verein mit seinen Amtsträgern oder in deren Auftrag handelt. Die sog. "Mündigkeit der Laien" hat keine Auswirkungen auf das Verständnis des Subjekts kirchlichen Handelns. Selbst authentisch christliches Leben von einzelnen oder Gruppen kann innerhalb dieses Kirchenverständnisses nicht als Handeln der Kirche im eigentlichen Sinn qualifiziert werden. Nach der Pastoralkonstitution "Gaudium et Spes" ist eine solche Differenzierung besonders für eine pluralistische Gesellschaft von Bedeutung: "Sehr wichtig ist besonders in einer pluralistischen Gesellschaft, daß man das Verhältnis zwischen der politischen Gemeinschaft und der Kirche richtig sieht, so daß zwischen dem, was die Christen als

---

Auch diese Unterscheidung ist nicht abstrakt zu kritisieren, sondern nach ihren kirchenpolitischen Auswirkungen zu befragen: Dient sie dem Schutz der Betroffenen oder soll sie nur das Bild einer scheinbar politisch unschuldigen bzw. neutralen Kirche vermitteln?
52 O.v. Nell-Breuning, 7507, 149. - Kriterium dafür, wann etwas im Namen der Kirche geschieht und wann Christen im eigenen Namen handeln, ist die Sendung der Kirche; vgl. dazu 3.3.1.
53 Ebd. - Man beachte die Steigerung, die bei dieser auf das Amt konzentrierten Betrachtungsweise geradezu zu einer Umkehrung des christlichen Autoritätsverständnisses geführt hat. Oberstes Kriterium für kirchliches Handeln scheint nicht mehr die Identität von Glauben und Handeln, sondern die Berufung auf lehramtliche (päpstliche) Äußerungen.
54 Ebd.

einzelne oder im Verbund im eigenen Namen als Staatsbürger, die von ihrem christlichen Gewissen geleitet werden, und dem, was sie im Namen der Kirche zusammen mit ihren Hirten tun, klar unterschieden wird"[55]. Hier stellt sich die Frage, wie eine "Theologie des Volkes" einen solchen, stark juridisch gefärbten Kirchenbegriff zu integrieren vermag. Es geht dabei nicht darum, die juridische Seite zu leugnen oder zu ignorieren, wohl aber in theologisch begründeter Sicht zu relativieren.

Der soeben zitierte Text des Konzils erweckt den Eindruck, als bestehe zwischen dem, was die Christen als Staatsbürger tun, und dem, was sie als Kirche tun, eine vollständige Distinktion. Tatsächlich besteht sie nicht. Die theologisch gebräuchliche Unterscheidung von "reduplikativ qua Kirche handeln" und "spezifikativ kirchlich handeln" hilft hier weiter. Der Bereich des spezifikativ kirchlichen Handelns bietet in der Praxis ein weites und wohl auch das umfassendste Feld, auf dem sich kirchliches Handeln abspielt. Ansatzweise ist das in der katholischen Soziallehre durchaus gesehen: "In dem Maße, wie die Kirche den Schwerpunkt ihres Wirkens in den Zwischenraum zwischen dem Privat- und Intimbereich der einzelnen und der Familien einerseits und dem Hoheitsbereich des Staates andererseits verlegt, gewinnt neben dem, was sie von Amts wegen und durch ihre Amtsträger tut, die 'freie' Wirksamkeit des Kirchenvolkes, das ist aller deren, die Kirche sind, mehr und mehr an Gewicht"[56]. Und an einer anderen Stelle heißt es bei Nell-Breuning, daß es Aufgaben der Kirche gebe, "die 'vorzugsweise' von den Laien zu leisten sind und dabei doch ganz und gar im Dienst der einen und einzigen Sendung der Kirche stehen"[57]. Es ist bemerkenswert, daß solche Einsichten wohl hinsichtlich ihrer gesellschaftspolitischen Konsequenzen, aber überhaupt nicht in ihrer theologischen Bedeutung von der katholischen Soziallehre bzw. - wie Sozial-

---

55 "Gaudium et Spes" Nr. 76, in: Texte 399. -
"Magni momenti est, praesertim ubi societas pluralistica viget, ut rectus respectus relationis inter communitatem politicam et Ecclesiam habeatur, utque inter ea, quae christifideles, sive singuli sive consociati, suo nomine tamquam cives, christiana conscientia ducti, et ea, quae nomine Ecclesiae una cum pastoribus suis agunt, clare distinguatur" (LThK E III, 528). -
Vgl. die Kommentare zu dieser Stelle bei O.v. Nell-Breuning, 6802, 528-532; 7701, 150-153: "'Im Namen der Kirche' geschieht nur, was auf Weisung oder in Vollmacht oder unter Führung der kirchlichen Hirten, genauer gesprochen der jeweils dafür zuständigen kirchlichen Amtsträger geschieht" (151).
56 O.v. Nell-Breuning, 8001, 94. -
Das mit "spezifikativ kirchlich handeln" Gemeinte deckt sich - wenigstens partiell - mit dem Begriff "Katholizismus" bei O.v. Nell-Breuning, 7507, 148.
57 O.v. Nell-Breuning, 7702, 20.

wissenschaftler vermutlich einwenden werden - von der systematischen Theologie reflektiert werden[58]. Hier wirkt sich wiederum die Arbeitsteilung von Dogmatik und Soziallehre in der Weise nachteilig aus, daß ein Problem unbeachtet bleibt, weil man es vermeintlich aufgeteilt, tatsächlich aufgespalten und damit unsichtbar gemacht hat.

Auf wichtige Wandlungen im Verbandskatholizismus, die mit diesem Kirchenverständnis zusammenhängen, macht Nell-Breuning aufmerksam. Die ursprünglich aus Laieninitiativen entstandenen und als Laienbewegung gedachten katholischen Verbände, deren Mitglieder als Glieder der Kirche in der Gesellschaft handeln wollten, riefen vor allem bei den deutschen Bischöfen Unbehagen hervor. "In der Kirche als 'acies ordinata', als 'wohlgeordnetes Schlachtheer', sollte es genau wie im Militär des 19. Jahrhunderts nur den strammen, um nicht zu sagen sturen militärischen Gehorsam geben, der nur 'auf Befehl' handelt. Nichts sollte geschehen, nichts unternommen werden, das nicht von oben her angeordnet oder allermindestens, nachdem es zur Prüfung vorgelegen hatte, genehmigt worden sei"[59]. Da die Bischöfe meinten, für alles, was im Vereinswesen geschah, die Verantwortung tragen zu müssen, wollten sie es auch "fest an der Leine halten"[60].

Besonders wirkte sich das auf den 1890 gegründeten "Volksverein für das katholische Deutschland" aus. Sein Ziel war es, die staatsbürgerliche und gesellschaftliche Benachteiligung der katholischen Bevölkerung durch gesellschafts- und bildungspolitische Maßnahmen auszugleichen. "Kirchlicherseits wäre man wohl geneigt gewesen, einen allgemeinen Katholikenverein ins Leben zu rufen, um kirchliche Belange in der Öffentlichkeit zu vertreten. Ein solcher Verein ist im Grund überflüssig. Wie alle Staatsbürger den Staat bilden und nicht nötig haben, noch einmal eigens einen Staatsbürgerverein zu bilden, so bilden die Katholiken alle zusammen die Kirche; daneben bedarf es nicht noch einmal einer vereinsmäßigen Zusammenfassung der gleichen Katholiken in einem Katholikenverein"[61]. Die Tendenz zeigt an, daß Bemühungen, Aktionsfelder kirchlichen Handelns durch Initiativen von unten zu schaffen, unter der Vorherrschaft eines juridischen Kirchenverständnisses durch Bestrebungen unterlaufen werden, kirchliches Handeln auf das "reduplikativ qua Kirche handeln" im oben beschriebenen Sinn zu reduzieren. Nach dem 2. Weltkrieg, als man an eine Neugründung des Volksvereins dachte, hat sich diese Tendenz durchgesetzt: "Für das seinerzeit vom Volksverein aufgebaute und mustergültig betriebene

---

58 Siehe oben die beiden Beispiele in Anm. 45 und 46.
59 O.v. Nell-Breuning, 7507, 154.
60 A.a.O. 155.
61 O.v. Nell-Breuning, 7213, 37.

soziale Bildungswesen besteht heute eine Vielzahl diözesaner und anderer Einrichtungen, die in heute zeitgemäßer Form und mit unvergleichlich größeren finanziellen Mitteln diese wichtige Arbeit weiterführen. Im Gegensatz zu früher sind alle diese Einrichtungen <u>nicht</u> Schöpfungen freier Laieninitiative, sondern Glieder des (amts-)kirchlichen Organismus"62.

Damit kommt es jedoch nie zu einer Integration von Kirche und Welt in der kirchlichen Gemeinschaft, sondern - im Gegenteil - zu einer Abbildung ihrer Beziehungslosigkeit durch Differenzierung kirchlicher Gemeinschaft in religiöse Gemeinde und gesellschaftspolitisch aktive Verbände. Die Spaltung von politischem Handeln in der Gesellschaft und "rein" religiösem Handeln in der Kirche wird innerhalb des Gemeindelebens festgeschrieben. Die psychologischen Auswirkungen auf den kirchlichen Amtsträger als Leiter der Gemeinde beschreibt Nell-Breuning. Der Kampf um soziale Gerechtigkeit und um die Verwirklichung einer gerechten Gesellschaftsordnung "führt unvermeidlich in <u>Interessenkonflikte</u>; auch der Seelsorger gerät in die Gefahr <u>oder doch in den Verdacht der Parteilichkeit</u>. Diese Dinge belasten sein Wirken in der Gemeinde; er möchte sie von sich fernhalten. Aber dadurch, daß er die Probleme wegwünscht, sind sie nicht weg"63. Das Problem läßt sich allerdings nicht durch moralische Appelle allein lösen; es bedarf Änderungen des Gemeindeverständnisses und der Gemeindestrukturen. In der hier als arbeitsteilig beschriebenen Situation der Gemeinde wirken die Verbände faktisch zur Verhinderung einer basiskirchlichen Erneuerung. Zum einen funktionieren sie nur innerhalb des Systems; ihre Veränderung auf Basiskirche hin würde zu Systemstörungen führen und scheint deshalb gar nicht erwünscht. Zum anderen bindet diese Kirchenstruktur gerade den größten Teil aktiver kirchlicher Mitglieder für Tätigkeiten, die entweder - innerhalb der Pfarrgemeinde - auf dem religiösen und caritativen Sektor oder - in den Verbänden - auf sozialem und gesellschaftspolitischem Sektor liegen; damit wirken solche Aktivitäten faktisch "systemreproduzierend", statt den "Laien" eine das überkommene kirchliche System verändernde Praxis anzuvertrauen und zuzumuten.

Hier sei nochmals betont, daß nicht die caritativen und sozialen Leistungen der Verbände oder das religiöse Leben der Gemeindemitglieder angezweifelt werden. Das beziehungslose

---

62 A.a.O. 50. -
Zur Rolle und Bedeutung des Geldes in der Kirche vgl. J.B. Metz, Jenseits bürgerlicher Religion, 17. - Es bleibt nicht aus, daß das Geld ein wichtiger Faktor für die Abhängigkeit der "Laien" und ihrer Initiativen vom kirchlichen Amt und damit auch für die fortwirkende Unmündigkeit der Laien in der Kirche ist.
63 O.v. Nell-Breuning, 7301, 126.

Nebeneinander von kirchlicher und gesellschaftlicher Praxis und die daraus resultierende ausweglose Situation für die Zukunft der Kirche sollen aufgezeigt werden. Darin liegen allerdings entscheidende Mängel des gegenwärtigen Zustandes, die das Postulat einer Aufhebung dieser arbeitsteiligen kirchlichen Praxis rechtfertigen.

3.2.3 Das Subjekt des Glaubens als Subjekt kirchlichen Handelns

Die Integration des kirchlichen in das gesellschaftliche Leben kann nur durch eine Glaubenspraxis erreicht werden, welche die oben beschriebenen Arbeitsteilungen von religiösem und politischem Engagement kirchlicher Mitglieder und Institutionen überwindet. Bei der Forderung nach Veränderung der Kirchenstrukturen geht es nicht um modische Anpassung (auch die durch Technik und Verwaltung bestimmte wirtschaftliche und gesellschaftliche Arbeitsteilung ist ja längst an die Grenzen ihrer Faszination und Effektivität gestoßen) oder romantische Rückschau auf vorindustrielle und voraufklärerische Gesellschaftsformationen. Diese Forderung ist theologisch begründet und an der zukünftigen Gestalt des Christentums orientiert: sie will das Subjekt des Glaubens in seinem Rang als Subjekt kirchlichen Handelns ernst nehmen. Die enggeführte Frage "Wann handelt die Kirche als Kirche?" kann dem nicht gerecht werden, weil sie zunächst - aus der Sendung der Kirche - einen "kirchenimmanenten" Begriff vom Handeln der Kirche bildet, die Subjektfrage nachträglich stellt und dann feststellt, daß - von Ausnahmen abgesehen - nur noch die Amtsträger als Handlungssubjekte in Frage kommen.

So aber bleibt der Glaube des Kirchenvolkes vornehmlich passiv bestimmt. Würde von vornherein der Glaube als Nachfolgepraxis verstanden[64], könnte die beschriebene Aufspaltung gar nicht erst entstehen. Denn Glaubenspraxis kann sich nicht - jedenfalls nicht primär oder gar ausschließlich - auf die Kirche richten; das hieße, die Kirche als Selbstzweck anzusehen. Die Praxis des Glaubens und das kirchliche Handeln in diesem Sinn zielen auf die Veränderung geschichtlicher und gesellschaftlicher Wirklichkeit als den konstitutiven Bedingungen menschlicher und christlicher Existenz. Deshalb kommen die entscheidenden Aufgaben den "Laien" zu, die alltäglich (in ihrer "weltlichen" Existenz) diesen Bedingungen ausgesetzt und von ihrem christlichen Glaubensverständnis her zur praktischen Stellungnahme herausgefordert sind; ihnen gegenüber bleibt das kirchliche Handeln der Amtsträger eine abge-

---

[64] Zur mystisch-politischen Doppelstruktur der Nachfolge vgl. J.B. Metz, Zeit der Orden? Zur Mystik und Politik der Nachfolge, Freiburg 1977, 45ff.

leitete Funktion - nicht Handeln der Kirche im eigentlichen
Sinn. Wenn dem Glauben der Christen identitätsbildende Kraft
zukommt[65], dann muß er als Nachfolgepraxis in Geschichte
und Gesellschaft verstanden werden und wirksam sein. Dann
muß aber auch das Subjekt des Glaubens als Subjekt kirchlichen Handelns in der Gesellschaft ernst genommen und in
Kraft gesetzt werden.

In der katholischen Soziallehre ist die sozialphilosophische
und die theologische Frage nach dem Subjekt voneinander getrennt. Bei Nell-Breuning wird die sozialphilosophische Frage
unter verschiedenen Aspekten behandelt, in allen Fällen aber
ohne einen Zusammenhang mit der Frage nach dem Subjekt
kirchlichen Handelns. Zunächst ist abstrakt vom Menschen als
Subjekt der Wirtschaft die Rede, das die im Raum der Wirtschaft notwendigen Wahlhandlungen trifft[66]. Sodann wird
- mit Berufung auf die Soziallehre der Päpste und des Zweiten
Vatikanischen Konzils - der Kapitalismus dahingehend kritisiert, daß in ihm der Mensch nicht den ihm gebührenden Platz
einnimmt. "In Gesellschaft und Wirtschaft sollte nicht das
sachliche Element (Kapital, Vermögen), sondern das personale Element, der Mensch mit dem, was er leistet, mit seiner
Arbeit, bestimmend sein. Offenbar ist dem bei uns nicht so.
Wir nennen unsere Gesellschaft und Wirtschaft nicht 'laboristisch', sondern 'kapitalistisch'. Damit bringen wir zutreffend
zum Ausdruck, daß die tatsächlich bestehende Ordnung nicht
von den Personen und ihrer persönlichen Leistung, sondern
von den Dingen (Ausstattung mit Vermögen, 'Kapital') bestimmt wird"[67]. Der "personale Charakter der Arbeit"[68] verlangt eine Wirtschaftsordnung, in der dem Menschen Vorrang
vor den werkzeuglichen Faktoren (insbesondere dem Kapital)
eingeräumt wird. Dazu soll in der heutigen gesellschaftspolitischen Situation die wirtschaftliche Mitbestimmung führen.
"Nach der herkömmlichen Vorstellung, derzufolge das Unternehmen - mindestens das erwerbswirtschaftliche Unternehmen -
seinem institutionellen Sinn nach den Eigentümer- oder Kapital-Interessen dient, sind die Arbeitnehmer in jedem Fall Ob-

---

[65] Zum subjektkonstituierenden Charakter des biblischen Gottesgedankens vgl. J.B. Metz, Glaube in Geschichte und Gesellschaft, 57ff.
[66] Vgl. O.v. Nell-Breuning, 8001, 178. - Nell-Breuning benutzt diese Bestimmung als einen Grund für die These, die Eigenständigkeit
der Wirtschaft gegenüber der Politik aufzuzeigen, in der das öffentliche Gemeinwesen Subjekt der Wahlhandlungen ist.
[67] O.v. Nell-Breuning, 7701, 123. - Dennoch kommt es in der Praxis
nur zu einer abgeschwächten Forderung nach Überwindung des Kapitalismus: "Solange wir kein zuverlässig funktionsfähiges Modell einer
laboristischen Ordnung anzubieten haben, bleibt uns in der Tat nichts
anderes übrig, als uns mit einem 'sozial temperierten Kapitalismus'
zufriedenzugeben und ihn schrittweise (...) weiter zu verbessern"
(124).
[68] Vgl. a.a.O. 141.

jekt der unternehmerischen Entscheidungen und Maßnahmen, im günstigen Fall überdies auch noch Objekt seiner wohlmeinenden Fürsorge. Aus dieser Objektrolle führt die wirtschaftliche Mitbestimmung sie in die Subjektstellung über"69. Mit dieser wirtschaftlichen Subjektstellung soll zugleich ein wichtiger Beitrag zur Förderung der gesellschaftlichen Subjektwerdung der Arbeiter geleistet werden.

Schließlich greift die Option für die Subjektwerdung des Arbeiters in den kirchlichen Raum über. "Von der Kirche aus gesehen waren die (katholischen) Arbeiter Objekte der Seelsorge. Als solche sollten sie sich in katholischen Arbeitervereinen sammeln, in denen der geistliche Präses ihnen die ihren Bedürfnissen entsprechende Seelsorge angedeihen lassen konnte (auch Leo XIII. hatte sich die Vereinigungen der Arbeiter als solche vorgestellt, in denen die religiösen Angelegenheiten zwar nicht den einzigen, aber doch ausgesprochenermaßen den ersten Platz einnehmen sollten). Die damalige Generation unserer Arbeiterseelsorger (von der Unternehmerseite als die 'Hetzkapläne' verschrieen) hat, vom Volksverein bestens unterstützt, ihre Aufgabe in vorbildlicher Weise dahin verstanden, aus den Objekten ihrer Seelsorge Subjekte einer (katholischen) Arbeiterbewegung zu machen"70. An dieser Stelle knüpfen nun jedoch keine Überlegungen dazu an, was die "Subjekte der Arbeiterbewegung" als Subjekte kirchlichen Handelns tun bzw. tun können; vielmehr treten die Unterscheidungen in Kraft, die im vorigen Abschnitt behandelt worden sind. Bei der Beschränkung auf die Frage nach dem reduplikativ kirchlichen Handeln ist die Rolle der Arbeiter nur unter ökonomischen Aspekten und - soweit sie Mitglieder der Kirche sind - als mögliche Träger (Subjekte!) von Arbeitervereinen gesehen. Ihr Beitrag zur Erfüllung der Sendung der Kirche bleibt im dunkeln.

Die Option für die Subjektwerdung des Arbeiters hat in der katholischen Soziallehre keine Berührungspunkte mit der Frage nach dem Subjekt des Glaubens und damit nach dem Subjekt kirchlichen Handelns. Schon aus diesem Grund muß die Aufspaltung von sozialphilosophischer und theologischer Frage nach dem Subjekt kritisiert werden. Denn religiöses und gesellschaftliches Subjekt dürfen nicht als verschiedene vorausgesetzt werden. Diese Unterscheidung ist selbst Resultat der Entwicklung seit der Aufklärung, näherhin seit dem Auseinandertreten von Kirche und Gesellschaft, wobei der Glaube nicht mehr subjektkonstituierend war, sondern zur gesellschaftlichen Identität des Subjekts hinzutrat. Soll Religion dagegen - nicht nur, aber auch für die Arbeiter - identitätsbildende Kraft gewinnen, so ist auf die Einheit von gesellschaft

---

69 O.v. Nell-Breuning, 7503, 47.
70 O.v. Nell-Breuning, 7213, 43.

licher und religiöser Subjektwerdung hinzuwirken. Das verlangt, das Subjekt des Glaubens als Subjekt kirchlichen <u>und</u> gesellschaftlichen Handelns ernst zu nehmen in einer basiskirchlichen Neuorientierung, die christliche Identität und kirchliches Handeln "von unten", d.h. von der gesellschaftlichen Basis der Kirche her begreift.

3.3 Das Ziel kirchlichen Handelns in der Gesellschaft

Analog zur Arbeitsteilung von systematischer Theologie und katholischer Soziallehre sowie zum methodisch verschiedenen Verfahren von theologischer und sozialphilosophischer Argumentation bestimmt die Unterscheidung von ewigem Heil und irdischem Wohl – fast als theologische Selbstverständlichkeit – die Diskussion über Aufgaben und Grenzen des gesellschaftlichen Handelns der Kirche. Danach besteht die Sendung der Kirche in der Vermittlung des ewigen Heils. Es selbst ist nicht Gegenstand der katholischen Soziallehre, die sich um das irdische menschliche Wohl zu kümmern hat. Indirekt berührt aber die Frage nach dem ewigen christlichen Heil bzw. genauer das Verhältnis von Heil und Wohl auch die Soziallehre, die auf den Erkenntnissen der systematischen Theologie aufbaut, insofern sich aus der Sendung der Kirche Pflichten ergeben für die Verwirklichung des menschlichen Wohls und Berührungspunkte von Heil und Wohl hinsichtlich ihrer sozial relevanten Konsequenzen beurteilt werden müssen.

Die Beschäftigung mit der Frage nach dem Ziel kirchlichen Handelns in der Gesellschaft ergibt sich daher für die katholische Soziallehre vor allem aus drei Gründen:

(1) Aus der Sendung der Kirche lassen sich Voraussetzungen, Aufgaben und Pflichten aufzeigen, die zwar selbst nicht zu dieser Sendung gehören, ohne die aber die Kirche ihre Sendung gar nicht wahrnehmen könnte. So ist z.B. die Freiheit der Religionsausübung im gesellschaftlichen Bereich eine Voraussetzung für die Verwirklichung des kirchlichen Auftrags; sie muß deshalb gegenüber dem Staat geltend gemacht und notfalls vom Staat erkämpft werden[71]. In ähnlicher Weise muß die Kirche dort politisch aktiv werden, wo der Verzicht auf die Wahrnehmung ihres Engagements faktisch einer positiven Unterstützung eines Zustands gleichkäme, der der kirchlichen Sendung widerspricht. So kann etwa der Verzicht auf den Einsatz für die Gerechtigkeit die Unterstützung eines bestehenden Unrechtszustands bedeuten[72]. In solchen Fällen erwachsen der Kirche um der Verwirklichung ihrer Sendung willen zwingende Pflichten im politischen Raum.

[71] O.v. Nell-Breuning, 7702, 27.
[72] A.a.O. 26.

(2) Da die Kirche selbst ein Sozialgebilde ist, übernimmt sie Verantwortung für die in ihr und für sie arbeitenden Menschen und muß deren soziale Belange so ordnen, daß sie sich einerseits wenigstens auf dem Niveau vergleichbarer gesellschaftlicher Regelungen bewegen, ohne andererseits der Glaubwürdigkeit des christlichen Auftrags zu widersprechen. Zugleich hat die Einstellung der Kirche zum menschlichen Wohl und ihre Praxis als Sozialgebilde eine paradigmatische Bedeutung für die Gesamtgesellschaft[73].

(3) Theologisch entscheidend ist, daß die christliche Botschaft selbst einen im umfassenden Sinn "politischen" Gehalt hat. Im Unterschied zur katholischen Soziallehre, die wohl Auswirkungen des Glaubens auf den gesellschaftlichen Bereich kennt, wird hier die Auffassung vertreten, daß christliche Botschaft und Glaubenspraxis in einem wechselseitigen Abhängigkeitsverhältnis stehen, und das so, daß beide erst im Raum und unter den Bedingungen gesellschaftlicher Praxis angemessen bestimmt werden können. Das bedeutet: Die Interpretation dessen, was Christentum, Ziel kirchlichen Handelns, Sendung der Kirche etc. ist, bleibt stets gebunden an die geschichtlich und gesellschaftlich konditionierte Verwirklichung des Glaubens; Glaubenspraxis und Glaubensverständnis bedingen sich gegenseitig.

Die im zweiten Punkt angesprochene Frage der Glaubwürdigkeit kirchlicher Sozialverkündigung durch die Verwirklichung sozialethischer Prinzipien in der eigenen Praxis der Kirche wird in der katholischen Soziallehre nicht als theologisches Problem angesehen. Mit sozial vorbildlichen, den Maßstäben der Gerechtigkeit entsprechenden Regelungen würde die Kirche "doch nur tun, wozu sie ohnehin verpflichtet ist; der Hinweis auf die dadurch erzielte Glaubwürdigkeit oder darauf, daß diejenigen, die für ähnliche Forderungen im politischen, sozialen oder ökonomischen Bereich eintreten, sich wirksam auf dieses Vorbild würden berufen können, mag als eindrucksvoller Beweggrund hinzukommen; er legt aber keine neuen Pflichten auf, sondern kann bestenfalls die ohnehin bestehende Verpflichtung noch verschärfen"[74]. Diese Sichtweise verkennt die intelligible Kraft christlicher Praxis für die theologische Wahrheitsfindung – vielleicht auch ein Grund dafür, daß die Regelungen gar nicht so vorbildlich sind und sozialtheologische Erkenntnisse ertragreicher wären, wenn sich die Praxis der Kirche änderte. Weil darüber jedoch in der katholischen Soziallehre nicht gearbeitet wird, soll der Gedanke an dieser Stelle nicht weiter verfolgt werden. Mit der Sendung der Kirche und dem gesellschaftlich-politischen Gehalt der christlichen Botschaft beschäftigen sich die nächsten Abschnitte der Arbeit.

---

73 A.a.O. 24.
74 Ebd.

3.3.1 Die Sendung der Kirche

Spätestens seit der Sozialenzyklika "Mater et Magistra" ist die Diskussion um die Sendung der Kirche nicht mehr innertheologisch-dogmatisch begrenzt, sondern hat auch die katholische Soziallehre ergriffen[75]. "Die früheren Päpste hatten mit Nachdruck betont, die Kirche sei von Jesus Christus einzig und allein dazu gestiftet, die Menschen zum ewigen Heil zu führen; alles, was sie zum irdischen Wohl beitrage, sei nur ein Ausfluß oder eine Ausstrahlung dessen, was die in Erfüllung dieser ihrer einen und einzigen Aufgabe tue. Gleich zu Beginn von 'Mater et Magistra' wird diese Lehre jedoch verbogen oder mindestens verunklart, als ob der Kirche eine Doppelaufgabe obliege: ewiges Heil und irdisches Wohl"[76]. Es geht um die Abgrenzung der eigentlichen Aufgabe der Kirche von deren (notwendigen oder auch nur wünschenswerten) Folgen, die mit Hilfe der systematischen Theologie vorgenommen werden soll. Unter Berücksichtigung der Subjektproblematik lautet die gleiche Frage im Sinn der katholischen Soziallehre: Wann geschieht etwas "im Namen der Kirche"?

Kriterium ist also die Sendung der Kirche; zu ihr gehört nach Nell-Breuning unmittelbar die Evangelisation (Wortverkündigung) und Pastoration (Verwaltung und Spendung der Gnadenmittel)[77]. Zur Begründung heißt es: "Gesendet ist die Kirche einzig und allein zu dem, wozu Gott seinen Sohn in die Welt gesandt hat, nämlich das durch die Sünde zerbrochene Verhältnis der Menschheit zu Gott wiederherzustellen, den Menschen den durch die Sünde verschlossenen Weg zu Gott wieder zu erschließen"[78]. Zwar kommen der Kirche aus dieser Sendung zwingend Aufgaben und Pflichten zu, welche Auswirkungen im gesellschaftlichen Bereich haben, aber dennoch gilt: "alles, was nicht unmittelbar Evangelisation oder Pastoration ist, steht zu ihr im Verhältnis von Mittel und Zweck"[79].

Die hier wirksame Zweck-Mittel-Rationalität verrät ihre Herkunft aus der aristotelischen Kategorienwelt der neuscholastischen Theologie. Fraglich bleibt, ob sie das Niveau des scholastischen Theologoumenons über die sog. "Instrumentalursächlichkeit" der Menschheit Christi bei der Heilsvermittlung erreicht, in der die Scholastik implizit die hier anstehende Frage erörtert hat. Vor allem aber bleibt in dieser neu-

---

[75] Um Wiederholungen zu vermeiden, verweise ich auf Teil 1.3 der Arbeit, wo die Diskussion anhand der lehramtlichen Dokumente aufgezeigt ist.
[76] O.v. Nell-Breuning, 7201, 83.
[77] O.v. Nell-Breuning, 7702, 29.
[78] A.a.O. 32.
[79] A.a.O. 29.

scholastischen Position eine andere klassische Tradition völlig ausgeblendet, in der mit Hilfe der (platonischen) "Exemplarursächlichkeit" das Verhältnis von Heil und Wohl bzw. von göttlicher und irdischer Gerechtigkeit usw. bestimmt wurde - eine Bestimmung, die durch die aristotelischen Traditionslinien der Theologie keineswegs überholt ist.

Die Kategorien von Mittel und Zweck stoßen denn auch sogleich an die Grenzen ihrer Brauchbarkeit, wenn es um die Entscheidung geht, welche Handlungen im einzelnen als zwingende Folge der Sendung der Kirche geboten sind. Hier handle es sich um Tatfragen, die von der Kirche (im weiter oben bezeichneten Sinn: von der Hierarchie) je nach Lage der Dinge zu entscheiden sind. Die katholische Soziallehre sieht in diesem Problem einen Ermessensspielraum, den sie nicht selbst auszufüllen hat. Es handelt sich dabei um das gleiche Problem wie beim Verhältnis von normativen Aussagen und den aus ihnen sich ergebenden Handlungen; wurde in diesem Fall die konkrete Entscheidung den jeweils zuständigen "Fachleuten" überlassen, so hier den kirchlichen Amtsträgern.

Die Überlegungen erscheinen in einem völlig neuen Licht, wenn gefragt wird, wie die Christen als Subjekte des Glaubens ihren Auftrag in der Welt erfüllen können. Dann wird schlagartig deutlich, daß die Sorge um die Gestaltung der Welt konstitutiver Bestandteil der Verwirklichung christlicher Heilsverheißung ist, in der Evangelisation und Pastoration ihren Ort haben. Statt gerade den entscheidenden Schritt bei der Durchsetzung christlicher Impulse zur Gestaltung der Gesellschaft sog. Fachleuten zu überlassen und dadurch selbst zu Zuschauern jener gesellschaftlicher Veränderungen zu werden, die das Leben aller betreffen, ist kirchliches Handeln als Handeln der kirchlichen Basis (des Kirchenvolkes) notwendig[80].

---

[80] W. Pannenberg, Geschichtstatsachen und christliche Ethik. Zur Relevanz geschichtlich politischer Sachfragen für die christliche Ethik, in: H. Peukert (Hrsg.), Diskussion zur "politischen Theologie", Mainz - München 1969, 231-246, plädiert zunächst dafür, daß "für die Argumentation heutiger politischer Kritik allein der weltliche Sachverstand maßgebend sein" (235) muß; er räumt aber ein, daß Sachverstand nicht als wertfreie Technik tätig ist und - besonders für die Kritik am Bestehenden - einer erhellenden und leitenden Vision bedarf. Das scheint noch ganz dem Muster von abstrakten sozialethischen Normen und konkreten politischen Entscheidungen aus dem Sachverstand der Fachleute zu entsprechen. An späterer Stelle heißt es dann allerdings: "Eine Ethik der Veränderung denkt den Menschen und seine Lebensverhältnisse als Prozeß. Sie sieht ihn auf einem Wege, von dem, was er faktisch ist, zu dem, was er sein kann und seiner Bestimmung nach ist. Dabei fügen sich die jeweilige geschichtliche Situation und der Geschichtsverlauf bruchlos in eine solche Betrachtungsweise ein. Die Theologie tritt hier nicht der profanen Lebenswirklichkeit als einer dem Sachverstand zu überlassenden fremden

Die Besinnung auf die unlösbare Einheit von Heil und Wohl überwindet die Zweck-Mittel-Rationalität bezüglich der Sendung der Kirche durch die sozialkritische Praxis der Kirche. Nur so kann die Lücke (der "Ermessensspielraum") zwischen sozialethischen Erfordernissen und konkreten gesellschaftspolitischen Handlungen geschlossen werden.

In dieser Betrachtungsweise läßt sich auch die wichtige Funktion der Institution Kirche für Tradierung und Kontinuität authentischer christlicher Praxis einsichtig machen. "Die freischwebende kritische Subjektivität des einzelnen Christen kann diese Aufgabe nicht allein leisten. Diese Kritik bedarf selbst einer bestimmten Form der Institutionalisierung (so daß sich das geläufige Problem des Verhältnisses von Institution und kritischer Freiheit in einer ganz neuen Gestalt zeigt)"[81]. Die Institution Kirche entlastet den einzelnen und kirchliche Gemeinschaften von möglichen Überforderungen oder Paralysierungen durch die Gesamtgesellschaft und sichert sowohl deren individuellen und kollektiven Freiheitsraum als auch die Orientierung der jeweils neu zu formulierenden sozialkritischen Impulse am stets gültigen Anspruch des Evangeliums. Für die Institution und die Gemeinschaft der Kirche bedeutet das, daß "jedes gesellschaftskritische Motiv der Kirche immer auch ein selbstkritisches Motiv sein" muß[82]. Andernfalls würde sich der Anspruch an die Gesellschaft dem Verdacht aussetzen, leeres Pathos zu sein, und er würde seine gesellschaftskritische Bestimmtheit einbüßen. Denn auch eine konkrete Forderung kann sehr abstrakt bleiben, wenn nichts geschieht.

3.3.2 Der gesellschaftlich-politische Gehalt der christlichen Botschaft

Ansatzweise ist das Problem des politischen Gehalts des Christentums in der katholischen Soziallehre gesehen. Nell-Breuning spricht von einem "individualistisch verengten Verständnis der christlichen Botschaft"[83], das überwunden werden müsse: "Nach dem Glauben der Kirche ist Christus nicht nur Erlöser einzelner, sondern Erlöser der Welt; wesentlicher Gehalt seiner Botschaft ist zwar auch das Heil der vielen einzel-

---

Sphäre gegenüber. Vielmehr geht es ja um die Veränderung der vorgefundenen Zustände. Als Ausgangspunkt möglicher und nötiger Veränderung geht die vorgefundene Situation in die ethische Reflexion ein" (241f.).
Mit anderen Worten: der wesentlich praktische Weg von Erkenntnis und Durchsetzung ethischer Forderungen ist der von Bewährung und Irrtum.
81 J.B. Metz, Zur Theologie der Welt, 129, Anm. 1.
82 Ebd. - Dort ist allerdings nur die Rede von der Institution Kirche.
83 O.v. Nell-Breuning, 7403, 395.

nen, vor allem aber das universale Reich Gottes. Demgemäß hat das Christentum es nicht mit dem Menschen als bloßem Individuum zu tun, sondern mit dem ganzen Menschen, mit dem Menschen als Person, der als solche seinen einmaligen und unwiederholbaren Selbstand nicht neben, außer oder über der Gesellschaft, ebensowenig aber unter ihr, sondern in der menschlichen Gesellschaft hat, und dies nach christlichem Glauben unverlierbar und unverzichtbar nicht nur in dieser, sondern auch in der anderen Welt"[84].

Hier knüpfen die für die katholische Soziallehre zentralen Überlegungen zum Gemeinwohl und zur sozialen Gerechtigkeit an. Nell-Breuning weist zunächst auf den formalen Charakter des Gemeinwohlbegriffs hin; "der Gemeinwohlbegriff ist der Auffüllung mit einer Fülle materieller Gehalte nicht nur fähig, sondern bedürftig. Welche konkreten Gehalte das Gemeinwohl jeweils konstituieren, steht nicht im vorhinein fest"[85]. Werden aber ein bestimmter gesellschaftlicher Zustand oder konkrete Maßnahmen zu seiner Veränderung daraufhin befragt, ob sie den Forderungen des Gemeinwohls entsprechen, dann ist sofort deutlich, was damit gemeint ist; "ob nämlich dieser Zustand oder diese Maßnahme einzelne oder bestimmte Gruppen in der Gesellschaft auf Kosten anderer oder des Ganzen begünstigt, oder ob das Ganze so geordnet ist und/oder gestaltet wird, daß alle seine Glieder davon Vorteil haben oder doch die Vorteile derer, die solche genießen, nicht dadurch erkauft sind, daß anderen unbillige Lasten auferlegt werden"[86]. Deshalb ist der Begriff Gemeinwohl sachlich identisch mit sozialer Gerechtigkeit. "'Sozial gerecht' ist, was das Gemeinwohl erfordert oder mindestens ihm nicht zuwider ist; wer dem Gemeinwohl zuwiderhandelt, der versündigt sich damit gegen die soziale Gerechtigkeit"[87].

Das Verhältnis von Gemeinwohl und Einzelwohl ist das einer wechselseitigen Beziehung: "das Einzelwohl der Glieder trägt das Gemeinwohl des Ganzen, dieses hinwiederum ermöglicht und fördert das Einzelwohl der Glieder"[88]. Innerhalb des gleichen Sach- und Wertbereichs kommt dem Gemeinwohl Vorrang vor dem Einzelwohl zu; dennoch kann es geschehen, daß "einem im Rang tiefer stehenden Einzelwohl der Vortritt gegenüber einem im Rang höher stehenden Gemeinwohl eingeräumt werden"[89] muß, weil die Erreichung höher stehender Ziele von den Mitteln unterer Wertstufen (materielle Mittel, Gesundheit etc.) abhängig ist.

---

84 A.a.O. 396.
85 O.v. Nell-Breuning, 7201, 28.
86 Ebd.
87 O.v. Nell-Breuning, 8001, 342. Vgl. auch 5601, 5f.
88 A.a.O. 41.
89 A.a.O. 42.

Gemeinwohl und soziale Gerechtigkeit sind im Verständnis der katholischen Soziallehre keine theologische Kategorien. Der Grund dafür ist darin zu sehen, daß das Verhältnis von irdischem Wohl und ewigem Heil im Hinblick auf die Sendung der Kirche als Mittel-Zweck-Relation betrachtet wird. Außerhalb der theologisch bestimmten Sendung der Kirche liegend, gehören die Mittel einem anderen Bereich an, dem der Sozialphilosophie.

Einen wichtigen Berührungspunkt gibt es allerdings: "kein Gemeinwohl irgendeiner irdischen Gemeinschaft, nicht einmal das gesamtmenschheitliche Gemeinwohl, geht schlechterdings und unter allen Umständen dem persönlichen Wohl des einzelnen vor. Die persönliche sittliche Vollendung des einzelnen (christlich gesprochen: seine ewige Vollendung in Gott) gehört einer höheren Wertebene an als alles erdenkliche diesseitige Wohlergehen und Wohlbefinden einzelner oder vieler oder auch aller Menschen und hat ihm gegenüber unbedingten Vorrang"[90]. Das Denken mittels solcher Wertebenen darf jedoch nicht mit der Wirklichkeit verwechselt werden. Tatsächlich besteht gar kein Konkurrenzverhältnis zwischen persönlicher sittlicher Vervollkommnung und dem Einsatz für das diesseitige Wohlergehen der Menschen, sondern ein wechselseitiges Bedingungsverhältnis, welches das Denken in Wertebenen gegenstandslos macht.

Noch ein anderer Punkt ist zu beachten: Betätigt sich die Kirche zur Förderung des Gemeinwohls und der sozialen Gerechtigkeit um ihrer Lehre willen, gehört das mittelbar immer noch zu ihrer Sendung, weil es diese einsichtiger und glaubwürdiger macht. Würde sich die Kirche in diesen Bereichen um des Sacherfolgs willen engagieren, d.h. um unmittelbar mehr Gerechtigkeit herbeizuführen oder Unrecht abzustellen, so ist das nach Nell-Breuning nur schwer auszudenken[91]. Auch diese theoretische Unterscheidung ist hinfällig, wenn die innere Zusammengehörigkeit des Einsatzes für die gerechte Gestaltung der Welt mit der Verkündigung des christlichen Heils berücksichtigt wird (d.h. also, daß der angezielte Sacherfolg Bestandteil der Lehre ist) und wenn man sich auf den gesellschaftlich-politischen Gehalt der christlichen Botschaft besinnt.

Die häufig zu findenden Hinweise darauf, daß gesellschaftlichen Problemen in den Schriften der Bibel wenig Aufmerksamkeit geschenkt wird bzw. die Offenbarung kein soziales Programm enthält, haben niemals dazu verleitet, der christ-

---

90 A.a.O. 43f.
91 Vgl. O.v. Nell-Breuning, 7702, 24. -
Beispielhaft wird dieser Gedankengang in Abschnitt 3.3.2.2 am Begriff der Befreiung verfolgt.

lichen Botschaft die soziale Relevanz abzusprechen[92]; wohl aber haben sie im katholischen Bereich die Dominanz des sozialphilosophischen und naturrechtlichen Denkens beim Aufbau einer systematischen Gesellschaftslehre begünstigt. So ist W. Kerber zuzustimmen, wenn er der kirchlichen Soziallehre die Aufgabe zuweist, aus dem Studium der Schrift zu erarbeiten, "was Jesus gewollt hat und wie seine sittliche Botschaft auf die sozialen Probleme unserer Zeit angewendet werden muß"[93]. Allzu oft wurde und wird aber diese soziale Relevanz aus dem Inhalt der Botschaft Jesu ausgeklammert und als Folge oder Auswirkung des "eigentlichen" Gehalts angesehen. Dagegen soll hier betont werden, daß die zentralen Inhalte der biblischen Botschaft eine gesellschaftlich-politische Qualität haben, deren Vernachlässigung zu einem verkürzten Verständnis der Botschaft selbst führt. "Mit der alttestamentlich-jüdischen Hoffnung auf die Gottesherrschaft, die auch das Zentrum der Botschaft Jesu bildete, ist eine Trennung von religiösen und politischen Elementen jedoch unvereinbar. Wenn Jesus sich von dem politischen Messianismus der Zeloten distanzierte, so dürfte das vor allem damit zusammenhängen, daß er das Kommen der Gottesherrschaft als Tat Gottes und nicht von menschlichen Anstrengungen erwartete, aber es hat schwerlich etwas zu tun mit einer unpolitischen Auffassung der Gottesherrschaft selbst"[94]. Folglich ist für Pannenberg die Beschränkung der religiösen Wahrheit auf die Privatsphäre für das Christentum unerträglich: "denn die Dynamik des Christentums entspringt daraus, daß es die Offenbarung des einen Gottes aller Menschen verkündet, also einen alle Menschen verpflichtenden und der Tendenz nach einenden Anspruch stellt. Dieser wird gebrochen durch die Beschränkung des Christentums auf die subjektive Beliebigkeit der Privatsphäre"[95].

---

92 Vgl. etwa O.v. Nell-Breuning, 7301, 122f.; W. Kerber, a.a.O. 550 und 562; F. Klüber, a.a.O. 23; J. Schwarte, Grundfragen des menschlichen Zusammenlebens in christlicher Sicht, Paderborn 1977, 19.
93 W. Kerber, a.a.O. 565.
94 W. Pannenberg, a.a.O. 233.
95 A.a.O. 245. - Pannenberg sieht in der Zwei-Gewalten-Theorie des Mittelalters den Ursprung für die Tendenz zur Trennung von Religion und Politik (243). Für den gesellschaftlichen Vorgang der Privatisierung des religiösen Bekenntnisses in den neuzeitlichen Verfassungen weist er darauf hin, daß es sich dabei um die Folge der Konfessionsspaltung und Konfessionskriege des 16. und 17. Jahrhunderts handelt: "Der Streit der mit autoritärer Ausschließlichkeit sich gegenüberstehenden Glaubensformen machte es in Gebieten, in denen sich keine religiöse Uniformität mehr erzwingen ließ, unmöglich, die politische Einheit des Staates auf die Religion zu gründen, wie das zunächst noch als selbstverständlich gegolten hatte. Der Staat mußte sich emanzipieren und die religiösen Differenzen in die Privatsphäre seiner Bürger verweisen, wenn die politische Einheit nicht gefährdet werden sollte" (244).

Der "tödliche" Prozeß zwischen Jesus und den gesellschaftlichen Mächten seiner Zeit ist ein fortdauernder Prozeß zwischen seiner eschatologischen Botschaft vom Reich Gottes und unserer gesellschaftlich-politischen Öffentlichkeit; in ihm können die neutestamentlichen Verheißungen von Frieden, Freiheit, Gerechtigkeit, Versöhnung usw. nicht einfach privatisiert werden, sondern ermächtigen den einzelnen auch zu einer kritischen Freiheit gegenüber der Gesellschaft[96]. Deshalb muß theologisches Bewußtsein den geschichtlichen Wandel von Öffentlichkeit berücksichtigen und die Botschaft des Glaubens unter den Bedingungen der gesellschaftlich-politischen Strukturen je neu formulieren; andernfalls bliebe die Verkündigung des christlichen Heils nicht nur gesellschaftlich, sondern gerade auch theologisch unbestimmt.

Die christliche Rede von Gott muß in ihrem Zusammenhang mit der gegenwärtigen Welt deutlich werden als Überlieferung einer gefährlichen und unabgegoltenen Erinnerung. In Jesu Praxis der Liebe erschien die Herrschaft Gottes unter den Menschen gerade in der anfänglichen Aufhebung und als Kritik der Herrschaft zwischen den Menschen, indem Jesus selbst sich auf die Seite der Machtlosen und Unterdrückten stellte. "Diese memoria Jesu Christi ist nicht eine Erinnerung, die trügerisch dispensiert von den Wagnissen der Zukunft. Sie ist keine bürgerliche Gegenfigur zur Hoffnung. Im Gegenteil, sie enthält eine bestimmte Antizipation der Zukunft als einer Zukunft der Hoffnungslosen, der Gescheiterten und Bedrängten. So ist sie eine gefährliche und befreiende Erinnerung, welche die Gegenwart bedrängt und in Frage stellt, weil sie nicht an irgendeine offene, sondern eben an diese Zukunft erinnert und weil sie die Glaubenden zwingt, sich ständig selbst zu verändern, um dieser Zukunft Rechnung zu tragen"[97].

Eine gesellschaftskritische Hermeneutik des Evangeliums berücksichtigt den bleibenden Gesellschaftsbezug des Glaubens ebenso, wie sie politisches Handeln aus dem Glauben freisetzt. Sie wendet sich dagegen, irgendein politisch identifizierbares Subjekt zum Subjekt der Gesamtgeschichte zu machen oder einen bestimmten geschichtlichen Zustand der Gesellschaft als "gottgewollt" festzuschreiben; zugleich wehrt sie aber allen Versuchen, den christlichen Erlösungsgedanken aus der Leidens- und Freiheitsgeschichte der Menschen herauszulösen[98].

---

[96] Zur eingehenderen Begründung vgl. den Artikel von J.B. Metz, "Politische Theologie", in: Sacramentum Mundi, Bd. III, Freiburg 1969, 1232-1240.
[97] J.B. Metz, Glaube in Geschichte und Gesellschaft, 79.
[98] Vgl. a.a.O. 104-119.

3.3.2.1 Die Bedeutung biblischer Kategorien für eine gesellschaftskritische Theologie

Gegen eine gesellschaftliche Praxis, die heute von sog. politischen Sachzwängen, der Eigendynamik der Wirtschaft und technischer Entwicklung, dem "gesunden Eigennutz" der Individuen usw. geprägt ist, wird Religion häufig als moralische Richtschnur für das Leben des einzelnen angerufen. Wenn ethische Haltungen aufgrund christlicher Überzeugung praktisch werden, kommen sie deshalb wohl im privaten Leben und im Raum kirchlicher Gemeinschaften zur Geltung, aber kaum im gesamtgesellschaftlichen Bereich. Folglich stellt sich die Frage, ob biblische Kategorien als Kategorien einer <u>Sozial</u>moral möglich sind - also nicht in individueller Verengung.

"Der Glaube an Jesus den Christus heißt: Sich-in-Anspruchnehmen-Lassen vom unbedingten Einsatz Jesu Christi an dieser Welt kraft des Gehorsams Jesu dem Vater gegenüber, dem er sich restlos verdankt: 'Mittler-Sein' zwischen Gott und einer unversöhnten und unheilen Welt; dort Versöhnung zu leisten, wo Entzweiung herrscht"[99]; und dies nicht nur zwischen Mensch und Mensch, sondern auch zwischen dem einzelnen und dem sozio-ökonomischen System[100], zwischen Gesellschaften unterschiedlicher politischer Systeme der einen Welt. - "Versöhnung" darf hier freilich nicht als oberflächliche Harmonisierung von Widersprüchen verstanden werden, sondern schließt Parteilichkeit durchaus ein. -

Die Orientierung einer Sozialmoral an biblischen Kategorien stößt sogleich auf folgende Schwierigkeit: Jeder Versuch, unmittelbar aus dem Handeln Jesu und den sozialen Anschauungen der biblischen Umwelt Kategorien für sozial-ethische Prinzipien heute zu gewinnen, übersieht die historische Differenz zwischen der damaligen und der heutigen gesellschaftlichen Situation. Dennoch gibt das Handeln Jesu für die Nachfolge heute Richtung und Tendenzen an, die mit einer Situationsanalyse der Gegenwart zu vermitteln sind. Die Beobachtung, Jesus habe es abgelehnt, sich in die politischen Probleme seiner Zeit und seines Volkes einzumischen, um der "Umdeutung

---

[99] H. Büchele, Christsein im gesellschaftlichen System. Sozialethische Reflexionen über den Zusammenhang von Glaube und sozio-ökonomischen Strukturen, Wien 1976, 29. - Die Versuche Bücheles, den Anspruch des christlichen Glaubens an den Menschen im gesellschaftlichen System innertrinitarisch (29) oder ekklesiologisch (33f.) zu verankern, erscheinen recht unvermittelt. Theologische und sozialethische Aussagen sind - ohne innere Beziehung - aneinandergefügt. Die gesellschaftliche Konstitution theologischer Vernunft bleibt so unberücksichtigt. Die sicher geistvollen Reflexionen des Philosophen F. Ulrich, auf die sich Büchele an zentralen Stellen stützt, leisten m.E. diese Aufgabe nicht. - In den gesellschaftskritischen Konsequenzen ist das Buch nichtsdestoweniger äußerst ertragreich.
[100] A.a.O. 29.

seiner Sendung in einen irdisch-politischen Messianismus entgegenzutreten"[101], genügt nicht zur Begründung scheinbarer biblischer "Neutralität" gegenüber den gesellschaftlichen Zuständen der damaligen Zeit – einmal ganz abgesehen davon, daß Jesus, wie seine Verfolgung durch die Repräsentanten der politischen und religiösen Macht und sein Tod am Kreuz zeigen, zumindest in die Politik hineingezogen wurde. Die Tendenz zur Individualisierung der christlichen Botschaft läßt sich bereits im Neuen Testament selbst feststellen. "Die schon das gegenwärtige Leben verwandelnde Kraft der im Glauben ergriffenen Wirklichkeit Gottes in Jesus ist vom Urchristentum fast ausschließlich für das Verhalten der Individuen geltend gemacht worden, so exemplarisch bei Paulus, wenn er im Römerbrief davon spricht, daß die Getauften ihre Glieder nunmehr im Dienste der Gerechtigkeit zur Heiligung einsetzen sollen (Röm 6,19). Zur 'Erneuerung der Vernunft' (Röm 12,2) beim einzelnen gibt es keine Analogie im Bereich der gesellschaftlichen Institutionen des menschlichen Zusammenlebens"[102]. Doch liegt nach Pannenberg der Grund für diese Beschränkung in der Untertanensituation der ersten Christen und in der urchristlichen Naherwartung, für die das baldige Ende der bestehenden Welt keine Zeit für institutionelle Reformen ließ. "Berücksichtigt man das Gewicht dieser beiden spezifischen Bedingungen des urchristlichen Zeitalters, dann wird man in den allgemeinen Friedens- und Gehorsamsaufforderungen des Neuen Testaments, die gewiß Ausdruck 'einer typischen Untertanenmoral' sind, in der Tat – mit Hans von Campenhausen – bereits ein Zeichen für eine grundsätzlich positive Einstellung zu gesellschaftlichen Aufgaben erblicken müssen. Die nur passive Untertanenmoral des Neuen Testaments darf nicht als dauernd verbindlich für alles christliche Verhalten mißdeutet werden"[103]. Sie ist selbst Ausdruck einer politischen Haltung angesichts der gesellschaftlichen Situation der ersten Christen und eines apokalyptisch gestimmten Zeitverständnisses. Die lineare Verlängerung solcher biblischer Haltungen würde gerade die gesellschaftliche Konkretisierung christlicher Existenz und die historische Differenz zwischen der damaligen und heutigen Zeit ignorieren.

Um die Bedeutung biblischer Kategorien für eine gesellschaftskritische Theologie zu ermessen, ist eine Rückbesinnung auf die mit der Verheißung des Reiches Gottes geforderte neue Praxis des Glaubens nötig. Nachfolge, Umkehr, Nächsten- und Feindesliebe, eucharistische Mahlgemeinschaft, Parteilichkeit für die von Jesus privilegierten Armen, Ohnmächtigen und Rechtlosen, aber auch Solidarität mit den Leidenden und Toten, Verzicht und Entbehrung usw. – solange

---

101 O.v. Nell-Breuning, 7301, 120.
102 W. Pannenberg, a.a.O. 237.
103 Ebd.

diese Kategorien nicht als Gestaltungsprinzipien einer Gesellschaftsordnung begriffen werden, tauchen sie naturgemäß in der katholischen Soziallehre nicht auf. Sie müssen aber über ihre individualethische Bedeutung hinaus als <u>Widerstandskategorien</u> gegen herrschende gesellschaftliche Praxis zur Geltung gebracht werden. Dann gewinnen sie - sozialkritisch - auch politische Relevanz und können in der Praxis kirchlicher Gemeinschaften nicht kompensatorisch, sondern antizipatorisch eingeübt werden. Jedenfalls könnte erst der praktische Versuch zeigen, ob sie tatsächlich gesellschaftlich weniger effizient und konsensfähig sind als z.B. die Prinzipien der Solidarität und Subsidiarität, die Forderungen nach Sozialpartnerschaft, wirtschaftlicher Mitbestimmung und gerechtem Lohn, die Reklamierung der Menschenrechte und des Rechts auf Eigentum usw.

Auch das sog. christliche Menschenbild der katholischen Soziallehre könnte durch eine stärkere Orientierung am biblischen Menschenbild konkretere Züge gewinnen. Sein definitorischer Charakter - der Mensch ist als Ebenbild Gottes ein mit Vernunft und freiem Willen ausgestattetes, leib-geistiges ens individuale et sociale - ist ja primär gar nicht christlich, sondern metaphysisch geprägt. Das biblische Menschenbild läßt sich nicht definitorisch gewinnen, sondern zeigt sich im geschichtlichen Handeln Gottes mit seinem Volk bzw. im Verhalten Jesu gegenüber Zöllnern und Sündern, Armen und Reichen, Kranken und Toten, Rechtlosen und Mächtigen sowie in seinen Erzählungen vom Leben der Menschen im Reich Gottes und derer, die im Bann der Mächte dieser Welt stehen (vgl. die Gleichnisse Jesu). So könnte das christliche Menschenbild heute als Kritik an einer <u>Herrschaftsanthropologie</u> wirksam sein, die unserer wissenschaftlich-technischen Zivilisation immanent ist: "Der Mensch versteht sich als herrschaftliches, unterwerfendes Subjekt gegenüber der Natur; sein Wissen wird vor allem Herrschaftswissen, seine Praxis Herrschaftspraxis gegenüber der Natur. An dieser herrscherlichen Unterwerfung, an dieser Art von Ausbeutung und Verdinglichung, an dieser Machtergreifung über die Natur bildet sich seine Identität: Er 'ist', indem er unterwirft. Alle nichtherrscherlichen Tugenden des Menschen, die Dankbarkeit etwa und die Freundlichkeit, die Leidensfähigkeit und die Sympathie, die Trauer und die Zärtlichkeit treten in den Hintergrund; sie werden gesellschaftlich und kulturell entmächtigt ... Inzwischen hat dieses Unterwerfungsprinzip längst die seelischen Grundlagen unseres gesamten gesellschaftlich-kulturellen Lebens durchdrungen. Es ist zum heimlichen Regulativ aller zwischenmenschlichen Beziehungen geworden"[104]. An solche Kritik des gesellschaftlich dominanten Menschenbildes, das

---

104 J.B. Metz, Jenseits bürgerlicher Religion, 52.

gar nicht mehr der Korrektur durch herkömmliche politische Gestaltungskraft fähig und zugänglich erscheint, hat bislang das Menschenbild der katholischen Soziallehre nicht herangereicht.

Grundlegend läßt sich die Problematik, biblische Kategorien in gesellschaftskritischer Absicht in die katholische Soziallehre einzuführen, gegenwärtig so formulieren: In einer von Leistung, Gewinn, Konkurrenz, der Macht des politisch und wirtschaftlich Stärkeren, vom Besitzstreben und vom Tauschprinzip geprägten Gesellschaft und Wirtschaft können biblische Kategorien nicht mehr ernst und wörtlich genommen werden – und das nicht nur für die Gestaltung des privaten Lebens, sondern gerade auch kollektiv. Die verbreitete Auffassung, mit der Bibel könne man keine Politik machen, ist zum Teil nur ein hilfloser Ausdruck für die Unfähigkeit, den immer auch politischen Anspruch des Evangeliums unter den Bedingungen heutigen gesellschaftlichen Lebens zur Geltung zu bringen. Das zeigt, welches Dilemma und welche Notwendigkeit für diese Aufgabe bestehen.

Das Problem stellt sich freilich bereits zur Zeit der Entstehung des Neuen Testaments. Aus der Aufforderung Jesu an den reichen Jüngling, seinen ganzen Besitz wegzugeben und ihm nachzufolgen (Mk 10,17ff.) wurde beispielsweise bei Paulus ein "kaufen, als sei man nicht Eigentümer geworden" (1 Kor 7,30). Immerhin konnte hier die synoptische Tradition noch als Korrektiv eingeklagt werden. Heute droht solch "spirituelle" Interpretation unter dem Druck einer materialistischen Praxis zur einzigen und eigentlichen Auslegung der Schrift zu werden (falls sie es nicht längst geworden ist). Selbst wenn in der kirchlichen <u>Praxis</u> die Erfüllung des christlichen Anspruchs immer nur wenigen gelang, darf doch die <u>Radikalität der Forderung</u> nicht in der Weise abgeschwächt (privatisiert) werden, daß sie sog. radikalen Christen zugeteilt und nur noch ihnen zugemutet wird.

Die Zurückhaltung der katholischen Soziallehre gegenüber biblischen "Argumenten" gründete in dem Anspruch, zu einer Gesellschaftsordnung beizutragen, die für Menschen unterschiedlicher Glaubensüberzeugungen annehmbar sein sollte; gegenüber der Universalität philosophischer Vernunft galt das Evangelium als partikular und nicht konsensfähig. Das ist heute gar nicht mehr das Problem. Das gesellschaftliche System scheint heute Menschen verschiedenster Überzeugungen gleichermaßen in ihrer Identität zu bedrohen. Da kann gerade die gesellschaftskritische Bestimmtheit einer christlichen Praxis zum produktiven Vorbild für gesamtgesellschaftliche Neuorientierungen werden.

3.3.2.2 "Befreiung" als Thema der Theologie

Der theologische Rang des Befreiungsthemas wird in der katholischen Soziallehre anders beurteilt als in einer Theologie, die als solche gesellschaftsbezogen und gesellschaftskritisch sein will. Das Verhältnis von Erlösung und Befreiung erweist sich dabei als eine Variation der Themen von ewigem Heil und irdischem Wohl sowie Gnade und Freiheit. Seine formale Gestalt hat es in der katholischen Soziallehre, wie bereits an früherer Stelle ausgeführt, als Zweck-Mittel-Relation.

Die Annäherung an das Problem erfolgt mittels einer begrifflichen Unterscheidung: "Die 'Befreiung' des einzelnen von seinem Unrecht-<u>Tun</u> ist Befreiung von Sünde und Schuld; daß <u>sie</u> zur Sendung der Kirche gehört, ist unbestritten; sie geschieht aber gerade <u>nicht</u> durch politischen Kampf, sondern durch Verkündigung des Evangeliums und durch die Gnadenmittel der Kirche, liegt also in einem ganz anderen Feld als das politische Ringen um staatliche, gesellschaftliche und wirtschaftliche Ordnung"[105]. Sofern durch institutionelle Reformen Gelegenheiten zum Unrecht-Tun ausgeräumt werden, tragen sie mittelbar zur Verhütung von Sünden bei und verdienen deshalb die moralische Unterstützung der Kirche[106]; sie gehören deshalb nicht unmittelbar zur Sendung der Kirche, helfen aber mittelbar dazu, daß die Kirche ihre "eigentliche" Sendung erfüllen kann.

Dagegen: "Der Kampf um Befreiung von Unrecht, das man <u>erleidet</u>, trägt von vornherein nur zum zeitlichen irdischen Wohl bei und fördert das ewige Heil höchstens mittelbar in der Weise, wie alle Sorge des Staates für das Bonum commune durch Ausräumen von Hindernissen den Staatsbürgern das Streben nach ihrem zeitlichen Glück <u>und</u> ewigem Heil erleichtert und in diesem Sinn <u>mittelbar</u> auch zu letzterem beiträgt"[107]. Unmittelbar aber <u>ist</u> die Sorge um das Gemeinwohl bzw. das irdische Wohl der Menschen Aufgabe des Staates. Die Kirche engagiert sich in diesem Bereich nur unter der Rücksicht, daß sie selbst ein Sozialgebilde im staatlichen Raum ist und soweit dieses Engagement ihrer "eigentlichen" Sendung dient. Ein gleiches gilt auch für die Abschaffung sog. institutionalisierten Unrechts, womit im weitesten Sinn politische Verhältnisse und Zustände gemeint sind, von denen Unrecht ausgeht. Nach Nell-Breuning ist der Kirche mit steigender Klarheit bewußt geworden, daß es so etwas wie institutionalisiertes Unrecht überhaupt gibt[108]. Auch seine Bekämpfung ist unmittelbar Aufgabe der Politik und gehört nur mittelbar - unter den oben genannten Bedingungen - in den Zuständigkeitsbereich der Kirche.

Ganz auf dieser Linie der hier geschilderten Position liegt es, wenn Nell-Breuning in einem anderen Zusammenhang - beim

---

105 O.v. Nell-Breuning, 7702, 25.
106 A.a.O. 26.
107 Ebd.
108 A.a.O. 21.

Thema "Das Neue Testament und die Soziale Frage" - festhält, "daß die Bedeutung der irdischen Verhältnisse, insbesondere der Freiheit oder Unfreiheit im Verhältnis zu anderen Menschen, relativiert ist gegenüber der einzigartigen Bedeutung des Verhältnisses zu Gott"[109]. Deshalb auch sei Kritik an den gesellschaftlichen Zuständen niemals Ziel der Kirche; "Kritik ist für sie immer nur Mittel, dient ihr dazu, zu berichtigen oder auszuräumen, was sich dem, was allein ihr Ziel ist, hindernd in den Weg stellt"[110].

Doch bleibt zu fragen, ob die Sendung der Kirche, d.h. die Vermittlung christlichen Heils und die Verkündigung der Erlösung des Menschen durch Christus, anders Gestalt annehmen kann als in den geschichtlichen und gesellschaftlichen Kämpfen um das Subjektsein aller vor Gott, in denen sich die Glaubensgeschichte der Menschen vollzieht, in denen also auch die unmittelbarsten kirchlichen Vollzüge - Wortverkündigung und Sakramentenspendung - stehen. Erlösung (Befreiung) von der Sünde fordert eine radikale Befreiung, die "notwendigerweise eine politische Befreiung miteinschließt"[111]. "Befreiung des Menschen und Wachstum des Gottesreiches sind ausgerichtet auf die vollgültige Gemeinschaft der Menschen mit Gott und der Menschen untereinander. Beide haben ein und dasselbe Ziel. Ihre Wege jedoch verlaufen nicht parallel nebeneinander her noch aufeinander zu. Das Wachsen des Reiches ist ein Prozeß, der sich geschichtlich in der Befreiung vollzieht, insofern diese eine größere Realisation des Menschen ermöglicht und die Bedingung für eine neue Gesellschaft ausmacht, ohne jenes jedoch auszuschöpfen"[112]. In der politischen und gesellschaftlichen Befreiungsgeschichte verwirklicht sich also geschichtlich das Wachsen des Reiches Gottes als Ereignis des Heils, ohne daß dieses mit jener Geschichte einfach identisch wäre. Ihre Differenz, die theologisch festzuhalten ist, kann aber realgeschichtlich nicht durch die Aufspaltung in eine Weltgeschichte und Heilsgeschichte (menschliche Befreiungsgeschichte und christliche Erlösungsgeschichte) zum Ausdruck gebracht werden[113]. Weil die Menschheitsgeschichte jedoch zugleich immer auch Schuldgeschichte und Leidensgeschichte ist, bleibt diese Differenz zum Reich Gottes geschichtlich erfahrbar und theologisch reflektierbar.

---

109 O.v. Nell-Breuning, 7301, 122.
110 O.v. Nell-Breuning, 8001, 97.
111 G. Gutiérrez, Theologie der Befreiung. Mit einem Vorwort von Johann Baptist Metz, München - Mainz ²1976, 170.
112 A.a.O. 171.
113 Zur Begründung vgl. neben den Arbeiten von J.B. Metz das genannte Buch von G. Gutiérrez insgesamt; außerdem J. Moltmann, Perspektiven der Theologie, München - Mainz 1968; ders., Theologie der Hoffnung, München ⁵1966; H. Kessler, Erlösung als Befreiung, Düsseldorf 1972.

Die hier vorgetragene Auffassung, nach der die Befreiungsgeschichte der Menschheit als ein Bestandteil der christlichen Erlösungsgeschichte zu verwirklichen und zu begreifen ist, stützt sich auf biblische Erfahrungen, in denen die Gnade als Freiheitsgewinnung mitgeteilt wird. "In den biblischen Erzählungen und Ereignissen begegnet Gnade als sinnenhafte, geschichtlich-soziale Erfahrung: in Geschichten des Aufbruchs und Auszugs, der Umwendung und Befreiung, der Nachfolge und des erhobenen Hauptes. Solche Geschichten sind nicht nachträgliche Ausschmückungen eines unsichtbaren Gnadengeschehens, nein, in ihnen kommt Gnade selbst zum Vorschein im geschichtlich-sozialen Leben etwa eines vertriebenen Volkes, in den Nachfolgeerfahrungen einer jungen Gemeinde, in deren Widerstandserlebnissen gegenüber den Vertretern der politischen Religion Roms z.B., in ihren Solidaritätserfahrungen mit den geringsten der Brüder"[114].

Solche Freiheitserfahrung läßt sich nicht in eine innere Freiheit und einen äußeren gesellschaftlich-politischen Raum für die persönliche Freiheitsverwirklichung aufteilen[115]. Sie existiert ja gerade als <u>geschichtlich-soziale Erfahrung der eigenen Freiheit</u>, und das im Sinne kollektiver Freiheitsgewinnung. "Es geht hier um die christliche Erfahrung der Freiheit als <u>Befreiung</u>: um jenen Prozeß, in dem der einzelne sich nicht isoliert, sondern sich in solidarischer Gemeinschaft frei vor seinem Gott erfährt; um jenen Prozeß, in dem 'ein Volk' frei wird, sich herausgerufen erfährt und befreit zum Subjekt seiner eigenen Geschichte im Angesichte seines Gottes. Im Vordergrund steht hier nicht die isolierte Freiheitsgeschichte des einzelnen, sondern eine solidarische Befreiungsgeschichte: das Subjektwerden eines 'Volkes', und darin natürlich und unbedingt auch der einzelnen"[116]. Die Einheit von Befreiungsgeschichte und Erlösungsgeschichte muß christlich durch die Verbindung von Befreiungspraxis und Glaubenspraxis verwirklicht werden; sie muß sich auch theologisch durch die Verknüpfung des Erlösungsgedankens mit dem Befreiungsgedanken ausdrücken.

3.3.3 Theologie und Gesellschaft - Zum "unreinen" Verhältnis von ewigem Heil und irdischem Wohl

Die Bemühungen der katholischen Soziallehre, das Ziel kirchlichen Handelns in einer "reinen" theologischen Bestimmung festzulegen, verweisen gesellschaftskritische Aufgaben der Kirche in den Bereich untergeordneter, mittelbarer Funktionen, als Mittel und Folgen der eigentlichen (religiösen) Sen-

---

114 J.B. Metz, Jenseits bürgerlicher Religion, 76.
115 Vgl. O.v. Nell-Breuning, 7901, 265f.
116 J.B. Metz, a.a.O. 81.

dung der Kirche. Wenn nach Nell-Breuning der Kirche die Ausstattung für Sozialkritik und Gesellschaftsreform fehlt und sie sich deshalb dazu außerstande betrachtet[117], so soll das also nicht die Notwendigkeit der Sozialkritik (auch kirchlicher Sozialkritik) bestreiten, sondern deren Stellenwert im beschriebenen Sinn festlegen.

Es ist nicht leicht einzusehen, wie sich das mit der Auffassung verträgt, die Nell-Breuning in einem jüngeren Beitrag äußert: "Im Zug der heutigen Bestrebungen, die katholische Soziallehre stärker als theologische Disziplin auszubauen, wird versucht, auch die Erlösungstheologie oder Theologie der Heilsordnung auf Fragen des gesellschaftlichen (sozialen, ökonomischen, politischen) Lebens anzuwenden. Konkrete, erst gar operationale Ergebnisse scheinen aber noch auszustehen"[118]. Das Wort "anwenden" könnte dem Mißverständnis Vorschub leisten, als seien dogmatische Aussagen unmittelbar in Lösungsvorschläge für gesellschaftliche Probleme übertragbar. Das ist wohl nicht gemeint. Dennoch werden hier an eine Sozialtheologie (im traditionellen Verständnis) Erwartungen herangetragen, die nach Meinung Wallraffs nicht einmal die bisherige katholische Soziallehre zu erfüllen vermag; für ihn sind ja selbst "die Sätze der katholischen Soziallehre hinsichtlich fälliger konstruktiver Beiträge zur Gesellschaftsordnung in-operational"[119]. Immerhin scheint Nell-Breuning von der prinzipiellen Möglichkeit operationaler Ergebnisse dieser sozialtheologischen Bestrebungen auszugehen. Würde damit aber nicht – ganz entgegen der bisherigen Praxis und auch gegen die bisher argumentativ vertretene Absicht – die Arbeitsteilung von Sozialethik und Sozialtheologie gesprengt?

Solche Versuche, Sozialtheologie als Anwendung dogmatischer Theologie auf Fragen der Gesellschaft zu verstehen, dürfen keinesfalls verwechselt werden mit dem Anliegen einer gesellschaftsbezogenen und gesellschaftskritischen Theologie. Für sie sind einerseits die theologischen Begriffe und Aussagen in ihrer gesellschaftlichen Konstitution zu reflektieren, andererseits will sie den gesellschaftlich-politischen Gehalt der christlichen Botschaft selbst kritisch-befreiend in der Gesellschaft und gegenüber herrschender gesellschaftlicher Praxis zur Geltung bringen. Mit anderen Worten: Das Verhältnis von Theologie und Gesellschaft wird erst dann in seiner ganzen Schärfe deutlich, wenn das tatsächlich bestehende "unreine" Verhältnis von irdischem Wohl und ewigem Heil in der theologischen Arbeit berücksichtigt wird.

Sodann ist ein Gedanke in dieser Richtung weiterzuführen, der in der katholischen Soziallehre bereits angelegt ist. Danach entzündet sich zwar Sozialkritik stets an dem in Gesell-

---

117 O.v. Nell-Breuning, 7404, 203.
118 O.v. Nell-Breuning, 7804, 67.
119 H.J. Wallraff, a.a.O. 43.

schaft, Wirtschaft und Staat bestehenden Unrecht; dennoch reichen nach Nell-Breuning "ethische Maßstäbe allein für konstruktive Sozialkritik nicht aus"[120]. Von einer politischen Theologie her ist deshalb an die katholische Soziallehre die Frage zu stellen: Muß Sozialkritik nicht immer mit einer neuen <u>Praxis</u> gesellschaftlichen Handelns einhergehen, die aus der konkreten Negation bestehender Zustände positive Alternativen entwickelt? Gerade wenn solche positiven Alternativen aber nicht im Sinne einer systematischen Gesellschaftslehre verstanden werden, sondern sich ihrer Partikularität als <u>bestimmter</u> Negation bewußt sind, sprengen sie den Rahmen der katholischen Soziallehre in zweifacher Weise: sie behalten den Charakter einer kirchlichen Sozial<u>kritik</u> und zeigen die <u>praktische</u> Verfassung der Kritik. Das bedeutet: die Absicht, statt einer systematischen Soziallehre konstruktive Sozialkritik zu betreiben, ist selbst noch einmal Ausdruck dafür, daß "Praxis" nicht nachträgliche Anwendung einer Theorie ist, sondern konstitutives Moment an ihr, ohne welches die theoretische Aussage gar nicht wirklichkeitsgerecht formuliert werden kann. Weil das immer nur <u>konkret</u> geschehen kann, fehlt für eine systematische Soziallehre der praktische Anhalt.

Bislang ist die katholische Soziallehre von der Auseinandersetzung mit gesellschaftlichen Ordnungsmodellen geleitet. Sie hat folglich auch immer selbst versucht, diesen Modellen eigene Überlegungen zur Herstellung der gesellschaftlichen Ordnung entgegenzustellen. Dazu brauchte sie notwendigerweise das "Systemdenken". "Der Fehler liegt jedoch in der Ordnungsvorstellung selbst. Statt einer Ethik der Ordnungen muß christliche Ethik eine Ethik der Wandlungen sein"[121]. Als gesellschaftlich partikulare Größe kann die Kirche nicht den Anspruch erheben, die Gesamtgesellschaft oder die Beziehungen der Staaten zueinander nach ihren Überzeugungen zu "ordnen". Wohl aber kann sie "eine christliche Dynamik"[122] wirksam werden lassen, welche eine Veränderung gegenwärtiger Zustände anbahnt, durch die gesellschaftliche Konflikte, soziale Unterschiede, Machtstrukturen, die zu politischen Abhängigkeiten führen, Unrecht und Unterdrückung anfänglich überwunden werden, "ohne daß dadurch die Vision eines brüderlichen Zusammenlebens der Menschen in gleicher Freiheit schon definitiv realisiert wäre"[123]. Eine Ethik der Veränderungen kann sich, gerade weil sie nicht durch den Blick auf ein gesellschaftliches Ordnungsmodell abgelenkt ist, immer wieder auf die partielle Veränderung bestehender Verhältnisse konzentrieren und dabei dem "nächsten und jetzt nötigen Schritt zur Verwirklichung der Humanität"[124] zuwenden, um dadurch und

---

120 O.v. Nell-Breuning, 7404, 203.
121 W. Pannenberg, a.a.O. 240.
122 Ebd.
123 A.a.O. 241.
124 Ebd.

darin gegenüber bestehender kirchlicher und gesellschaftlicher Praxis die wahre Bestimmung des Menschen einzuklagen, die ihm in der christlichen Botschaft zugesagt ist.

Mit Absicht ist in dieser Arbeit ständig von <u>kirchlicher</u> Sozialkritik gesprochen worden, deren Beitrag zur Förderung des menschlichen Wohles in der Suche nach positiven Alternativen zu bestehenden Gesellschaftsordnungen mittels praktischer Kritik besteht. Christliches Heil aber kann ja nicht <u>neben</u>, sondern nur <u>in</u> der Gestaltung dieses menschlichen Lebens auf mehr Wohl hin geschehen. Und wie Befreiung, die nicht auf die Niederlegung sozio-ökonomischer Schranken für individuelle Lebensentfaltung begrenzt ist, als alle Dimensionen und Bereiche des menschlichen Lebens umfassende Erlösung ist, so ist Wohl im umfassenden Sinn eben - Heil. Die Verknüpfung von Theologie und Politik ist deshalb nicht illegitim, sondern gefordert als Zeichen des tatsächlich "unreinen" Verhältnisses von irdischem Wohl und ewigem Heil.

4 Ausblick: Neue Perspektiven durch einen Wechsel des Standortes

Mit der Enzyklika "Rerum Novarum" hat nach dem Urteil Nell-Breunings "die Kirche ein für allemal vom Bereich des Sozialen Besitz ergriffen"[1]. Der "Geist der Neuerung" verlangte es, daß die Kirche sich den veränderten Bedingungen für ihre gesellschaftliche Existenz und für die Möglichkeiten ihrer pastoralen und sozialen Wirksamkeit anpaßte und zugleich neue Wege suchte, mit einem eigenen Konzept den Herausforderungen durch eine Welt im Umbruch zu begegnen. Das kann bereits als Notwendigkeit einer Neuorientierung kirchlicher Sozialverkündigung angesehen werden, die heute – ohne daß die Herausforderung jemals bewältigt worden wäre – schon durch neue Problemkonstellationen überholt ist.

Mit dem Pontifikat Papst Johannes' XXIII. und dem Zweiten Vatikanischen Konzil begann eine neue Epoche, die zeitweilig die Fundamente der katholischen Soziallehre anzugreifen drohte, indem sie einen langsamen Abschied von der neuscholastischen Sozialphilosophie anbahnte – dies freilich nicht konsequent, sondern ständig unterbrochen durch Versuche ihrer Wiederbelebung. Dieser Abschied ist gekennzeichnet von Wandlungen innerhalb der Theologie, neu erkannten sozialen Problemen auf Weltebene, einer stärkeren Hinwendung zu den sog. empirischen Wissenschaften, dem berühmt gewordenen – teils begrüßten, teils skeptisch bis ablehnend betrachteten – "aggiornamento" der Kirche und ähnlichen Phänomenen. Es läßt sich bis in lehramtliche Dokumente hinein verfolgen, wie schwer beide Strömungen miteinander in Einklang zu bringen sind. An einzelnen zentralen Beispielen wurde das in dieser Arbeit aufgezeigt.

Entgegen der verbreiteten Auffassung, die katholische Soziallehre habe sich mit ihrer Naturrechtskonzeption ein Instrument der Kontinuität geschaffen, mit dem sich ihre Aktualität über den Wechsel der Zeiten hinaus sichern ließe, scheint sie heute eher ihre Wandlungsfähigkeit unter Beweis stellen zu müssen, um ihre gesellschaftspolitische Relevanz neu zu erringen und sozialphilosophisch im Gespräch zu bleiben[2]. Chenu

---

[1] O.v. Nell-Breuning, 7201, 75.
[2] Es ist offensichtlich, daß die traditionelle katholische Soziallehre in allen doch so unterschiedlichen Formen der Theologie der Befreiung beispielsweise keine Rolle spielt. Dagegen dominiert sie – an den

kennzeichnet den Wandel mit der Überschrift "Von der Soziallehre zum sozialen Lehren des Zweiten Vatikanums"³ und spricht von einem methodologischen Bruch, der durch ihn verursacht wurde. "Nicht nur wurde die stereotype Vokabel (sc. Soziallehre) insgeheim und auf ungehörige Weise nach der Veröffentlichung der Konzilstexte wieder eingeführt (GS 76); der Ausdruck doctrina socialis wurde ganz einfach auch in andere Konzilsdekrete eingebaut, wie etwa in das Dekret über das Apostolat der Laien, das noch völlig von der Vorstellung bestimmt ist, es werde den Laien ein Mandat unter dem Gehorsam gegen die überkommene 'Lehre' übertragen"⁴.

Wenn nicht alles täuscht, stehen wir gegenwärtig wieder an einem Wendepunkt - vielleicht dem tiefgreifendsten -, ohne daß die bisher für die katholische Soziallehre dominanten Probleme befriedigend gelöst werden konnten. Möglicherweise lassen sie sich sogar erst lösen, wenn die geforderte Neuorientierung vollzogen wird. "Letzten Endes ist hier die Gottesvorstellung selbst umgewandelt: da ist nicht mehr ein Gott, der in seiner Ewigkeit die Seinsgesetze der Weltordnung aufgestellt hat und nun durch seine nie versagende Vorsehung regiert, was dann heißt, daß die soziale Stabilität und die Autorität auf der mehr oder weniger passiven Gefügigkeit der Menschen dieser Vorsehung gegenüber ruht. Solcher 'Deismus', in welchem das Evangelium Christi neutralisiert ist, war die Ideologie der Bourgeoisie des 19. Jahrhunderts; er hinterließ seine Spuren in der Spiritualität der Soziallehre. Dagegen wird man bemerkt haben, daß in den jüngeren Texten die Berufung auf die Botschaft des Evangeliums als Beweggrund für das Engagement des Christen ausgegeben wird, und dies sehr viel mehr, als das mit den Forderungen aus dem Naturrecht oder einer philosophia perennis geschieht, so wie sie noch in bezeichnender Zusammenschau von Leo XIII. gepriesen wurden ... Dieser Typ von Theologie diente oft und dient noch immer denen als ideologische Gewähr, die die wirtschaftliche und politische Macht innehaben und den Status quo aufrechtzuerhalten wünschen"⁵. In den praktischen Konsequenzen hat für Chenu das Christentum keinen "dritten Weg" im Sinn eines eigenen Gesellschaftsmodells jenseits von Kapitalismus und Sozialismus anzubieten; die politische Dimen-

---

gleichen Orten! - dort, wo Kirche und Theologie (noch) vom europäischen Einfluß geprägt sind, um nicht zu sagen: der europäischen Bevormundung noch unterworfen sind. Gerade deshalb sollte im Interesse der Förderung einer gegenseitigen korrektivischen Beziehung die katholische Soziallehre sich auch hierzulande wandeln.
3 M.-D. Chenu, Die "Soziallehre" der Kirche, in: Concilium 16 (1980), 715-718, hier 715.
4 A.a.O. 715f.
5 A.a.O. 717.

sion des Evangeliums schlägt nur dann nicht in eine Ideologie um, wenn sie "in allen Situationen und Optionen prophetisch mächtig mit im Spiele ist"[6].

Jüngst hat E.-W. Böckenförde in einem Beitrag eine kirchliche Neuorientierung gefordert, die dem hier gemeinten - gesellschaftlichen und geistigen - "Ortswechsel" der katholischen Soziallehre entspricht. Für ihn liegt im Besitzindividualismus als einem allgemeinen geistigen Habitus die Wurzel für die Herausforderungen, vor denen wir heute stehen. "Seine geistige Grundlage hat er in einer Auffassung vom Menschen, die dessen eigentliche Bestimmung in der selbstbezogenen, konsumorientierten Entfaltung und Befriedigung seiner Bedürfnisnatur sieht"[7]. In Anlehnung an eine alte und genuin christliche Tradition verlangt er, das Eigentumsdenken von der Umklammerung durch den Besitzindividualismus zu befreien und die Solidarität als neues Strukturprinzip der Gesellschaft wirksam werden zu lassen[8]. Ergänzend sei bemerkt, daß die von Böckenförde beklagte Grundeinstellung des heutigen Menschen nicht nur Ursache der heutigen Probleme, sondern zugleich auch eine von der neuzeitlichen Gesellschafts- und Wirtschaftsentwicklung verursachte Grundeinstellung ist. Deshalb erscheint es fraglich, ob die aufgezeigten Tendenzen für eine Wende zum Besseren, denen man nur zustimmen kann, überhaupt realisierbar sind, wenn sie sich nicht am kirchlichen und gesellschaftlichen Handeln der Basis orientieren und dieses zu transformieren suchen. Von der geforderten Neuorientierung und einigen ihrer Dimensionen soll in diesem abschließenden Ausblick noch die Rede sein.

4.1 Der gesellschaftliche und geistige Ort der katholischen Soziallehre

Gesellschaftliche Position und geistiger Standpunkt von Absender und Adressat, Autor und Leser eines Dokuments gehen als Verstehensbedingungen in das Verhältnis beider zueinander ein und bilden im Form des Zusammenhangs von Erkenntnis und Interesse - oft unreflektierte - Voraussetzungen für Konsens bzw. Dissens in strittigen Fragen. Kommunikationsprobleme und unterschiedliche praktisch-politische Optionen haben nie rein erkenntnistheoretische, sondern immer auch

---

6 Ebd.
7 E.-W. Böckenförde, Ethische und politische Grundsatzfragen zur Zeit. Überlegungen aus Anlaß von 90 Jahre "Rerum Novarum", in: Herder Korrespondenz 35 (1981), 342-348, hier 344.
8 Vgl. a.a.O. 346. - Auf einige Folgerungen Böckenfördes wird noch in dem Abschnitt über "Solidarität" eingegangen.

gesellschaftlich bedingte Ursachen. Diesen Einsichten wurde bisher in der katholischen Soziallehre wenig Aufmerksamkeit geschenkt.

"Rerum Novarum" war eine Sozialenzyklika für die Arbeiter. Als solche wurde und wird sie anerkannt oder abgelehnt - je nach der sozialen Lage und den gesellschaftlichen Interessen derer, die zu ihr Stellung beziehen. Papst Leo XIII. wollte eine Kirche auch für die Arbeiter; zu einer Kirche der Arbeiter ist sie für den größten Teil der Arbeiterschaft bis heute nicht geworden. Deshalb nennt das Synodendokument "Kirche und Arbeiterschaft" den Gegensatz von Kirche und Arbeiterschaft, der seinen Ursprung und seine vielfältigen Ursachen im 19. Jahrhundert hat, in einer Hauptüberschrift einen fortwirkenden Skandal[9]. Wie im Dokument "De iustitia in mundo"[10] der Römischen Bischofssynode von 1971 auf Weltebene forderte die Synode für die Bundesrepublik eine Gewissenserforschung über das Versagen der Kirche; beide Texte leisteten selbst einen ersten Beitrag dazu. Wesentlicher Bestandteil einer solchen Gewissenserforschung muß es sein, sich Rechenschaft zu geben über den eigenen gesellschaftlichen und geistigen Standort und zu fragen, inwieweit er zu den konstitutionellen Voraussetzungen dieses Versagens gehört.

Daß die lehramtlichen Verlautbarungen, auf die sich die katholische Soziallehre stützt und die sie interpretiert, zum größten und entscheidenden Teil aus Rom kommen, bedarf keiner besonderen Erwähnung. Nell-Breuning macht aber auf einen Wandel aufmerksam, der sich seit dem Tod Papst Pius' XII. vollzogen hat. "Unter Pius XII. waren es, wie alle Welt weiß, vor allem einige Deutsche, die für den Papst dachten, forschten und Erkenntnisse zusammentrugen; demzufolge waren die Ergebnisse von ihrem Denkstil geprägt. Sogleich nach dem Tod Pius' XII. traten an die Stelle dieser Deutschen andere, insbesondere Italiener und Franzosen, die ihren andersgearteten Denkstil, aber auch die von ihnen besonders gepflegte neue Wissenschaft, die Soziologie, mitbrachten"[11]. Zwar wurden zur Ausarbeitung der Enzyklika "Mater et Magistra" auch einige frühere Mitarbeiter und Berater Pius' XII. eingeladen, aber Johannes XXIII. lehnte ihren Entwurf ab mit der Begründung, was er unterschriebe und wofür er seine päpstliche Autorität einsetzte, das wollte er zunächst selbst einmal verstehen[12].

Doch nicht erst in der Zeit Pius' XII., sondern schon vor-

---

9 Kirche und Arbeiterschaft, in: Gemeinsame Synode der Bistümer in der Bundesrepublik Deutschland. Offizielle Gesamtausgabe, Bd. 1, Freiburg 1976, 313-364, hier 327.
10 Vgl. O.v. Nell-Breuning, 7212.
11 O.v. Nell-Breuning, 7701, 75.
12 Ebd.

her gab es einen großen Einfluß deutscher Sozialwissenschaftler auf die katholische Soziallehre[13] und, was damit zusammenhängt, eine besondere Affinität der Soziallehre zur deutschen Sozialgeschichte. Daher kann man verstehen, daß für Nell-Breuning mit "Mater et Magistra" der Abstieg der katholischen Soziallehre beginnt[14], in dem kirchengeschichtlichen Augenblick also, in dem der deutsche Denkstil zugunsten anderer zurückgedrängt wird. Hier zeigt sich wiederum eine Schwäche der in Deutschland besonders gepflegten naturrechtlichen Tradition. Das Naturrecht sollte die Verallgemeinerungsfähigkeit eines Denkens bewirken, das sich an geschichtlich konkreten Problemkonstellationen und Lösungsversuchen entzündete. Der Ausgangspunkt gerade für die Art der naturrechtlichen Argumentation begünstigte dann freilich die Perspektive, aus der die Probleme auf Weltebene angegangen wurden.

Trotz der Verschiebung von der philosophisch-naturrechtlichen zu einer mehr empirisch-soziologischen Argumentationsweise und der nun in den Blick kommenden sozialen Probleme auf Weltebene bleibt die Perspektive auch nach "Mater et Magistra" dieselbe: Europa bzw. die industrialisierten Länder. Von ihnen hauptsächlich, besonders von ihrer Bereitschaft und Fähigkeit zur Hilfe, wird der Fortschritt der sog. Entwicklungsländer erwartet. Daß dieser "Fortschritt" sich in die Richtung und auf den Stand hin zu bewegen habe, den die industrialisierten Länder bereits erreicht haben, scheint stillschweigend als richtig vorausgesetzt. Auch das ist, neben den vorgetragenen Sachargumenten, von Bedeutung für die Option der katholischen Soziallehre zugunsten einer evolutiven Weiterentwicklung des Kapitalismus in der Ersten Welt, worauf gleich noch einzugehen ist.

Auf die Veränderungen, die sich seit "Mater et Magistra" im Hinblick auf das Verständnis der Sendung der Kirche ergeben haben, wurde schon mehrfach hingewiesen. Bemerkenswert ist dabei, daß das diesbezügliche negative Urteil Nell-Breunings einher geht mit einer insgesamt positiven Einstellung zur "Verständlichkeit" der Enzyklika, d.h. ihrer zeitgemäßen Formulierung der Probleme[15] und zur "befreienden und beglückenden Wirkung"[16], die sie weltweit gefunden hat. Nun scheint es aber, daß das eine ohne das andere nicht zu haben ist: Entweder bleibt die kirchliche Sozialverkündigung im Rahmen "sozialphilosophischer und naturrechtlicher Deduktionen"[17]

---

13 Daß z.B. Nell-Breuning entscheidend an der Ausarbeitung der Enzyklika "Quadragesimo Anno" beteiligt war, hat er ja selbst inzwischen bekannt gemacht; vgl. 7201, 103, 117 und 128.
14 O.v. Nell-Breuning, 7201, 83.
15 A.a.O. 82f.; 7701, 74f.
16 O.v. Nell-Breuning, 7701, 76.
17 O.v. Nell-Breuning, 7201, 83.

katholische Soziallehre im traditionellen Sinn zu Lasten ihrer "Verständlichkeit" und Konsensfähigkeit mit anderen Sozialphilosophien und gesellschaftspolitischen Positionen, oder sie modifiziert ihre bisherige Position und damit die Arbeitsteilung von philosophischer Sozialethik und systematischer Theologie zugunsten eines neuen Verhältnisses von Philosophie und Theologie, das sich darum bemüht, unter den gegenwärtigen gesellschaftlichen Bedingungen und in weltweiter Perspektive Beiträge zur Gestaltung menschlichen Zusammenlebens zu leisten und die Probleme verständlich und konsensfähig zu formulieren, wie es der Intention Johannes' XXIII. entsprach.

Einen zusätzlichen Aspekt der bisherigen Arbeitsteilung bietet ein Blick auf die religiöse Biographie vieler katholischer Sozialwissenschaftler, die – wie Nell-Breuning – Ordensangehörige sind. Die in den Orden übliche wissenschaftliche Spezialisierung konnte dazu führen, bei der Verteilung der Mitglieder auf bestimmte wissenschaftliche Disziplinen auch Probleme zu delegieren; die Ordensgemeinschaft repräsentierte ja immer noch die Gesamtheit der Disziplinen. So wurde aus der arbeitstechnisch notwendigen Aufteilung und in dem Bewußtsein, daß für andere Sachbereiche auch andere Ordensmitglieder zuständig waren, teilweise eine Arbeitsteilung im hier kritisierten Sinn: mit der Zuweisung eines Problems ging auch die Legitimation zu seiner Lösung allein auf den Sachbereich über. Das Verhältnis von systematischer Theologie und katholischer Soziallehre ist dafür nicht das einzige, sicher aber ein sehr treffendes Beispiel. Waren die gesellschaftlichen Probleme einmal von der (noch nicht so differenzierten) Theologie an die Sozialwissenschaft delegiert und hatte diese ihre eigene Arbeitsmethode gefunden, so sprach sie später der Theologie die Befähigung ab, überhaupt noch für gesellschaftliche und soziale Fragen zuständig zu sein. Eine Ursache für diese "Unzuständigkeit" liegt natürlich ebenso auf seiten der Theologie, die sich in der gesellschaftlichen Bewußtlosigkeit lange Zeit wohl zu fühlen schien.

Die Orden bilden dabei allerdings keine Ausnahme, sondern reproduzieren nur einen Zustand, der im Verhältnis von Kirche und Staat den Ort der Theologie innerhalb eines gesellschaftlich anerkannten Wissenschaftsbetriebs festgelegt hat. Die Differenzierung wissenschaftlichen Wissens an Universitäten und Hochschulen galt als wichtige Stütze und notwendiges Mittel, die gesellschaftlich immer komplexeren Probleme in den Griff zu bekommen. Heute hat man eher den Eindruck, daß diese Differenzierung zu einer Verselbständigung des Wissenschaftswissens geführt hat, mit der politisch niemand mehr umgehen kann, und daß daher eine Reduktion der Komplexität notwendig ist; Forderungen und Ansätze zur interdisziplinären Zusammenarbeit bestätigen das. Zudem verlieren staatliche Regelungen, die allem Anschein nach die Lösung weltweiter und lebensbedrohender Krisen auf das Maß ihrer Machbarkeit reduzieren bzw. nur noch der sachgemäßen Verwaltung und Fortschreibung von Problemen (dem "Krisenmanagement") dienen, zunehmend an gesellschaftlichem Konsens. Und speziell im Verhältnis von Religion und Gesellschaft schwindet für hoheitliche Vereinbarungen zwischen Kirche und Staat in einer Situation, in der das Christentum eine partikulare Größe ist, die gesellschaftliche Basis und Legitimation. Hier muß das Christentum und auch die Theologie neue Orte für die Erringung einer kognitiven Kompetenz suchen[18]; Orte, die sich stärker an der gesellschaftlichen Basis der Kirche orientieren und nicht mehr primär von Berufstheologen abgedeckt werden können.

Gegenwärtig ist die Religion erfolgreich integriert in ein gesellschaftliches System, das die Interessen und die Ideologie der politisch und wirtschaftlich Mächtigen mit den "wahren" Bedürfnissen der gesamten Bevölkerung stillschweigend identifiziert. So konnte das Christentum, unterstützt von einer katholischen Soziallehre, die ihre sozialethischen Positionen auf scheinbar rein philosophisch-sozialwissenschaftliche Prämissen gründete und deren Auswirkungen auf den gesellschaftlichen Ort des Christentums und der Theologie nicht reflektierte, und ohne kritischen Einspruch seitens der Theologie jene Gestalt annehmen, die in einer Traditionslinie von Kierkegaard über Marx (freilich aus unterschiedlichen Motivationen) heute unter dem Stichwort der bürgerlichen Religion diskutiert wird und in die Krise geraten ist. Diese Diskussion über das Christentum als bürgerliche Religion ist - gleichermaßen aus der Perspektive der katholischen Soziallehre wie

---

[18] Den gesellschaftlichen Standort gegenwärtiger Theologie und die Auswirkungen einer dreifachen (gesellschaftlichen, christlichen und wissenschaftlichen) Legitimationskrise der Theologie auf künftiges Theologietreiben reflektiert J.B. Metz, The Theologian's Licence, Cambridge 1981 (bisher unveröffentlicht; erscheint demnächst in: Zur Rettung des Feuers, hrsg. von den "Christen für den Sozialismus", Münster 1981). -
Von der Bedeutung des Volkswissens für das Wissen der Intellektuellen (und der Theologen) handelt C. Boff, Gegen die Knechtschaft des rationalen Wissens. Ein neues Verhältnis zwischen der Wissenschaft der Theologen und der Weisheit des Volkes, in: H. Goldstein (Hrsg.), Befreiungstheologie als Herausforderung. Anstöße - Anfragen - Anklagen der lateinamerikanischen Theologie der Befreiung an Kirche und Gesellschaft hierzulande, Düsseldorf 1981. - Als Beispiel, wie theologisch unter konstitutiver Berücksichtigung der Subjektfrage und des gesellschaftlichen Ortes des Theologie treibenden Subjekts gearbeitet werden kann, und wo - mit neuen Subjekten - neue Orte des Theologietreibens gefunden werden können, sei hingewiesen auf T.R. Peters (Hrsg.), Theologisch-politische Protokolle, München - Mainz 1981.

der Theologie - ein Paradigma dafür, daß soziale Fragen in die Theologie hineingehören oder besser: immer schon mit ihr verbunden sind; ist doch das Christentum als bürgerliche Religion nur denkbar im Rahmen einer Gesellschaftsordnung, die selbst als bürgerlich gekennzeichnet ist.

Die Entwicklung der bürgerlichen Gesellschaft wurzelt in der Anschauung des <u>Liberalismus</u>, in dessen Sicht des Verhältnisses von Einzelmensch und Gesellschaft, der Ordnung von Staat und Wirtschaft und - in all dem - der Beziehung des Menschen zur Religion. Von Beginn an hat sich die Kirche und die katholische Soziallehre daher mit dem Liberalismus auseinandergesetzt, insbesondere mit seinem Menschenbild und dem sog. Paläo- und Neoliberalismus als Wirtschaftsordnung. Die Unvereinbarkeit des christlichen mit dem liberalistischen Menschenbild gründet in dessen Unterordnung der Sozialnatur unter die Individualität des Menschen; seine Beziehungen zur Gesellschaft wird der Mensch folglich nur insoweit pflegen, als das seinen individuellen Zielen und Zwecken förderlich ist[19]. Die Haltung der katholischen Soziallehre zum Liberalismus als Wirtschaftsordnung (d.h. de facto zur kapitalistischen Wirtschaft) ist da durchaus flexibler. Prinzipielle Unvereinbarkeit bestünde nach Nell-Breuning dann, wenn der Liberalismus seine Position konsequent zu Ende denken und in der Wirtschaft ein nach Naturgesetzen ablaufendes Geschehen sehen würde. "Der Mensch, der zwar mit der bis zum Überdruß wiederholten Leerformel als <u>Ziel</u> der Wirtschaft anerkannt wird, hätte in einer solchen Wirtschaft keine Gelegenheit, sich als deren in freier Selbstbestimmung und Selbstverantwortung handelnder <u>Urheber</u> zu betätigen und zu bewähren"[20].

Die "realistische Sicht" der katholischen Soziallehre, nach der es weder die idealtypische Ordnung der freien Markt- oder Verkehrswirtschaft noch die der Plan- oder Zentralverwaltungswirtschaft gibt, beschränkt sich darauf, die praktischen negativen Voraussetzungen und Folgen der Wirtschaftsweise zu kritisieren. So überschätze der Liberalismus die Leistungsfähigkeit der Koordination der frei wirtschaftenden Menschen, mit der menschenwürdige Lebensbedingungen für alle gewährleistet werden sollen[21]; außerdem sei die Freiheit

---

19 O.v. Nell-Breuning, 8001, 26.
20 O.v. Nell-Breuning, 7508, 461.
21 Vgl. O.v. Nell-Breuning, 8001, 170f. Auch 6901, 64: "Wer diese Steuerung der Produktion durch die kaufkräftige Nachfrage 'Ordnung' nennen will, der mag sie so nennen; das ändert nichts daran, daß die Verteilung der Kaufkraft, gleichviel ob in Gestalt von Vermögen oder von Einkommen, höchst ungeordnet, in hohem Grade zufällig, nicht selten ausgesprochenermaßen ungerecht ist, und daß diese Kaufkraft ihre Nachfrage keineswegs immer nach Vernunft und Gewissen, vielmehr sehr oft unvernünftig, willkürlich und launenhaft ausübt."

in der Wirtschaft dort (durch die sog. Staatsintervention) zu beschneiden, wo wirtschaftliche Verfügungsgewalt über Kapital (also Produktionsmittel) faktisch zur Macht über Menschen führe (die kapitalistische Wirtschaft also zur kapitalistischen Klassengesellschaft werde). Hier ist der rein formale Charakter des Freiheitsbegriffs offenkundig: dem Arbeiter wird die gleiche Betätigung als "frei wirtschaftendem Menschen" zugesprochen wie dem Kapitalisten, Produktionsmittelbesitzer, Unternehmer etc.; daß mit der Verfügungsmacht über Produktionsmittel bzw. Kapital politische Macht über Menschen verbunden ist, wird als konzeptionell nicht notwendig unterstellt. Letztendlich mündet die Position der katholischen Soziallehre in die Option für eine evolutive Weiterentwicklung des Kapitalismus[22], unbeschadet der Neigung mancher kirchlicher Sozialwissenschaftler zu seiner (nicht revolutionären, sondern ebenfalls evolutionären) Umwandlung in eine "laboristische" oder "partnerschaftliche" Wirtschaftsweise[23].

Mit der Unterscheidung von kapitalistischer Wirtschaftsweise und kapitalistischer Klassengesellschaft berühren wir das Zentrum der Kapitalismuskritik, wie sie von der katholischen Soziallehre vorgetragen wird. Nach "Quadragesimo Anno" Nr. 101 ist die kapitalistische Wirtschaftsweise, deren Kennzeichen bereits darin bestehe, daß Kapital im Wirtschaftsprozeß eingesetzt werde, ethisch indifferent und "nicht in sich schlecht"[24]. Dagegen sei die kapitalistische Klassengesellschaft, in der Kapital und Arbeit so verteilt sind, daß die eine, gesellschaftlich kleine Klasse über das gesamte Kapital verfügt und die gesellschaftliche Mehrheit nur über ihre Arbeitskraft, und in der die Wirtschaft einseitig nach dem Diktat und Vorteil des Kapitals geordnet ist, grundsätzlich zu verwerfen[25]. Nach Nell-Breuning gehören beide aber keineswegs notwendig zusammen[26].

Nun liegt bereits in diesen Begriffsbestimmungen das Problem, das mit <u>Entpolitisierung der Kapitalismusfrage</u>[27] bezeich-

---

22 O.v. Nell-Breuning, 7701, 124.
23 Seine Zuneigung zur "partnerschaftlichen Wirtschaftsweise" äußerte jüngst wieder O.v. Nell-Breuning, 8002, 160; früher auch schon 6901, 33. Aus 7701, 124, konnte man dagegen einen Vorzug der sog. "laboristischen Ordnung" herauslesen. Für sie tritt auch F. Klüber, Arbeit und Mitbestimmung als soziale Grundrechte, in: Katechetische Blätter 103 (1978), 278-283, ein. Seine Ausführungen fanden heftigen Widerspruch in einer Erklärung katholischer Sozialwissenschaftler, abgedruckt in: Katechetische Blätter 103 (1978), 982-983.
24 Vgl. O.v. Nell-Breuning, 7201, 79; 7608, 346; 7701, 57; neuerdings nochmals bekräftigt in 8002, 160.
25 O.v. Nell-Breuning, 7608, 346.
26 O.v. Nell-Breuning, 7401, 41. - In 7201, 79, gesteht Nell-Breuning ein, daß sich die Unterscheidung nicht durchzusetzen vermochte.
27 Nach F. Focke, Sozialismus aus christlicher Verantwortung, Wuppertal 1978, beginnt dieser Prozeß bereits gegen Ende des 19. Jahr-

net werden muß. Die angebliche Wertfreiheit und Neutralität
der Wirtschaft ist eine Fiktion, die den gesellschaftlichen Charakter des <u>Kapitalismus als Totalität</u> übersieht. "Wer nur seine wirtschaftliche Seite sieht, läßt sich durch die gigantische
Leistungen leicht zu Anerkennung und Bewunderung hinreißen. Sobald aber die sozialen und kulturellen Folgen in Betracht gezogen werden, zeigen sich tiefe Schatten, so daß das
Gesamturteil bei aller Würdigung des wirtschaftlichen Erfolges

hunderts: "Mit der Gründung des Vereins Arbeiterwohl und des aus
ihm hervorgehenden Volksvereins wurde durch eine moderne und effiziente Propagandamaschinerie systematisch und auf breiter Basis an
der Sicherung der Weltanschauungsbarriere gegenüber der Sozialdemokratie gearbeitet und gleichzeitig die Wende von der bisherigen restaurativen Forderung nach der Sozialreform als der grundsätzlichen
Umstrukturierung der modernen Gesellschaft zur Sozialpolitik als einer
pragmatischen Reformpolitik innerhalb der nun grundsätzlich anerkannten kapitalistischen Wirtschafts- und Gesellschaftsordnung vorgenommen. Die Kapitalismusfrage wurde jetzt auch in der katholisch-sozialen Bewegung - wie bereits früher in der katholischen Sozialphilosophie - entpolitisiert, indem die Beziehungen zwischen Unternehmer
und Arbeiter nach dem Muster der vorbildlichen Sozialeinrichtung der
Fabrik Franz Brandts auf die Ebene des Betriebes und der persönlichen Beziehungen reduziert und nicht als Beziehungen von Klassen
oder auch nur von Tarifpartnern gesehen wurden. Die Folgezustände
der kapitalistischen Wirtschaftsweise erschienen in diesem Zusammenhang in erster Linie als das Produkt persönlichen Versagens auf seiten der Unternehmer wie der Arbeiter und mußten konsequenterweise
primär durch pädagogisch-religiöse Mittel der Gesinnungsbildung zu
lösen gesucht werden. Die 'Gesinnungsreform' trat jetzt zunächst
gleichrangig und dann vorrangig zur 'Zuständereform' hinzu, die im
Laufe der weiteren Entwicklung der katholisch-sozialen Bewegung von
deren konservativer Mehrheitsfraktion im Rahmen ihrer organizistischen Gesellschaftsvorstellung auch weiterhin als 'dem Herrgott ins
Handwerk pfuschend' diskreditiert wurde. Die auf dieser theoretischen
Basis unter den Fittichen des Verbandes Arbeiterwohl entstandenen
rein katholischen und primär auf religiöse Unterweisung und Erbauung ausgerichteten Arbeitervereine konnten keine christlich-sozialistischen Entwürfe mehr entwickeln, da letztere Marx zumindest darin folgten, daß nicht die böse Natur des Menschen das gesellschaftliche Chaos gezeugt habe, sondern daß der Mensch sich so lange
nicht zu einem moralischen Wesen entwickeln könne, so lange die 'Zustände' seine geistigen Potenzen durch den unerbittlichen Zwang, das
nackte Überleben zu sichern, paralysierten" (288f.).
In ähnlicher Form findet sich der Vorwurf, soziale Klassen würden in
der katholischen Soziallehre als "reine Willensverhältnisse" aufgefaßt
und ließen sich auflösen, "wenn sie nur ihre egoistischen Gedanken
aus dem Kopf schlagen und zum christlichen Sittengesetz bekennen
würden", auch bei H. Maier, Soziologie der Päpste. Lehre und Wirkung der katholischen Sozialtheorie, Berlin 1965, 154.

doch ablehnend lauten muß"[28]. Die bisher stetig steigende
Befriedigung materieller Bedürfnisse in der kapitalistischen
Welt kann ebensowenig wie das Bestreben sog. sozialistischer
Länder, es dem Westen gleichzutun, darüber hinwegtäuschen,
daß die Fixierung auf wirtschaftlichen Fortschritt nur immer
neue Bedürfnisse materieller Art produziert hat und mit einer seelischen Verarmung und Entleerung des geistigen Lebens einhergeht, einmal ganz abgesehen davon, "daß diese
bürgerliche Gesellschaft nicht einmal auf ökonomischem Gebiet allen ihren Mitgliedern ein gesichertes Dasein bieten konnte und die wirtschaftliche Existenz der Arbeiterschaft in immer größerem Maße bedroht war"[29], wie heute angesichts eines internationalen Kapitalismus der Reichtum der Reichen
immer mehr zu Lasten der Armen erworben wird.

Die Resignation über die bürgerliche Gesellschaft wächst
im gleichen Maße, wie einmal die Grenzen des Wachstums nicht
mehr der menschlichen Beeinflussung unterliegen und damit
die Faszination der Wirtschaft als vorrangiger Gestaltungskraft der Gesellschaft schwindet, und wie zum anderen der
formale und inhaltsleere Charakter gesellschaftlicher Freiheit
und Gleichheit angesichts sozialer und wirtschaftlicher Unfreiheit und Ungleichheit bewußt wird. Nach der halbierten
Aufklärung und der Privatisierung der Religion verliert die
bürgerliche Gesellschaft mit dem politischen Versagen einer
von Wachstum und Konsum geprägten Wirtschaftsgesellschaft
ihre entscheidende Stütze. An ihrer Seite steht die katholische Soziallehre künftig auf verlorenem Posten.

Es muß bezweifelt werden, ob es in der Haltung zur Kapitalismusfrage für die katholische Soziallehre noch eine produktive Weiterentwicklung bzw. Korrektur geben wird. Dazu
müßten idealtypische Konstruktionen und begriffliche Unterscheidungen als Ausgangspunkt für die Behandlung des Kapitalismusproblems aufgegeben werden. Ähnliches gilt für die
Ausweitung des Problembewußtseins auf die sozialen Probleme
im Welthorizont seit "Mater et Magistra" und für die Versuche
einer Neubestimmung des Verhältnisses von menschlichem Fortschritt und christlichem Heil. Hier liegen Ansatzpunkte für
einen Standortwechsel, wodurch die angebliche Befreiung der
Kirche aus ihrer europäischen Enge[30] auch theologisch durch

---

28 P. Jostock, Art. "Kapitalismus", in: O.v. Nell-Breuning/H. Sacher (Hrsg.), Wörterbuch der Politik, Heft V,1, Freiburg 1951, 149. - Für L. Goldmann, Der christliche Bürger und die Aufklärung, Neuwied - Berlin 1968, "zeigte die nationalsozialistische Periode in einem industriell hochentwickelten Land wie Deutschland, welche gefährlichen Möglichkeiten im 'wertfreien' Wirtschaftsleben immer und ständig enthalten sind" (96).
29 L. Goldmann, a.a.O. 95.
30 O.v. Nell-Breuning, 7701, 75.

eine "Situationsanalyse im Weltmaßstab"[31] eingeholt werden könnte. Nur eine Orientierung an der Kritik politischer Praxis, die solche theoretischen Ableitungen längst überholt und gegenstandslos gemacht hat, kann zu neuen Einsichten führen. Sie müßten Überlegungen zur Solidarität als theologischer Kategorie sowie zum Verhältnis von Theorie und Praxis unter dem Primat der Praxis enthalten, wie sie von Metz gefordert worden sind[32]. Damit sind zentrale Anliegen einer politischen Theologie des Subjekts genannt; auch sie führen über die Grenzen des der katholischen Soziallehre bisher zugewiesenen Arbeitsfeldes hinaus.

4.2 "Solidarität" als zentrale Kategorie einer Theologie im Welthorizont

Zwischen der Kapitalismusfrage und der Forderung nach universaler Solidarität besteht ein enger innerer Zusammenhang. Solidarität bleibt eine Fiktion, solange das selbstbezogene Erwerbsinteresse Ausgangspunkt und Strukturprinzip der Gesellschafts- und Wirtschaftsordnung ist. Nach Böckenförde ist Solidarität damit notwendig ein Reparaturbegriff, mit dem schädliche Nebenfolgen des Besitzindividualismus abgefangen werden[33]; ohne ein solidarisches Eigentumsdenken, das die Bestimmung der Erdengüter für alle Menschen auch zur Befriedigung ihrer Lebensbedürfnisse praktisch durchsetzt, verkommt aber der Ruf nach weltweiter Solidarität zum leeren Pathos.

Zwar trägt das Gesellschaftssystem der katholischen Soziallehre bei einigen Vertretern den Namen "Solidarismus". Zur Lösung der sozialen Probleme auf Weltebene ist aber bisher nur von der Solidarität der reichen mit den armen Ländern die Rede. Von ihrer Bereitschaft (!) und Fähigkeit zur Hilfe wird die Lösung der Zukunftsprobleme der Menschheit abhängig gemacht. (Als theologische Kategorie ist Solidarität in der katholischen Soziallehre naturgemäß unbekannt.)[34]

Anregungen besonders seitens der Länder der Dritten Welt, die bestehende Abhängigkeit von den Industrienationen mittels dirigistischer Maßnahmen auf eine neue Weltwirtschaftsordnung hin zu überwinden, stoßen nach Nell-Breuning auf

---

31 J.B. Metz, Glaube in Geschichte und Gesellschaft, Mainz 1977, 4, Anm. 3.
32 Ebd.
33 E.-W. Böckenförde, a.a.O. 346.
34 Vgl. W. Weigand, Solidarität - ein uneingelöster Anspruch katholischer Soziallehre, in: Katechetische Blätter 103 (1978), 252-262; ders., Solidarität durch Konflikt. Zu einer Theoriebildung von Solidarität. Mit einem Vorwort von Wilhelm Dreier, Münster 1979.

die Besorgnis, "diese Voreingenommenheit für dirigistische Maßnahmen treibe die unterentwickelten Länder in die Arme des autoritär-totalitären kommunistischen Blocks und verhelfe damit der kommunistischen Weltrevolution zum Sieg. Aber auch unabhängig davon bevorzugen und befürworten die fortgeschrittenen Länder Maßnahmen, die sich mit ihrer eigenen, mehr 'liberalen', einem 'sozial temperierten Kapitalismus' verpflichteten Wirtschaftsweise besser vertragen, und sind geneigt, dieser ihrer Vorliebe metaphysische Dignität beizulegen"[35]. Eine derart ideologisch belastete Politik stellt die Lösung sozialer Probleme auf Weltebene in den Dienst eines Systemdenkens, statt die Tauglichkeit gesellschaftlicher und wirtschaftlicher Ordnungen nach dem Maßstab ihrer Fähigkeit zu beurteilen, die Überlebenschancen der Menschheit zu sichern. Hier sind die Prioritäten umgekehrt worden. Angesichts eines solchen Standpunktes bleibt auch das Ziel unerreichbar, der bestehenden Dependenz der Dritten Welt von den Industrienationen und deren politischen Ideologien ihren Ausbeutungscharakter zu nehmen[36]. Die Verhinderung der kommunistischen Weltrevolution geschieht ja nicht primär zum Wohl der Dritten Welt (auch wenn man sich das als "Nebenprodukt" sehr gern positiv anrechnen ließe), sondern aus fundamentalen wirtschaftlichen Eigeninteressen. (Damit wird nicht behauptet, daß eine von überstaatlichen Organisationen geleitete Weltwirtschaftsordnung mit dirigistischen Maßnahmen auch tatsächlich ideologiefrei arbeitet und alle Probleme zufriedenstellend löst; daß eine kapitalistische Weltwirtschaft aber (mit ihrer Schöpfung "multinationaler Konzerne") zur Verschärfung des Nord-Süd-Gegensatzes geführt hat und als Lösungsmodell untauglich ist, dürfte ausweislich der geschichtlichen Erfahrung nicht mehr zu bestreiten sein.)

Solidarität mit jedem, weil und insofern er Mensch ist, als ein das Systemdenken übergreifendes Gestaltungsprinzip der Gesellschaft[37]: Diese neue Praxis universaler Solidarität läßt sich nicht allein durch Veränderung der wirtschaftlichen Strukturen erreichen, aber gewiß auch nicht ohne sie. "Wir müssen national und international zu einem Zusammenleben finden, das nicht mehr durch das 'Jeder für sich', sondern durch 'Die gemeinsame Sache als Sache eines jeden' bestimmt ist. Das ist nur dann möglich, wenn wir uns entscheiden, auf unsere individualistische Freiheit zu verzichten und die sozial gebundene Freiheit zur Grundlage der Vergesellschaftung zu ma-

---

35 O.v. Nell-Breuning, 8001, 310f.
36 A.a.O. 311.
37 Vgl. S.H. Pfürtner, Politik und Gewissen - Gewissen und Politik. Grundsätzliche Erwägungen zum Verhältnis von Ethik und Politik, Einsiedeln 1976, 82f.

chen"[38]. Solidarität darf nicht länger dem Anspruch auf Verwirklichung individueller Freiheit nachgeordnet werden. Als "jene engagierte Praxis, in der Liebe und Gerechtigkeit zusammenrücken"[39], verwirklicht sich erst in der Solidarität das, was christliche Freiheit im Unterschied zu einem bürgerlich-individualistischen Freiheitsbegriff meint. Ausgehend von dem weiter oben entwickelten biblischen und politisch-theologischen Freiheitsverständnis als geschichtlichem Befreiungsprozeß kann die Subjektwerdung des einzelnen Christen gar nicht anders als solidarisch geschehen. "Deshalb kommt es zunächst darauf an, daß das Grundprinzip der Solidarität (anstelle des Besitzindividualismus), das Umdenken des Eigentums, die Haltung der Verantwortlichkeit gegenüber Umwelt, Natur und Ressourcen, die Bereitschaft zum Teilen von unserem vergleichbaren Reichtum und zum solidarischen Dienst für andere (anstelle wachsenden Freiheits- und Freizeitkonsums) bei uns selbst und in der Gesellschaft Wurzel faßt. Christliche Gemeinden, da und wenn es sie denn gibt, könnten darin vorangehen und Zeichen der Glaubwürdigkeit setzen"[40].

Das schließt Parteilichkeit gar nicht aus, solange diese auf universale Solidarität abzielt[41]. Seine eigene Bedürftigkeit und Machtlosigkeit führte Jesus in die Gemeinschaft der Armen und Ohnmächtigen. Gegenüber Reichen und Mächtigen zielte seine Praxis darauf, sie von ihren Bindungen an den Reichtum und von ihrer Art, Herrschaft über andere Menschen auszuüben, zu befreien. Seine Solidarität behandelte nicht alle unterschiedslos, sondern kannte sehr verschiedene Ausdrucksformen. Zu Kindern und Kranken konnte er im gleichen Maße sanftmütig sein wie zornig über die Händler im Tempel, nachsichtig gegen den reuigen Sünder ebenso wie unnachgiebig in den Anforderungen radikaler Nachfolge. Christliche

---

38 H. Hoefnagels, Die neue Solidarität. Ausweg aus der Wachstumskrise, München 1979, 66f. - Auch Hoefnagels geht vom Klassencharakter und individualistischen Fundament der kapitalistischen Wirtschaftsordnung aus (182). Die hinter seinem Konzept stehende Vorstellung einer "organischen Gesellschaft" (184) scheint mir noch weiterer Präzisierungen bedürftig. Kann die Gesamtgesellschaft nach dem Muster kleiner Gemeinschaften organisiert werden? Und erst gar eine Weltgesellschaft? -
Insgesamt ist das Buch am überzeugendsten in der Begründung der Solidarität aufgrund der Einsicht in ökonomische Notwendigkeiten. Darin liegt m.E. zugleich seine Schwäche; Solidarität ist primär und fundamental als anthropologische Kategorie zu verstehen und zu entwickeln.
39 T.R. Peters, Tod wird nicht mehr sein, Einsiedeln 1978, 50.
40 E.-W. Böckenförde, a.a.O. 347. - Anschließend zieht Böckenförde einige sehr bedenkenswerte politische und rechtliche Folgerungen aus seinem Ansatz.
41 Vgl. H. Peukert, Universale Solidarität - Verrat an Bedrohten und Wehrlosen? In: Diakonia 9 (1978), 3-12.

Solidarität wird immer wieder die Nähe derer suchen, die persönlich, sozial und gesellschaftlich "unten" stehen. Der Umgang derer miteinander, die gesellschaftlich auf einer Ebene stehen, und die gegenseitige Liebe derer, die sich sympathisch finden, sind "natürlich"; die Überwindung von Berührungsängsten und Klassengegensätzen ist schon eher ein Zeichen der "Gnade". Wirkliche Solidarität kann sich folglich in bestimmten Situationen dem Verdacht des Klassenverrats aussetzen, ja ihn auf sich ziehen müssen.

Es handelt sich bei ihr auch nicht um eine Solidarität nur unter "Vernünftigen". Sie verlangt geradezu, daß die Wissenden (auch in Sachen Religion) sich von der Weisheit und dem Glauben des Volkes belehren lassen. Gemeinsames Handeln auf der Basis eines intellektuellen Konsens ist leicht; wirkliche Solidarität sucht gerade das Verständnis derer, die untereinander noch nicht verständigt sind.

Schließlich umgreift christliche Solidarität nicht nur die Lebenden und "Durchgekommenen" der Geschichte, sondern auch die Leidenden und Toten. Solidarität ist keine Kategorie der Sieger; sie bedürfen ihrer am wenigsten. Die individuellen und kollektiven Leidensgeschichten der Menschen können von keinem Glück künftiger Generationen und keinem Gedächtnis der Toten aufgewogen werden. Ihre tiefste Dimension enthält Solidarität deshalb erst als "solidarische Hoffnung auf den Gott Jesu als den Gott der Lebenden und der Toten, der alle ins Subjektsein vor seinem Angesicht ruft"[42]. Ihre reale und praktische Bedeutung kann diese tiefste Dimension solidarischer Hoffnung allerdings erst in der Teilnahme der Christen am geschichtlichen und gesellschaftlichen Leidensweg und Befreiungskampf der Menschheit erweisen. Deshalb weist sie auch immer zurück auf die Veränderung gegenwärtiger Verhältnisse und auf das Mitleiden mit denen, für die es nach menschlichem Ermessen keine Zukunft in dieser Welt gibt. Für beides ist sie aber auch notwendig, damit das Leid nicht der Vergessenheit anheimfällt oder die Freiheitsgeschichte undialektisch mit der Abschaffung menschlichen Leids identifiziert wird, andererseits der Befreiungskampf nicht zur menschlichen Siegergeschichte verkommt oder das Leid undialektisch zur notwendigen Etappe auf dem Weg einer evolutiv gedachten Fortschrittsgeschichte verzweckt wird.

---

42 J.B. Metz, a.a.O. 70 (im Original kursiv).

4.3 Zum Verhältnis von Theorie und Praxis

Ein Theorie-Praxis-<u>Problem</u> im eigentlichen Sinn kennt die katholische Soziallehre nicht. Sie versteht sich als "reine" Theorie, die ihre Doktrin philosophisch entwickelt und die Motive zum Handeln dem Glauben entnimmt[43], mit einem zweifachen <u>Bezug zur Praxis</u>: die lehramtlichen Äußerungen zu sozialen <u>Fragen sind</u> von praktischen gesellschaftlichen Konflikten <u>veranlaßt</u> und sollen sich, nachdem sie durch sozialwissenschaftliche Reflexion vertieft und konkretisiert worden sind, im gesellschaftspolitischen Handeln der jeweils zuständigen Fachleute und Autoritäten <u>auswirken</u>. Die Erkenntnisse der Lehre in die Tat umzusetzen, ist Aufgabe des einzelnen, der gesellschaftlichen Gruppen und des Staates. Der Beitrag der Kirche liegt darin, die Gewissen zu bilden, indem sie die ethischen Prinzipien zur Gestaltung der Gesellschaft bereitstellt und "in der Konfrontierung mit der Empirie auf die gesellschaftliche Situation hic et nunc"[44] anwendet. Insofern die Prinzipien aufgrund ihrer philosophischen Deduktion aus dem Menschenbild allen Menschen guten Willens einsichtig sind, bestehen nach Auffassung der katholischen Soziallehre sowohl innerhalb einer pluralistischen Gesellschaft als auch zwischen Staaten mit verschiedenen Gesellschaftssystemen gute Aussichten, sich auf einen gemeinsamen Minimalkonsens für die Grundlegung der Gesellschaftsordnung zu einigen.

Nell-Breuning erinnert sich in einem Protokoll über ein Gespräch mit Politikern aus dem Jahr 1948: Als es nach Beendigung des Zweiten Weltkrieges um die ordnungspolitische Grundsatzentscheidung ging, ob die Wirtschaft der Bundesrepublik nach marktwirtschaftlichen oder zentralverwaltungswirtschaftlichen Gesichtspunkten geordnet werden sollte, sei er sich darüber im klaren gewesen, es müsse ein Wirtschaftssystem angezielt werden, das "mit dem Mindestmaß an Moral auskommt"; denn "die ausgesprochenste Mangelware, die es augenblicklich gibt, ist die <u>Moral</u>"[45]. In diesem "ethischen Minimalismus" drückt sich ein Praxisbezug der katholischen Soziallehre aus, der aber nicht weiter reflektiert wird. Die Vermutung seiner Effektivität scheint als Begründung vorrangig. Das Verhältnis von Theorie und Praxis wird nicht eigentlich philosophisch und theologisch reflektiert, sondern - wenn man so will - <u>pragmatisch</u>; die entscheidende Frage lautet: Sind die Prinzipien operationalisierbar? Operational gilt dabei im Grunde als wertneutraler Begriff, ist es aber in der gesellschaftspolitischen Praxis keineswegs; "das Prinzip wird von

---

43 O.v. Nell-Breuning, 6301, 212.
44 F. Klüber, Grundlagen der katholischen Gesellschaftslehre, Osnabrück 1960, 17. - Vgl. dort auch den Dreischritt: Prinzipienlehre - Konfrontierung mit der Empirie - Gesellschaftspolitik.
45 O.v. Nell-Breuning, 5601, 158.

den unterschiedlichsten ideologischen und gesellschaftlichen Interessenspositionen willkürlich in Anspruch genommen und bringt je nach gesellschaftlicher Analyse und politikleitenden Interessen die gewünschten Forderungen an die politische Praxis hervor; die normativ-kritische Funktion des Prinzips ist damit ausgehöhlt"[46]. Um nicht in beliebiger Weise operationalisierbar und anwendbar zu sein, bedürfen die Prinzipien der moralischen und christlichen Kritik durch die bestimmte Negation herrschender gesellschaftlicher Praxis. Operationalität ist daher kein Ersatz für die "Mangelware Moral"; die Notwendigkeit, gesellschaftspolitische Konkretisierungen abstrakter Prinzipien auf ihre interessebezogenen Voraussetzungen und Folgen hin zu befragen, erlaubt es gar nicht, mit einem Mindestmaß an Moral auszukommen.

Ein weiteres Anwendungsfeld ihrer Erkenntnisse bietet sich der katholischen Soziallehre in der christlichen Sozialbewegung und im sozialen und politischen Katholizismus[47]. Selbst Teile der Gesamtgesellschaft, ist es ihre Aufgabe, im Sinne der katholischen Soziallehre in der Gesellschaft zu wirken. Dabei auftretende Defizite der Praxis gegenüber der Theorie sind aber, wie bereits im Abschnitt über das Subjekt kirchlichen Handelns gezeigt, weder von der Soziallehre noch von der Kirche zu verantworten. Ein Theorieproblem bilden sie jedenfalls nicht. Sollten sich doch einmal aufgrund veränderter gesellschaftlicher Bedingungen auch die Auffassungen der katholischen Soziallehre wandeln, so konnte bisher immer nachgewiesen werden, daß diese Wandlungen nur die geschichtliche Konkretisierung und Anwendung, evtl. auch die Formulierung der Prinzipien, aber nie die Geltung der Prinzipien selbst betrafen[48].

Ist damit das Verhältnis von Theorie und Praxis im Sinn der katholischen Soziallehre grundlegend geklärt, so geht Nell-Breuning nun seinerseits zur Gegenfrage über, "wie es denn um ihr (sc. der politischen Theologie) Verhältnis zur 'Praxis' stehe; auf den (neo-)marxistischen Praxisbegriff wird ausdrücklich Bezug genommen"[49]. Die Beantwortung der Frage

---

46 W. Weigand, Solidarität - ein uneingelöster Anspruch katholischer Soziallehre, in: a.a.O. 253.
47 Anschaulich gemacht ist dieses undialektische Verständnis des Theorie-Praxis-Verhältnisses z.B. in der Zwischenüberschrift "Arbeitsteilung zwischen Kirche und Katholizismus" (O.v. Nell-Breuning, 7507, 150) oder durch die Themenstellung von zwei unmittelbar aufeinander folgenden Aufsätzen Nell-Breunings "Christliche Sozialbewegung" (6302) und "Christliche Soziallehre" (6301).
48 Das wurde im Zusammenhang der Naturrechtslehre bereits behandelt. Es ließe sich auch beispielhaft zeigen bezüglich der katholischen Eigentumslehre und Staatslehre (Verhältnis der Kirche zur Monarchie, später zur Demokratie).
49 O.v. Nell-Breuning in einer Rezension in: Theologie und Philosophie 49 (1974), 153.

muß m.E. unter zwei Rücksichten angegangen werden, einmal durch eine Differenzierung im Verständnis sittlicher Praxis, zum anderen durch den Ansatz des Theorie-Praxis-Verhältnisses beim Primat der Praxis. Dabei wird sich zeigen, daß ein theologischer Praxisbegriff nicht auf einen vorgefaßten Praxisbegriff festgelegt werden kann, auch nicht auf einen "(neo-)marxistischen", selbst wenn er sich teilweise der Auseinandersetzung mit der marxistischen Erkenntnis- und Gesellschaftstheorie verdankt. Vorab soll aber noch ein Hinweis auf den <u>theologischen</u> Rang des Theorie-Praxis-Verhältnisses gegeben werden.

Seit der Aufklärung gehört es zur Aufgabe kritischer Vernunft, ihre eigene gesellschaftliche Konstitution zu reflektieren, und die Einsicht in die Unmöglichkeit, den kritischen Anspruch der Vernunft "rein theoretisch" durchzuhalten[50], ist unaufgebbarer Bestandteil der Selbstvergewisserung philosophischer Erkenntnis. Dieser Anforderung muß auch die theologische Vernunft Rechnung tragen. "Das sogenannte hermeneutische Grundproblem der Theologie ist nicht eigentlich dasjenige des Verhältnisses von systematischer und historischer Theologie, von Dogma und Geschichte, sondern von Theorie und Praxis, von Glaubensverständnis und gesellschaftlicher Praxis"[51]. Die argumentative Theoriebildung der katholischen Soziallehre ist durch das Verhältnis von Glaube und Vernunft bestimmt. Alle wichtigen Unterscheidungen (Naturrecht und Offenbarung, philosophische Sozialethik und Sozialtheologie, Soziallehre und Dogmatik, irdisches Wohl und ewiges Heil, Befreiung und Erlösung etc.) sind von diesem Grund-

---

50 J.B. Metz, Art. "Politische Theologie", in: Sacramentum Mundi, Bd. III, Freiburg 1969, 1234f.
51 J.B. Metz, Zur Theologie der Welt, Mainz 1968, 104. - Das Verhältnis von Vernunft und Glaube ist im Ersten Vatikanischen Konzil ausführlich behandelt worden. Das Konzil bezog in der Auseinandersetzung mit dem sog. Rationalismus und Fideismus Position gegen beide Auffassungen. Seine eigentliche Brisanz erhielt das Thema aber erst durch den Traditionalismus und dessen Denunzierung der Vernunft. Dieser hatte erkannt, daß die Identität der Religion nicht ohne den gesellschaftlichen Kontext, in dem sie steht, gerettet werden kann. Auf den politischen Interessenzusammenhang macht J.B. Metz, Glaube in Geschichte und Gesellschaft, 19f., aufmerksam: "Die traditionalistische Geringschätzung der Vernunft steht nicht primär in einem theologischen Interessenzusammenhang, sondern dient fast ausschließlich dem Interesse, eine monarchische Souveränitätsauffassung gegen den Gedanken der bürgerlichen Demokratie wieder in Geltung zu setzen, die sich ihrerseits auf die in der menschlichen Vernunft basierende Autonomie aller berief. Um politische Vorstellungen und Systeme zu restituieren und die als unmündig empfundenen Massen beherrschbar zu halten (Erbsünde!) werden also theologische Gehalte benutzt und relativiert."

verhältnis geprägt. Eine politische Theologie versucht dagegen, Vernunft/Glaube in den neuen Zusammenhang von Theorie und Praxis einzuordnen. Dabei werden die genannten Unterscheidungen nicht rückgängig gemacht, erscheinen aber in einem neuen Bezugsfeld, in dem beständig nach dem praktischen Kern und der praktischen Relevanz theoretischer (philosophischer und theologischer) Vernunft gefragt wird. Sie verlieren ihre Funktion als Ansatz zur Bestimmung der christlichen Identität in der Gesellschaft und der gesellschaftlichen Repräsentanz des Christentums, behalten aber ihre Bedeutung gegen alle Versuche, die Dialektik von Theorie und Praxis aufzuheben - sei es durch ihre Auflösung in eine Zweck-Mittel-Rationalität (oder in ein Ursache-Folge-Verhältnis), sei es durch vorschnelle Identifikationen, in denen bleibende Differenzen unterschlagen werden.

4.3.1 Differenzierung von sittlicher und gesellschaftlicher Praxis

Zuständereform und Sittenbesserung sind nach "Quadragesimo Anno" die Mittel zur Errichtung einer gerechten Gesellschaftsordnung "nach den Grundsätzen gesunder Sozialphilosophie bis zu ihrer Vollendung nach den erhabenen Vorschriften des Heilsplans der Frohbotschaft"[52]. Der Sache nach ist diese Unterscheidung bereits in "Rerum Novarum" gegeben, wo zur Lösung der sozialen Frage vom Anteil der Kirche, des Staates und der Selbsthilfe des Arbeiters die Rede ist und abschließend festgestellt wird, "daß es vor allem auf die Wiederbelebung christlicher Gesinnung und Sitte ankommt, ohne welche alle noch so vielversprechenden Maßnahmen menschlicher Klugheit, wahres Heil zu schaffen, unvermögend bleiben"[53].
Die Zuordnung von sittlicher Erneuerung und Zuständereform (wobei letztere nicht mehr eigentlich zu den Aufgaben der Kirche gehört) kann als für die gesamte katholische Soziallehre repräsentativ angesehen werden. Eine Differenzierung im Verständnis der Zuständereform hat Nell-Breuning vorgenommen, wenn er schreibt: "zur Gesinnungsänderung muß die Änderung der Institutionen kommen, nicht nur 'Zuständereform', sondern Reform der Institutionen oder sozialen Strukturen, deren Ausfluß die jeweils herrschenden 'Zustände' sind"[54]. Auch diese Differenzierung bleibt unzureichend, weil sie den Zusammenhang von Gesinnungsreform und Institutionenreform (bzw. Strukturreform) noch nicht genügend bedenkt Das zeigen Überlegungen zum Verhältnis von sittlicher und gesellschaftlicher Praxis, bei denen berücksichtigt werden muß,

---

52 Quadragesimo Anno Nr. 76f. (Texte 120).
53 Rerum Novarum Nr. 45 (Texte 66).
54 O.v. Nell-Breuning, 6901, 29.

"daß die individuelle sittliche Praxis keineswegs gesellschaftlich neutral und politisch unschuldig ist"[55] und umgekehrt gesellschaftlich bedingte Unmündigkeit wesentlich zur Verhinderung sittlicher Praxis beiträgt. Mündigkeit im Sinne Kants ist nur dann als rein sittliche Aufgabe nachvollziehbar, wenn das Subjekt sittlicher Praxis bereits gesellschaftlich und ökonomisch mündig ist. Sie unterstellt also ein gesellschaftlich bereits ermächtigtes bürgerliches Subjekt als allgemeines Subjekt sittlichen Handelns. In der Tat gibt es aber gesellschaftliche Unmündigkeit und Ohnmacht, die nicht in individuellem sittlichem Versagen gründen, sondern eben gesellschaftliche Ursachen haben, weil die politischen und ökonomischen Voraussetzungen für das Mündigwerden nicht vorhanden sind oder verweigert werden; in diesem Fall kann der Zustand gar nicht durch individuelle sittliche Praxis allein behoben werden.

Die Differenzierung von sittlicher und gesellschaftlicher Praxis bedeutet also näherhin zweierlei: Zum einen weist sie auf eine Differenzierung im Begriff sittlicher Praxis hin; sittliches Handeln muß sich als individuelle und gesellschaftliche Praxis auswirken und auf seine ethischen Grundlagen geprüft werden. Zum anderen betont sie die Differenz von sittlicher und gesellschaftlicher Praxis. Individuelles sittliches Handeln geht nie völlig in gesellschaftlicher Praxis auf, und gesellschaftliche Praxis bleibt ethisch bestimmt, auch und gerade wenn sie sog. Sachzwängen, Vorzugswahlen, Ermessensentscheidungen und Ermessensspielräumen ausgeliefert zu sein scheint. Damit wird aber auch die Arbeitsteilung in der Strategie der katholischen Soziallehre unterlaufen - hier Gewissensbildung zur Sittenbesserung als Aufgabe der Kirche, dort Änderung der gesellschaftlichen Strukturen als Aufgabe des einzelnen, gesellschaftlicher Gruppen und des Staates. Beides ist konstitutiv aneinander gebunden: Sittliche Praxis ist Teil der gesellschaftlichen Praxis, und die Ermöglichung politischer Mündigkeit durch Veränderung gesellschaftlicher Praxis hat Relevanz für die sittliche Praxis des Individuums.

Mit solchen Überlegungen bietet sich auch ein Ansatz für ein neues Zusammentreten von Politik und Moral. Bisher steht in der ethischen Beurteilung politischer Praxis und in der Diskussion über die Glaubwürdigkeit der Politiker die individuelle moralische Haltung des einzelnen Politikers im Vordergrund, die oft genug in ihrem Gegensatz zu seinen politischen Entscheidungen gesehen wird. Eine politische Ethik im eigentlichen Sinn, die nicht nur die moralischen Auffassungen der Politiker und deren persönliches Verhalten zum Gegenstand hat, sondern deren individuelle sittliche und gesellschaftliche Praxis umgreift, scheint es nicht zu geben. Weil Politik von "denen da oben" gemacht wird, wird die Diskrepanz von Moral

---

55 J.B. Metz, Glaube in Geschichte und Gesellschaft, 50.

und Politik im öffentlichen Leben (nicht im Privatleben der Politiker!) allzu schnell als "natürlich" ausgegeben; sie gehört zum "Wesen" des politischen Geschäfts, das ein "schmutziges Geschäft" ist. Der Erfolgszwang, dem sich die Politiker durch die regelmäßigen Wahlen in demokratischen Staaten unterworfen fühlen, bekräftigt nun seinerseits die verbreitete Auffassung, daß in der Politik alles erlaubt sei, was Erfolg verspricht; die Politiker wiederum handeln dementsprechend oder erwecken zumindest den Eindruck, daß sie es tun, indem sie den Erfolg mit Versprechungen, die politisch gar nicht erfüllbar sind, zu erkaufen suchen und dadurch gleichzeitig den Zwang zum Erfolg nur noch verstärken. So läßt sich die Kluft zwischen Moral und Politik prinzipiell nicht in Richtung einer neuen politischen Kultur überbrücken. Eine Verbindung von Moral und Politik kann auch gar nicht primär über die Berufspolitiker erreicht werden, sondern nur auf dem Weg des politischen Handelns der gesellschaftlichen Basis. Die Kritik einer gesellschaftlichen Praxis, in der Moral und Politik auseinanderklaffen, kann ethisch bestimmt und politisch wirksam nur durch die Überwindung etablierter Arbeitsteilungen geschehen, in denen die Bürger für die Erhaltung der sittlichen Grundüberzeugungen der Gesamtgesellschaft durch ihr eigenes sittliches Verhalten zuständig sind und den Politikern die Vollmachten zur Ausgestaltung der Gesellschaftsordnung nach den formalen Maßstäben der Freiheit, Gerechtigkeit und Solidarität übertragen werden; darin liegt bereits die Aufspaltung des Menschen in ein sittliches Subjekt und gesellschaftliches Objekt im Hinblick auf das politische Leben. Zu ihrer Überwindung bedarf es des Handelns der Basis, einer Basis, welche die ethische Bestimmtheit ihrer gesellschaftlichen Praxis ebenso ernst nimmt wie die Veränderung der gesellschaftlichen Bedingungen, die individuelle ethische Praxis prägen, auf mehr Freiheit, Gerechtigkeit und Solidarität hin. Die Annäherung von sittlicher und gesellschaftlicher Praxis muß in der Einheit des sittlichen und gesellschaftlichen Subjekts grundgelegt sein; anders wird die Diskrepanz von Politik und Moral immer größer, und die Verhaltensmuster im öffentlichen Leben werden immer weniger nachvollziehbar und kommunikabel.

4.3.2 Politische Theologie unter dem Primat der Praxis

Die hier vorgetragenen Reflexionen beruhen auf einem Verständnis politischer Theologie, welches das Theorie-Praxis-Problem von vornherein in seiner theologischen Bedeutung zu erhellen sucht; es wird nicht eine philosophische Erkenntnis nachträglich auf die Theologie angewendet. Praxis ist als Glaubenspraxis in gesellschaftlicher Praxis verstanden (ohne daß damit die Identität beider behauptet würde). Die Thesen über theologische Wahrheitsfindung unter dem Primat der Praxis, über das Glaubensverständnis als Nachfolgepraxis (in ihrer mystisch-politischen Doppelstruktur) und über die praktische Verfassung des Gottesgedankens und des Logos der Christologie[56] gehören innerlich zusammen. Sie erlauben es nicht, das gesellschaftliche Handeln der Christen als "Anwendungsfall" ihres vorab ("außerhalb" von Geschichte und Gesellschaft) existierenden und gesicherten Glaubens anzusehen, sondern sehen die Wahrheit des Glaubens selbst auf dem Spiel in der sittlichen und gesellschaftlichen Praxis der Christen; "daß Christentum ist nicht in erster Linie eine Doktrin, die es möglichst 'rein' zu halten gilt, sondern eine Praxis, die es radikaler zu leben gilt!"[57]

Der Primat der Praxis führt eine gesellschaftskritische Theologie zum einen aus der "reinen" Theorie einer katholischen Soziallehre heraus, indem er den kognitiven Rang von Praxis hervorhebt und die intelligible Kraft der Praxis für die theologische Kritik sozialer und gesellschaftlicher Verhältnisse ernst und in Anspruch nimmt. Zum anderen überwindet er die Arbeitsteilung von Dogmatik und Gesellschaftslehre, indem er die Unmöglichkeit einer geschichts- und gesellschaftslosen Dogmatik sowie einer theologisch neutralen Gesellschaftslehre aufzeigt. Die Einsicht, daß Glaubensverständnis und gesellschaftliches Handeln aus dem Glauben konstitutive Bestandteile der Praxis der Nachfolge sind, muß sich auch im theologischen Selbstverständnis niederschlagen; d.h. Theologie ist Reflexion eines <u>praktischen Nachfolgewissens</u>, das also gar nicht rein theoretisch erworben werden kann. Damit wird der Theorie ihr Platz zugewiesen: "Theologie ist ein nachträgliches Geschäft. Sie steht als Theorie zwischen Praxis und Praxis"[58].

Der Primat der Praxis in der Theologie bedeutet ferner eine Hinwendung zum Subjekt diesseits abstrakter Redeweisen von Subjektivität, Personalität, Individualität usw. Was das Subjekt und seine Identität konstituiert, läßt sich nicht jenseits der geschichtlichen und gesellschaftlichen Bedingungen feststellen, in denen es sich verwirklicht. Die theologische Rede von der Subjektwerdung des Menschen vor Gott muß sich daher auf diese - jeweils bestimmten - Bedingungen menschlicher Existenz einlassen und die Hindernisse für die Subjektwerdung durch die kritische Negation herrschender gesellschaftlicher Praxis benennen. Primär ist deshalb nicht eine

---

56 Vgl. § 4 "Konzept einer politischen Theologie als praktischer Fundamentaltheologie", in: J.B. Metz, a.a.O. 44-74.
57 J.B. Metz, Jenseits bürgerlicher Religion, München - Mainz 1980, 41 (im Original kursiv).
58 H. Gollwitzer, Theologie und Praxis, in: H.N. Janowski/E. Stammler (Hrsg.), Was ist los mit der deutschen Theologie? Antworten auf eine Anfrage, Stuttgart 1978, 123-133, hier 124.

bessere Theorie der gesellschaftlichen Ordnung zu erstellen, sondern durch gesellschaftskritische Praxis auf die Veränderung der Bedingungen menschlichen Zusammenlebens zu dringen. Dann werden sich auch die Konturen einer Gesellschaft zeigen, welche bessere Lebensbedingungen für die Subjektwerdung aller Menschen vor Gott enthält. In kirchenkritischer Wendung heißt das, "daß die viel besprochene Identitätskrise des Christentums nicht primär eine Krise seiner Botschaft ist, sondern eine Krise seiner Subjekte und Institutionen, die sich dem unweigerlich praktischen Sinn dieser Botschaft allzu sehr entziehen und so auch seine intelligible Macht brechen"[59]. Verunsicherungen bezüglich der Glaubensinhalte hängen mit Orientierungsproblemen der Glaubenssubjekte hinsichtlich ihrer Glaubenspraxis zusammen. Der Primat der Praxis ist von der Theologie ernst zu nehmen – gerade auch im Interesse an der Identität der Glaubensinhalte.

Damit ist schließlich gesagt, daß die Subjektfrage erst gelöst werden kann, wenn sie als Basisfrage erkannt ist und behandelt wird[60]. Denn die als Krise der Subjekte und ihrer Praxis diagnostizierte Identitätskrise des Christentums kann gar nicht substitutiv durch das Handeln einzelner, und seien sie kirchliche Amtsträger, überwunden werden. Wenn christliche Identität – aufgrund des gesellschaftlich-politischen Gehalts der biblischen Botschaft und der konstitutiven Bindung des Glaubens an die geschichtlichen und gesellschaftlichen Bedingungen seiner Realisierungsmöglichkeiten – als Nachfolgepraxis innerlich mit der gesellschaftlichen Praxis der Christen zusammenhängt, dann kann sie nur durch einen Basisprozeß erreicht werden, der christliche und gesellschaftliche Identitätsgewinnung in Einklang zu bringen sucht. Für das Selbstverständnis der Theologie bedeutet das, das tatsächliche Handeln der Christen in der Gesellschaft kritisch zu reflektieren, daraus nach den Maßstäben der biblischen Botschaft und ihrer – freilich gebrochenen und ständig gefährdeten – Verwirklichung in der Geschichte des Christentums Perspektiven für eine neue Praxis zu entwickeln und Inspirationen an die christliche Basis und ihre kirchlichen Autoritäten wei-

---

59 J.B. Metz, Glaube in Geschichte und Gesellschaft, XI; ähnlich 147
60 Zum Thema "Basis" gibt es inzwischen in drei Richtungen Arbeiten von J.B. Metz:
- Zur Basiskirche: "Wenn die Betreuten sich ändern". Unterwegs zu einer Basiskirche, in: Jenseits bürgerlicher Religion, 111-125; R. Bahro/J.B. Metz, Der Geist und die Basis, in: Publik-Forum Nr. 11 (29.5.1981), 15-19.
- Zur Basiskultur: Paradigma für eine politische Kultur des Friedens, in: Ernesto Cardenal. Ansprachen anläßlich der Verleihung des Friedenspreises des Deutschen Buchhandels, Frankfurt 1980, 17-34.
- Zur Basistheologie: The Theologian's Licence, Cambridge 1981.

terzugeben. Unter dem Primat der Praxis bekommt die theologische Arbeit durch die Erfüllung ihrer gesellschaftskritischen und kirchenkritischen Funktion erst ihren ganzen Ernst für die Suche nach den Zukunftschancen des Christentums.

Die Befreiung eines wirtschaftlich aufstrebenden und auf seine politische Repräsentanz drängenden Teils des Volkes von politischer und religiöser Bevormundung markiert den Beginn der neuzeitlichen Freiheitsgeschichte. In ihr entstand mit der Freisetzung der säkularisierten Gesellschaft und des modernen demokratischen Staates jener bürgerliche Mensch, dessen geschichtliche Epoche gegenwärtig zu Ende zu gehen scheint. Er hat zur Sicherung seiner eigenen Zukunftschancen die halbierten Aufklärungsprozesse in Gang gesetzt, welche nun die Zukunft der Menschheit überhaupt gefährden. Ob und wie es mit ihr in der Wende zu einer nachbürgerlichen Zeit weitergehen wird, droht ohne den Beistand der Religion, die ihre Vision vom neuen Menschen in einer neuen Welt gesellschaftskritisch zur Geltung bringen muß, zu einer offenen Frage zu werden.

5 Epilog: Die Enzyklika »Laborem Exercens« im Lichte einer politischen Theologie

5.0 Vorbemerkungen

Die Reden, die Papst Johannes Paul II. während seiner Auslandsreisen gehalten hat, behandeln neben kircheninternen Fragen immer auch und sogar in besonders großem Umfang Fragen des politischen, gesellschaftlichen und sozialen Lebens. Vereinzelt wird anhand von Analysen dieser Ansprachen und Stellungnahmen zu drängenden Gegenwartsproblemen bereits von einer politischen Theologie des Papstes gesprochen[1]. Nachdem nun eine neue Sozialenzyklika vorliegt, sollte eigentlich die Frage auftauchen, wie sich beides - also lehramtliche Sozialverkündigung und politische Theologie - zueinander verhält. Mir ist nicht bekannt, daß bisher über diesen Zusammenhang unter katholischen Sozialwissenschaftlern öffentlich nachgedacht worden ist[2]. Dazu soll abschließend ein Beitrag geleistet werden mit der Grundthese: Die Sozialehre des Papstes wie die Sozialverkündigung der Kirche überhaupt muß in eine politische Theologie eingebettet werden.

Doch damit nicht genug. Politische Theologie beschäftigt sich ja nicht mit dem gesellschaftlichen Leben an sich, sondern will die Anforderungen an das christliche Engagement unter

---

1 Vgl. z.B. E.-W. Böckenförde, Das neue politische Engagement der Kirche. Zur "politischen Theologie" Johannes Pauls II. In: Stimmen der Zeit 198 (1980), 219-234; O.v. Nell-Breuning, 8004.
2 Der Beitrag von L. Roos, Politische Theologien und katholische Soziallehre, in: Internationale katholische Zeitschrift "Communio" 10 (1981), 130-145, erschien vor Veröffentlichung der Enzyklika "Laborem Exercens" und konnte folglich das Verhältnis zwischen der sog. politischen Theologie des Papstes und der lehramtlichen Sozialehre noch nicht behandeln. Sein Blick ist auch mehr auf das Verhältnis der theologischen Disziplinen zueinander gerichtet: katholische Soziallehre einerseits und die sich als systematische Theologie begreifenden Formen politischer Theologie andererseits. -
Im übrigen führt der Vorschlag von Roos, politische Theologien (!) und katholische Soziallehre sollten zu einer "arbeitsteiligen Kooperation" (143) gelangen, m.E. nicht aus den im folgenden zu erörternden Problemen heraus. Deshalb bleibt die hier angezielte Neuorientierung kirchlicher Sozialverkündigung, die sich vorrangig der sozialen Praxis an der gesellschaftlichen Basis der Kirche zuwenden muß, davon unberührt.

den gegenwärtigen Bedingungen aufzeigen und den Einsatz für Frieden, Freiheit und (mehr) Gerechtigkeit unter Berufung auf den christlichen Glauben deutlich machen. Eine solche Verschränkung von theologischen und politischen Überlegungen - wie sie in dieser Arbeit insgesamt und anhand der Enzyklika vorgenommen wird - ist nach wie vor keineswegs selbstverständlich. Der Papst selbst "trennt" Sozialenzykliken von anderen Weltrundschreiben, die sich mehr mit innertheologischen Fragen und dem kirchlichen Leben der Gläubigen beschäftigen[3]. An den Universitäten wird katholische Soziallehre neben und unabhängig von der sog. "systematischen Theologie" gelehrt und studiert. Im kirchlichen Leben gibt es eigene soziale Verbände, die sich mit den Problemen des Arbeitslebens und gesellschaftspolitischen Fragen auseinandersetzen; sie arbeiten relativ selbständig und unabhängig von den Pfarrgemeinden, die sich den vermeintlich rein religiösen Dingen widmen (wobei die "Caritas" noch zu diesen "rein" religiösen Dingen gezählt wird, weil sie sich der Hilfe für die einzelnen in Not geratenen Menschen zuwendet).

Hier soll gefragt werden, wie es zu solchen Trennungen und Unterscheidungen gekommen ist und wie kirchliche Sozialverkündigung die ursprüngliche Einheit von religiösem und gesellschaftlichem Engagement der Christen wieder gewinnen kann. Denn in dem Maße, wie christlicher Glaube als eine bestimmte Form geschichtlicher und gesellschaftlicher Praxis verwirklicht wird, die sich von der Hoffnung auf den Gott Jesu bestimmen läßt, der das Heil aller Menschen will, müssen auch sozialethische Anforderungen an die Christen als konstitutiver Bestandteil des Glaubensverständnisses selbst begriffen werden. Das ist kein beliebiger theologischer Satz; seine Berechtigung gründet letztlich in dem im weitesten Sinn politischen Gehalt der christlichen Botschaft selbst. Seine Bestreitung wäre angesichts der Entwicklung des Christentums und seiner gesellschaftlichen Relevanz bis ins Spätmittelalter hinein geradezu abenteuerlich. Im Gegenteil: ein unpolitisches, privatisiertes Glaubensverständnis läßt sich als Geschöpf neuzeitlicher Religionsgeschichte aufweisen bzw. als Versuch, die Wirksamkeit eines gesellschaftlich angepaßten Christentums zu verschleiern. Wenn die mit der Verheißung des Reiches Gottes geforderte neue Praxis des Glaubens, wenn also Nachfolge und Umkehr, Nächsten- und Feindesliebe, Solidarität mit den von Jesus privilegierten Armen, Unterdrückten und Rechtlosen auch keine Grundsätze sind, nach denen unsere real existierende Gesellschaft gestaltet wird, so müssen sie doch immerhin als Widerstandskategorien gegen herrschende gesellschaftliche Praxis zur Geltung gebracht oder wenigstens

---

[3] Vgl. z.B. die "Antrittsenzyklika" des Papstes "Redemptor Hominis" (Die Würde des Menschen in Christus); "Ein Leib und ein Geist werden in Christus" (Schreiben über die Eucharistie) usw.

- um das mindeste zu sagen - eingeklagt werden. Welchen bestimmten und auch theologisch bestimmbaren Inhalt sollte ansonsten das Wort "Glaube" noch haben?

Diese einleitenden Gedankengänge können hier nicht weiter verfolgt werden. Das Verhältnis von kirchlicher Sozialverkündigung und politischer Theologie soll ja in diesem Epilog nicht nochmals begründet, sondern anhand der Sozialenzyklika "Laborem Exercens" konkretisiert werden. Immerhin dürfte deutlich geworden sein, daß damit der Zugang zum Thema vorgezeichnet ist. Ich will im folgenden weniger einzelne Aussagen, die in der Enzyklika enthalten sind, und gesellschaftliche Positionen, zu denen sie Stellung nimmt, als vielmehr zwei theologisch bedeutsame "Vorentscheidungen" herausstellen: die Frage nach dem argumentativen Zugang zum Problem der Arbeit und die Frage nach den Adressaten des Textes und den Trägern kirchlicher Sozialverkündigung. Wie sich dann abschließend zeigen wird, hängen beide Fragen eng zusammen.

5.1 Die Frage nach dem argumentativen Zugang zum Problem der Arbeit

Mit Recht hat Oswald von Nell-Breuning in einem ersten Kommentar darauf hingewiesen, daß man "rein stofflich betrachtet" in "Laborem Exercens" "an aufregend Neuem nicht viel erwarten" darf[4]. Die lehramtliche Entwicklung habe Johannes Paul II. bereits abgeschlossen vorgefunden. Auch die hierzulande heftig diskutierte Frage, wie der Vorrang der Arbeit wirtschaftlich und gesellschaftlich am angemessensten durchzusetzen sei, ist keineswegs neu. Wenn dennoch dieser Eindruck erweckt werden konnte, stellt sich der Verdacht ein, daß die Kirche selbst es in ihrem Handeln während der vergangenen neunzig Jahre seit der ersten Sozialenzyklika "Rerum Novarum" mit dem praktischen Kern der Sozialverkündigung nicht ernst genug gemeint hat. In Abwandlung eines Wortes von Johann Baptist Metz kann man formulieren: Die Krise der kirchlichen Sozialverkündigung ist primär nicht eine Krise der Inhalte der Soziallehre, sondern eine Krise ihrer Subjekte und Institutionen, die sich dem unweigerlich praktischen Sinn der Sozialverkündigung allzu sehr entziehen und so auch deren intelligible Macht brechen[5]. Darin steckt nicht nur und nicht einmal in erster Linie der Vorwurf moralischen Versagens; es liegen vielmehr objektive Schwierigkeiten zugrunde, die mit dem - freilich selbstgewähl-

---

4 O.v. Nell-Breuning, 8103, 109.
5 Vgl. J.B. Metz, Glaube in Geschichte und Gesellschaft, XI, ähnlich 147.

ten - Ansatz kirchlicher Stellungnahmen zu gesellschaftlichen Problemen gegeben sind.

<u>Zum einen</u> gilt: Seit es eine ausgearbeitete katholische Soziallehre gibt, spielt in ihr die sozialphilosophische Argumentation auf der Basis der neuscholastischen Naturrechtskonzeption die vorherrschende Rolle. Gegenüber biblischen und aus dem christlichen Glaubensverständnis entwickelten Impulsen zur Gestaltung menschlichen Zusammenlebens besteht der Vorbehalt, sie könnten es nicht mit der logischen Stringenz und argumentativen Verbindlichkeit der Sozialphilosophie aufnehmen; die Theologie mische sozusagen in die universale Vernunft der Philosophie die Partikularität des Evangeliums und erschwere damit das Gespräch gerade auch unter Vertretern verschiedener Weltanschauungen. Einmal davon abgesehen, daß die philosophische Tradition, in der die katholische Soziallehre steht, heute keineswegs mehr als konsensfähige Grundlage für den Diskurs auch nur unter Philosophen angesehen werden kann, darf es niemanden verwundern, wenn das philosophische Gedankengut der Neuscholastik - abgesehen von einigen Schlagwörtern - niemals zur politischen Handlungsgrundlage breiterer Bevölkerungsschichten geworden ist[6] und sozialethische Forderungen unter Christen nur selten - wegen dieses Ansatzes - in einem Zusammenhang mit ihrem Glaubensverständnis und ihrer Glaubenspraxis gesehen wurden. Die kirchliche Sozialverkündigung hat sich damit zu einem erheblichen Teil selbst um ihre gesellschaftlichen Wirkungsmöglichkeiten gebracht.

<u>Zum anderen</u> ist die praktische Trennung von christlicher Sozialdoktrin und christlicher Sozialbewegung nach dem Selbstverständnis katholischer Soziallehre in der kirchlichen Sozialverkündigung konstitutiv. Die Lehre wird in der Regel deduktiv aus Einsichten in das Wesen des Menschen (nach "Laborem Exercens" spricht Nell-Breuning von "anthropologischen Konstanten"[7]) entwickelt. Die so rein theoretisch gewonnenen ethischen Forderungen in die Praxis umzusetzen, ist Aufgabe der christlichen Sozialbewegung. Das Verhältnis von Soziallehre und Sozialbewegung ist also als Ursache-Folge-Verhältnis aufgefaßt: aus der Soziallehre folgt die praktische Umsetzung ("Anwendung") in der Sozialbewegung. Ein Theorie-Praxis-Problem im strengen Sinn existiert folglich für die katholische Soziallehre nicht. Die Praktiker haben lediglich mög-

---

6 In diesem Punkt stimme ich dem Urteil von Höffe zu; vgl. O. Höffe, Die Menschenrechte als Prinzipien eines christlichen Humanismus. Zum sozialethischen Engagement von Johannes Paul II. In: Internationale katholische Zeitschrift "Communio" 10 (1981), 97-106, hier 100. - Seine Ausführungen zum "Verzicht auf Naturrechtsüberlegungen" (99f., ähnlich 104f.) bei Papst Johannes Paul II. waren wohl zu voreilig, wie gerade "Laborem Exercens" wieder zeigt.
7 O.v. Nell-Breuning, a.a.O. 110.

lichst getreu auszuführen, was die Theoretiker ihnen an richtiger Einsicht vorgegeben haben. Die Praxis selbst stellt offensichtlich kein Theorieproblem dar; sie vermag die Richtigkeit der Theorie weder zu beweisen noch zu widerlegen. Ebensowenig ist die Theoriebildung als eine Form theoretischer Praxis verstanden, die an die gesellschaftliche Praxis - von ihr kritisch lernend und sie konstruktiv belehrend - gebunden bleibt.

Zusätzlich wird durch die monokausale Beziehung zwischen Soziallehre und Sozialbewegung der Eindruck vermittelt, gesellschaftliches Handeln nach den Prinzipien der Soziallehre sei vorzugsweise Sache solcher christlicher "Experten", die sich durch ihre beruflichen Herausforderungen, nicht eigentlich aufgrund ihres Selbstverständnisses als Christen, zur Soziallehre der Kirche verhalten müssen. Die arbeitsökonomisch sicher angenehme Aufteilung von Theorie und Praxis - angenehm zumindest für den, der sich mit der Theorie beschäftigen kann - spiegelt sich in den theologischen Disziplinen ebenso wie in den kirchlichen Praxisfeldern. (Ich erwähne nochmals das oft beziehungslose Nebeneinander in den kirchlichen Aktivitäten von Pfarreien und sozialen Verbänden.) Es geht auch nicht um die schlichte Aufhebung solcher Arbeitsteilungen, sondern um neue Zuordnungen, die aus der unfruchtbaren Beziehungslosigkeit herausführen und unter Berücksichtigung der angesprochenen Theorie-Praxis-Dialektik im Hinblick auf die Einheit von theoretischer und praktischer Arbeit produktiv gemacht werden können.

Beide genannten Aspekte, der Vorrang der scholastischen Sozialphilosophie in der lehramtlichen kirchlichen Sozialverkündigung und die faktische Trennung von Soziallehre und sozialer Praxis, gelten in modifizierter Form auch für die Enzyklika "Laborem Exercens". Mit dem Schlußkapitel 5 "Elemente für eine Spiritualität der Arbeit" ist m.W. erstmals der Versuch gemacht, die theologisch-spirituelle Dimension eines gesellschaftlichen Problems in ein Sozialrundschreiben zu integrieren. Man sollte dieses Anliegen zunächst würdigen und gegen den Verdacht einer ideologischen Überhöhung harter sozialer Realitäten in Schutz nehmen. Eine weitere Frage ist dann, ob dies in der Weise geschehen kann, wie es der Text tut. Mir erscheinen die genannten Gesichtspunkte - Arbeit als Teilnahme am Werk des Schöpfers, Christus als Mann der Arbeit und die Arbeit im Licht von Kreuz und Auferstehung Christi - zu unvermittelt hinter die Ausführungen über den gegenwärtigen Konflikt zwischen Arbeit und Kapital (Kapitel 3) sowie über die Rechte des arbeitenden Menschen (Kapitel 4) gestellt; sie sind also den eigentlichen inhaltlichen und sozialphilosophisch betrachteten Schwerpunkten des Textes nur angehängt. Ähnlich verhält es sich mit den theologischen Bemerkungen zum Buch Genesis, die dem mehr definitorischen Kapitel 2 "Die Arbeit und der Mensch" vorangestellt sind.

Gegenüber den zum Teil recht konkreten Beschreibungen gesellschaftlicher Wirklichkeit und der an manchen Stellen eindeutigen Kritik an sozialen Mißständen bleiben diese Ausführungen sowohl theologisch wie gesellschaftlich abstrakt. Eine christliche Spiritualität der Arbeit soll ja nicht jenseits, sondern _in_ der alltäglichen Arbeit praktiziert werden. Entsprechend sollte auch ihre theologische Vermittlung nicht vorgängig oder nachträglich zur, sondern _in_ der gesellschaftlich differenzierten Reflexion der Arbeit angesiedelt werden.

Hinsichtlich der im Grunde entscheidenden sozialphilosophischen Argumentation sei nur folgendes bemerkt: Die Enzyklika steht in der Tradition der neuscholastischen Sozialphilosophie und beruft sich auch ausdrücklich auf bisherige lehramtliche Verlautbarungen. Dabei spielen nach Argumentationsmuster und Perspektive Thomas von Aquin und die ganz aus dem Geist der Neuscholastik konzipierte Enzyklika "Quadragesimo Anno" in "Laborem Exercens" sicher eine größere Rolle als etwa Anknüpfungen an "Mater et Magistra" oder "Populorum Progressio". Die am Ausgangspunkt der Darlegungen stehenden anthropologischen Konstanten "Personwürde _jedes_ Menschen" und (der daraus folgende) "personale Charakter _jeder_ Art menschlicher Arbeit" beinhalten sachlich dasselbe wie das klassische Grundaxiom katholischer Soziallehre: Wurzelgrund, Träger und Ziel aller gesellschaftlicher Institutionen ist und muß auch sein die menschliche Person, die von ihrem Wesen her des gesellschaftlichen Lebens bedarf[8]. Wie aus diesem Axiom alle in den Sozialenzykliken enthaltenen sozialethischen Forderungen und alle in den christlichen Gesellschaftswissenschaften erarbeiteten Sozialprinzipien entwickelt wurden, so beruhen auch in "Laborem Exercens" alle wesentlichen Ableitungen auf diesem überzeitlichen Personverständnis. Gerade die Interpreten, die aus dem proklamierten Vorrang der Arbeit vor dem Kapital eine Option des Papstes für ein "Laborismus" genanntes Wirtschaftssystem herauslesen, scheinen mir diesen Sachverhalt ständig zu übersehen. Das Prinzip bleibt gegenüber jedem tatsächlichen und denkbaren Modell abstrakt; anders wäre auch kaum erklärbar, wieso Vertreter unterschiedlichster gesellschaftlicher Interessengruppen in päpstlichen Lehräußerungen Bestätigungen für ihre Auffassungen suchen und - finden. Darüber hinaus muß aber m.E. grundsätzlicher gefragt werden, wie ein laboristisches

---

[8] Vgl. "Gaudium et Spes". Pastoralkonstitution des Zweiten Vatikanischen Konzils über die Kirche in der Welt von heute, Nr. 25. - Die Tatsache, daß dieses Grundaxiom auch in "Mater et Magistra" (Nr. 219) - in philosophisch "unsauberer" Formulierung - vorkommt, spricht nicht gegen eine Unterscheidung verschiedener Argumentationsmuster und Perspektiven; es wird ja nicht blanker Widerspruch behauptet. Vgl. im übrigen O.v. Nell-Breuning, 7201, 71-96; 7701, 74-100.

Wirtschaftsmodell in einer Gesellschaft funktionieren soll, die längst die Prinzipien einer kapitalistischen Wirtschaft auf alle Bereiche des gesellschaftlichen Lebens übertragen hat[9]. Die Zusammenhänge von Wirtschaftsweise und Gesellschaftsordnung sind noch nicht genügend im Blick bei der Suche nach alternativen Formen der Wirtschaft. Hier ist der Begriff Laborismus, weil er per definitionem die Wirtschaft isoliert betrachtet, wohl eher irreführend als weiterführend.

Wir sind damit bereits an einem weiteren Punkt angelangt, nämlich bei den Auffassungen der Enzyklika zur menschlichen Arbeit. Tatsächlich sprengt der gegenüber früheren Texten ausgeweitete Begriff der Arbeit das, was ursprünglich mit Laborismus im Gegensatz zum Kapitalismus gemeint war. Ging das laboristische Wirtschaftsmodell nämlich noch von dem Gegensatzpaar Arbeit und Kapital aus, so verflüchtigt sich diese Polarität nun, wenn mit Arbeit jedes menschliche Tun gemeint ist, "das man unter der reichen Vielfalt der Tätigkeiten, deren der Mensch fähig ist und zu denen ihn seine Natur, sein Menschsein disponiert, als Arbeit anerkennen kann und muß" (so in den einleitenden Worten von "Laborem Exercens"). Auch hier eröffnen die zum Teil sehr weitläufigen Beschreibungen und Unterscheidungen menschlicher Arbeit ein weites Feld für Spekulationen, wie denn noch der Vorrang der Arbeit vor dem Kapital wirksam durchgesetzt werden kann und welche Art des Vorrangs in der Enzyklika überhaupt gemeint ist

Vor allem bleibt das Verständnis menschlicher Arbeit trotz begrifflicher Differenzierungen letztlich gesellschaftlich abstrakt. Dabei steht freilich der Anspruch, Arbeit umfassend und in weltweiten Zusammenhängen zu sehen, vor einer objektiven Schwierigkeit: Arbeit ist immer konkret und von bestimmten, je anderen gesellschaftlichen Umständen geprägt. Die Selbstverwirklichung des einen hier ist noch immer und - wie abzusehen ist - zunehmend der Verlust sozialer Identität vieler dort; dies gilt bereits für Gesellschaften wie die Bundesrepublik (wenn wir nur an die zunehmende Arbeitslosigkeit denken) und um so mehr bei der Berücksichtigung wirtschaftlicher Abhängigkeiten im Weltmaßstab. Ist darüber hinaus nicht "Selbstverwirklichung durch Arbeit" ohnehin ein recht schillernder Begriff, in dem die ganze Problematik entfremdeter Arbeit ebenso wie der Verlust sozialer Tugenden und die Verzweckung sozialer Beziehungen verborgen wird?

Solche Fragen können hier nur gestellt werden; sie drängen sich bei der Lektüre der Enzyklika geradezu auf, werden aber von ihr nicht beantwortet. Mir scheint, darüber muß - auch und gerade nach "Laborem Exercens" - noch mehr nachgedacht werden.

---

9 Vgl. hierzu wie auch insgesamt zum tieferen Verständnis einer gesellschaftskritischen politischen Theologie: J.B. Metz, Jenseits bürgerlicher Religion, München - Mainz 1980.

5.2 Die Adressaten des Textes und die Träger kirchlicher Sozialverkündigung

Vergleichen wir die Anreden verschiedener Enzykliken miteinander, so läßt sich eine interessante Entwicklung feststellen: Die erste Sozialenzyklika "Rerum Novarum" (1891) richtete sich ausdrücklich nur an die Mitbrüder im Bischofsamt, die in hierarchischer Abstufung tituliert und angeredet wurden. "Quadragesimo Anno" (1931) ergänzte den Kreis der Angesprochenen durch den Zusatz "und an alle christgläubigen Katholiken". Seit "Pacem in Terris" (1963) ist es üblich geworden, den Adressatenkreis nochmals zu erweitern: "sowie an alle Menschen guten Willens". Wir finden diese Anrede auch in "Laborem Exercens".

Unverändert geblieben ist dagegen ein Riß, der zwischen dem Subjekt kirchlichen Handelns und dem Träger kirchlicher Sozialpraxis im Sinne katholischer Soziallehre besteht. "Quadragesimo Anno" unterschied drei Träger, die an der Gestaltung und Reform des gesellschaftlichen Lebens beteiligt sind: Kirche, Staat und Selbsthilfe der Betroffenen. Diese Aufgliederung läßt sich der Sache nach schon in "Rerum Novarum" feststellen, wenn sie auch dort nicht unmittelbar erkennbar ist, weil der Text noch keine offiziellen Überschriften hat. Der Aufbau von "Laborem Exercens" ist, um es mit heutigen Worten zu sagen, themen- und problemorientiert und nicht subjektorientiert. Man wird dennoch sagen dürfen, daß beides miteinander vereinbar ist und in dieser Enzyklika die Träger bzw. Subjekte auch stillschweigend im gleichen Sinne verstanden werden wie in den früheren Enzykliken. Nur ist in allen Fällen "Kirche" stets ohne besondere Hervorhebung mit den Trägern eines kirchlichen Amts identifiziert. Nach einem aus der systematischen Theologie übernommenen Kirchenverständnis handelt die Kirche nämlich als Kirche dort, wo ihre Amtsträger handeln oder Nicht-Amtsträger eine von der kirchlichen Amtsautorität erteilte Weisung ausführen[10]. Insofern kommt auch die Sozialverkündigung nur dort als Ausdruck des Handelns der Kirche in den Blick, wo sie lehramtliche Verkündigung ist. Das gesellschaftliche und soziale Engagement einzelner und christlicher Gemeinschaften ist zwar gefordert, wird aber nicht als Handeln der Kirche im eigentlichen Sinn qualifiziert und in seiner theologischen Würde nicht reflektiert.

Nichtsdestoweniger meint Nell-Breuning in dem bereits erwähnten Kommentar, in "Laborem Exercens" werde im Unterschied zu allen voraufgegangenen Sozialenzykliken nicht mehr von oben herab gedacht und geredet[11]. Das mag wohl für das Verständnis gelten, mit dem der Papst die Probleme und Viel-

---

10 Vgl. Teil 3.2 der Arbeit.
11 O.v. Nell-Breuning, a.a.O. 106.

schichtigkeit menschlicher Arbeit betrachten will. Hinsichtlich der politischen und wirtschaftlichen Lösungsvorschläge wird aber m.E. stärker auf die Errichtung bzw. Perfektionierung des sozialstaatlichen Systems als auf Veränderungen von unten gesetzt. Und dies gilt erst recht im Hinblick auf die Frage nach dem Träger kirchlicher Sozialverkündigung. So enthält der Appell an die Solidarität der Arbeiter keinen Hinweis auf das geforderte christliche Engagement von Gemeinden, Verbänden, kirchlichen Arbeitervereinigungen usw., um den Vorrang der Arbeit auch gesellschaftlich und wirtschaftlich wirksam durchzusetzen. Ebensowenig erwähnt der Abschnitt über die Würde der Landarbeit dort das notwendige und mutige Engagement kirchlicher Basisgemeinschaften, wo Großgrundbesitz und Ausbeutung der Landarbeiter in Ländern der Dritten Welt als "objektiv ungerechte Situationen" bezeichnet werden.

Der von der katholischen Soziallehre schon immer vertretene und durch "Laborem Exercens" noch stärker betonte Vorrang der menschlichen Arbeit gründet letztlich in dem subjektiven Charakter menschlicher Arbeit. Nun hat aber die Option für die Subjektwerdung des Arbeiters in der katholischen Soziallehre - auch in "Laborem Exercens" - keine Berührungspunkte mit der Frage nach dem Subjekt des Glaubens und dem Subjekt kirchlichen Handelns. Schon aus diesem Grund muß die Aufspaltung von sozialphilosophischer und theologischer Frage nach dem Subjekt kritisiert werden. Denn religiöses und gesellschaftliches Subjekt dürfen nicht einfach als verschiedene vorausgesetzt werden. Soll Religion - nicht nur, aber auch für die Arbeiter - identitätsbildende Kraft gewinnen, so ist gerade auf die Einheit von gesellschaftlicher und religiöser Identitätsbildung hinzuwirken. Das verlangt theologisch, das Subjekt des Glaubens als Subjekt kirchlichen und gesellschaftlichen Handelns ernst zu nehmen; hinsichtlich der kirchlichen Sozialverkündigung verlangt es eine Neuorientierung, die christliche Identität und kirchliches Handeln "von unten", d.h. von der gesellschaftlichen Basis der Kirche her begreift.

5.3 Schlußbemerkungen

Verstehen wir kirchliche Sozialverkündigung als die untrennbare Einheit von Soziallehre und christlicher Sozialpraxis, dann stellt sich unmittelbar die Frage ein, wie die herrschende Diskrepanz zwischen Doktrin und gesellschaftlicher Praxis der Kirche überwunden werden kann. Gewiß wird der appellative Impuls lehramtlicher Äußerungen zur Ermutigung gesellschaftlichen Handelns und zur Korrektur sozialer Mißstände immer auch nötig sein. Die entscheidenden Veränderungen im Zusammenleben der Menschen werden von dort aber nicht ausgehen können und auch nicht erwartet werden dürfen. Angesichts der Beharrlichkeit, mit der jeder gesellschaftlich erreichte Zustand – zumal in institutionellen und bürokratischen Verfestigungen – sich den Forderungen nach mehr Gerechtigkeit widersetzt, führen gesellschaftliche Totalmodelle eher zur Resignation als zu reformerischem Tatendrang.

Kirchliche Sozialverkündigung muß in erster Linie dort geschehen, wo die unmittelbare Betroffenheit von sozialem Unrecht und konkrete Wirkungsmöglichkeiten zur Neugestaltung gegeben sind, also an der gesellschaftlichen Basis der Kirche. Und sie muß primär von dort und nicht im Blick auf päpstliche Lehrautorität übergreifen auf größere gesellschaftliche Zusammenhänge. Dann wird auch eine Wechselwirkung und gegenseitige Befruchtung von konkreter sozialer Praxis und sozialtheoretischer Reflexion erreichbar sein. Das kann aber nur geschehen, wenn kirchliche Sozialverkündigung nicht von der christlichen Glaubenspraxis abgespalten und von ihr geradezu beiseite geschoben wird. Einzelne Christen und christliche Gemeinschaften müssen ihr gesellschaftliches Engagement <u>als Christen</u> in dem Bewußtsein wahrnehmen können und <u>darin</u> von den kirchlichen Amtsträgern unterstützt werden, daß ihr Handeln als kirchliches Handeln auch wahrgenommen, ernstgenommen und anerkannt wird.

In diesem Sinn bedarf kirchliche Sozialverkündigung engagierter Mitglieder in Gemeinden und Verbänden ebenso wie neuer gesellschaftlicher Koalitionen, in der Sprache päpstlicher Enzykliken also aller Menschen guten Willens, damit sie nicht auf die Veröffentlichung von Jubiläumsschriften beschränkt wird und von der wohlwollenden Aufnahme durch politische und gesellschaftliche "Großsubjekte" abhängt. Die Gefahren, die durch eine wachsende Zerstörung des gesellschaftlichen Lebens zu Lasten der Menschen hierzulande und weltweit entstehen, werden ohnehin viel sensibler dort wahrgenommen, wo sie sich am ehesten und unmittelbarsten auswirken, nämlich an der gesellschaftlichen Basis, und dort gerade von den Menschen, zu denen die Christen gehören sollten, die nicht gewillt sind, mit offenen Augen drohende Katastrophen anzuschauen und dabei die Hände untätig in den Schoß zu legen.

Literaturverzeichnis

1. Veröffentlichungen mit Ausnahme der Titel von O.v. Nell-Breuning

Acta Apostolicae Sedis, Rom 1909 ff.
Albert, H., Traktat über kritische Vernunft, Tübingen ²1969.
- /Topitsch, E. (Hrsg.), Werturteilsstreit, Darmstadt 1971.

Anti-Sozialismus aus Tradition? Memorandum des Bensberger Kreises zum Verhältnis von Christentum und Sozialismus heute, Hamburg 1976.

Arrupe, P., Glaube und Gerechtigkeit als Auftrag der europäischen Christen, in: Geist und Leben 50 (1977), 9-17.

Auer, A., Die Sinnfrage als Politikum. Zum Grundwerte-Papier der SPD, in: Stimmen der Zeit 197 (1979), 247-259.

Bahro, R., Die Alternative. Zur Kritik des real existierenden Sozialismus, Köln 1977.
- /Metz, J.B., Der Geist und die Basis, in: Publik-Forum Nr. 11, 10. Jahrgang (29.5.1981), 15-19.

Bauer, G., Christliche Hoffnung und menschlicher Fortschritt. Die politische Theologie von J.B. Metz als theologische Begründung gesellschaftlicher Verantwortung des Christen, Mainz 1976.

Blumenberg, H., Die Legitimität der Neuzeit, Frankfurt 1966.

Böckenförde, E.-W., Das neue politische Engagement der Kirche. Zur "politischen Theologie" Johannes Pauls II., in: Stimmen der Zeit 198 (1980), 219-234.
- Ethische und politische Grundsatzfragen zur Zeit. Überlegungen aus Anlaß von 90 Jahre "Rerum Novarum", in: Herder Korrespondenz 35 (1981), 342-348.
- /Böckle, F. (Hrsg.), Naturrecht in der Kritik, Mainz 1973

Boff, C., Gegen die Knechtschaft des rationalen Wissens. Ein neues Verhältnis zwischen der Wissenschaft der Theologen und der Weisheit des Volkes, in: Goldstein, H. (Hrsg.), Befreiungstheologie als Herausforderung. Anstöße - Anfragen - Anklagen der lateinamerikanischen Theologie der Befreiung an Kirche und Gesellschaft hierzulande, Düsseldorf 1981, 108-138.

Brakelmann, G., Die soziale Frage des 19. Jahrhunderts, 2 Bde., Witten 1962.

Brüls, K., Geschichte der katholisch-sozialen Bewegung in Deutschland, Münster 1958.

Brusatti, A., Wirtschafts- und Sozialgeschichte des industriellen Zeitalters, 3., völlig veränderte Aufl., Graz - Wien - Köln 1979.
Büchele, H., Christsein im gesellschaftlichen System. Sozialethische Reflexionen über den Zusammenhang von Glaube und sozio-ökonomischen Strukturen, Wien 1976.
- Kirche und demokratischer Sozialismus, in: Herder Korrespondenz 31 (1977), 201-206.
- Bergpredigt und Gewaltfreiheit, in: Stimmen der Zeit 199 (1981), 632-640.
- /Hoefnagels, H./Kreisky, B., Kirche und demokratischer Sozialismus, Wien 1978.
Castillo, F., Bürgerliche Religion oder Religion des Volkes? In: Concilium 15 (1979), 302-308.
- (Hrsg.), Theologie aus der Praxis des Volkes, München - Mainz 1978.
Chenu, M.-D., Die "Soziallehre" der Kirche, in: Concilium 16 (1980), 715-718.
Christentum und Sozialismus, in: Concilium 13 (1977), 269-343.
Christliche Ethik und Ökonomie: Der Nord-Süd-Konflikt, in: Concilium 16 (1980), 665-748.
Congar, Y., Kommentar zum IV. Kapitel des 1. Teils der Pastoralkonstitution "Gaudium et Spes", in: LThK E III, Freiburg 1968, 397-422.
David, J., Wandelbares Naturrecht? In: Orientierung 20 (1956), 171-175.
- Das Naturrecht in Krise und Läuterung. Eine kritische Neubesinnung, Köln ²1969.
Die sozialen Grundschreiben Papst Leo XIII. Über die Arbeiterfrage. Papst Pius XI. Über die gesellschaftliche Ordnung. Mit Erläuterungen von Paul Jostock, Freiburg 1948.
Die Sozialenzyklika Papst Johannes XXIII. Mater et Magistra, 4. Aufl. mit einem ausführlichen Kommentar und einer Einführung in die Soziallehre der Päpste von Leo XIII. bis zu Johannes XXIII. von Eberhard Welty OP, Freiburg 1963.
Evangelii nuntiandi. Exhortatio apostolica vom 8. Dezember 1975, zitiert nach: Die Evangelisierung der Welt von heute. Die päpstliche Exhorte "Evangelii nuntiandi", in: Herder Korrespondenz 30 (1976), 133-152.
Focke, F., Sozialismus aus christlicher Verantwortung. Die Idee eines christlichen Sozialismus in der katholisch-sozialen Bewegung und in der CDU, Wuppertal 1978.
Franz, A., Der soziale Katholizismus in Deutschland bis zum Tode Kettelers, M.-Gladbach 1914.
Fromm, E., Die Kunst des Liebens, Frankfurt 1979.
Fuchs, J., Christliche Gesellschaftslehre? In: Stimmen der Zeit 164 (1958/59), 161-170.
García Rubio, A., Die lateinamerikanische Theologie der Be-

freiung, in: Internationale katholische Zeitschrift 2 (1973), 400-423.
Gaudium et Spes. Text und Kommentar, in: LThK E III, Freiburg 1968, 241-592.
Geck, L.H., Christliche Sozialprinzipien. Zum Aufbau einer Sozialtheologie, in: Theologische Quartalschrift 130 (1950), 28-53.
Gemeinsame Synode der Bistümer in der Bundesrepublik Deutschland. Offizielle Gesamtausgabe, hrsg. im Auftrag des Präsidiums der Gemeinsamen Synode und der Deutschen Bischofskonferenz, 2 Bde., Freiburg 1976 und 1977.
Goldmann, L., Der christliche Bürger und die Aufklärung, Neuwied - Berlin 1968.
Gollwitzer, H., Forderungen der Umkehr. Beiträge zur Theologie der Gesellschaft, München 1976.
- Theologie und Praxis, in: Janowski, H.N./Stammler, E. (Hrsg.), Was ist los mit der deutschen Theologie? Antworten auf eine Anfrage, Stuttgart 1978, 123-133.
Grebing, H., Geschichte der deutschen Arbeiterbewegung. Ein Überblick, München 1966.
Grundwerte und Gottes Gebot. Eine gemeinsame Erklärung der Bischofskonferenz und des Rates der EKD, in: Herder Korrespondenz 33 (1979), 561-571.
Grundwerte und Grundrechte, vorgelegt von der Grundwerte-Kommission beim SPD-Parteivorstand, 15. Januar 1979.
Gundlach, G., Die Ordnung der menschlichen Gesellschaft, 2 Bde., Köln 1964.
Gutiérrez, G., Theologie der Befreiung. Mit einem Vorwort von Johann Baptist Metz, München - Mainz ^{2}1976.
Habermas, J., Theorie und Praxis. Sozialphilosophische Studien, Frankfurt ^{4}1971.
- Legitimationsprobleme im Spätkapitalismus, Frankfurt 1973.
- Zur Rekonstruktion des Historischen Materialismus, Frankfurt 1976.
- Erkenntnis und Interesse. Mit einem neuen Nachwort, Frankfurt ^{4}1977.
- (Hrsg.), Stichworte zur "Geistigen Situation der Zeit", 2 Bde., Frankfurt 1979.
Hättich, M., Wirtschaftsordnung und katholische Soziallehre, Stuttgart 1957.
Heierle, W., Kirchliche Stellungnahmen zu politischen und sozialen Fragen. Eine Untersuchung über ihre Möglichkeiten und Grenzen anhand von ausgewählten Beispielen, Bern - Frankfurt 1975.
Herder-Dorneich, P., Wie kann die Kirche sozial-ethische Entscheidungshilfen geben? In: Concilium 4 (1968), 357-363
Höffe, O., Die Menschenrechte als Prinzipien eines christlichen Humanismus. Zum sozialethischen Engagement von Johannes Paul II. In: Internationale katholische Zeitschrift "Communio" 10 (1981), 97-106.

Höffner, J., Christliche Gesellschaftslehre, 6. überarbeitete Aufl., Kevelaer 1975.

Hoefnagels, H., Die neue Solidarität. Ausweg aus der Wachstumskrise, München 1979.

Hofmann, W., Ideengeschichte der sozialen Bewegung des 19. und 20. Jahrhunderts, Berlin 1962.

Hollerbach, A., Das christliche Naturrecht im Zusammenhang des allgemeinen Naturrechtsdenkens, in: Böckle, F./Böckenförde, E.-W. (Hrsg.), Naturrecht in der Kritik, Mainz 1973, 9-38.

Huber, W., Das Wagnis ökumenischen Lernens, in: Janowski, H.N./Stammler, E. (Hrsg.), Was ist los mit der deutschen Theologie? Antworten auf eine Anfrage, Stuttgart 1978, 93-101.

Iserloh, E./Stoll, C., Bischof Ketteler in seinen Schriften, Mainz 1977.

Jedin, H. (Hrsg.), Handbuch der Kirchengeschichte, Band VI, 1, Freiburg 1971.
- (Hrsg.), Handbuch der Kirchengeschichte, Band VI, 2, Freiburg 1973.
- /Repgen, K. (Hrsg.), Handbuch der Kirchengeschichte, Band VII, Freiburg 1979.

Jostock, P., Der Ausgang des Kapitalismus. Ideengeschichte seiner Überwindung, München - Leipzig 1928.
- Der Deutsche Katholizismus und die Überwindung des Kapitalismus, Regensburg 1932.
- Grundzüge der Soziallehre und der Sozialreform, Freiburg 1946.
- Die katholisch-soziale Bewegung der letzten hundert Jahre in Deutschland, Köln 1959.
- Art. "Kapitalismus", in: Wörterbuch der Politik, hrsg. von H. Sacher und O.v. Nell-Breuning, Heft V, 1, Freiburg 1951, 147-172.

Kaufmann, F.-X., Theologie in soziologischer Sicht, Freiburg 1973.
- Wissenssoziologische Überlegungen zu Renaissance und Niedergang des katholischen Naturrechtsdenkens im 19. und 20. Jahrhundert, in: Böckle, F./Böckenförde, E.-W. (Hrsg.), Naturrecht in der Kritik, Mainz 1973, 126-164.
- Kirche begreifen. Analysen und Thesen zur gesellschaftlichen Verfassung des Christentums, Freiburg 1979.

Kerber, W., Die Verantwortung der Kirche in der Gesellschaft, Stuttgart 1973.
- Katholische Soziallehre, in: Demokratische Gesellschaft, Band 2, München 1975, 545-642.
- Wer ist "die Kirche"? In: Stimmen der Zeit 198 (1980), 131-133.

Kern, W., Menschenrechte in Geschichte und Gegenwart, in: Stimmen der Zeit 197 (1979), 3-14.

- Menschenrechte und christlicher Glaube, in: Stimmen der Zeit 197 (1979), 161-172.
- Was ist Ideologie? In: Stimmen der Zeit 198 (1980), 89-97.
- Ist das Christentum eine Ideologie? In: Stimmen der Zeit 198 (1980), 244-256.
- Zur Grundwertediskussion, in: Stimmen der Zeit 198 (1980), 579-584.

Kessler, H., Erlösung als Befreiung, Düsseldorf 1972.

Kleinhappl, J., Arbeit - Pflicht und Recht. Fragen der Wirtschaftsethik, Wien 1962.

Klose, A., Die Katholische Soziallehre. Ihr Anspruch. Ihre Aktualität, Graz 1979.

Klüber, F., Grundlagen der katholischen Gesellschaftslehre, Osnabrück 1960.
- Naturrecht als Ordnungsnorm der Gesellschaft, Köln 1966.
- Katholische Gesellschaftslehre. 1. Band: Geschichte und System, Osnabrück 1968.
- Arbeit und Mitbestimmung als soziale Grundrechte, in: Katechetische Blätter 103 (1978), 278-283.

Köhler, O., In der Nachgeschichte der "Christlichen Welt", in: Stimmen der Zeit 195 (1977), 219-235.

Ludwig, H., Die Kirche im Prozeß der gesellschaftlichen Differenzierung. Perspektiven für eine neue sozialethische Diskussion, München - Mainz 1976.

Maier, H., Soziologie der Päpste. Lehre und Wirkung der katholischen Sozialtheorie, Berlin 1965.

Marmy, E. (Hrsg.), Mensch und Gemeinschaft in christlicher Schau. Dokumente, Freiburg (Schweiz) 1945.

Marx, K., Das Kapital. Kritik der politischen Ökonomie, 3 Bde., Berlin 1975.

Messner, J., Ethik. Kompendium der Gesamtethik, Innsbruck 1955.
- Die soziale Frage, Innsbruck ^{7}1964.
- Das Naturrecht. Handbuch der Gesellschaftsethik, Staatsethik und Wirtschaftsethik, Innsbruck ^{5}1966.

Metz, J.B., Zur Theologie der Welt, Mainz 1968 (zitiert nach der TB-Ausgabe 1973).
- Art. "Politische Theologie", in: Sacramentum Mundi, Bd. III, Freiburg 1969, 1232-1240.
- "Politische Theologie" in der Diskussion, in: Peukert, H. (Hrsg.), Diskussion zur "politischen Theologie", Mainz - München 1969, 267-301.
- Erlösung und Emanzipation, in: Stimmen der Zeit 191 (1973), 171-184.
- Kirche und Volk - oder der Preis der Orthodoxie, in: Stimmen der Zeit 192 (1974), 797-811.
- Glaube in Geschichte und Gesellschaft. Studien zu einer praktischen Fundamentaltheologie, Mainz 1977.
- Zeit der Orden? Zur Mystik und Politik der Nachfolge, Freiburg 1977.

- Messianische oder bürgerliche Religion? Zur Krise der Kirche in der Bundesrepublik Deutschland, in: Concilium 15 (1979), 308-315.
- Produktive Ungleichzeitigkeit, in: Habermas, J. (Hrsg.), Stichworte zur "Geistigen Situation der Zeit", 2. Band, Frankfurt 1979, 529-538.
- Jenseits bürgerlicher Religion. Reden über die Zukunft des Christentums, München - Mainz 1980.
- Paradigma für eine politische Kultur des Friedens, in: Ernesto Cardenal. Ansprachen anläßlich der Verleihung des Friedenspreises des Deutschen Buchhandels, Frankfurt 1980, 17-34.
- Unterbrechungen. Theologisch-politische Perspektiven und Profile, Gütersloh 1981.
- The Theologian's Licence, Cambridge 1981, als Vorabdruck veröffentlicht in: Zur Rettung des Feuers, hrsg. von den "Christen für den Sozialismus", Münster 1981.
- /Moltmann, J./Oelmüller, W., Kirche im Prozeß der Aufklärung, München - Mainz 1970.

Moltmann, J., Perspektiven der Theologie. Gesammelte Aufsätze, München - Mainz 1968.
- Umkehr zur Zukunft, München 1970.
- Die ersten Freigelassenen der Schöpfung. Versuche über die Freude an der Freiheit und das Wohlgefallen am Spiel, München 1971.
- Mensch. Christliche Anthropologie in den Konflikten der Gegenwart, Stuttgart 1971.
- Theologie der Hoffnung. Untersuchungen zur Begründung und zu den Konsequenzen einer christlichen Eschatologie, München ^{9}1973.
- Hoffnung und Befreiung, in: Evangelische Kommentare 9 (1976), 755-757.
- Trinität und Reich Gottes. Zur Gotteslehre, München 1980.

Monzel, N., Was ist christliche Gesellschaftslehre? (Münchener Universitätsreden, N.F. 14), München 1956.
- Solidarität und Selbstverantwortung. Beiträge zur Christlichen Soziallehre, München 1959.
- Katholische Soziallehre, 2 Bde., Köln 1965 und 1967.

Muhler, E., Die Soziallehre der Päpste, München 1958.

Neue Orte des Theologietreibens, in: Concilium 14 (1978), 277-344.

Pannenberg, W., Geschichtstatsachen und christliche Ethik. Zur Relevanz geschichtlich politischer Sachfragen für die christliche Ethik, in: Peukert, H. (Hrsg.), Diskussion zur "politischen Theologie", Mainz - München 1969, 231-246.

Pesch, H., Lehrbuch der Nationalökonomie, 5 Bde., Freiburg 1905-1923.

Peters, T.R., Tod wird nicht mehr sein, Einsiedeln 1978.
- (Hrsg.), Theologisch-politische Protokolle, München - Mainz 1981.

Peukert, H., Universale Solidarität - Verrat an Bedrohten und Wehrlosen? In: Diakonia 9 (1978), 3-12.
- (Hrsg.), Diskussion zur "politischen Theologie", Mainz - München 1969.

Pfürtner, S.H., Politik und Gewissen - Gewissen und Politik. Grundsätzliche Erwägungen zum Verhältnis von Ethik und Politik, Einsiedeln 1976.
- /Heierle, W., Einführung in die katholische Soziallehre, Darmstadt 1980.

Prinz, F., Kirche und Arbeiterschaft. gestern - heute - morgen, München 1974.

Rahner, K., Die Frage nach der Zukunft. Zur theologischen Basis christlicher Gesellschaftskritik, in: Peukert, H. (Hrsg.), Diskussion zur "politischen Theologie", Mainz - München 1969, 247-266.
- Strukturwandel der Kirche als Aufgabe und Chance, Freiburg 1972.
- Kirche und Parusie Christi, in: ders., Schriften zur Theologie, Bd. VI, Einsiedeln 1965, 348-367.
- Theologische Reflexionen zum Problem der Säkularisation, in: ders., Schriften zur Theologie, Bd. VIII, Einsiedeln 1967, 637-666.
- Basisgemeinden, in: ders., Schriften zur Theologie, Bd. XIV, Einsiedeln 1980, 265-272.
- Theologische Grundinterpretation des II. Vatikanischen Konzils, in: ders., Schriften zur Theologie, Bd. XIV, Einsiedeln 1980, 287-302.
- Die bleibende Bedeutung des II. Vatikanischen Konzils, in: ders., Schriften zur Theologie, Bd. XIV, Einsiedeln 1980, 303-318.
- Die Zukunft der Kirche und die Kirche der Zukunft, in: ders., Schriften zur Theologie, Bd. XIV, Einsiedeln 1980, 319-332.
- Strukturwandel der Kirche in der künftigen Gesellschaft, in: ders., Schriften zur Theologie, Bd. XIV, Einsiedeln 1980, 333-354.

Ratzinger, J., Naturrecht, Evangelium und Ideologie in der katholischen Soziallehre. Katholische Erwägungen zum Thema, in: Bismarck, K.v./Dirks, W. (Hrsg.), Christlicher Glaube und Ideologie, Stuttgart - Berlin 1964, 24-30

Rauscher, A., "Sub luce Evangelii". Naturrecht und Evangelium in der Pastoralen Konstitution, in: Wissenschaft - Ethos - Politik im Dienste gesellschaftlicher Ordnung (Festschrift für Josef Höffner), Münster 1966, 69-80.
- Die soziale Verantwortung der Kirche, in: Sandfuchs, W. (Hrsg.), Die Kirche, Würzburg 1978, 97-109.
- (Hrsg.), Ist die katholische Soziallehre antikapitalistisch? Köln 1968.
- /Roos, L., Die soziale Verantwortung der Kirche. Wege und Erfahrungen von Ketteler bis heute, Köln 1977.

Redemptor hominis. Enzyklika Papst Johannes Pauls II. vom 4. März 1979, in: Herder Korrespondenz 33 (1979), 186-209.

Ritter, E., Die katholisch-soziale Bewegung Deutschlands im neunzehnten Jahrhundert und der Volksverein, Köln 1954.

Roos, L., Politische Theologien und katholische Soziallehre, Versuch einer historisch-vergleichenden Analyse im Interesse eines besseren gegenseitigen Verständnisses, in: Internationale katholische Zeitschrift "Communio" 10 (1981), 130-145.

Sauter, G., Chancen theologischer Verständigung, in: Janowski, H.N./Stammler, E. (Hrsg.), Was ist los mit der deutschen Theologie? Antworten auf eine Anfrage, Stuttgart 1978, 109-122.

Schillebeeckx, E., Von der theologischen Tragweite lehramtlicher Verlautbarungen über gesellschaftspolitische Fragen, in: Concilium 4 (1968), 411-421.

- Glaubensinterpretation. Beiträge zu einer hermeneutischen und kritischen Theologie, Mainz 1971.

Schulz, A., Oswald v. Nell-Breuning - eine soziologische Analyse seines Mitbestimmungs-Engagements, Diss.-Druck, München 1978.

Schwaderlapp, W., Eigentum und Arbeit bei Oswald von Nell-Breuning. Praxisorientierte Theorie, rekonstruiert und reflektiert in anthropologischer Absicht, Diss.-Druck, Mainz 1977.

Schwarte, J., Grundfragen des menschlichen Zusammenlebens in christlicher Sicht. Einführung in die christliche Gesellschaftslehre mit systematischer Textauswahl, Paderborn 1977.

Sève, L., Marxistische Analyse der Entfremdung, Frankfurt 1978.

Smith, A., An Inquiry into the Nature and Causes of the Wealth of Nations, 2 Bde., London 1776 (Neue Ausgabe hrsg. von E. Cannan, 1904); deutsch: Der Wohlstand der Nationen. Eine Untersuchung seiner Natur und seiner Ursachen. Aus dem Englischen übertragen und mit einer Würdigung von H.C. Recktenwald, München 1974.

- The Theory of Moral Sentiments, 2 Bde., London 1759 (^{6}1790); deutsch: Theorie der ethischen Gefühle, in: Adam Smith/Werke, hrsg. von H.G. Schachtschabel, Erster Band, Frankfurt 1949.

Spael, W., Das katholische Deutschland im 20. Jahrhundert, Würzburg 1964.

Spülbeck, V., Neomarxismus und Theologie. Gesellschaftskritik in Kritischer Theorie und Politischer Theologie, Freiburg 1977.

Texte zur katholischen Soziallehre. Die sozialen Rundschreiben der Päpste und andere kirchliche Dokumente; mit einer Einführung von Oswald von Nell-Breuning SJ, hrsg. vom Bundesverband der Katholischen Arbeitnehmer-Bewegung (KAB) Deutschlands, Kevelaer ^{3}1976.

Tödt, H.E., Theologie der Gesellschaft oder theologische Sozialethik? In: Zeitschrift für evangelische Ethik 5 (1961), 211-241.

Urban, C., Nominalismus im Naturrecht. Zur historischen Dialektik des Freiheitsverständnisses in der Theologie mit einem Vorwort von Johann Baptist Metz, Düsseldorf 1979.

Utz, A.-F., Sozialethik. 1. Teil. Die Prinzipien der Gesellschaftslehre, Heidelberg 1958.

- /Groner, J.-F., Aufbau und Entfaltung des gesellschaftlichen Lebens. Soziale Summe Pius XII., 3 Bde., Freiburg (Schweiz) 1954-1961.

Wallraff, H.J., Die katholische Soziallehre - ein Gefüge von offenen Sätzen, in: Achinger, H./Preller, L./Wallraff, H.J. (Hrsg.), Normen der Gesellschaft. Festgabe für Oswald von Nell-Breuning SJ, Mannheim 1965, 27-48.

- Und wieder die katholische Soziallehre, in: ders. (Hrsg.), Sozialethik im Wandel der Gesellschaft, Limburg 1974, 35-53.
- Katholische Soziallehre - Leitideen der Entwicklung? Köln 1975.

Weber, M., Die protestantische Ethik und der Geist des Kapitalismus, in: ders., Gesammelte Aufsätze zur Religionssoziologie I, Tübingen 1920.

Weber, W., Anfragen an die Soziallehre der Kirchen, in: Jahrbuch für Christliche Sozialwissenschaften 13 (1972), 27-53.

- Gesellschaft und Staat als Problem für die Kirche, in: Jedin, H./Repgen, K. (Hrsg.), Handbuch der Kirchengeschichte, Bd. VII, Freiburg 1979, 230-262.

Weigand, W., Solidarität - ein uneingelöster Anspruch katholischer Soziallehre, in: Katechetische Blätter 103 (1978), 252-262.

- Solidarität durch Konflikt. Zu einer Theoriebildung von Solidarität. Mit einem Vorwort von Wilhelm Dreier, Münster 1979.

Welty, E., Kommentar zu Mater et Magistra und Einführung in die Soziallehre der Päpste von Leo XIII. bis Johannes XXIII., in: Die Sozialenzyklika Papst Johannes XXIII. Mater et Magistra, Freiburg ^{4}1963.

Wiedenhofer, S., Politische Theologie, Stuttgart - Berlin - Köln - Mainz 1976.

Winter, G., Grundlegung einer Ethik der Gesellschaft, München - Mainz 1970.

Zwiefelhofer, H., Lateinamerikanische Kirche und Theologie, in: Stimmen der Zeit 197 (1979), 291-307.

- Neue Weltwirtschaftsordnung und katholische Soziallehre, München - Mainz 1980.

2. Veröffentlichungen von O.v. Nell-Breuning

(Die den Titeln vorangestellten Zahlen sind mit den Zahlen in den Anmerkungen identisch. Dabei entsprechen die ersten zwei Ziffern dem Jahr des Erscheinens, die letzten zwei sind durchlaufende Numerierungen innerhalb des jeweiligen Jahres. - Rezensionen sind nicht in das Verzeichnis aufgenommen. Soweit sie herangezogen wurden, sind sie in den Anmerkungen vollständig belegt.)

2901 Kirche und Kapitalismus (Wirtschafts- und sozialpolitische Flugschriften Nr. 1), M.-Gladbach 1929.
2902 Sinnvoll geleitete Wirtschaft (Wirtschafts- und sozialpolitische Flugschriften Nr. 2), M.-Gladbach 1929.
2903 Kirche und Eigentum (Wirtschafts- und sozialpolitische Flugschriften Nr. 5/6), M.-Gladbach 1929.
2904 Staat und Eigentum (Wirtschafts- und sozialpolitische Flugschriften Nr. 7), M.-Gladbach 1929.
2905 Begriff und Pflichten des Eigentums (Wirtschafts- und sozialpolitische Flugschriften Nr. 8), M.-Gladbach 1929.
2906 Verschiedene Eigentumsbegriffe? (Wirtschafts- und sozialpolitische Flugschriften Nr. 9), M.-Gladbach 1929.
2907 Mißverständnisse in der Eigentumsfrage (Wirtschafts- und sozialpolitische Flugschriften Nr. 11), M.-Gladbach 1929.
3201 Die soziale Enzyklika. Erläuterungen zum Weltrundschreiben Papst Pius' XI. über die gesellschaftliche Ordnung, Köln 1932.
3202 Wichtige Lehrstücke aus "Quadragesimo Anno", in: Theologisch-praktische Quartalschrift 85 (1932), 69-88, 310-328, 529-547, 699-715.
3401 Sozialer Katechismus. Aufriß einer katholischen Gesellschaftslehre. Nach der 2. Aufl. übersetzt von Pfr. Franz, mit einer Einführung von O.v. Nell-Breuning, Saarbrücken 1934.
4601 Die Rundschreiben Leos XIII. und Pius' XI. über die Arbeiterfrage und über die gesellschaftliche Ordnung, "Einführung" und "Vorbemerkung" von O.v. Nell-Breuning, Köln 1946.
4602 Die Kirche - das Lebensprinzip der menschlichen Gesellschaft. Ansprache des Heiligen Vaters Papst Pius' XII. am 20.2.1946 mit Erläuterungen, Köln 1946.
4701 Zur christlichen Gesellschaftslehre. Beiträge zu einem Wörterbuch der Politik, Heft 1 (gemeinsam mit H. Sacher), Freiburg 1947.
4801 Zur christlichen Staatslehre. Beiträge zu einem Wörterbuch der Politik, Heft 2 (gemeinsam mit H. Sacher), Freiburg 1948.
4802 Katholische Bewegung, in: Leuchtturm - Jahrbuch 1948, 109-113.

4803 Glaubensverkündigung des Laien, in: Werkhefte (Arbeitsgemeinschaft katholischer Laienwerke) 2 (1948), 9-15.
4901 Zur Sozialen Frage. Beiträge zu einem Wörterbuch der Politik, Heft 3 (gemeinsam mit H. Sacher), Freiburg 1949.
4902 Zur Wirtschaftsordnung. Beiträge zu einem Wörterbuch der Politik, Heft 4 (unter Mitarbeit von J. Wirz gemeinsam mit H. Sacher), Freiburg 1949.
4903 Sozialer Katechismus. Aufriß einer katholischen Gesellschaftslehre. Mit einem Geleitwort von Bischof Alois J. Muench. Nach der dritten, stark erweiterten Bearbeitung von 1948 übersetzt und mit einer Einführung versehen von Oswald v. Nell-Breuning SJ, hrsg. von der Arbeitsstelle für katholisches Laienwerk in Verbindung mit der Hauptarbeitsstelle für Männerseelsorge Fulda, 1949.
5001 Einzelmensch und Gesellschaft, Heidelberg 1950.
5101 Die Eigentumsfrage in neueren kirchenlehramtlichen Verlautbarungen, in: Trierer Theologische Zeitschrift 60 (1951), 31-40.
5401 Katholische Kirche und heutiger Staat, in: Die Neue Gesellschaft 1 (1954), 3-14.
5601 Wirtschaft und Gesellschaft. Band I: Grundfragen, Freiburg 1956.
5701 Wirtschaft und Gesellschaft. Band II: Zeitfragen, Freiburg 1957.
6001 Wirtschaft und Gesellschaft heute. Band III: Zeitfragen, Freiburg 1960.
6002 Kapitalismus und gerechter Lohn, Freiburg 1960.
6003 Der Familienlastenausgleich, Schriften des Katholischen Familienverbandes Österreichs, Wien 1960.
6004 Das Menschenbild, in: Spannungsfelder der evangelischen Soziallehre. Festschrift für H.-D. Wendland, Hamburg 1960, 47-57.
6101 Die Sozial- und Wirtschaftsphilosophie des Neoliberalismus, in: Finanzarchiv (Neue Folge) 21 (1961), 306-311.
6201 Vom Geld und vom Kapital (zusammen mit H. Müller), Freiburg 1962.
6301 Christliche Soziallehre, in: Stimmen der Zeit 173 (1963), 208-220.
6302 Christliche Sozialbewegung, in: Stimmen der Zeit 173 (1963), 1-9.
6701 Katholische Soziallehre. Katholische und evangelische Soziallehre - ein Vergleich, in: Nell-Breuning, O.v./ Lutz, H., Katholische und evangelische Soziallehre - ein Vergleich, hrsg. von H. Budde, Recklinghausen 1967, 7-33 und 51-77.
6702 Selbstbestimmung - Fremdbestimmung - Mitbestimmung, in: Rahner, K./Semmelroth, O. (Hrsg.), Theologische Akademie, Bd. IV, Frankfurt 1967, 29-45.

6703 Enzyklika "Populorum Progressio" über die Entwicklung der Völker. Eingeleitet von O.v. Nell-Breuning, Nachkonziliare Dokumentation, Bd. IV, Trier 1967, 7-14.
6801 Baugesetze der Gesellschaft. Gegenseitige Verantwortung - Hilfreicher Beistand, Freiburg 1968.
6802 Kommentar zu "Gaudium et Spes" II.3 und 4; Exkurs über die Probleme von V, in: LThK E III, Freiburg 1968, 487-516; 517-532; 562-565.
6803 Warum so viel Aufregung? In: Rauscher, A. (Hrsg.), Ist die katholische Soziallehre antikapitalistisch? Köln 1968, 13-24.
6901 Auseinandersetzung mit Karl Marx, München 1969.
6902 Mitbestimmung - wer mit wem? Freiburg 1969.
7001 Aktuelle Fragen der Gesellschaftspolitik, Köln 1970.
7002 Die Stellung des Menschen in Gesellschaft und Wirtschaft, in: Stimmen der Zeit 185 (1970), 300-308.
7003 "Politische Theologie" - einst und jetzt, in: Stimmen der Zeit 186 (1970), 234-246.
7101 "Octogesima adveniens". Apostolisches Schreiben an Kardinal M. Roy (Einleitung), Nachkonziliare Dokumentation, Bd. 35, Trier 1971, 1-16.
7102 Der Wahrheitsanspruch der katholischen Soziallehre, in: Wolter, H. (Hrsg.), Testimonium veritati. Festschrift für Bischof Wilhelm Kempf, Frankfurt 1971, 257-271.
7103 Wandlungen der katholischen Soziallehre, in: Die Kirche im Wandel der Zeit. Festschrift für Josef Kardinal Höffner, hrsg. von F. Groner, Köln 1971, 367-382.
7104 15.5.1931. Erinnerungen zur Entstehungsgeschichte von "Quadragesimo Anno", in: Die Neue Gesellschaft 18 (1971), 304-310.
7105 Octogesimo Anno, in: Stimmen der Zeit 187 (1971), 289-296.
7106 Ein Grundgesetz der Kirche? In: Stimmen der Zeit 188 (1971), 219-229.
7107 Ideologien - Utopien - christlicher Glaube, in: Theologie und Philosophie 46 (1971), 481-495.
7201 Wie sozial ist die Kirche? Leistung und Versagen der katholischen Soziallehre, Düsseldorf 1972.
7202 Das Verhältnis von Christentum und Marxismus in Gegenwart und Zukunft, in: Duvernell, H. (Hrsg.), Der Mensch in der Gesellschaft von morgen, Berlin 1972, 303-318.
7203 Art. Arbeit, Betrieb, Gesellschaftskritik durch die Kirche, Gewerkschaften, Kirchenabgaben, Leistung, Soziale Frage und Kirche, Sozialwissenschaften, Subsidiaritätsprinzip, Wirtschaft, in: Klostermann, F./Rahner, K./Schild, H. (Hrsg.), Handbuch der Pastoraltheologie, Bd. V, Freiburg 1972.
7204 Freiheit und Information, in: Die Neue Ordnung 26 (1972), 135-147.

7205 Krise der katholischen Soziallehre? In: Stimmen der Zeit 189 (1972), 86-98.
7206 Gewerkschaften in der "aufgeklärten Gesellschaft", in: Stimmen der Zeit 189 (1972), 291-302.
7207 Produktivvermögen für alle, in: Stimmen der Zeit 190 (1972), 207-208.
7208 Der Staat und die menschliche Fortpflanzung, in: Stimmen der Zeit 190 (1972), 305-314.
7209 "Wie sozial ist die Kirche?" In: Stimmen der Zeit 190 (1972), 425-426.
7210 Einheitsgewerkschaft und Gewissensfreiheit der Mitglieder, hrsg. von der Arbeitsgemeinschaft der christlich-demokratischen Gewerkschafter des DGB, Königswinter 1972.
7211 Mitbestimmen - Vermögen bilden - der Gemeinschaft helfen, in: Kloss, H.-D. (Hrsg.), Damit wir morgen leben können, Stuttgart 1972, 39-50.
7212 Selbstkritik der Kirche. Zum Dokument der Bischofssynode "de iustitia in mundo", in: Theologie und Philosophie 47 (1972), 508-527.
7213 Der Volksverein für das katholische Deutschland, in: Stimmen der Zeit 190 (1972), 35-50.
7301 Kirche und Soziale Frage, in: Stimmen der Zeit 191 (1973), 120-126.
7302 Ausländische Arbeitnehmer, in: Stimmen der Zeit 191 (1973), 145-146.
7303 Der Arbeitswertlehre zum Gedächtnis, in: Stimmen der Zeit 191 (1973), 607-616.
7304 Von der Ökonomie zur Ökologie, in: Die Neue Ordnung 27 (1973), 33-40.
7401 Kapitalismus - kritisch betrachtet. Zur Auseinandersetzung um das bessere "System", Freiburg 1974.
7402 Vermenschlichung der Arbeitswelt, in: Stimmen der Zeit 192 (1974), 85-92.
7403 Die gesellschaftspolitische Aufgabe der katholischen Soziallehre, in: Christmann, A./Hesselbach, W./Jahn, M./Mommsen, E.W. (Hrsg.), Sozialpolitik. Ziele und Wege, Köln 1974, 391-413.
7404 Die Kirche - "Institution der Sozialkritik"? In: Stimmen der Zeit 192 (1974), 201-203.
7405 Vom Mehr-Haben zum Mehr-Sein, in: Hamburger Jahrbuch für Wirtschafts- und Gesellschaftspolitik, Bd. 19, Tübingen 1974, 67-77.
7501 Grundsätzliches zur Politik, München - Wien 1975.
7502 Der Mensch in der heutigen Wirtschaftsgesellschaft, München - Wien 1975.
7503 Eigentum, Wirtschaftsordnung und wirtschaftliche Mitbestimmung, Schriftenreihe der IG Metall, Bd. 64, Frankfurt 1975.
7504 Rolle und Aufgabe des Staates im Konzept der sozialen

Marktwirtschaft, in: Staat und moderne Marktwirtschaft, Hessische Hochschulwochen für staatswissenschaftliche Fortbildung, 80. Band, hrsg. vom Landespersonalamt Hessen, Wiesbaden 1975, 17-32.

7505 Zur gesellschaftlichen Verantwortung der Gewerkschaften, in: Arndt, E./Michalski, W./Molitor, B. (Hrsg.), Wirtschaft und Gesellschaft. Ordnung ohne Dogma, H.-D. Ortlieb zum 65. Geburtstag, Tübingen 1975, 133-146.

7506 Einführung. Zur Soziallehre der Kirche, in: Texte zur katholischen Soziallehre. Die sozialen Rundschreiben der Päpste und andere kirchliche Dokumente, hrsg. vom Bundesverband der Katholischen Arbeitnehmer-Bewegung (KAB) Deutschlands, Kevelaer 1975, 9-29 (zitiert nach der 3. Aufl. 1976).

7507 Sozialer und politischer Katholizismus. Eine Sicht deutscher Kirchen- und Sozialgeschichte, in: Stimmen der Zeit 193 (1975), 147-161.

7508 Können Neoliberalismus und katholische Soziallehre sich verständigen? In: Sauermann, H./Mestmäcker, E.J. (Hrsg.), Wirtschaftsordnung und Staatsverfassung. Festschrift für Franz Böhm zum 80. Geburtstag, Tübingen 1975, 459-470.

7509 "Der überholte Marx", in: Stimmen der Zeit 193 (1975), 61-63.

7510 Kirche und Arbeiterschaft. Zum Streit um die gleichnamige Synodenvorlage, in: Stimmen der Zeit 193 (1975), 339-352.

7511 "Idee" eines christlichen Sozialismus? In: Stimmen der Zeit 193 (1975), 568-570.

7512 Eigentum und wirtschaftliche Mitbestimmung, in: Stimmen der Zeit 193 (1975), 595-605.

7513 Entscheidung für den Sozialismus? In: Stimmen der Zeit 193 (1975), 785-788.

7601 Kirche und Arbeiterschaft, in: Emeis, D./Sauermost, B. (Hrsg.), Synode - Ende oder Anfang. Ein Studienbuch für die Praxis in der Bildungs- und Gemeindearbeit, Düsseldorf 1976, 177-187.

7602 Die kirchliche Soziallehre zur Mitbestimmung, in: Orientierung 40 (1976), 53-55.

7603 Auseinandersetzung mit Karl Marx und seiner Lehre, in: Stimmen der Zeit 194 (1976), 173-182.

7604 Auseinandersetzung mit dem Sozialismus, in: Stimmen der Zeit 194 (1976), 261-272.

7605 Heinrich Pesch heute, in: Stimmen der Zeit 194 (1976), 281-283.

7606 "Wir alle stehen auf den Schultern von Karl Marx", in: Stimmen der Zeit 194 (1976), 616-622.

7607 Menschenwürde, Menschenbild und Gewissen, in: Stimmen der Zeit 194 (1976), 703-705.

7608 Christentum und Sozialismus. Zum Memorandum des Bensberger Kreises, in: Stimmen der Zeit 194 (1976), 344-348.

7701 Soziallehre der Kirche. Erläuterungen der lehramtlichen Dokumente, Wien 1977 (Zweite erweiterte und ergänzte Auflage 1978).

7702 Sendung der Kirche an die Welt, in: Stimmen der Zeit 195 (1977), 17-32.

7703 Arbeitnehmer im kirchlichen Dienst, in: Stimmen der Zeit 195 (1977), 302-310.

7704 "Dienste in der Kirche", in: Stimmen der Zeit 195 (1977), 491-494.

7705 Kirchliche Dienstgemeinschaft, in: Stimmen der Zeit 195 (1977), 705-710.

7706 Standwerdung der Arbeiterschaft? In: Stimmen der Zeit 195 (1977), 744-750.

7707 Geschichtlichkeit der Rechtsprinzipien, in: Theologie und Philosophie 52 (1977), 72-79.

7801 Wo stehen die Gewerkschaften? Ein Interview mit Prof. Oswald von Nell-Breuning, in: Herder Korrespondenz 32 (1978), 227-234.

7802 Arbeitslosigkeit - unser aller Recht auf Arbeit, in: Kirche in der Gesellschaft, der katholische Beitrag; Geschichte und Staat Bd. 220-222, Wien 1978, 53-66.

7803 Voraussetzungen und Ansätze einer Sozialkatechese, in: Katechetische Blätter 103 (1978), 236-244.

7804 Zukunft durch kontrolliertes Wachstum, in: Stimmen der Zeit 196 (1978), 64-67.

7805 Die Soziallehre im Selbstverständnis der Kirche, in: Mensch und Mitmensch, Heft 6 von "Wege zum Ziel", hrsg. von A. Staudt und P. Nägele, Limburg 1978, 40-44.

7806 Der Staat und die Grundwerte, in: Arbeitshilfe für den evangelischen Religionsunterricht in Bayern, Themenfolge 24, Kollegstufe, Heft 3, 1978.

7807 Grundwerte, Gesellschaft und Staat, in: Stimmen der Zeit 196 (1978), 158-170.

7808 Das Recht auf Arbeit, in: Stimmen der Zeit 196 (1978), 523-532.

7809 Eigengesetzlichkeit der Wirtschaft und weltanschauliche Entwicklung, in: Die Neue Ordnung 32 (1978), 304-312.

7810 Arbeiterschaft und Kirche seit Beginn der industriellen Entwicklung, in: Diakonia 9 (1978), 91-100.

7901 Freiheit - Menschenrecht und Grundwert, in: Stimmen der Zeit 197 (1979), 260-268.

7902 Die Eigentumsfrage in den Dokumenten der katholischen Soziallehre, in: Stimmen der Zeit 197 (1979), 347-349.

7903 Internationale Ordnung, in: Stimmen der Zeit 197 (1979), 579-592.

7904 Studienkreis "Kirche und Befreiung", in: Stimmen der Zeit 197 (1979), 561-564.
8001 Gerechtigkeit und Freiheit. Grundzüge katholischer Soziallehre, Wien 1980.
8002 In eigener Sache, in: Stimmen der Zeit 198 (1980), 159-166.
8003 Aussperrung, in: Stimmen der Zeit 198 (1980), 3-16.
8004 Politische Theologie Papst Johannes Pauls II., in: Stimmen der Zeit 198 (1980), 675-686.
8101 Ein neues Gewerkschaftsprogramm, in: Stimmen der Zeit 199 (1981), 14-26.
8102 Ende des Sozialstaats? In: Stimmen der Zeit 199 (1981), 505-508.
8103 Kommentar, in: Der Wert der Arbeit und der Weg zur Gerechtigkeit. Enzyklika Über die menschliche Arbeit Papst Johannes Pauls II., Freiburg 1981, 103-127.
8104 Hat die katholische Soziallehre ihre Identität verloren? In: Internationale katholische Zeitschrift "Communio" 10 (1981), 107-121.